U0562907

«НЕ РУБЛЕМ ЕДИНЫМ»: Трудовые стимулы рабочих-текстильщиков дореволюционной России

俄 国 史 译 丛 · 经 济

Серия переводов книг по истории России

卢布不是万能的：十月革命前俄国的纺织企业与工人

〔俄〕列昂尼德·约瑟福维奇·鲍罗德金 *Леонид Иосифович Бородкин*
铁木尔·雅库博维奇·瓦列托夫 *Тимур Якубович Валетов*
尤利娅·鲍里索夫娜·斯米尔诺娃 *Юлия Борисовна Смирнова*
伊琳娜·韦尼阿明诺夫娜·希利尼科娃 *Ирина Вениаминовна Шильникова* / 著

张广翔　王祎　赵子恒 / 译
赵万鑫 / 审校

«НЕ РУБЛЕМ ЕДИНЫМ»:

Трудовые стимулы рабочих-текстильщиков дореволюционной России

Российская политическая энциклопедия (РОССПЭН)

Бородкин Л.И., Валетов Т.Я., Смирнова Ю.Б., Шильникова И.В., 2010.

本书获得教育部人文社会科学重点研究基地
吉林大学东北亚研究中心资助出版

俄国史译丛编委会

主　编　张广翔

副主编　卡尔波夫(С. П. Карпов)　钟建平　许金秋

委　员　杜奇科夫(И. И. Тучков)　鲍罗德金（Л. И. Бородкин）
姚　海　黄立茀　鲍里索夫（Н. С. Борисов）　张盛发
戈里科夫(А. Г. Голиков)　科兹罗娃（Н. В. Козлова）
刘玉宝　戴桂菊

著者简介

列昂尼德·约瑟福维奇·鲍罗德金（Леонид Иосифович Бородкин） 历史学博士，俄罗斯科学院通讯院士，莫斯科大学功勋教授，莫斯科大学历史系经济史中心主任、历史信息教研室主任、学术委员会委员，俄罗斯历史与计算协会主席，主编《经济史年鉴》《历史信息学》。长期深耕俄国经济史、历史信息学、计量史学等领域，发表各类文章 460 余篇，出版专著 8 部。

铁木尔·雅库博维奇·瓦列托夫（Тимур Якубович Валетов） 历史学副博士，莫斯科大学历史系历史信息学教研室副教授，主要研究方向为历史信息学、19～20 世纪俄国社会经济史。发表学术论文 20 余篇，出版著作 2 部。

尤利娅·鲍里索夫娜·斯米尔诺娃（Юлия Борисовна Смирнова） 历史学副博士，雅罗斯拉夫尔国立大学历史系中世纪史与当代史教研室副教授，主要研究方向为 19 世纪末至 20 世纪初俄国社会经济史、俄国企业史。出版及发表学术著作、论文共 90 余部（篇）。

伊琳娜·韦尼阿明诺夫娜·希利尼科娃（Ирина Вениаминовна Шильникова） 历史学副博士，俄罗斯国家研究型高等经济大学经济学系理论经济学部副教授，主要研究方向为俄国经济史。

译校者简介

张广翔　历史学博士，吉林大学东北亚研究中心教授，博士生导师。

王　祎　历史学硕士，吉林省发展和改革委员会长吉图项目推进处科员。

赵子恒　吉林大学东北亚研究院硕士研究生。

赵万鑫　吉林大学东北亚研究院博士研究生。

总　序

我们之所以组织翻译这套"俄国史译丛"，一是由于我们长期从事俄国史研究，深感国内俄国史方面的研究严重滞后，远远满足不了国内学界的需要，而且国内学者翻译俄罗斯史学家的相关著述过少，不利于我们了解、吸纳和借鉴俄罗斯学者有代表性的成果。有选择地翻译数十册俄国史方面的著作，既是我们深入学习和理解俄国史的过程，也是鞭策我们不断进取的过程，培养人才和锻炼队伍的过程，还是为国内俄国史研究添砖加瓦的过程。

二是由于吉林大学俄国史研究团队（以下简称"我们团队"）与俄罗斯史学家的交往十分密切，团队成员都有赴俄进修或攻读学位的机会，每年都有多人次赴俄参加学术会议，每年请2～3位俄罗斯史学家来校讲学。我们与莫斯科大学历史系，俄罗斯科学院俄国史研究所、世界史所、圣彼得堡历史所、乌拉尔分院历史与考古所等单位学术联系频繁，有能力、有机会与俄学者交流译书之事，能最大限度地得到俄同行的理解和支持。以前我们翻译鲍里斯·尼古拉耶维奇·米罗诺夫的著作时就得到了其真诚帮助，此次又得到了莫大历史系的大力支持，而这是我们顺利无偿取得系列书的外文版权的重要条件。舍此，"俄国史译丛"工作无从谈起。

三是由于我们团队得到了吉林大学校长李元元、党委书记杨振斌、学校职能部门和东北亚研究院的鼎力支持和帮助。2015年5月5日李元元校长访问莫大期间，与莫大校长萨多夫尼奇（В. А. Садовничий）院士，俄罗斯科学院院士、莫大历史系主任卡尔波夫教授，莫大历史系副主任鲍罗德金教授等就加强两校学术合作与交流达成重要共识，李元元校长明确表示吉林大学将大力支持俄国史研究，为我方翻译莫大学者的著作提供充足的经费支持。萨多夫尼奇校长非常欣赏吉林大学的举措，责成莫大历史系全力配合我方的相关工作。吉林大学主管文科科研的副校长吴振武教授，社科处霍志刚处长非常重视我们团队与莫大历史系的合作，2015 年尽管经费很紧张，还是为我们提供了一定的科研经费。2016 年又为我们提供了一定经费。这一经费支持将持续若干年。

我们团队所在的东北亚研究院建院伊始，就尽一切可能扶持我们团队的发展。现任院长于潇教授自上任以来的 3 年时间里，一直关怀、鼓励和帮助我们团队，一直鼓励我们不仅要立足国内，而且要不断与俄罗斯同行开展各种合作与交流，不断扩大我们团队在国内外的影响。在 2015 年我们团队与莫大历史系新一轮合作中，于潇院长积极帮助我们协调校内有关职能部门，与我们一起起草吉林大学东北亚研究院与莫斯科大学历史系合作方案（2015～2020 年），获得了学校的支持。2015 年 11 月 16 日，于潇院长与来访的莫大历史系主任卡尔波夫院士签署了《吉林大学东北亚研究院与莫斯科大学历史系合作方案（2015～2020 年）》，两校学术合作与交流进入了新阶段，其中，我们团队拟 4 年内翻译莫大学者 30 种左右学术著作的工作正式启动。学校职能部门和东北亚研究院的大力支持是我们团队翻译出版“俄国史译丛”的根本保障。于潇院长为我们团队补充人员和提供一定的经费使我们更有信心完成上述任务。

2016 年 7 月 5 日，吉林大学党委书记杨振斌教授率团参加在莫斯科大学举办的中俄大学校长峰会，于潇院长和张广翔等随团参加，会议期间，杨振斌书记与莫大校长萨多夫尼奇院士签署了吉林大学与莫大共建历史学中心的协议。会后莫大历史系学术委员会主任卡尔波夫院士，莫大历史系主任杜奇科夫（И. И. Тучков）教授（2015 年 11 月底任莫大历史系主任），莫大历史系副主任鲍罗德金教授陪同杨振斌书记一行拜访了莫大校长萨多夫尼奇院士，双方围绕共建历史学中心进行了深入的探讨，有力地助推了我们团队翻译莫大历史系学者学术著作一事。

四是由于我们团队同莫大历史系长期的学术联系。我们团队与莫大历史系交往渊源很深，李春隆教授、崔志宏副教授于莫大历史系攻读了副博士学位，张广翔教授、雷丽平教授和杨翠红教授在莫大历史系进修，其中张广翔教授三度在该系进修，与该系鲍维金教授、费多罗夫教授、卡尔波夫院士、米洛夫院士、库库什金院士、鲍罗德金教授、谢伦斯卡雅教授、伊兹梅斯杰耶娃教授、戈里科夫教授、科什曼教授等结下了深厚的友谊。莫大历史系为我们团队的成长倾注了大量的心血。卡尔波夫院士、米洛夫院士、鲍罗德金教授、谢伦斯卡雅教授、伊兹梅斯杰耶娃教授、科什曼教授和戈尔斯科娃副教授前来我校讲授俄国史专题，开拓了我们团队及俄国史方向硕士生和博士生的视野。卡尔波夫院士、米洛夫院士和鲍罗德金教授被我校聘为名誉教授，他们经常为我们团队的发展献计献策。莫大历史系的学者还经常向我们馈赠俄国史方面的著作。正是由于双方有这样的合作基础，在选择翻译的书目方面，才很容易沟通。尤其是双方商定拟翻译的 30 种左右的莫大历史系学者著作，需要无偿转让版权，在这方面，莫大历史系从系主任到所涉及的作者，克服一切困难帮助我们解决关键问题。

五是由于我们团队有一支年富力强的队伍，既懂俄语，又有俄国史方面的基础，进取心强，甘于坐冷板凳。学校层面和学院层面一直重视俄国史研究团队的建设，一直注意及时吸纳新生力量，使我们团队人员年龄结构合理，后备有人，有效避免了俄国史研究队伍青黄不接、后继无人的问题。我们在培养后备人才方面颇有心得，严格要求俄国史方向的硕士生和博士生，以阅读和翻译俄国史专业书籍为必修课，硕士学位论文和博士学位论文必须以使用俄文文献为主，研究生从一入学就加强这方面的训练，效果很好：培养了一批俄语非常好，专业基础扎实，后劲足，崭露头角的好苗子。我们组织力量翻译了米罗诺夫所著的《俄国社会史》《帝俄时代生活史》，以及在中文刊物上发表了 70 多篇俄罗斯学者论文的译文，这些都为我们承担“俄国史译丛”的翻译工作积累了宝贵的经验，锻炼了队伍。

译者队伍长期共事，彼此熟悉，容易合作，便于商量和沟通。我们深知高质量地翻译这些著作绝非易事，需要认真再认真，反复斟酌，不得有半点的马虎和粗心大意。我们翻译的这些俄国史著作，既有俄国经济史、社会史、城市史、政治史，也有文化史和史学理论，以专题研究为主，覆盖的问题方方面面，有很多我们不懂的问题，需要潜心翻译。我们的翻译团队将定期碰头，利用群体的智慧解决共同面对的问题，单个人所无法解决的问题，以及人名、地名、术语统一的问题。更为重要的是，译者将分别与相关作者直接联系，经常就各自遇到的问题用电子邮件向作者请教，我们还将根据翻译进度，有计划地邀请部分作者来我校共商译书过程中遇到的各种问题，尽可能地减少遗憾。

我们翻译的“俄国史译丛”能够顺利进行，离不开吉林大学校领导、社科处和国际合作与交流处、东北亚研究院领导的坚定支持和可靠后援；莫大历史系上下共襄此举，化解了很多合作路上的难题，将此举视为我们共同的事业；社会科学文献出版社的恽薇、高雁等相关人员将此举视为我们共同的任务，尽可能地替我们着想，我们之间的合作将更为愉快、更有成效。我们唯有竭尽全力将“俄国史译丛”视为学术生命，像爱护眼睛一样呵护它、珍惜它，这项工作才有可能做好，才无愧于各方的信任和期待，才能为中国的俄国史研究的进步添砖加瓦。

上述所言与诸位译者共勉。

吉林大学东北亚研究院、东北亚研究中心

张广翔

2016 年 7 月 22 日

目　录

第三部分

第四部分

绪 论

19 世纪末，俄国进入了工业快速发展时期。十月革命前的俄国在工业领域与当时其他主要帝国主义强国相比仍有几十年的差距，但是发展速度较快。最近有观点认为，在一战爆发前的 25 年中，俄国工业的发展速度甚至比美国、德国、英国和法国更快①，当然这也和俄国工业起点较低有很大关系。高速的工业化发展使经济关系出现剧烈震荡：先前国内私营和国营工业企业的数量并不是很多，现在大量股份制公司开始成立，工业劳动市场形成，劳动者和工厂主之间的关系出现了新的变化。19 世纪末 20 世纪初，俄国的现代化进程并不均衡，这导致俄国社会劳动关系出现了新的矛盾，并且这一矛盾不断激化（虽然工厂立法日益完善，但未能缓解这一矛盾）。

关于工厂主和工人之间的关系存在诸多观点，其中工厂主对工人的劳动激励以及工人的劳动动机值得重视。通过本书的研究，我们认为应当对与此相关的术语进行探讨。对劳动关系这一范畴的定义，经济学家和社会学家们已经做了大量研究工作②，我们可以在相关研究的框架内进行讨论，不必对

---

① Грегори П. Экономический рост Российской империи（конец XIX – начало XX в.）：Новые подсчеты и оценки. М.，2003. С. 23 – 25.

② 相关文献综述可参见：Лукассен Я. Мотивация труда в исторической перспективе：некоторые предварительные заметки по терминологии и принципам классификации // Социальная история. Ежегодник. 2000. М.，2000. С. 194 – 205；Экономика труда и социально – трудовые отношения / Ред. Г. Г. Меликьян，Р. П. Колосова. М.，1996；Эренберг Р. Дж.，Смит Р. С. Современная экономикатруда. Теория и государственная политика. М.，1996。

各方观点和见解重新进行分析①。传统上认为，“动机”（мотив）和“激励”（стимуд）等概念的区别在于：“动机”旨在促进工人勤奋工作，这主要着眼于工人自身层面；而“激励”是工厂主为了让工人产生去劳动的动机而采取的“外部”措施，主要着眼于工厂主层面。例如，工资是（工厂主）对（工人）劳动的激励，而相应的动机就是（工人）希望通过工资来保障自身及家庭的生活。虽然“激励”主要体现在具体的、可触摸的事物中，但是和“动机”一样，“激励”也可以作用在物质和精神上，因此有时“激励”和“动机”比较相似，比如工人在受到爱国主义精神驱使时对自身劳动必要性的认识，以及因为出色工作而产生的自豪感等。当然这一方面的劳动激励远不止如此，不过这种劳动激励比较难以统计。对于工人而言，其所从事劳动的总体理由被称为“动机”，但是如果谈到在整个企业或者某个经济领域所使用的机制的话，那么“动机”指的就是在该企业或该经济领域所采用的激发工人劳动动机的劳动激励措施。在这种情况下，“动机”和“激励”这两个术语的含义虽极为相近，但它们仍然不是相同的词语。二者的区别在于，劳动激励机制是由各级生产管理人员制定的用于激励工人劳动的一套成体系的措施；同时，与劳动动机机制一样，在劳动激励机制中也存在一些因素能够对工人劳动的质量和数量产生间接影响。比如，“企业中是否存在发达的配套生活设施”“管理部门对工人的劳动及日常生活条件是否关心”等，都会促使该企业的工人（特别是熟练工人）产生额外的劳动动机，从而产生对企业的自豪感，而这些都是精神动机的重要组成因素。

这里需要强调本书所采用的“劳动动机机制”这一概念的特点。如果说劳动激励机制一般是企业（也可以是其他机构，甚至是国家）的管理部门所采用的成体系的措施，那么劳动动机机制则不需任何主体特别制定，虽然劳动动机与劳动激励有关联，但实际上它是每位工人的“内在”目标。

① 例如，A. 马斯洛和 Ф. 格尔茨别尔加认为工人劳动的动机在于满足自身不同层次的需求，在这里不同层次的需求在一定程度上也存在相互作用。工人低层次的需求得不到满足，将会影响高层次需求的产生。考虑到这种经典理论的存在，本书选取了另外一种理论，主要从社会历史角度进行研究（见下文）。

西方历史和社会学家查尔斯·蒂利父子曾就劳动激励的分类提出相关理论，这套理论近年来在社会史界备受推崇①，并在阿姆斯特丹国际社会史研究所学者们的研究中得到了进一步发展②。该理论认为劳动激励在总体上可以划分为三大主要类别。第一类别是“酬金”，包括所有以金钱和实物形式支付的劳动报酬、奖金、对工人本人及其家庭的各种优待和社会福利，甚至连工人在工作岗位上通过不合法手段为自己谋求的利益（比如监守自盗或赚取外快等）也包含在内。第二类别是各种形式的“惩罚”，这种惩罚既可以是金钱形式（如罚款、降低工资等）的，也可以是行政形式（如处分、降职、取消某些工作优待，比如入住工厂宿舍和应征入伍的权利）或者刑事责任的。第三类别是“动机”，也就是工人的“内驱力”，包含所有与工人自身意识有关的因素，比如工人对认真工作的重要性和必要性的认知、对自身工种或工作成绩的自豪感、对工厂的热爱、希望得到他人对自己的认可和尊重等。有时候这种劳动的内驱力是在社会规范中被确立的或者与政治形势有关（比如战时高强度的爱国主义劳动）③，但是管理部门也可以自己创造类似的机制，比如引入竞争机制，表扬勤奋劳动的工人或多年工作无咎的老员工。除此之外还有一些卓有成效的措施，但这已经是具体研究的范畴了，不在本书的研究范围之内。

这一观点的提出者及其拥趸认为，劳动激励是包罗万象的。上述三种劳动激励在不同国家、不同历史条件和不同时间范围内存在不同的组合形式。例如，J. 卢卡森指出，激励组合往往随着生产系统的改变而发生变化。比如，随着工资降低，生产效率也在下降，说明“动机”和“惩罚”起到了

① Tilly, Charles and Chris, *Work under Capitalism*, Oxford, 1998.

② Лукассен Я. Мотивация труда в исторической перспективе: некоторые предварительные заметки по терминологии и принципам классификации // Социальная история. Ежегодник. 2000. М., 2000; Ван дер Линден М. Мотивация труда в российской промышленности: некоторые предварительные суждения // Социальная история. Ежегодник. 2000. М., 2000.

③ Ван дер Линден М. Мотивация труда в российской промышленности: некоторые предварительные суждения. С. 213 – 214.

重要作用①。

通过对劳动激励进行分类，我们明白了劳动激励如何对工人产生影响，我们还需要通过分析十月革命前工厂的劳动激励类型来探究企业进行劳动激励的目的是什么。从这个角度出发，劳动激励可以分为两个主要类型：一种激励是使工厂对工人产生吸引力，从而吸纳农民入厂成为工人；另一种激励是使工人在自己的工作岗位上主动追求高质量和高效率的劳动②。第一种类型的激励主要指企业采取积极态度和措施，普惠所有工人且几乎不看其劳动质量。比如，企业提供住宿、医疗服务和特惠餐食等，还包括保留工人应征入伍和获得退休金的权利。一家工厂在考虑劳动激励的时候，应该在基础设施上不差于或明显好过邻厂，以促使工人在选择工作地点的时候优先考虑该厂而不是邻厂，并且未来为了不丢掉这份工作而更努力地劳动。建立这样的激励系统有两个必然因素：首先，是由于工厂基础设施的整体改善（如果社会的基础设施改善，而工厂的基础设施不改善，那么该厂就会遇到劳动力供需平衡方面的问题）；其次，是由于劳动力市场的状况（如果劳动力过剩，那么不需要特别做什么，只需要付工资就可以，而如果劳动力不足，工人则随时可能换工作）。从这个角度来分析十月革命前俄国工业的发展可以看到：第一，19 世纪 70 ~ 80 年代，俄国轻重工业工厂的基础设施很差；第二，俄国劳动力过剩，但与此同时熟练工人数量严重不足。因此各工厂的管理部门采取了各种方法对工人进行劳动激励，希望能够吸引熟练工人。

第二种类型的激励旨在让工人在自己的岗位上更好地工作。显然，这就要采取一些方法，比如引进计件工资制，对生产不良产品和违反劳动纪律的行为进行处罚，或者发放奖金、高额礼物和颁发徽章等。上述激励措施的影响程度各异，被结合起来应用在同一家工厂同一工种的工人身上，不同的

---

① Лукассен Я. Мотивация труда в исторической перспективе: некоторые предварительные заметки по терминологии и принципам классификации // Социальная история. Ежегодник. 2000. М., 2000. С. 200.

② 关于工人劳动力从农村迁移到工业企业的动机问题其实应当被单独研究。这一问题对于理解整个工业化进程具有举足轻重的意义，史学界对此也已经不止一次地讨论过了。但是本书研究的是对工人劳动的激励问题，这一问题已经超出了我们的研究范围。

是，这些激励措施的定量尺度取决于工人劳动的生产效率、质量及工人的专业水平（“多劳多得，少劳少得”）。

上述这些方法就是我们此次研究的方法论，近年来已经被俄罗斯历史学家广泛采用①。

对十月革命前俄国纺织工人劳动激励机制的研究要以微观和宏观研究为前提。本书微观分析的对象是一些大型纺织企业。我们的研究重点是那些反映工人劳动激励机制的实际劳动状况，而这种社会关系不仅存在于生产中，也存在于日常生活和工厂社会环境中。本书的微观研究结合了 19 世纪末 20 世纪初俄国加速工业化及相应的制度因素变化的宏观过程。考虑到所分析的纺织企业的规模，需要使用静态法对一系列事件的源头进行分析。

本书分析主要基于中部工业区的两家大型纺织企业，这两家企业分别是孔申手工工场和雅罗斯拉夫尔大手工工场。选择这两家企业的原因下文会进行更详细的说明，最重要的一点是因为它们有非常好的资料基础——主要是公文资料，利用这些资料可以很全面地阐释本书的观点。而不同规模、不同工业领域、不同经营性质（私营和国营）、不同地区的企业之间往往存在巨大差异，这样就不能在同一基础上进行有价值的研究。在大型企业的档案馆中有时可以找到有代表性的成套资料，而小型企业一般不会保留这样的文件资料（在小型企业甚至都没有有价值的公文材料）。除此之外，很多小型企业使用的是古老的、以家长制经营模式为基础的劳动关系形式。所以本书在

① Кирьянов Ю. И. Фактор мотивации труда в российском фабрично - заводском законодательстве // Экономическая история. Обозрение. Вып. 4. М., 2000; Он же. Мотивация фабрично - заводского труда в России в зеркале профсоюзной прессы 20 - х годов XX в. // Экономическая история. Обозрение. Вып. 7. М., 2001; Соколов А. К. Некоторые проблемы изучения трудовых отношений в России до и после революции // Экономическая история. Обозрение. Вып. 3. М., 1999; Маркевич А. М. Стимулы к труду в металлургической и металлообрабатывающей промышленности России в годы Первой мировой войны. На примере Московского металлического завода (завод Гужона) // Экономическая история. Обозрение. Вып. 6. М., 2001; Соколов А. К., Тяжельникова В. С. Отношение к труду: Факторы изменения и консервации трудовой этики рабочих в советский период. Социальная история. Ежегодник 2001 - 2002. М., 2003; и др.

研究劳动激励机制时以俄国纺织工业中的领先者——大企业作为分析对象。同时，也有必要引用俄国其他大型纺织企业的资料和数据。

对两家企业进行“平行分析”可以发现企业主们所采用的工人劳动激励机制，评价劳动激励机制在实施过程中发生的变化。

这里要强调的是，某些重要的劳动激励机制只能在微观层面根据企业的档案数据进行研究，因为无法在综合数据中找到对这些机制的反映。我们的任务是通过对生产和社会生活具体状况及管理层和国家检查机关（首先是工厂检查机构）的决策进行分析，从而复原十月革命前俄国纺织工业中工人劳动激励机制的实际状况。

***

应当指出，对十月革命前俄国的“工人问题”，也就是19世纪末20世纪初工人与企业主之间的关系问题，研究得不是很全面。苏联时期的历史学界曾对十月革命前俄国企业的劳动关系问题做了大量研究工作。虽然苏联时期在这个问题上取得了很大成就，但由于受到意识形态和方法论的严格限制，当时的研究人员很难全面而客观地对劳动关系的历史进行研究。例如对于工厂主在组织生产过程中所起到的作用，包括工厂主如何建立促使工人有纪律地参与生产劳动的劳动激励机制这一问题，仍有待深入探讨。

近来，来自俄罗斯的历史学者在经济史和社会史领域开创了新的话题、学说以及研究方法。俄罗斯学者的努力，使我们可以更为严谨、更为全面地研究工厂主的活动史、十月革命前俄国工厂史以及工人的日常生活和心理状态等问题。凭借各种新发现的档案材料，我们可以从新的角度讨论工厂主、职员和工人之间的关系，劳动道德的演化以及工厂的慈善事业等问题。我们发现，工厂的管理部门会像国家一样为了提高工人的生活水平而采取相应措施，因为工人和工厂主之间的关系直接影响工人的劳动动机。因此对以上问题进行全方位研究有助于更全面、更客观地描述这一时期的俄国历史。

除此之外，对十月革命前工人的劳动激励机制进行研究，也可以帮助我们理解劳动关系后来的发展情况。虽然十月革命摧毁了1917年之前俄国劳动关系的诸多规范和原则，但劳动的本质并没有变化，许多十月革命前就存在的劳动激励因素在1917年之后依然存在，其中一些因素到今天依然有现实意义。苏联时期在工业发展的过程中为了改变劳动关系采取了许多措施，其中有的措施很成功，与资本主义的管理经验相比具有很强的优越性。但也有一些措施改变了先前的劳动激励机制，在实际生产中日益暴露出自身的问题，因此不得不调整浮夸的革命话语，回归旧有的价值观。虽然19～20世纪各个阶段的劳动激励机制有所不同，决策者们也有着不同的立场，但是实际进行生产的主要还是那些处于生产一线的工人，他们对周边的变化有着自己的看法。所以要想研究俄国工业企业中各种劳动激励机制的作用，必须聚焦十月革命前，在俄国资本主义发展的各个历史时期的相互联系中展开分析，特别是从19世纪80年代到20世纪10年代的工业发展阶段①。

研究十月革命前大型企业的劳动激励机制需要解决以下问题：从史料学意义方面评价十月革命前大型企业公文资料的价值；论述劳动激励机制并评价该系统中货币因素（工资、奖金和罚款）的意义；以孔申手工工场和雅罗斯拉夫尔大手工工场这两家大型企业为例，说明它们的管理部门是如何改变工厂的社会环境，以及工厂主的活动在劳动激励机制中起到了怎样的作用；评价工人工资的差别以及各种非货币待遇之间的区别，并在此基础上评价整个奖惩系统中奖金对于熟练工人的倾向性；根据档案资料中工人对劳动激励机制的评价，揭示对于工人而言何种因素最重要，何种因素不重要，并分析管理部门为了提升生产力做出了何种努力；重新评价管理部门在劳动关系中的策略选择，分析管理部门更倾向于选择何种劳动激励策略；研究拥有大量流动资金，能够在工厂内部调整社会关系即劳资关系的大型企业（小企业对此往往力所不及）是如何对这一资源进行利用的。当然，国家的作用在这方面同样很重要，国家认为工厂主有责任遵守劳动关系规范，尽力激

① 前文曾提到过，这种历时性问题在俄罗斯－荷兰项目准备出版的专著中也有涉及。该专著研究了苏联“战时共产主义”政策和新经济政策时期大型纺织企业工人的劳动激励问题。

励工人劳动。

要想全面研究上述问题，阐明十月革命前俄国大型纺织企业劳动激励机制的效能，就需要同时从工厂主和工人这两个角度出发，集中回答以下问题：工厂主采取了何种措施来激励工人劳动？工厂主在哪些方面取得了成功？工人如何看待自己的劳动？何种因素对劳资关系产生了影响？在何种条件下工人的负担更轻，工厂内部劳资关系相对缓和？

本书共分四个部分。第一部分对相关问题的学术史问题进行了分析，对孔申手工工场和雅罗斯拉夫尔大手工工场的历史（生产结构、管理结构和劳动力组成情况）进行了概述。第二部分对工人的收入（工资、奖金、罚款）进行了分析。第三部分对与工厂社会环境有关的劳动激励机制（居住条件、食品供应、医疗服务、社会保障、教育机构以及管理部门对工人业余时间的安排）进行了分析。第四部分从管理部门和工人的角度评价了工厂对纺织工人的劳动激励机制。

我们对在本书构思和完成过程中曾提出建议和批评的朋友们表示感谢。首先要感谢的是在国际社会史研究所（阿姆斯特丹）和荷兰科学研究组织（NWO）的协助和支持下，参与俄国工业劳动激励研究项目的学者们，这些荷兰学者是J. 卢卡森、M. 凡·德尔·林登、G. 凯斯勒、L. 赫马·范·福斯，还有我们的俄罗斯同事们：С. А. 阿丰采夫、Ю. Ю. 伊耶鲁萨里姆斯基、Ю. И. 基里亚诺夫、А. М. 马尔科维奇、И. Ю. 诺维琴科、А. К. 索科洛夫及其他项目的参与者们。2002～2006 年在莫斯科大学历史系经济史中心举办的学术研讨会上，相关学者曾对本书主题进行了有益且有趣的研讨，本书作者在此一并致谢。

第一部分

第一章
学术史回顾与史料综述

第一节　学术史回顾

近百年来，学者对 19 世纪末 20 世纪初俄国工人问题进行了广泛的研究，其中工人罢工和革命运动、工人阶级数量和成分的变化、工厂立法的加强等成果较为突出。目前关于以下问题的研究还非常欠缺，如工人住房和医疗保障、罚款、补助和养老金等；许多与工人劳动动机和工厂主对工人的劳动激励相关的重要问题几乎无人问津。工人劳动动机问题主要包括不同工种工人的工资变化、熟练工人和非熟练工人的工资差别、工人的养老金、大型企业中基层工人的工资结构等。至于工厂主对工人的劳动激励问题，相关的专题研究也很少，甚至在最近一段时期之前，既有的学术史都没有提出要综合阐释企业调整劳动关系的系统措施，这说明学者一般都将注意力集中在问题的其他方面。

本章并不旨在对十月革命前俄国工业中的劳动关系展开全面研究，这一问题甚至可以单独作为一本专著了。本章主要讨论的是与十月革命前工人劳动激励直接或间接相关的各种问题。因此本章主要涉及工人的工资情况、工人工资的变化以及工人群体的分化、工人的物质生活状况、工厂主和工厂管理部门的社会政策等问题。

对 19 世纪末 20 世纪初俄国工业劳动关系问题的研究可以分为三个主要

阶段：十月革命前、苏联时期和后苏联时期。

十月革命前，对这一问题有所记述的主要是工厂检查官，或者负责处理工人事务的各级官员，他们非常关注工人的劳动和生活条件，以及其他社会广泛关注的难题。他们认为，工人当前得到的工资过低，与他们所付出的劳动并不对等。在工人的居住条件及其他日常生活问题上，他们认为工厂对工人的劳动保护措施做得还不到位。不过，这些人往往很少深入地分析工人的日常生活，并且通常对系统性的档案资料不感兴趣，而这些档案资料恰恰可以帮助我们弄清楚一些重要的事情。比如，熟练工人和非熟练工人工资差别的变化情况、各企业内部社会环境的变化情况及工人的劳动动机等问题。

但是，革命前的学者做出的贡献是无可置疑的。他们虽身处那个时代，但仍为后学留下了独一无二的材料，并且他们个人的观点往往建立在自己对相关问题的材料烂熟于心的基础上。其中 E. M. 杰缅季耶夫在十月革命前的研究成果《工厂的收支》最具代表性①。该书得出了一些重要结论，但缺乏理论分析，更多的是对工人劳动和生活条件进行统计和描述。作者收集的主要是 1884～1885 年的研究资料，同时研究内容还包含莫斯科省地方自治机关管理下的一些县的卫生状况②。作者对工人生活的某些方面进行了具体研究，比如工人在夏季是否可以离厂返乡务农、工人劳动的时间和强度、工人工资的数额以及劳动对工人健康的影响等问题。

1884～1885 年，俄国成立了工厂检查机关，首批工厂检查官对各厂的内部状况进行了记录（莫斯科地区的工厂检查官是 И. И. 杨茹，弗拉基米

① Дементьев Е. М. Фабрика, что она дает населению и что она у него берет. М., 1897.

② Е. М. 杰缅季耶夫在此项研究中利用了对谢尔普霍夫县轻重工业工厂的调查结果，参见 Дементьев Е. М. Санитарное исследование фабрик и заводов Серпуховского уезда. (Сборник статистических сведений по Московской губернии. Отдел санитарной статистики. Т. Ⅲ. Вып. XV.) Ч. I. М., 1888。这些材料对于本书意义重大，因为其中所包含的一些关于孔申手工工场工人宿舍、医院以及其他机构状况的资料弥补了档案资料的不足。

尔地区的工厂检查官是 П. А. 佩斯科夫)①。这些报告是研究 19 世纪 80 年代俄国各核心工业企业劳动关系问题非常重要的资料。这些报告中包含着大量有价值的材料和审慎的结论，我们可以通过这些涵盖了几十家不同工业企业的报告，对当时工厂的内部情况得出一个相对完整的认识。

遗憾的是，在此之后，再没有人做过规模如此广泛的研究调查了。需要重点指出的是，19 世纪 80 年代中期之后，工厂检查报告就再也没有公布过②，因此我们也无法继续使用这些材料来分析各厂劳动关系的演化。这里还需提到工厂检查官 И. М. 科兹明内赫 - 兰宁，他收集了大量关于 1897 年弗拉基米尔省和 1909 年莫斯科省工人状况的资料，但他所做的仅仅是各类统计表格的堆砌③。虽然这些统计材料的价值无可置疑，但是作为一个对工人日常工作情况和生活情况非常了解的人，И. М. 科兹明内赫 - 兰宁却很少

---

① [Песков П. А.] Фабричный быт Владимирской губернии. Отчет за 1882 - 1883 гг. фабричного инспектора над занятиями малолетних рабочих Владимирского округа П. А. Пескова. СПб., 1884; [Он же] Владимирский фабричный округ. Отчет за 1885 г. фабричного инспектора Владимирского округа д - ра П. А. Пескова. СПб., 1886; [Янжул И. И.] Фабричный быт Московской губернии. Отчет за 1882 - 1883 гг. фабричного инспектора над занятиями малолетних рабочих Московского округа И. И. Янжула. СПб., 1884; [Он же] Отчет за 1885 г. фабричного инспектора Московского округа проф. И. И. Янжула. СПб., 1886. См. также: [Давыдов К. В.] Отчет за 1885 г. фабричного инспектора С. - Петербургского округа К. В. Давыдова. СПб., 1886; [Михайловский Я. Т.] О деятельности фабричной инспекции. Отчет за 1885 год главного фабричного инспектора Я. Т. Михайловского. СПб., 1886.

② 除《Сводов отчетов фабричных инспекторов》外，只出版了一本《Отчет чинов фабричной инспекции Владимирской губернии》, 1894 - 1897. Ч. 2 (таблицы и приложения). Владимир, 1899。据我们所知，该报告第一部分没有出版，而通过其名称可以看出，其中涉及的研究对象并不多。

③ Козьминых - Ланин И. М. Девятилетний период (с 1 января 1901 г. по 1 января 1910 г.) фабрично - заводской промышленности Московской губернии. М., 1911; Он же. Заработки фабрично - заводских рабочих Московской губернии. М., 1911; Он же. Грамотность и заработки фабрично - заводских рабочих Московской губернии. М., 1912; Он же. Механическое ткачество в Московской губернии. Обработка хлопка. М., 1912; Он же. Уход на полевые работы фабрично - заводских рабочих Московской губернии. М., 1912; Он же. Врачебная помощь фабрично - заводским рабочим в уездах Московской губернии. М., 1912; Он же. Артельное харчевание фабрично - заводских рабочих Московской губернии. М., 1915; (转下页注)

像同时期的其他研究者那样在自己的著作中加入相关分析结论和一些有价值的观察结果。

比较遗憾的是，在 E. M. 杰缅季耶夫等首批工厂检查官之后，研究人员的水平完全无法与前人相提并论，这也导致了在之后的研究中出现了一些问题：后来的研究者们有 E. M. 杰缅季耶夫的资料和结论可供参考，所以 E. M. 杰缅季耶夫的资料和结论也经常出现在他们对 20 世纪初的研究中。但这并不客观，因为 20 世纪初的情况与 19 世纪 80 年代上半期明显不同。

E. M. 杰缅季耶夫曾经是一位著名的医生，同时他也对工厂立法和工厂的实际状况进行过大量研究，因此他对 1897 年和 1907 年俄国工业工人医疗保障状况的记述非常有价值①。在前后相隔 10 年的两个版本中，他收集了工人医疗保障方面的立法情况以及工厂主在医疗措施方面的支出情况。本书无法对每家工厂的医疗措施进行具体研究，只引用一些总体性的平均指标，这样可以更好地说明俄国工厂医疗措施的大体状况。

十月革命前的研究者得出的某些结论非常有价值，但是很少有人将他们的研究综合起来。当时的研究者很少进行针对个体的分析，他们通常立足国家层面，关注工业整体性的问题，对工人的情况只是附带进行研究，并未展开。

M. И. 图甘－巴拉诺夫斯基是最早对工人状况进行专门统计研究的人，

（接上页注③）Он же. Ⅰ. Семейный состав фабрично－заводских рабочих Московской губернии. Ⅱ. Сословный состав. Ⅲ. Формы найма, расчет и отпуски. IV. Сроки расплаты и время（рабочее или нерабочее）выдачи заработной платы. V. Способы вознаграждения（формы заработной платы）. М., 1914; *Он же.* Рабочие Московской губернии, занятые обработкою хлопка и обработкою металлов. Распределение и заработки рабочих в связи с отдельными профессиями, полом, возрастом, грамотностью и занимаемою квартирою（своя или хозяйская）. М., 1912.

① Дементьев Е. М. Врачебная помощь фабричным рабочим. 1－е изд. СПб., 1899; Дементьев Е. М. Врачебная помощь фабрично－заводским рабочим в 1907 году. 2－е изд. СПб., 1909.

他在 1898 年出版了《俄国工厂的今昔》[1]。该书首先对俄国工业发展的整体问题进行了研究，其次对工人和工厂主之间的关系着墨颇多。在“劳动报酬”这一章中，М. И. 图甘－巴拉诺夫斯基对 19 世纪工人劳动报酬（名义上和实际上的）的变化做出了解释。该书一个巨大的优点在于其中包含了大量中央工业区内纺织工厂不同年份不同岗位的工人的工资情况（М. И. 图甘－巴拉诺夫斯基表格中的数据取自工厂检查官的报告和 1896 年财政部公布的官方数据）。不过，书中的分析研究仅截至 1897 年。М. И. 图甘－巴拉诺夫斯基首先提出，1861 年改革后，工人的实际工资先是快速提高（主要是因为农奴工人离开工厂导致工人数量严重不足），然后大幅下降，在 19 世纪最后几年由于资本主义的发展再度提升，随之而来的是工人和工厂主之间的关系也发生了较大变化[2]。除工资外，作者对工人劳动的其他方面并没有过多涉及，因其关注点主要集中在工业发展上。

***

苏联时期对 19 世纪末 20 世纪初俄国劳动关系的研究始于苏俄甫一建立时，自 20 世纪 20 年代开始蓬勃发展。《俄国劳动史档案》杂志上刊登了许多研究工厂史和工业史的文章。这个时期的研究者们非常关注工人工资的变化过程。与此同时，官方也开始研究与十月革命前俄国经济和社会有关的问题。有些学者在文章中否认 20 世纪初工人实际工资存在增长，他们认为即使存在增长，也仅限于 1905～1907 年。他们认为原因在于工厂方面受到了工人革命斗争的影响[3]。他们的研究经常被拿来同苏联时期工人工资的变化

---

① Туган－Барановский М. И. Русская фабрика в прошлом и настоящем. Историческое развитие русской фабрики в XIX веке. СПб.，1898. Последнее по времени издание книги вышло в Москве в 1997 г.

② Туган－Барановский М. И. Русская фабрика в прошлом и настоящем. Историческое развитие русской фабрики в XIX веке. СПб.，1898. С. 413－429.

③ 关于 1890～1900 年俄国工人实际工资下降的论点，可参见 Ленин В. И. Обнищание в капиталистическом обществе // Полн. собр. соч. Т. 22. С. 221。

进行比较，目的是通过这种对比来证明苏联工业体制和苏联社会制度绝对的优越性。因此，这段时期的研究存在一定的不合理之处。比如，为了确保工人工资的发展情况是向好的，20 世纪 20 年代的学者们总是跳过 1918 ~ 1919 年这段时期，因为这段时期堪称俄国工业的灾难，而这显然并不合理。

20 世纪 20 年代，在十月革命前工人劳动工资问题方面成果最突出的研究者是 С. Г. 斯特鲁米林。除了研究工资外，С. Г. 斯特鲁米林还对物价变化颇有研究，他曾组织整理莫斯科和圣彼得堡主要商品价格的物价指数①。1926 年和 1930 年，С. Г. 斯特鲁米林在《计划经济》杂志上提出了自己关于俄国工人劳动工资的主要论断。他认为，从整体上讲，19 世纪末 20 世纪初，俄国工人的实际工资呈增长趋势。在这一前提下，С. Г. 斯特鲁米林和其他研究者一致认为，苏联社会体系的前景是乐观的。正如我们前文提到过的那样，如果以 19 世纪初工厂工人的实际工资为例，那么它就和 20 世纪初的情况一样，因此这一时期工人工资的增长被认为如同 19 世纪 70 年代那样，是对困难状况的一种“修正”。С. Г. 斯特鲁米林对改变劳动力结构的重要因素也进行了大量的分析，并且总结出了不同年代工人平均工资的综合指标。例如，19 世纪上半叶，俄国低薪女工的比例持续上升，这拉低了工资指标。从另一个方面来说，这一时期熟练工人的比例也在上升，这又拉高了工资指标。对此，С. Г. 斯特鲁米林提出了一种评价方法。但要指出的是，这种评价方法比较笼统，几乎没有使用任何统计数据来支撑。

20 世纪 20 年代出版了大量关于俄国工人阶级和俄国工业史的文献资料。在此期间研究人员收集并出版了一批工人回忆录，这些回忆录对于了解十月革命前工厂生活的细节非常重要。20 世纪 30 年代，以 А. М. 潘克拉托娃为首的一些学者为了研究工厂史，积极收集各类与工人阶级相关的历史资料。但可惜的是，其中大部分资料并未公开出版（这些资料现存于俄罗斯国家档案馆，档案号 7952，尚未整理完毕）。其中就有普罗赫罗夫三山手工工场的历史资料，这家大型手工工场位于莫斯科州，是工厂史最主要的研究

---

① Струмилин С. Г. Очерки экономической истории России. М. , 1960. С. 115.

主体之一[①]。

从20世纪30年代后半期起，工人问题研究开始让位于苏共党史研究，工人问题的研究成果越来越少。正如A.K. 索科洛夫所指出的那样，在苏联史学史中，自20世纪30年代后半期以来，对工人阶级史的研究居于苏共党史研究之后，并且当时的研究也很教条[②]。20世纪30～50年代，工人阶级史学者虽因教条立场时有争论，但需要指出的是，这一时期对十月革命前工人问题的研究仍有可取之处，只要学者承认《联共（布）党史简明教程》的正确性，就可以利用全新的文献资料对其进行补充和完善[③]。

直到20世纪50年代末期，工人问题研究领域内才出现了一些严肃的研究成果，比如С.Г. 斯特鲁米林的《俄国经济史纲》（此为作者既有研究成果的合集）、А.Г. 拉申的《俄国工人阶级的形成》等[④]。19世纪70年代末，学界就工业工人的实际工资是否增长的问题展开了讨论。学者们在各自的著作中列举了很多因素，这些因素使得工资的增长变得失去意义。例如，早在1926年，在一本与十月革命前俄国工人工资问题有关的书中就曾指出："物质福利的普遍增长会影响到工人自身的福利。工人追求的是要像所有人一样地生活，穿的要比以前好，过去那种类似地下室一样的生活环境无法再让工人满意，原来的工资水平已经无法满足工人的新需求。"[⑤] 经过研究发现，之后工人的实际工资的确有所增长。一本著名的专著在谈及十月革命前俄国的工人阶级时讲道："虽然在使用各种不同的数据时会有一些不可避免的误差，但是根据名义工资和价格的相对指数，证明所研究的工人群体的实

---

① Лапицкая С. Быт рабочих Трехгорной мануфактуры. М., 1935.

② Соколов А. К. Перспективы изучения рабочей истории в современной России // Отечественная история. 2003. № 4. С. 133.

③ Соколов А. К. Перспективы изучения рабочей истории в современной России // Отечественная история. 2003. № 4. С. 133－134.

④ Струмилин С. Г. Очерки экономической истории России. М., 1960; Рашин А. Г. Формирование рабочего класса России. М., 1958; Из истории рабочего класса и революционного движения. М., 1958 и др.

⑤ Лаврентьев В. Заработная плата в России прежде и теперь (при капитализме и при диктатуре пролетариата). Харьков, 1926. С. 42.

际工资有一定提高，不过，20世纪初商品零售价格的提高使这种增长失去了意义”。[①] 价格的增长掩盖了工人实际工资的增长，这就产生了矛盾，因为实际工资的增长恰恰是要以商品价格的变化为考量的。

遗憾的是，学者们很少使用各家企业的公文资料，要知道这些资料的潜力非常巨大。这里要特别提到M.И. 希尔伯特和M.K. 罗日科娃，他们在研究工资的过程中引用了很多类似的文件（二人的文章刊发在同一部论文汇编中）[②]。他们的研究与我们此次的研究有直接关系，尤其是希尔伯特所使用的资料也来自孔申手工工场，这是我们重点研究的两家企业之一，这些作者所使用的研究方法和得出的结论会在本书第三章进行介绍。

20世纪60～80年代，许多论文集、专著和集体著作都对工人问题进行了阐述[③]。概括性专著《俄国工人阶级：从诞生到20世纪》吸收了其中大部分的成果[④]。该书从多方面研究工人问题，其中包括工人地位和他们的劳动报酬。Ю.И. 基里亚诺夫的专著《俄国工人的生活水平》也引用了大量资料并加以分析[⑤]。作者在书中收集了大量关于工人的工资和罚款、住宿和饮食状况、日常生活条件等公开资料。通过这些研究可以确定，从19世纪末到20世纪初工人的实际工资是增长的。但Ю.И. 基里亚诺

① Рабочий класс России от зарождения до начала XX в. М., 1989. С. 336.

② Гильберт М. И. Движение заработков рабочих в конце XIX в. // Из истории рабочего класса и революционного движения. М., 1958; Рожкова М. К. Заработная плата рабочих Трехгорной мануфактуры в 1892 – 1913 гг. М., 1958.

③ История рабочего класса России. 1861 – 1900 гг. М., 1972; История рабочих Ленинграда. Т. 1. 1703 – февраль 1917 г. М., 1971; *Кирьянов Ю. И.* Рабочие Юга России. 1914 – февраль 1917 г. М., 1971; *Серый Ю. И.* Рабочие Юга России в период империализма (1900 – 1913 гг.). Р. – н – Д., 1971; Рабочий класс Сибири в дооктябрьский период. Новосибирск, 1982; История рабочего класса Белорусской ССР. Т. 1. Рабочий класс Белоруссии в период капитализма. Минск, 1984.

④ Рабочий класс России от зарождения до начала XX в. 1 – е изд. М., 1983; 2 – е изд., доп. М., 1989.

⑤ Кирьянов Ю. И. Жизненный уровень рабочих России (конец XIX – начало XX в.). М., 1979.

夫对劳动关系中所有其他组成部分都进行了非常消极甚至否定的评价；此外，他还就工人的住宿问题得出了结论：虽然工厂方面公开宣布要大力兴建工人住宅，并且已经开始施工，但是在俄罗斯帝国最后的20年中，住房危机不仅没有得到解决，反而更加尖锐了。在工人的饮食问题上，Ю.И. 基里亚诺夫认为，在实行资本主义制度时期大部分工人的饮食比较单调，得到的食物数量不足，且基本达不到他们劳动强度所要求的食物最低标准，不过20世纪初的状况确实比19世纪80～90年代的状况有所改善。

应当承认，上述研究成果具有很高的学术价值。苏联时期的学者对十月革命前俄国工业史和工人问题进行了大量的研究，根据图书索引来看，仅在1972年关于这一问题的研究成果就有2800项之多[①]。同时要强调的是，苏联时期绝大多数的研究重点关注工人运动和无产阶级的艰苦状况。同时工人问题是非常复杂的，这一问题涉及数百万人，因此在大量的资料（回忆录、企业公文资料、工厂检查官和法院资料）中可以找到支持各种观点的证据。但遗憾的是，苏联时期的历史研究在处理这方面的问题时始终带有偏见，他们只是为了证明工人在资本主义制度下的状况非常差，而在苏维埃政权时代则越来越好。通常，在众多资料中学者们只会选择那些可以最大限度否定工厂主的资料[②]。后文我们会在孔申手工工场和雅罗斯拉夫尔大手工工场的个案研究中看到这类畸形描述。所以，虽然苏联时代相关工作做了很多，但是在工人劳动激励等问题上的研究还很不够。

与此同时，外国史学界并不是很关注十月革命前俄国工业工人的劳动激励问题，尤其是在微观层面。虽然外国史学界与苏联史学界相比要自由很

① Положение пролетариата России. Указатель литературы. Вып. Ⅰ－Ⅱ. М.，1972.

② Рожкова М. К. Трехгорная мануфактура ко времени революции 1905 года // Русский рабочий в революционном движении. Сборник первый. Рабочие Трехгорной мануфактуры в 1905 году. М.，1930. С. 22－25.

多，但是在20世纪80年代末[①]，外国学者的结论仍然受苏联史学影响。A. K. 索科洛夫的结论是，“西方学者与苏联学者的政治观点和对事实的解释并不相同”[②]。西方历史学者主要研究的是工人运动、罢工运动以及其他形式的劳动冲突[③]，在研究俄国劳动力结构及其在工业化时期的失衡[④]、工人和土地之间的联系、工人的贫困化过程等方面成果不俗[⑤]。关于西方史学界对十月革命前工人阶级研究结论的变化在不久前 A. K. 索科洛夫[⑥]和 Л.

① Крупина Т. Д. Российский пролетариат на пути к Октябрю. Критический анализ новейшей буржуазной историографии. М., 1987; Поткина И. В. Индустриальное развитие дореволюционной России. Концепции, проблемы, дискуссии в американской и английской историографии. М., 1994.

② Соколов А. К. Драма рабочего класса и перспективы рабочей истории в современной России // Социальная история. Ежегодник 2004. М., 2005. С. 20.

③ 例如可参见：Engelstein, L., Moscow, 1905, Working Class Organizations and Political Conflict, Stanford, 1982; Bonnel, V. E., Roots of Rebellion: Workers' Politics and Organizations in St. Petersburg and Moscow, 1900 – 1914, Berkley and Los Angeles, 1983; Friedgut, Th. H., Iuzovka and Revolution, Vol. 1, Life and Work in Russia's Donbass, 1869 – 1924, Princeton, 1989; McKean, R. B., St. Petersburg between the Revolutions: Workers and Revolutionaries, June 1907 – February 1917, New Haven, 1990; Wynn, Ch., Workers, Strikes, and Pogroms: the Donbass – Dnepr Bend in Late Imperial Russia, 1870 – 1905, Princeton, 1992; *Хеймсон Л.* К. вопросу о политической и социальной идентификации рабочих России в конце XIX – начале XX вв.: роль общественных представлений в отношениях участников рабочего движения с социал – демократической интеллигенцией // Рабочие и интеллигенция России в эпоху реформ и революций. 1861 – февраль 1917. СПб., 1997。

④ Zelnik, R. E., Labor and Society in Tsarist Russia: the Factory Workers of St. Petersburg, 1855 – 1870, Stanford, 1971; Bater, J. H., St. Petersburg: Industrialization and Change, Montreal, 1976; Crisp, O., Studies in the Russian Economy before 1914, London, 1976; Crisp, O., Labour and Industrialization in Russia // Cambridge Economic History of Europe / Ed. by P. Mathias, M. M. Postan., Cambridge, 1978, Vol. 7, Pt. 2, pp. 308 – 415; Falkus, M. E., The Industrialization of Russia, 1700 – 1914, London, 1972; Gatrell, P. W., The Tsarist Economy, 1850 – 1917, London, 1986.

⑤ 例如可参见：Johnson, R. E., Peasant and Proletarian. The Working Class of Moscow in the Late 19th Century. New Brunswick, 1979; Bradley, J., Muzhik and Muscovite. Urbanization in Late Imperial Russia, Berkeley, Los Angeles, London, 1985; Engel, A. B., Between the Fields & the City. Women, Work & Family in Russia, 1861 – 1914, Cambridge, 1994; Burds, J., Peasant Dreams & Market Politics. Labor Migration and the Russian Village, 1861 – 1905, Pittsburgh, 1998。

⑥ Соколов А. К. Драма рабочего класса и перспективы рабочей истории в современной России // Социальная история. Ежегодник 2004. М., 2005.

西格利鲍姆[①]（二人的文章主要是研究苏联工人阶级史）的概述性文章中曾简短提到过。

***

1980～1990年，对这段历史的研究发生了彻底改变。正如И. М. 普什卡廖娃所说，“十月革命前俄国工人阶级的历史曾和布尔什维克党的历史密切相关，而在社会主义制度倒塌后，‘工人问题’也就不可避免地要和苏联共产党一起遭受质疑”[②]。在评价苏联时期对工人问题的研究状况时，И. М. 普什卡廖娃“承认自己曾受意识形态的影响”，对“无产阶级群众丰富多彩的生活、劳动和斗争”进行过不合理的处理。И. М. 普什卡廖娃认为，对这种情况的修正不应该是机械的“增”和“减”，而应该对史料进行仔细、客观的研究，完善研究方法，充分利用外国史学界的成果，以及借鉴相关学科的理论进行研究（如社会学、心理学都与研究工人的民族精神、日常生活、劳动动机及工厂主和政府之间的冲突有关）[③]。

关于这点，А. К. 索科洛夫指出，20世纪90年代的巨变导致研究苏联共产党和工人阶级问题的学术机构被裁撤，这些机构所负责的期刊也停止出版。“该研究领域的一大批历史学家临阵脱逃了”[④]，А. К. 索科洛夫称之为“工人阶级历史的结束”。在谈到本国历史学家的研究目标发生了根本改变时，А. К. 索科洛夫写道：“主要研究对象变成了工厂主和生产活动的组织者，对工人则只是一笔带过，不再将其作为研究的主要对象。”他认为这样做扭曲了劳动关系的实际情况，使人们无法理解及解释俄国20世纪的社会

① Сигельбаум Л. Поздний роман с советским рабочим классом в западной историографии // Социальная история. Ежегодник 2004. М., 2005.

② Пушкарева И. М. Возвращение к забытой теме: массовое рабочее движение в начале XX века // Отечественная история. 2007. №2. С. 101.

③ Пушкарева И. М. Возвращение к забытой теме: массовое рабочее движение в начале XX века // Отечественная история. 2007. №2. С. 101－102.

④ Соколов А. К. Перспективы изучения рабочей истории в современной России // Отечественная история. 2003. № 4. С. 134－136.

剧变[①]。

近年来，在工人问题研究领域出现了一些新的观点，一批大型研究项目得以重启，探讨工人问题的会议也重新举办[②]。新工人史、工厂史、工厂主活动、成功的商业生产活动等话题重新回到学者的视野中。在研究工厂主活动的过程中，学者们开始进一步研究工厂主如何使工人既能遵守工厂的规定，又能积极工作。学者们选择从大型企业的档案资料入手研究。

在这些研究中，最著名的要数 И. В. 波特金娜对莫罗佐夫家族的尼科利斯科耶手工工场经济活动的研究[③]。在对大量档案资料开展研究的基础上，И. В. 波特金娜向人们展示了这家大型纺织企业的变化。自 1885 年发生罢工事件后，尼科利斯科耶手工工场便颇受历史学家关注。И. В. 波特金娜的研究目标在于手工工场的商业成就，因此她将主要注意力放在了莫罗佐夫家族的经济活动上。但作者对工人问题同时也进行了大量探讨，书中有数个章节与 1860 ~ 1910 年莫罗佐夫的社会政策、劳动关系、劳动力结构、工人工资及手工工场内部的社会冲突等主题有关。可以看出，尼科利斯科耶手工工场其实为工人做了很多工作，如兴建大规模的住宅、花费巨资改善环境、拟定规章制度、提高工人工资等。И. В. 波特金娜强调，尼科利斯科耶手工工场追求的是建立家长制经营体系，力求工人们能感受到企业对自己的关心，进而将自己所从事的工作与手工工场结合起来。事实证明，莫罗佐夫家族的一系列措施卓有成效，尼科利斯科耶手工工场的各种冲突非常少见（著名的莫罗佐夫罢工事件属于特例）。И. В. 波特金娜的这部专著不仅重新揭示了工厂主和工人之间的关系，更重要的是，以上观点是在利用大量公文资料和其他档案资料的基础上提出的。传统的苏联史学观点认为工人和工厂主之间的

① Соколов А. К. Перспективы изучения рабочей истории в современной России // Отечественная история. 2003. № 4. С. 135 – 136.

② 这里我们提到的是 2001 ~ 2007 年在科斯特罗马举行的 4 场关于俄国工人和企业家的国际会议。

③ Поткина И. В. На Олимпе делового успеха: Никольская мануфактура Морозовых, 1717 – 1917. М., 2004.

关系是对立的，与此相对的是，И. В. 波特金娜非常重视分析莫罗佐夫家族为工人采取了哪些具体的措施。她在著作中提出了“社会导向型企业”的概念，其特征是企业所有者在社会规划方面存在全面性和多样性，并且这一行为存在规律性和延续性。关于定量标准，И. В. 波特金娜认为，“这类企业的特征是将超过非生产总成本4%作为临界点，并从净利润中扣除大致相同的部分”①。И. В. 波特金娜根据她在书中列出的计算结果得出结论：尼科利斯科耶手工工场“是俄国纺织工业中的社会导向型企业”②。

需要指出的是，以具体资料为基础对工厂史进行研究是极其重要的，因为只有在微观层面才能具体分析研究与工厂主和工人之间社会关系有关的一系列重要问题。也就是说，对企业事务资料的分析可以发现工人和工厂主关心的主要问题以及解决方法。而在大量的统计学资料中，实际上这些问题都隐藏在平均数字中，更多的是作为其他研究的背景资料呈现的，因此对研究对象的细节和特点反映得不够突出。

А. К. 索科洛夫在对工人史的研究中大量运用了微观方法和宏观方法。他指出，对这些方法的整合是现代俄罗斯史学最重要、最复杂的任务③。要解决这一任务，准确地来讲，就是要对过去的时间和细节进行更精确的分析，得出更加广泛的解释和结论。А. К. 索科洛夫写道：“微观研究一旦脱离了大的背景（如经济、政治、思想等领域的客观条件），就无法完全发挥自己的潜力。”④

А. К. 索科洛夫强调，微观方法是工人史研究的有力武器，这可以在

① Поткина И. В. На Олимпе делового успеха: Никольская мануфактура Морозовых, 1717 – 1917. М., 2004. С. 203.

② Поткина И. В. На Олимпе делового успеха: Никольская мануфактура Морозовых, 1717 – 1917. М., 2004. С. 203.

③ Соколов А. К. Перспективы изучения рабочей истории в современной России // Отечественная история. 2003. № 4. С. 130.

④ Соколов А. К. Перспективы изучения рабочей истории в современной России // Отечественная история. 2003. № 4. С. 130.

《来自下层的历史》（*History from below*）和日常生活史中体现出来[①]。A. K. 索科洛夫公正地指出，虽然《来自下层的历史》一书经常被认为是一本讲述日常生活史的著作，题材深度不够，对群落历史的讲述比较散乱，理论分析不足，并且各部分内容之间的联系比较弱，但是该著作可以作为一种新的社会史研究的方法论，用于分析很多重要的问题，可以在当研究遇到困难时作为一种新的选择加以利用[②]。

需要指出的是，A. K. 索科洛夫在定性和定量方法的相互关系问题上也有独到见解。他认为，“定量和定性完全不矛盾……实际上，定量方法的应用在历史中总是一种‘定性的定量’……电子计算机的运用、很多电子历史档案和数据库[③]的建立实际上也是微观分析”[④]。本书也利用了这种定性的研究方法。

在本书中我们同样遵循了上述方法论，并且将其综合利用。

很多学者认为，研究具体企业的历史有助于理解整个工业进程，因此研究各具体企业历史的著作及其他出版物屡见不鲜，但是这些出版物所强调的重点有所不同。十月革命前，这些出版物要么是工厂自己为庆祝周年纪念而出版，要么是为参加俄国或国际工业展览而出版，其内容大多是工厂的经济活动，对于工厂劳动关系的问题着墨甚少[⑤]。只有莫斯科的埃米丽·钦杰利

---

① Соколов А. К. Перспективы изучения рабочей истории в современной России // Отечественная история. 2003. № 4. С. 136.

② Соколов А. К. Перспективы изучения рабочей истории в современной России // Отечественная история. 2003. № 4. С. 137.

③ 这里主要指的是在传记材料基础上进行的研究。

④ Соколов А. К. Социальная история России новейшего времени: проблемы методологии и источниковедения // Социальная история. Ежегодник 1998/99. М., 1999. С. 71.

⑤ 例如可参见：Товарищество Никольской мануфактуры «Саввы Морозова сын и К°» ко Всероссийской промышленной и художественной выставке 1896 г. в Нижнем Новгороде. М., 1896; Ярославская Большая мануфактура. М., 1896; Товарищество ситцевой мануфактуры Альберта Гюбнера в Москве. 50 – й год с основания фабрики. 25 – й год с учреждения Товарищества. М., 1896; Норская мануфактура в ее прошлом и настоящем. М., 1900; Товарищество мануфактур Ивана Коновалова с сыном. 1812 – 1912 г. Краткий исторический очерк. [М., 1912?]; Терентьев П. Н. Прохоровы: Материалы к истории Прохоровской Трехгорной мануфактуры и торгово – промышленной деятельности семьи Прохоровых. 1799 – 1915 гг. М., 1996 (переиздание выпуска 1915 г.)。

纺织工厂的出版物中对工人劳动条件进行了描述[①]，但是和十月革命前的大部分出版物一样，它也只是简单地描述工人劳动条件的性质而已，缺乏具体而详细的分析。

20世纪20年代，全面研究工厂史的必要性日益凸显。1926年，H. A. 罗日科夫从史料学和方法论的角度提出，需要对具体企业的历史进行研究。而且他认为，企业的公文档案有很高的信息价值，是最能无偏见地、客观地反映企业生产活动历史的资料。H. A. 罗日科夫在他关于1900～1940年三山手工工场发展史的著作中对此进行了应用[②]，但很快遭到了否定：在马克思主义历史学家协会会议上，各方就H. A. 罗日科夫的方法进行了辩论，与会者批评H. A. 罗日科夫过度“追求数字”。M. B. 涅奇金娜的话更有代表性：“这是统计学，而不是历史学。”[③]

几乎从那时起，学者们开始大量收集有关“工厂史”的资料，其中包括很多工人的回忆录。尽管学者们收集到的（甚至有些是被加工过的）部分材料被整理出版，但是从20世纪30年代中期开始，这方面的研究便开始衰退了。苏联时期很多与具体企业的历史有关的出版物，与其说它们是科学的，不如说它们是用于政治宣传的。十月革命前有关企业历史的主要话题通常是地区性的阶级斗争问题。

如今研究者们倾向于从不同角度（如经济活动、企业管理机制、工厂主的慈善活动等方面）研究工厂史。И. В. 波特金娜在专著中重点分析了科

---

① Шестаков П. М. Рабочие на мануфактуре т－ва «Эмиль Циндель» в Москве. М., 1900.

② Рожков Н. А. К методологии истории промышленных предприятий（стенограмма доклада на заседании Общества историков－марксистов 9. 4. 1926）// Историк －марксист. 1926. Т. 2；Он же. Прохоровская мануфактура за первые 40 лет ее существования // Историк－марксист. 1927. Т. 6.

③ Рожков Н. А. К методологии истории промышленных предприятий（стенограмма доклада на заседании Общества историков－марксистов 9. 4. 1926）// Историк －марксист. 1926. Т. 2；Он же. Прохоровская мануфактура за первые 40 лет ее существования // Историк－марксист. 1927. Т. 6. С. 217.

斯特罗马省 A. 克拉西利希科娃及其子的纺织工厂的历史[①]。但是该书首先是一部“家族史”，其次关注了企业活动的经济方面，不过对工人和工厂主之间的关系不太关注。

值得一提的是，在最近二十年中，学者们越来越多地利用新理论和新方法研究十月革命前俄国的工业、劳动关系和“工人史”。正如 T. B. 博伊科提到的那样，“我们过去曾习惯于用马克思主义理论去解释工人运动的历史，而现在，我们可以在俄国纷繁复杂而又动态多变的现代化进程的范围内重新采用新的、有建设性的方法来研究工人社会发展和文化发展问题”[②]。

就这样，学者对“工人史”的研究方法发生了改变，他们放弃以往对劳动关系的传统理解，特别是阶级斗争意识，跨学科的研究方法在工厂主对工人劳动激励的研究中所起到的作用越来越大。

实际上，在 20 世纪 90 年代之前，对于十月革命前俄国工人劳动动机的问题还无人关注。显而易见的是，在任何一种活动，甚至是强迫劳动中，工人的劳动动机也不是一成不变的，往往会取决于工人自身的劳动效率、工作完成的质量和速度等因素。

工人的劳动动机同时也会受到工厂主对其劳动激励措施的影响，或者反过来说，在一系列劳动激励措施的影响下，工人的劳动动机也会产生差异。

工厂主对工人的劳动激励措施分为三类，分别为奖励、惩罚以及道德激励。这无论是在十月革命前，还是在苏联时期的工业企业的资料中都可以找到证明。近年来，一些俄罗斯历史学家和工人史的研究者们对此做了大量研究，可以说在工人史领域已经形成了一系列完整的研究方向，这可以在很多企业的资料中找到证明，如普罗赫罗夫的三山手工工场、特维尔汽车制造

---

① Красильщиков А. П. Сафронов В. Д. Фабриканты Красильщиковы. М. , 2000.

② Бойко Т. В. Рабочие России и культура: Полемика на страницах консервативной и либеральной периодики начала XX века. М. , 1997. С. 6.

厂、莫斯科电器厂等①。

① 参见：Журавлев С. В., Мухин М. Ю. «Крепость социализма»: Повседневность и мотивация труда на советском предприятии, 1928 – 1938 гг. М., 2004. Также см. статьи: Бородкин Л. И., Валетов Т. Я. Микроанализ данных о квалификации и динамике заработной платы рабочих – текстильщиков Товарищества мануфактур Н. Н. Коншина (конец XIX – начало XX вв.) // Экономическая история. Ежегодник 2000. М., 2001; Бородкин Л. И., Сафонова Е. И. Государственное регулирование трудовых отношений в годы нэпа: формирование системы мотивации труда в промышленности // Экономическая история. Обозрение. Вып. 5. М., 2000; Бородкин Л. И., Сафонова Е. И. Трехгорка на пути от 1917 г. к нэпу: эволюция трудовых отношений // Экономическая история. Обозрение. Вып. 9. М., 2003; Бычков С. Ю. Мотивация труда на Тверском вагоностроительном заводе, 1915 – 1928 гг. // Экономическая история. Обозрение. Вып. 8. М., 2002; Валетов Т. Я. Об оплате труда различных категорий рабочих на фабрике Товарищества мануфактур Н. Н. Коншина в Серпухове в начале XX в. // Экономическая история. Обозрение. Вып. 6. М., 2001; Он же. Система социального обеспечения как фактор мотивации труда на фабриках товарищества мануфактур Н. Н. Коншина в начале XX в. // Рабочий класс и рабочее движение России: история и современность М., 2002; Кирьянов Ю. И. Мотивация фабрично – заводского труда в России в зеркале профсоюзной прессы 20 – х годов XX в. // Экономическая история. Обозрение. Вып. 7. М., 2001; Он же. Фактор мотивации труда в российском фабрично – заводском законодательстве // Экономическая история. Обозрение. Вып. 4. М., 2000; Маркевич А. М. Стимулы к труду в металлургической и металлообрабатывающей промышленности Россиив годы Первой мировой войны. На примере Московского металлического завода (завод Гужона) // Экономическая история. Обозрение. Вып. 6. М., 2001; Мирясов А. В. Мотивация труда промышленных рабочих в России в 1920 – е годы: некоторые аспекты проблемы (на материалах Пензенской губернии) // Экономическая история. Обозрение. Вып. 7. М., 2001; Сафонова Е. И. Московские текстильщики в годы нэпа: квалификация и дифференциация в оплате труда // Экономическая история. Ежегодник. 2000. М., 2001; Сафонова Е. И., Бородкин Л. И. Мотивация труда на фабрике «Трехгорная мануфактура» в первые годы Советской власти // Историко – экономические исследования. № 1. Иркутск, 2002; Смирнова Ю. Б., Шильникова И. В. Система наказаний на Ярославской Большой мануфактуре во второй половине XIX – начале XX вв. // Экономическая история. Обозрение. Вып. 8. М., 2002; Соколов А. К. Советская политика в области мотивации и стимулирования труда (1917 – середина 1930 – х годов) // Экономическая история. 41 Обозрение. Вып. 4. М., 2000; Тогоева С. И. Факторы влияния на мотивацию труда (на материалах Тверского вагоностроительного завода в 1941 – 1951 гг.) // Экономическая история. Обозрение. Вып. 8. М., 2002; Шильникова И. В. Роль вознаграждения в мотивации труда рабочих – текстильщиков Ярославской Большой мануфактуры в начале XX века // Экономическая история. Обозрение. Вып. 6. М., 2001。

这种研究方法在 A. K. 索科洛夫和 A. M. 马尔科维奇所做的关于莫斯科金属制品厂（也就是后来的“镰刀与锤头”工厂，创始人为 Ю. П. 古容）工人劳动动机的研究中得到了广泛应用①。两位作者详细研究了莫斯科金属制品厂成立至今百余年的历史，主要探讨了工厂主对工人的劳动激励模式。20 世纪的俄国给了我们许多经济和社会方面的经验：同一家工厂在不同时期会使用各种不同的劳动激励机制，从结果我们可以看出一种模式的好坏，以及对工人劳动动机的影响。比如，苏联建立初期曾将不同等级工人的工资平均化，作者强调，这一做法并不可取。除此之外，对于斯达汉诺夫运动和苏联 20 年代中期至 50 年代末社会主义竞赛时期的突击队运动的发展问题，作者同样给出了否定意见。至于十月革命前的历史时期，作者的主要结论是：工厂主的策略是奖励为数不多的熟练工人，但忽视大多数非熟练工人的诉求。这种策略是在十月革命前俄国工业高速发展的历史条件下出现的，当时莫斯科拥有数量庞大的非熟练工人，每天都有大量没有工作的人站在工厂大门旁，而工厂主们每天可以非常便宜的价格雇到为数众多的日工。这种情况在第一次世界大战期间有所变化，当时的劳动力市场发生了结构性改变，于是工厂主采用了新方法来迫使工人按照自己制定的规则去劳动。其中最主要的一个方法是延期服役。作者强调，从形式上来讲，当时的工人并没有被强制地固定在某一家工厂里，他们可以找其他的工作，可以去其他工厂做工，这样还可能得到比之前更优厚的条件，当时的工厂管理部门显然不希望这种情况发生，因此他们采取延期服役的方法将很多到了服兵役年龄的男工留在工厂②。

上述研究是从劳动动机角度成功研究大型企业历史的重要范例，并且以古容创办的工厂为例揭示了俄国企业管理部门所采用的劳动激励措施。不过，古容创办的工厂是一家冶金工厂，并非纺织工厂，因此工厂主和工人之

① Маркевич А. М., Соколов А. К. «Магнитка близ Садового кольца»: Стимулы к работе на Московском заводе «Серп и молот», 1883 – 2001 гг. М., 2005.

② Маркевич А. М., Соколов А. К. «Магнитка близ Садового кольца»: Стимулы к работе на Московском заводе «Серп и молот», 1883 – 2001 гг. М., 2005. С. 57.

间的劳动关系可能与我们研究的样本有所不同。但是因为莫斯科金属制品厂与孔申手工工场及雅罗斯拉夫尔大手工工场的规模都比较大，所以这些工厂内部的劳动关系状况应该比较类似，莫斯科金属制品厂甚至在某些方面比小型纺织企业对我们更有参考价值。所以我们认为分析大型冶金工厂和大型纺织企业劳动关系的异同对我们此次的研究大有裨益。

上述这种研究方法的基础是对劳动激励类型进行分类，发现其在不同企业中的相互作用。这种方法是非常合理而且有意义的，但这并不是从劳动动机的角度出发研究劳动关系的唯一方法。Б. Н. 米罗诺夫在自己的著作中将十月革命前俄国企业中工人的劳动态度和农民的劳动态度进行了比较[①]，得出的主要论点是，在快速工业化的条件下，劳动力即如今的工人在过去大多是农民，在研究这些工人行为动机的时候就必须考虑到他们作为农民时的心理状态。虽然作者的一些论点具有争议性（比如俄国工人的节假日甚至比欧洲国家更多，俄国工人的工时比欧洲工人的工时更短等），但 Б. Н. 米罗诺夫在著作中坚定地指出，从劳动态度、劳动生产率甚至从内务规定的遵守程度等角度出发，十月革命前俄国工人对待工作的态度都与同时期西方的工人和今天的工人不同，在评价其劳动动机的时候不能忽视他们所具有的农民心理特点。

终于，我们要来谈谈本书所研究的两家工厂——孔申手工工场和雅罗斯拉夫尔大手工工场。我们主要关注的是工人和工厂主之间的关系。

虽然孔申手工工场在俄国纺织工业中占据主导地位，但关于它的材料并不多。十月革命前，该厂甚至缺乏像三山手工工场和埃米丽·钦杰利纺织工厂那样的工厂史介绍。对孔申手工工场劳动关系的第一次描述出现在 1925 年的谢尔普霍夫工厂工人回忆录汇编中，当时正值 1905 年俄国革命 20 周年[②]，工人和工厂主之间的斗争非常激烈，这在汇编中可以找到很多证明。

---

① Миронов Б. Н. «Послал Бог работу, да отнял черт охоту»: трудовая этика российских рабочих в пореформенное время // Социальная история. Ежегодник, 1998/99. М., 1999.

② 1905 - й год в Серпухове. Сборник воспоминаний о рабочем движении в Серпуховском уезде. Серпухов, 1925.

О. А. 舍斯塔科夫关于谢尔普霍夫纺织工业的概述比较严谨[①]，但对于我们的课题而言，其中可借鉴的内容并不是很多，因为这一概述主要不是在讲工人，而是侧重于描述生产过程，况且这一概述在介绍孔申手工工场活动的内容时，将这部分内容同一战的历史交织在了一起，这在一定程度上影响了材料的可用性。

С. И. 阿里斯托夫也对该问题进行了研究。20 世纪 40 年代，他在自己所著的两本几乎一样的著作中提到了谢尔普霍夫的工人们[②]。作者于 1911 年成为布尔什维克，同时他也是谢尔普霍夫布尔什维克印刷厂的创立者。1917～1918 年，С. И. 阿里斯托夫担任革命军事委员会（该委员会于 1917 年在彼得格勒等地为准备武装起义而建立）成员及赤卫队参谋长，是参与逮捕孔申手工工场前厂长的人之一，因此他在看待工人和工厂主之间的关系时表现出极端的阶级立场——前者被其描写成英雄，而对后者则没有一句善言。但无论如何，С. И. 阿里斯托夫的著作比较充实，利用了大量的实际材料。

有关谢尔普霍夫历史的书籍同样可以为我们所用。孔申手工工场是谢尔普霍夫的一家大型工业企业，这类书籍中往往会对其有所涉及[③]。不过这类书籍中的一些内容几乎是一字不差地从 С. И. 阿里斯托夫那里照搬过来，因此形成了孔申作为“坏资本家”的刻板印象，但是有时书中的内容也有其他地方的来源，主要是引用了内务部的档案。

对孔申手工工场历史的专门研究始于 20 世纪 90 年代，但规模不大。如 А. Д. 孔申的一些文章[④]，以及 А. И. 阿克谢诺夫和 Ю. А. 彼得罗夫对孔申

---

① Шестакова О. А. Текстильная промышленность Серпухова за 20 лет（с 1908 по 1928 г.）// Московский край в его прошлом. Труды общества изучения Московской области. Вып. 6. Ч. 2. М.，1930. С. 77－88.

② Аристов С. И. Серпуховские текстильщики. М.；Л.，1940；Он же. Город Серпухов. М.，1947.

③ Гарин Г. Ф.，Савоскул С. С.，Шилов В. В. Серпухов. М.，1989.

④ Коншин А. Д. Текстильный король России Н. Н. Коншин и его потомки // Историческая генеалогия. 1995. № 3；Он же. Морозовы и Коншины－деловые партнеры // Доклады Третьих Морозовских чтений. Ногинск，1997.

工厂主们的特写等[①]。最近出版的著作很多都引用了孔申手工工场管理部门的会议记录，这些记录现存于莫斯科中央历史档案馆，数量不多，且并未详细记载工厂的劳动关系状况，主要记录的是工厂的商业业务往来。

关于雅罗斯拉夫尔大手工工场的文字材料稍多一些，在十月革命前有三份出版物。首先是雅罗斯拉夫尔大手工工场的厂长 А. Ф. 格里亚兹诺夫[②]的作品，但只涵盖了 1722～1856 年，也就是从工厂初建时期到被卡尔津金家族收购，并成立了雅罗斯拉夫尔大手工工场这段时期的历史。另外两种出版物分别于 1896 年和 1900 年问世[③]，它们都是为参加工业展览而准备的。这些出版物中的材料很重要，涉及了工厂活动的方方面面，如设备、原料、生产（主要的和辅助的）、商品、劳动条件和安全技术等。在 1900 年的出版物中有一个独立的板块，描述了工厂为工人提供服务的“机构”（如居住区、医院、托儿所、养老院和学校等）。我们完全可以理解作者对工厂以及这些服务机构中存在的问题和缺点避而不谈的行为，他们引用的这些资料得到了档案馆馆藏文献的证实，所以我们没有理由认为这些出版物中的信息是错误的。苏联时期也出版了两本与雅罗斯拉夫尔大手工工场历史有关的著作[④]。Н. П. 帕亚林的著作对 20 世纪 30 年代的俄国历史学而言举足轻重，书中包含了大量的档案资料，资料的质量值得信赖，对我们的工作很有价值。在“红渠工厂”（该厂自 1922 年以来的名称）成立 250 周年的 1972 年，一本由几位作家创作的著作问世了。另外一本为纪念建厂 280 周年而出版的书出版于 2002 年，那时候苏联已经解体了[⑤]。这本书在很大程度上是以前一本为基础，加入了少量新的档案资料，基本上已经不涉及十月革命前

① Аксенов А. И., Петров Ю. А. Коншины – серпуховские // Предпринимательство и предприниматели России. От истоков до начала XX века. М., 1997. С. 201 – 215.

② Грязнов А. Ф. Ярославская Большая мануфактура за время с 1722 по 1856 г. М., 1910.

③ Ярославская Большая мануфактура. М., 1896; Ярославская Большая мануфактура. М., 1900.

④ Паялин Н. П. Волжские ткачи. 1722 – 1917. М., 1936. Т. 1; Герасимов Н. В., Карасев С. М., Тарасов Е. П. Красный Перекоп: Очерки истории ордена Ленина комбината «Красный Перекоп». Ярославль, 1972.

⑤ Балуева Н. Н. Ярославская Большая мануфактура. Страницы истории. Ярославль, 2002.

的资料了。除了这些内容与雅罗斯拉夫尔大手工工场历史直接相关的出版物外，在一些讲述边疆区历史和雅罗斯拉夫尔州工人运动的出版物中也可以找到关于手工工场活动的各种观点，以及十月革命前工人状况的内容[①]。得益于雅罗斯拉夫尔州档案馆中拥有的关于雅罗斯拉夫尔大手工工场的丰富档案资料，研究者们可以从不同的历史角度来研究其历史。2005 年的一篇博士学位论文就从多方面分析了 19 世纪下半期至 20 世纪初雅罗斯拉夫尔工人的日常生活[②]。论文作者以当地不同工业领域的企业（其中包括雅罗斯拉夫尔大手工工场）及全市状况为例，研究了与雅罗斯拉夫尔工人的居住条件、食物供给、医疗服务有关的问题。作者在绪论中说明，文章未涉及工人的教育和闲暇时间问题。论文中所引用的“日常生活方式”的材料不只是关于雅罗斯拉夫尔工人的，也有关于中央工业区其他州的工人的。因此我们可以看到，虽然或多或少有一些涉及雅罗斯拉夫尔大手工工场历史的出版物问世，但是没有一个作者从劳动动机的角度来研究中央工业区企业活动的各个方面，以及工人与工厂主之间的相互关系。

***

研究劳动关系问题（比如 19 世纪俄国劳动报酬不平等问题）时很难筛选资料，因为在俄国从来没有人专门分析过熟练工人和非熟练工人劳动报酬的分化进程。著名劳动报酬问题研究者 С. Г. 斯特鲁米林在讲到改革后俄国

① Беляев В. И. Здравоохранение Ярославля в прошлом и настоящем. Ярославль, 1961; Дружинин П. Н. Революционное движение в Ярославской губернии в 1905 – 1907 годах. Ярославль, 1955; Мейерович М. Г. Складывание пролетарских династий в России (по материалам ЯБМ) // Генеалогические исследования. Сборник научных трудов. М., 1994. С. 235 – 247; Он же. Причины увольнения как показатель положения российского пролетариата (на материалах Ярославской губернии) // «Минувших дней связующая нить» V Тихомировские чтения / Под ред. А. М. Селиванова. Ярославль, 1995. С. 127 – 131; и др.

② Залунаева Е. А. Повседневная жизнь рабочих Ярославля во второй половине XIX – начале XX вв. Дисс. канд. ист. наук. Ярославль, 2005.

工人劳动报酬的研究状况时强调："直到19世纪末，由于缺乏大量统计数据，我们只能通过某些企业非常分散的数据、某些城市的刊物公布的价格以及其他图解文献中的材料去尝试解释工资的动态过程。"① 不过得益于工厂检查机制，20世纪初有关工人工资的数据状况要好一些，但是用于评价工资不平等情况的系统的动态数据依然不存在。正如研究俄国经济史的美国专家A. 卡汉所指出的，"大型工业企业的档案中包括了工资数据，但是其中仅有很少部分被利用了。在书写这些企业历史的时候，工人的工资数据往往不被披露"②。

C. Г. 斯特鲁米林在这些条件下收集了很多关于十月革命前工业工人劳动报酬的动态数据（主要是以各种出版物的材料为基础）。这些数据集合了各种劳动报酬的情况。关于1885～1914年俄国工人年均工资的动态有最概略的数据，所有对工人进行罚款的工厂都要经受工厂检查，C. Г. 斯特鲁米林的数据正是以此为基础得出的。另外一组数据反映的是自1883年起，俄国所有铁路职员逐年工资的动态。C. Г. 斯特鲁米林以19世纪80年代初至19世纪末科洛姆纳机器制造厂工人年均工资动态为例来研究工业中工资增长的情况。

不过，所有这些数据都无法用于研究工人工资分化的问题，因为工人工资的分化是一个综合情况，而数据并没有根据工人的工种进行划分。A. 雷卡切夫收集并发表了从1853年开始的58年间有关圣彼得堡6个工种的建筑工人（细木工、油漆工、粗木工、石匠、粉刷匠和临时工）工资的数据③。C. Г. 斯特鲁米林主要利用这些数据分析了上述6个工种的建筑工人同期的工资变化情况，他在总结建筑工人工资分化情况时，有这样几句话引起了我们的兴趣："在我们研究的整个时期中，熟练工人和非熟练工人之间工资的分化明显。19世纪60年代中期之前，这种分化减少，趋于平均，而在此之

① Струмилин С. Г. Очерки экономической истории России. М.，1960. С. 104.

② Kahan，A.，Russian Economic History，The Nineteenth Century，Chicago，1989，p. 211.

③ Рыкачев А. Цены на хлеб и труд в С. – Петербурге за 58 лет // Вестник финансов. 1911. № 31.

后，分化趋势逐渐加强。”①

需要强调的是，有关这些工人工资的详细数据存在于研究十月革命前俄国工人史的著作中，工人的工作情况在工厂检查官的记录中同样可以找到。但是，正如之前我们说过的，这其中很少有可以用于研究不同工种、不同技术水平的工人工资差别和动态变化的系统性数据②。

为了解释这种情况，我们需要提醒的是，大部分研究十月革命前俄国工人史的苏联历史学家的著作强调阶级利益的一致性和阶级斗争中各种无产阶级队伍立场的统一性。在这种情况下，对各地区各领域内工业劳动力的差异，以及不同技术水平、不同民族、不同信仰、不同性别、不同年龄的工人的心理特点的研究就很不充分。除此之外，很少有学者关注工人劳动报酬分化的问题，特别是在20世纪30年代之后。

正如我们指出的那样，研究者们在研究工人工资的时候不是以个人数据为基础，而是以工厂检查官汇总表中的数据或工业检查中综合的、平均的数据为基础。当时的研究者有时能掌握一些更为详细的数据，虽然这些数据是已经经过加工的数据，并非原始数据，但我们不得不继续使用。比如，E. M. 杰缅季耶夫或 И. M. 科兹明内赫 - 兰宁的著作中的材料就是如此。

历史研究通常是以一些时间断面为基础的，所采用的数据往往是各工业领域或大区域范围内工人的平均工资③。这些数据来自1900年和1908年的工业统计调查以及1918年的职业统计调查（职业统计调查的内容包括了1913年及之后几年内各领域工人的工资情况）。另一个经常使用的数据来源

① Струмилин С. Г. Очерки экономической истории России. М., 1960. С. 112.

② 大多数发达国家的经济史学家手中有100年内或超过100年（有时会超过数百年）的相关数据。

③ 参见：Иванова Н. А. Промышленный Центр России 1907 – 1914 гг. М., 1995. С. 108 – 113；Крузе Э. Э. Петербургские рабочие в 1912 – 1914 годах. М.；Л., 1961. С. 68 – 84 идалее；Кирьянов Ю. И. Жизненный уровень рабочих России（конец XIX – начало XX в.）. М., 1979. С. 101 – 107 и далее；Струмилин С. Г. Очерки экономической истории России. М., 1960. С. 118 – 121。

是 1900～1914 年工厂检查官的决算汇总表①。但是，正如那些建立了动态数据的作者们所指出的，将这些非常综合而又粗略的数据进行比较时有一个重要的问题，那就是相关人员对不同年份数据的收集方法是不同的，对信息的选择原则也是不同的②。比如 1918 年的数据调查与其他年份相比非常特别，除了一些方法论问题之外，其涵盖的工业企业数量和往年的调查相比也更少。有时在科学著作中，为了研究会使用一些数据，在这些数据的基础上可以观察不同工种工资的变化过程。这样的统计数据在本质上与不同地区平均工资的数据（比如在工厂检查官的决算汇总表中使用不同省份各项指标的平均值）相比更加准确，因为在任何情况下，以不同工种的综合数据为基础，可以得到关于熟练工人和非熟练工人之间工资差别、工厂主因为工作状态而对各工种工人做出的奖惩等的有根据的推断。十月革命前的学者，比如 Е. М. 杰缅季耶夫或 М. И. 图甘－巴拉诺夫斯基通常在进行相关调查之后提出这些数据的平均值。但我们不能因此断言，通过综合数据一定可以得到非常正确的推论。即使是在大工厂和小工厂里做相同工作（特别是普遍的、不需要高水平技能的）的工人，其工资也是不同的③。

同时，一些企业的档案资料可以让学者们进行更详细的研究。一些大型企业（比如，三山手工工场、尼科利斯科耶手工工场、雅罗斯拉夫尔大手工工场和孔申手工工场等）保留了很多与工厂经济活动有关的具有代表性的文件资料，其中对企业管理部门和工人之间的关系问题也有所涉及，这些文件是 М. И. 吉伯和 М. К. 罗日科娃的研究的史料基础。但他们没有将工资额变化中的单个记录公布出来。М. И. 吉伯显然是在几家企业的工资簿中收集了很多个人工资信息，但遗憾的是，他没有在自己的研究工作中将这些数据公之于众，而只是着眼于总体提出了结论。М. И. 吉伯的研究范围是从

① Свод отчетов фабричных инспекторов за［1900－1914］год. СПб.；Пг.，1902－1915.

② Кирьянов Ю. И. Жизненный уровень рабочих России（конец XIX－начало XX в.）. М.，1979. С. 106.

③ Русский рабочий в революционном движении. Сборник первый. Рабочие Трехгорной мануфактуры в 1905 году. М.，1930. С. 99－100（биография В. И. Иванова）.

19 世纪 60 年代至 19 世纪 90 年代[①]，其中对工资的动态研究是非常有趣的题目。我们不但可以从整体上研究这一时期织布工、纺丝工和杂工的工资变化，还可以研究具体人群的工资变化。也就是说，有价值的研究既要有工种的综合数据，也要有个体数据。

除此之外，我们还可以对工厂的食品商店进行研究。关于食品商店中食品的质量和价格问题有非常多的言论，但其中绝大多数带有政治色彩。苏联史学界往往对事实进行了歪曲，他们认为工人是被迫向工厂主赊购那些价高质低的食品的。但是我们仅能在 19 世纪 80 年代初的一份汇编中找到两处涉及这一方面的内容[②]。实际上，关于这一方面的内容在公开发表的统计资料中完全找不到，只能在期刊或极少数工厂的业务记载中找到个别的例子（不排除刻意抹黑的嫌疑）。

第二节　史料综述

正如前文所提到过的，本书主要从企业层面，通过对两家大型纺织企业的档案资料进行研究，用微观研究方法分析十月革命前俄国纺织工人的劳动动机问题。

首先，对于研究这两家企业来说，最重要的材料是保存在莫斯科中央历史档案馆（ЦИАМ）中的孔申手工工场 673 号档案和保存在雅罗斯拉夫尔州国家档案馆（ГАЯО）的雅罗斯拉夫尔大手工工场 674 号档案。除此之外，我们还用到了俄罗斯联邦国家档案馆（ГАРФ）中保存的《工厂史》

① 吉伯的大部分结论所用的材料与我们所用的材料相同，均为 Н. Н. 孔申手工工场的工资簿。我们认为，通过现有工资簿的资料无法得出 19 世纪 60 ~ 70 年代工人工资的个人变化情况。这段时期的工资簿有部分缺失，除此之外，还有一个问题：大部分工人的姓氏在这段时期内没有被记录上，只记作“Иван Васильев”，当然了，对此我们应该理解为“Иван Васильевич”。这种情况在当时并不鲜见，而且当时在工资簿中不写年龄，因此往往很难分清同名的工人。不过之后有姓的工人越来越多，工人的信息也越来越全，所以研究难度已经大大降低了。

② Труды VI Съезда врачей Московского губернского земства. М., 1882. Доклады Н. Ф. Михайлова（С. 106）и Ф. Ф. Эрисмана（С. 176 – 177）.

（第 7952 号），其中有很多关于雅罗斯拉夫尔大手工工场的材料。我们还发现，在 20 世纪 20～30 年代的工厂历史资料汇编中，许多资料来源于雅罗斯拉夫尔州国家档案馆。

工厂的档案资料大部分是事务资料，主要是关于企业活动的生产信息、劳动组织，以及工厂主和工厂管理部门与工人之间的各种关系。

资料中有众多的工厂结算单据（会计凭证）。首先是工人工资簿和工资明细表，其中记录了工人的工资情况，出纳据此与工人进行结算。通过这些我们可以确定工人的酬金数额和工资形式。但很遗憾的是，两家企业的工资簿文件保存得很不完整。比如孔申手工工场的工资簿文件中大部分是其旗下孔申印染厂的，而孔申纺织厂的工资簿仅有一战前几年的。雅罗斯拉夫尔大手工工场的工资簿文件从 19 世纪 70 年代末开始，但也只是部分保留了下来。

需要指出的是，不同企业工资簿的形式不尽相同。比如，孔申手工工场的工资簿是按年记录的，每一年有几本工资簿，分别记录各个车间的数据。从 19 世纪 90 年代开始，孔申手工工场工资簿的形式固定下来。工资簿按照工厂车间和部门进行分类，每本工资簿的开头都是工资月度汇总表，内容为工人数量、实际工作时间和既得工资。之后是个人数据，内容也大致相同，为工资定额、每月工作时间和工资。工资一栏记录了所有支付的金额和扣款，如罚款、奖金、停工工资和加班费，有时还有住房支出，甚至有时也会有非常少见的情况：工人向企业借款。除此之外，工资簿还记录了工人的年龄和社会出身。不过这些信息对我们已经没有多大意义了，因为在 19 世纪末到 20 世纪初的这段时间里，很少会有人再去讨论工人的阶级地位。工人可以被认为是某个村庄里甚至还在缴纳土地税的农民，但他从少年时代起就在工厂干活了，从未回过农村。即使如此，他的身份地位也没有发生改变。

雅罗斯拉夫尔大手工工场的工资簿是按月记录的，每个月会有一个汇总表，在其中可以找到各车间和部门工人的信息。雅罗斯拉夫尔大手工工场工资簿的形式比较特殊，按照工人的工作职责进行划分（比如，有纺织工人的工资簿、粗纺工人的工资簿、并纱工人的工资簿等）。在这样的工资簿中没有任何个人信息（如姓名、年龄等），只记录了工号、工作天数、当月工资金额和罚款。而在 1908～1913 年，雅罗斯拉夫尔大手工工场工资簿的形式发生了变化，虽然也是按月记录的，但是其中显示了工人姓名、工人的专业技能、工作天数、应付工资和工资类别（月工资、日工资或计件工资），此外还有其他支出和扣款：房租、前几个月的账房债务、罚款、支付的债务和债务所剩数额。雅罗斯拉夫尔大手工工场与孔申手工工场在工资簿上的区别在于其不记录工人的年龄和出身，而两家工厂在工资簿中都没有记录食品供应和工厂提供的集体宿舍等实物报酬方面的数据。

工资簿中的所有条目都具有很高的研究价值。除了对综合数据（车间或部门层面）的研究之外，对工资簿中个人数据的研究对于评价工资变化和分化也有非常重要的意义。

除了工资簿之外，我们还使用了很多在档案馆中找到的关于劳动报酬支付的文件。比如，在孔申手工工场的档案文件中就找到了很多年的统计数据，上面记录了按工种划分的工资支付信息。管理部门的各种报告文件对研究工资和工厂的社会环境同样也是很重要的资料。除此之外，我们应当着重强调一篇对孔申手工工场旗下的织造厂进行介绍的纪实稿①。此稿写于 1908 年，可能是根据工商业代表大会委员会的要求完成的。文中详细介绍了织造厂是如何运转的、不同工种工人的繁忙程度、工人的工资情况、工人的罚款缴纳情况以及补助获取情况。文中大部分内容在讲述与工人生活息息相关的工厂内部设施的状况，如集体宿舍、食品商店、医院、工厂学校等。很多指标（其中包括工厂的各项支出）在 1902～1907 年都经历了短期变化。这份文献中包括了与劳动激励因素直接相关的各方面信息，而且由于它并非指定用于出版，所以具有报告性质，它不是广告，比较可信。其内容被其他公文材料所证实，因此稿件中的信息我们完全可以相信，今后我们将多次对其进行使用。

档案文件中还保存有工厂各类行政人员（如厂长、行政经济管理部门

① ЦИАМ. Ф. 673. Оп. 1. Д. 358. Л. 35－51.

工作人员以及食品商店主任等）与工厂检查官和董事会之间的通信，我们可借此分析工厂主如何改善工人生活、发展文化教育设施、组织安排工人的休息时间。医院、养老院、学校和工人集体宿舍的账单也对这方面的信息进行了补充。孔申手工工场医疗机构的文献资料较为庞杂，其中价值比较突出的是医院委员会的会议记录和报告，最珍贵的当数工厂医生对工厂医疗机构优缺点的客观评价①。除此之外，在雅罗斯拉夫尔大手工工场厂长 A. Ф. 格里亚兹诺夫呈交给董事会的很多报告文书中，都对关于缩短纺织工人的工时、开设培训高级工人的新学校等问题的合理性进行了讨论，对工厂之外的全国范围的情况进行了分析。

工人的个人档案对研究雅罗斯拉夫尔大手工工场的劳动关系史来说很有价值，它们可以在很大程度上弥补那些没有保存下来的文件资料的缺失。每份个人档案中的主要文件是《在雅罗斯拉夫尔大手工工场工作情况》表。这是一份专门的表格，记录了工人填表时的年龄或出生日期、身份（阶层、家乡）、家庭状况（姓名、家庭成员的职业）、居住地点（自行租房、住在工厂宿舍或自家住房）等方面的信息。表格的主要部分是关于工人工作情况的数据，其中包括工人工作职位的变化、旷工情况和因为各种违章遭到的处罚等。工厂主尤其仔细地记录了工人不工作的原因：生病、旷工、参加罢工、休假等。除此之外，个人档案还记录了工人所获得的补贴、奖励、借款，以及工人的各种请求和管理部门的回复。1882 年、1891 年、1903 年、1908 年和 1909 年这五个营业年度（从复活节到复活节）的《辞退人员登记簿》同样为我们的研究提供了重要信息②，在这些资料中不仅记录了工人因某些过错被辞退，而且还记录了作为惩罚措施，有的工人被调任到报酬较低的工作岗位或是被降低待遇水平。资料中具体显示了工人的名字和工号，通常工人的职位、处罚形式（辞退、调任）及原因也被记录在案。如果调任是临时性的，则会特别注明调任的期限。

① ЦИАМ. Ф. 673. Оп. 1. Д. 3（за 1879 – 1908 гг.），471，472，1603（за 1907 – 1912 гг.），744（за 1912 – 1913 гг.）.

② ГА ЯО. Ф. 674. Оп. 1. Д. 4653，6074.

在雅罗斯拉夫尔大手工工场的档案材料中我们发现，在某些年份的资料中记载了工人向管理部门提出的诉求以及收到的回复。此外，对工龄较长的工人进行奖励、支付工人补助等事宜也有记录。

另外，雅罗斯拉夫尔大手工工场工人（既有仍在工作的，还有已经退休的）所写的书信和自传，对我们研究 19 世纪末 20 世纪初的工厂生活很有意义。这些书信和回忆录都是按照 20 世纪 30 年代党组织的任务而完成的，现存于雅罗斯拉夫尔州现代史文件中心（ЦДНИ ЯО）党史 394 号文件中。

工厂方面向工人发布的公告（事务处理文件的另一种形式）也为我们提供了大量材料。在档案文件中我们不仅可以看到公告的最终版本，有时甚至可以看到公告最初的草稿，不过这些草稿通常和最终版本没有什么太大的变化。

通过档案文件我们可以看出，公告是劳资双方最重要的交流方式，有时甚至是工厂主和纺织工人之间唯一的对话方式。

如果进一步考虑这些公告是由谁发出、何种目的、想要传达给工人怎样的信息，那么我们可以有条件地将其分为几种类型。第一类公告由国家、省、市官员发出。这类公告通常是通知纺织工人关于中央和地方政府新颁布的、与工人有直接关系的法律法规（例如，国家杜马选举、患病职员补助会授权选举程序等），还有在罢工时期颁布法令及呼吁（通常伴有惩罚性的威胁）停止工厂的无序乱象，让工人返厂工作。第二类公告是由董事会成员或厂长（或管理部门）向工人传达某种信息而发布的公告。如果说在 19 世纪末，这些公告还仅是工作守则、针对某些级别工人的安全技术规程或全体纺织工人都要遵守的内务规定的话，那么到了 20 世纪初，公告的范围已明显扩大，所包含的信息更加丰富。比如，罚款的使用情况、工人子弟入读工厂学校的接收次序、工人接种天花疫苗以预防瘟疫的必要性以及产品的废品率等。这类公告为研究 20 世纪初企业管理政策，以及如何改善工人的生活和劳动条件等问题提供了全新的、有重大意义的资料。第三类公告是以董事会或管理部门的名义回复工人的各项要求。我们认为，这类公告对于研究工厂主、管理部门和纺织工人之间的相互关系最有价值。

与公告不同的是，有些文献资料，比如两家企业董事会的会议记录，缺少与我们所研究的关键问题有关的内容，因此很遗憾，我们无法利用。我们期望在这些材料中找到有关方面对改善工人生活和劳动的各种措施的讨论情况，但这样的内容少之又少。或许这些问题已经交给厂长去解决了，只有在极端情况下才会在董事会上再次进行讨论。不过这类文件中包含了企业几乎所有与经济活动有关的决定，比如董事会分析和确定预算的情况、董事会所有改变工作程序的决定，以及关于商品销售机制、更新技术装备、基础设施建设（其中包括住房建设）等方面的信息，这对我们来说弥足珍贵。

***

我们的研究主要建立在对不同类型的文献资料进行研究的基础上，对各种形式、不同出处的文献资料逐一进行分析，并不局限于孔申手工工场和雅罗斯拉夫尔大手工工场这两家企业的档案资料（当然，还是以这两家企业的资料为主）。

除了这两家企业的资料外，莫斯科中央历史档案馆的第 2005 号档案是莫斯科省第十地段工厂检查官关于孔申手工工场的报告文件，这也属于本研究的中心内容。其中比较有意义的是工人的投诉和工厂检查官的调查材料。工人的正式诉求和罢工者的要求最能体现工人对工厂劳动关系的看法，只有在这里才能清楚地了解工人眼中的重要问题。在工厂检查官的文件中还保留了一些他们与孔申手工工场董事会之间的书信往来，这可以帮助我们理解工厂检查官作为国家官员，对一些工厂的劳动关系产生了怎样的影响。保存在莫斯科中央历史档案馆的关于莫斯科省总督办公厅的 17 号文件中的一些材料对我们的研究也很有意义，比如，其中记录了历次轰轰烈烈的工潮和罢工运动。从这些文件中我们可以看到不同官员对劳动冲突过程的报告，还有对冲突原因和结果的调查材料。

既然讲到工人的状况，那就不得不提到《工厂法》。《工厂法》确定了劳动关系，几乎所有的工厂法都成为工业规章（工业劳动规章在 1913 年得到进一步完善，在其中加入了所有与轻型工厂和矿场工人劳动调节有关的法律法规）①。除了全国性的法律外，地方自治机关或各市政府的行政命令对劳动关系也有调整作用。在一些情况下，俄国工厂主是迫于类似的法令才确立了与工人之间的劳动关系。有时工厂主会想方设法地曲解法律，或阻止法律进一步完善，不过有时也会超前地实施法律法规所做出的规定。国家也发现了工厂主在调整劳动关系时存在不同标准，因此国家也逐渐介入这一问题中来。

20 世纪 50 ~90 年代，研究者们在档案文献的基础上汇编了一些信息量大的文件汇编和参考刊物，这些资料同样对我们非常有意义。在几代研究者日复一日且细致复杂的工作下，出版了一系列俄罗斯帝国时期工人运动的汇编和编年史②，从 20 世纪 90 年代起，又开始编纂新的、范围更为广泛的《工人运动编年史》③。这是一部按编年顺序记载整个俄罗斯帝国工业企业所有罢工、劳动冲突及生产情况的著作。《工人运动编年史》中所讲述的关于工厂中冲突的问题，基本综合了内务部档案和其他资料。书中记录了罢工者的人员组成、罢工者的具体要求、罢工的情况和工人们得到的结果。需要指出的是，《工人运动编年史》中所记录的冲突总数实际上比工厂检查官所提交的报告中的更多，这些资料和相应的档案文件使我们可以分析罢工时期和发生其他劳动冲突时工人和企业管理部门的行为，比如，我们可以此评价双方对复杂的劳动关系和劳动激励机制的观点。

最后要指出的是，对十月革命前中小工厂劳动关系的研究与我们所进行

---

① Свод законов Российской империи. Т. XI. Ч. 2. Устав о промышленном труде. Издание 1913 года. СПб., 1914.

② 参见：Рабочее движение в России в XIX веке. Сборник документов и материалов. Т. Ⅰ－Ⅳ. М., 1950－1963；Рабочее движение в России в 1901－1904 гг. Сборник документов. Л., 1975；Хроника рабочего движения в России с 3 июня 1907 г. по 31 декабря 1910 г. Ч. Ⅰ－Ⅳ. М., 1981－1982；Хроника рабочего движения в России. Апрель－декабрь 1912 г. Ч. Ⅰ－Ⅱ. М., 1991－1995。

③ Рабочее движение в России. 1895－февраль 1917 г. Хроника. Пока вышли выпуски Ⅰ－Ⅸ (1895－1904 гг.). СПб.; М., 1992－2007 / Отв. ред. и автор предисловий И. М. Пушкарева.

的对大型工厂劳动关系的研究，文献资料基础截然不同。Г. Р. 娜乌莫娃强调，大型工厂的文件保存状况较好，而同时期的"中小工厂的文件保存到现在的已经不多了"①，因此学者需要着重参考工厂博物馆的馆藏资料、工厂主后代的私人收藏、工人和职员的个人资料等②。正如 Г. Р. 娜乌莫娃所写到的，如果没有这些个人资料，"就无法细致地展现生产经营活动中的动机和激励问题"③。同样，我们在研究中也大量使用了来自个人的资料，比如一些已出版的工人的回忆录，以及雅罗斯拉夫尔大手工工场厂长 А. Ф. 格里亚兹诺夫的手写回忆录。这些回忆录现在保存在雅罗斯拉夫尔大手工工场的博物馆中，为我们更好地理解企业管理部门的政策方针和针对工人的劳动激励机制提供了丰富材料。

总而言之，我们认为，我们现在所掌握的文献资料拥有足够的信息量，能够帮助我们研究清楚俄国十月革命前大型纺织企业对工人的劳动激励机制。

---

① Наумова Г. Р. Русская фабрика:（Проблемы источниковедения）. М., 1998. С. 13.

② Наумова Г. Р. Русская фабрика:（Проблемы источниковедения）. М., 1998. С. 14.

③ Наумова Г. Р. Русская фабрика:（Проблемы источниковедения）. М., 1998. С. 181.

第二章

两家大型企业的历史概况：管理、生产和工人构成

在俄国工业化的历史中，纺织工业和金属加工业占据着特殊地位。十月革命前，通过生产总值、企业数量、工人数量等主要指标可以看出，纺织工业在俄国众多工业领域中处于领先位置。1908 年的工业统计调查数据显示，俄国 38% 的工人在纺织工业工作，这一数字超过了所有的工业领域。纺织工业的产值占俄国总产值的 30%，在食品工业之后位居第二。从事纺织工业的企业占俄国企业总量的 15%①。1895 年和 1900 年的调查数据显示，纺织工业的产值已经明显超过了食品工业②。纺织工业是俄国最古老的工业领域之一，在这个行业中，各企业之间的竞争较为激烈，各大知名企业更是如此。有很多著作对于研究纺织工业历史，以及纺织工业在整个俄国工业中的地位有很大帮助③，在此要强调对我们的研究而言很重要的几点。

---

① Статистические сведения по обрабатывающей фабрично - заводской промышленности Российской империи за 1908 г. СПб. , 1912. Ч. 1. С. 12 - 13.

② Воронкова С. В. Российская промышленность начала XX века: источники и методы изучения. М. , 1996. С. 189.

③ Лаверычев В. Я. Монополистический капитал в текстильной промышленности России (1900 - 1917 гг.) . М. , 1963; Панкратова А. М. Текстильщики в революции 1905 - 1907 гг. // Панкратова А. М. Рабочий класс России. Избранные труды. М. , 1983.

首先，在十月革命前的工业统计中，很少使用“纺织工业”这一专有名词。相反地，工业统计将其分成 5 个领域（当时共有 12 个加工工业领域），分别为棉纺织加工（第 1 类），毛线加工（第 2 类），丝线加工（第 3 类），亚麻、大麻和黄麻加工（第 4 类），混纺和纤维材质加工（第 5 类）。将这些生产领域统称为“纺织工业”是恰当的，许多专家也使用这个概念。在上述领域，棉纺织工业发展程度最高。俄国的棉纺织工业出现得比其他几种都要晚，在 19 世纪初才刚刚出现，但根据其他比俄国更早进入机器生产时代的国家的经验来看，棉纺织工业有很大的利润空间。因此在 19 世纪下半叶，当英国解禁了机器出口，原料供应渠道畅通后，棉纺织工业的发展节奏明显加快。19 世纪 60 年代末，棉纺织工业产值占俄国纺织工业的 60%，在一战前达到了 70%[①]。如同世界其他地区一样，棉纺织企业的生产总量、工人数量、价值与从事其他纺织门类的企业相比都遥遥领先。观察 1911 年产值超过 1000 万卢布的俄国纺织工业大型企业的统计数据可以发现，它们几乎全部都是棉纺织工业企业（见表 2－1）。

表 2－1　1911 年俄国纺织工业大型企业的主要参数

企业名称	省份	年产量（千卢布）	数量				
			工人（人）	生产动力装备（马力）	织布机（台）	纺纱锤（千台）	捻线锤（千台）
科林格里姆斯基纺织工厂	爱斯特兰省	26000	8916	8845	3672	472.5	13.8
三山手工工场	莫斯科省	22041	6412	4850	1527	41.2	0.6
K. 舍伊布列尔纺织工厂	彼得库夫省	21363	7106	10300	4848	222.6	12.3
尼科利斯科耶手工工场	弗拉基米尔省	20695	13498	10423	3875	176.5	—

① Предпринимательство и предприниматели России. От истоков до начала XX века. М., 1997. С. 59.

续表

企业名称	省份	年产量（千卢布）	数量					
			工人（人）	生产动力装备（马力）	织布机（台）	纺纱锤（千台）	捻线锤（千台）
博戈罗茨科－格鲁霍夫纺织工厂	莫斯科省	20550	13635	8854	3358	126.3	26.2
特维尔纺织工厂	特维尔省	20321	11935	7240	3970	154.7	—
埃米丽·钦杰利纺织工厂	莫斯科省	20000	2462	1126	—	—	—
库瓦耶夫纺织工厂	弗拉基米尔省	17235	2277	2345	—	—	—
雅罗斯拉夫尔大手工工场	雅罗斯拉夫尔省	16650	9000	7063	1912	261.9	11.3
孔申手工工场	莫斯科省	16380	11517	7260	4100	115	2.2
丹尼洛夫纺织工厂	莫斯科省	14075	5323	3600	1160	59.2	0.9
A. 久布涅尔纺织工厂	莫斯科省	14000	1650	1119	—	—	—
戈尔布诺夫纺织工厂	科斯特罗马省	13655	7390	4737	2451	125.9	0.4
祖耶夫卡纺织工厂	莫斯科省	12844	5212	3825	2299	98.1	1.6
维库拉纺织工厂	弗拉基米尔省	12268	11480	5190	2503	155.5	18
叶戈里耶夫斯克纺织工厂	梁赞省	11045	5908	5056	1740	177.8	7.5
И. 加列林纺织工厂	弗拉基米尔省	10800	3503	3048	—	—	—
И. 波兹南纺织工厂	彼得库夫省	10570	7229	7296	4353	136.5	0.7
克鲁舍和安杰尔纺织工厂	彼得库夫省	10243	4936	4315	1848	47.6	3.4
波克罗夫斯科耶纺织工厂	弗拉基米尔省	10125	1370	1700	—	—	—
扎维尔切纺织工厂	彼得库夫省	10055	6347	5842	2602	79.3	3.4
Н. М. 巴尔德金纺织工厂	梁赞省	10000	4000	1000	—	—	—

资料来源：Иоксимович Ч. М. Прибыли и дивиденды мануфактурных предприятий за 1902 – 1911 г. М., 1912. Приложения。

其次，俄国的纺织工业（主要指棉纺织工业）相对集中在有限的几个区域内。俄国的棉纺织工业主要分布在三个大区，其中最大的是中央工业区，在二战前，中央工业区的棉纱产量占全俄国棉纱产量的74%。在这当中波兰罗兹区的产量占13%，圣彼得堡及其周边地区的产量占6%①。

最后，从19世纪60年代到一战前这段时期，俄国棉纺织工业的生产集中化水平快速提高。1913年，各工厂中从事棉纺织加工的平均人数为837人，工人数量超过1000名的大型工厂已经达到156家，这些工厂中的工人数量占该行业工人总数的79.2%②。В. И. 鲍维金在利用工厂统计资料分析了十月革命前俄国工业生产集中化问题之后，在自己的著作中讨论了大型工厂的重要作用："棉纺织工业中超过半数为小型工厂，而这些工厂在生产中所起的作用可以说是微不足道的。全国超过2/3的棉纺品是由那些年产值超过300万卢布的大型工厂创造的，而这一数字仍呈不断增长的趋势……"在丝绸工业方面，大型工厂可以说占据了垄断的地位："1908年，规模最大的两家工厂的产量占到了行业总产量的1/4，前七大工厂大约占了总产量的1/2。"③

所以，俄国纺织企业的最主要形式是大型工厂或联合工厂。小型工厂的数量无疑更多，在这些工厂中也形成了独特的劳动关系，但是19世纪末至20世纪初，俄国纺织工业的主体仍是那些大型工厂④。

---

① Воронкова С. В. Российская промышленность начала XX века: источники и методы изучения. М., 1996. С. 95; Предпринимательство и предприниматели России. От истоков до начала XX века. М., 1997. С. 59. Важность Центрального промышленного района и, в частности, крупных текстильных предприятий центральных губерний подробно освещена в монографии: Иванова Н. А. Промышленный Центр России 1907－1914 гг. М., 1995.

② Пажитнов К. А. Очерки истории текстильной промышленности дореволюционной России. Хлопчатобумажная, льно－пеньковая и шелковая промышленность. М., 1958. С. 140－141.

③ Бовыкин В. И. Концентрация промышленного производства в России в конце XIX－начале XX в. // Исторические записки. Т. 110. М., 1984. С. 177－178.

④ 参见 Наумова Г. Р. Русская фабрика:（Проблемы источниковедения）. М., 1998。

我们本次的研究工作选取了其中两家规模最大的工厂：谢尔普霍夫的孔申手工工场和雅罗斯拉夫尔大手工工场。我们可以通过表2－1对1911年全俄（包括波兰）大型纺织企业的主要数据进行比较。

可以看到，表2－1中共列出了22家企业，孔申手工工场和雅罗斯拉夫尔大手工工场位列其中，在年产量方面分列第十和第九位，在工人数量方面排第四和第六位，在生产动力装备方面位居第六和第八位。孔申手工工场在织布机数量上排名第三，而雅罗斯拉夫尔大手工工场在纺纱锤的数量上排名第二，在捻线锤的数量上排名第四。这些数据说明这两家工厂均属于大型纺织企业。

俄国大型纺织企业（包括孔申手工工场和雅罗斯拉夫尔大手工工场）大部分是家族企业。在大多数情况下，这些纺织企业都采用股份制的经营方式。虽然可以采用增发债券的方式来冲抵某些支出，但企业会尽快偿清借款。

***

本书主要讨论的是十月革命前，工厂对纺织工人的劳动激励机制。在具体研究之前，首先需要对工人劳动条件的总体情况进行简要介绍。

从事棉纺织加工并不需要太多的体力劳动。纺纱工作的主要缺点在于生产过程中产生的灰尘太多，会导致呼吸道疾病（“原色布上带有煳味的绒毛和粉尘几乎充满了整个空间，以至于劳动时必须佩戴口罩。在所有通风不好的地方都是如此”①）。此外，在高温下工作导致工人经常患上伤风。而纺线工作的不利条件在于工人只能站着工作，完全不可以坐下。还有就是粉尘问

① Перфильев М. О. Очерки фабрично－заводского быта в России. СПб.，1887. С. 35－36；Лосев М. Л. Несколько слов о санитарных условиях наших ситцевых фабрик // Труды комиссии，учрежденной Московским генерал－губернатором，князем В. А. Долгоруковым，для осмотра фабрик и заводов в Москве. ［Т. 6］. Описание состояния некоторых фабричных и заводских производств в санитарном отношении. Вып. I. М.，1882. С. 37.

题，虽然不如纺纱工作那样严重，但仍旧对工人劳动影响很大。大型工厂中的噪声非常强烈："几百台织布机发出震耳欲聋的噪声，连高大的厂房都在颤抖，即使最坚强的神经都未必能经受得住。"① 织布工作的不利劳动条件是使用各种化学品生产时会产生有毒气体，除此之外，工人还需要忍受高温潮湿的环境②。我们在 1884 年孔申印染厂的调查报告中找到了这样的描述："干燥装置所处的空间温度长期保持在 40 华氏度（50 摄氏度）。另外在这个环境中还有各种物质所产生的蒸汽，沉闷得令人难以忍受，其中包括多种燃料，主要成分是乙酸。工人几乎不可能在这样的环境下工作。"③ 生产中出现的外伤主要是操作机器不当所致（关于两家工厂的事故统计情况，详见本书第八章）。

纺织工人的工作虽不轻松，却不太需要很高的技术。需要高技能的工作主要是调整织布机和创作织布上的图案。因此，织造厂中的熟练工人是机器检查员、车工、锻工、钳工和浆纱工人（约占工人总量的 1.5%），印染厂中的熟练工人是印花工、画图工、雕花工和钳工（约占工人总量的 15%）。织布工和印花工是中等技能工人，他们主要是按件计薪，获取报酬。

使用机器纺纱织布并不困难，只需几个星期即可学会。除此之外，工人还要做很多不需要技能的辅助性工作。因此，与金属加工业相比，在纺织业中有文化、工龄长的所谓"世代传承"的工人比例更低。与此相对的是，纺织工人中那些没有文化、农民出身的人所占比例更高，其中很多人视纺织

---

① Михайловский Я. Т. О деятельности фабричной инспекции. Отчет за 1885 год главного фабричного инспектора Я. Т. Михайловского. СПб. , 1886. С. 26.

② Перфильев М. О. Очерки фабрично – заводского быта в России. СПб. , 1887. С. 39; Лосев М. Л. Несколько слов о санитарных условиях наших ситцевых фабрик // Труды комиссии, учрежденной Московским генерал – губернатором, князем В. А. Долгоруковым, для осмотра фабрик и заводов в Москве. ［Т. 6］. Описание состояния некоторых фабричных и заводских производств в санитарном отношении. Вып. I. М. , 1882. С. 37 – 38.

③ Дементьев Е. М. Санитарное исследование фабрик и заводов Серпуховского уезда. (Сборник статистических сведений по Московской губернии. Отдел санитарной статистики. Т. Ⅲ. Вып. XV.) Ч. I. М. , 1888. С. 161.

工厂的工作为临时性的工作。纺织工厂中的工人主要是女工和少年工，有些工作，特别是纺纱工作，几乎完全由女工完成。

与工人的技能和出身阶层密切相关的一个问题是工人与土地的联系程度。众所周知，俄国工厂中的工人很多是来城市和工厂中打短工的农民。许多人常年在工厂工作，只和土地有或多或少的“依附”关系；有些人虽然被计算在原来的农民村社之中，但已经和农村毫无联系了。但是，所有人都要被迫缴纳土地税并“登记”身份证延期。还有些人在农村还有一些财产，如土地、房屋等。很多农村家庭是留守户（如果是妻子进城打工，那丈夫就会留守在村里，他们见面的机会极少①）。如果工人的家人都在农村，他可以常年在工厂打工，而在农忙的时候回田间劳动。学者历来对此颇为关注，在其著作中可以看到一些有意义的讨论。学界一般认为，20世纪初，工人和土地之间的关系逐渐减弱，这一点在那些非熟练工人或小型工厂的工人身上体现得尤为明显②。

纺织企业中还有一个值得讨论的问题，那就是工时。在任何一个国家的工业化初期，工人的工时都非常长。不仅工人的工时情况是这样，在所有的雇佣劳动中都是如此。俄国的情况也不例外。

金属制品厂的利润通常很低，工人从事着繁重的工作，而在轻工业领

① 参见 Ungern-Sternberg, R., von. Über die wirtschaftliche und rechtliche Lage der St. Petersburger Arbeiterschaft, Berlin, 1909. Tab. Ⅱ。

② 例如可参见：Дементьев Е. М. Фабрика, что она дает населению и что она у него берет. М., 1897; Минц Л. Е. Отход крестьянского населения на заработки в СССР. М., 1925; Иванов Л. М. Преемственность фабрично - заводского труда и формирование пролетариата в России // Рабочий класс и рабочее движение в России. 1861 - 1917. М., 1966; Johnson, R. E., Peasant and Proletarian. The Working Class of Moscow in the Late 19th Century, New Brunswick, 1979; Bradley, J., Muzhik and Muscovite. Urbanization in Late Imperial; КирьяновЮ. И. МенталитетрабочихРоссиинарубеже XIX - XX вв. // Рабочие иинтеллигенция России в эпоху реформ и революций: 1861 - февраль 1917 г. СПб., 1997; Burds, J., Peasant Dreams & Market Politics. Labor Migration and the Russian Village, 1861 - 1905, Pittsburgh, 1998; Миронов Б. Н. «Послал Бог работу, да отнял черт охоту»: трудовая этика российских рабочих в пореформенное время // Социальная история. Ежегодник, 1998/99. М., 1999。

域，在工业化最初的几十年中，有着极其严苛的工作规范。Ю. И. 基里亚诺夫对这一问题进行了非常深入的研究，他指出，19 世纪 70 年代，在中央工业区的纺织工厂，工人的平均工时为 13 ~ 14 个小时（在有些工厂，特别是小型工厂中，平均工时为 15 ~ 16 个小时）。而在 19 世纪 90 年代，这一数字普遍缩减到了 12 ~ 13 个小时[①]。那时纺织工厂普遍实行夜班制度。Е. М. 杰缅季耶夫记录了 1884 ~ 1885 年莫斯科省三个县的工厂状况，他指出，几乎所有的棉纺厂和毛纺厂都实行了夜班制度。除此之外，工厂最常实行的是倒班系统，通常分为 4 班，每班工作 6 小时，这样可以让工厂昼夜工作。例如，工人需要从早 6 点开始在工厂工作到中午 12 点，然后从晚 6 点工作到半夜 12 点，下一周换成相反的时间工作。也就是说，每位工人一昼夜需要工作 12 个小时，每天有 12 个小时的休息时间，其中包括吃饭、睡觉以及上下班路上的时间[②]。

但需特别注意的是，在俄国，特别是在工业发展早期，有不少节假日和非工作日。П. А. 佩斯科夫在 1881 年对莫斯科纺织工厂所做的调查显示，在使用蒸汽机的大型企业中，一年有 25 ~ 29 天是非工作日，而靠手工纺织的企业一年中则有 45 天是非工作日[③]。孔申手工工场 1879 ~ 1880 年的工人工资簿记载了当年共有 30 个节假日，这当中并不包括星期日。也就是说，在这一年中，工场一共开工了 284 天[④]。总体来讲，虽然工场周六开工，但

---

① Кирьянов Ю. И. Жизненный уровень рабочих России（конец XIX – начало XX в.）. М., 1979. С. 39 – 63.

② Дементьев Е. М. Фабрика, что она дает населению и что она у него берет. М., 1897. С. 74 – 75. Красочное описание жизни рабочих при этом сменном распорядке см., например, в докладе: Голгофский А. Современный фабрично – рабочий в физическом, умственном и нравственном отношении; причины, поддерживающие невысокий уровень его развития, и меры к подъему его благосостояния // Труды высочайше утвержденного Всероссийского торгово – промышленного съезда 1896 г. в Нижнем Новгороде. Вып. V. Условия быта и работы фабрично – заводских рабочих. СПб., 1896. С. 23 – 24.

③ Песков П. А. Фабричный быт Владимирской губернии. Отчет за 1882 – 1883 гг. фабричного инспектора над занятиями малолетних рабочих Владимирского округа П. А. Пескова. СПб., 1884. С. 77.

④ ЦИАМ. Ф. 17. Оп. 49. Д. 148. Л. 26 об.

是在 19 世纪 80 年代，工场的工作日天数在 270 ~ 290 天[①]。

工时的进一步缩减得益于 1897 年 6 月 2 日法令的实施，该法令规定工人每天工作应在 11.5 小时以下[②]。针对这一限制，轻工业企业被迫做出调整：因为它们普遍实行了非法的"六六"工作制。需要指出的是，1897 年法令只在工厂中实行，如此一来，工业工人相对于其他雇佣劳动者来说具有了一定的优势[③]。不过工时仍在缩减，到了 1913 年，工厂的净工时一般为 9 ~ 10 小时，另外工厂方面还会给工人 1.5 小时用于吃早饭和午饭[④]。但是在很多工厂中，工时实际上会因为各种加班而延长。第一次世界大战前，大型棉纺织厂工人的年工作日数基本稳定在 265 ~ 272 天[⑤]。1908 年，莫斯科省 141 家棉纺织企业的平均工作日数都在这一区间内[⑥]。

***

对孔申手工工场和雅罗斯拉夫尔大手工工场这两家大型企业的档案资料进行微观分析，有助于我们研究纺织工人的劳动激励机制。我们认为，19 世纪末 20 世纪初，工厂主和工厂管理部门有意将工厂内部的社会基础设施

① 参见 Кирьянов Ю. И. Жизненный уровень рабочих России (конец XIX – начало XX в.). М., 1979. С. 72 – 84; Миронов Б. Н. «Послал Бог работу, да отнял черт охоту»: трудовая этика российских рабочих в пореформенное время // Социальная история. Ежегодник, 1998/99. М., 1999. С. 247 – 250。

② «О продолжительности и распределении рабочего времени в заведениях фабричнозаводской промышленности». ПСЗ – Ⅲ. Т. ⅩⅦ. № 14231.

③ 参见 Валетов Т. Я. Чем жили рабочие люди в городах Российской империи конца XIX – начала XX века // Социальная история. Ежегодник, 2007. М., 2008. С. 185 – 187。

④ Кирьянов Ю. И. Жизненный уровень рабочих России (конец XIX – начало XX в.). М., 1979. С. 55.

⑤ Фабрично – заводская промышленность в период 1913 – 1918 гг. Вып. 1 (Промышленная перепись). М., 1926. Табл. 11. С. 118.

⑥ Козьминых – Ланин И. М. Заработки фабрично – заводских рабочих Московской губернии. М., 1911. Табл. 1 (прил. 5 данной книги).

作为劳动激励机制的重要组成部分。在系统地研究这些问题之前，我们首先应对这两家工厂的历史、劳动力情况、管理结构和生产活动有所了解。

第一节　孔申手工工场

孔申手工工场成立于1877年，是在孔申商行的基础之上建立起来的，是孔申家族的私有财产①。

孔申家族从事纺织生产的历史可以追溯到18世纪中叶，当时商人们开始将资金投入亚麻工厂中。资料显示，孔申家族从1805年起就开始从事棉花加工。19世纪，孔申家族的加工事业飞速发展，陆续新建了数座工厂。1858年，Н. М. 孔申的三个儿子分家，长子И. Н. 孔申得到了纺织厂并自立门户，另外两个儿子将自己分到的资产合并到了一起。1877年，工厂被改造成为股份制公司。相关规章规定，公司依旧是家族制企业，这意味着股份不允许在交易所公开销售②。孔申手工工场在成立时的固定资本为300万卢布，之后不断增长，1895年达到600万卢布，1911年达到1000万卢布，1917年达到1250万卢布。

И. Н. 孔申之弟，Н. М. 孔申的次子Н. Н. 孔申在很长一段时期内是孔申手工工场的领袖。Н. Н. 孔申其人身材高大魁梧，在俄国工厂主的圈子里非常有名。他是最早与中亚地区建立联系的俄国工业家之一。19世纪70年代，Н. Н. 孔申在布哈拉、科坎德、塔什干、撒马尔罕和德黑兰分别设立了商品批发仓库。他的目标是建立自己的棉花原料基地，这样可以部分或完全摆脱对美国、印度或埃及的高价进口棉花的依赖。基于这样的考虑，Н. Н. 孔申在中亚地区建立仓库，并且用工业品去交换当地便宜的棉花。但是中亚地区的棉花质量较低，因此Н. Н. 孔申同时也是首批使用美国种子培育优质

① «Высочайше утвержденный Устав Товарищества Мануфактур Николая Николаевича Коншина в Серпухове». ПСЗ – Ⅱ. Т. LⅡ. № 56815.

② Аксенов А. И., Петров Ю. А. Коншины – серпуховские // Предпринимательство и предприниматели России. От истоков до начала XX века. М., 1997. С. 202 – 208.

棉花的工业家，他在梅尔福斯绿洲中有自己的种植园，并且在自己的轧棉厂和压制厂中对原料进行加工①。

H. H. 孔申个人在发展生产和安排中亚棉花供应等方面做了很多努力，他经常去英国了解公司设备的最新研发成果，去美国的高水平棉花种植园学习经验。1890 年，莫斯科举办了中亚展览会，在一位参与筹备展览会的成员的回忆录中有一段话提及了 H. H. 孔申："离开展会之后，沙皇（亚历山大三世）问委员会的成员们：'你们当中谁曾去过中亚？'在众多的委员会成员中，只有一位工厂主曾去过中亚，他就是 H. H. 孔申。我承认，当时我感到非常愧疚内疚，作为委员会中的年轻一员，同时作为一名工厂主，我居然从未去过中亚，更何况我们公司的主要业务就在亚洲。"② H. H. 孔申对孔申家族也做出了突出贡献。1882 年，他被授予世袭贵族称号，还曾多次获得三级弗拉基米尔勋章③。1890 年，俄罗斯工业与贸易促进会向他颁发了阿列克谢耶夫荣誉奖章④。

虽然 H. H. 孔申的儿子们也曾进入过工场董事会，但从 1858 年一直到 1918 年公司变为国营企业为止，孔申手工工场一直由 H. H. 孔申领导。到 1918 年，他已经 87 岁了。根据一些报道的记载，H. H. 孔申在 20 世纪 20 年代死于索洛维茨基集中营⑤。

孔申手工工场的董事会在各个时期都曾有过非常知名的企业家。如同俄国其他从事棉花加工的企业一样，孔申手工工场与路德维希·克诺普的公司

① Аксенов А. И., Петров Ю. А. Коншины – серпуховские // Предпринимательство и предприниматели России. От истоков до начала XX века. М., 1997. С. 205; Коншин А. Д. Коншины // «Совет», 12.10.1996; Шампаньер А. Торговопромышленные деятели России. Альбом. Б. м., б. г. (191?), без номеров страниц (статья «Н. Н. Коншин»).

② Варенцов Н. А. Слышанное. Виденное. Передуманное. Пережитое. М., 1999. С. 113.

③ Шампаньер А. Торговопромышленные деятели России. Альбом. Б. м., б. г. (191?), без номеров страниц (статья «Н. Н. Коншин»).

④ Иоксимович Ч. М. Мануфактурная промышленность в прошлом и настоящем. Т. 1. М., 1915. С. 277.

⑤ Аксенов А. И., Петров Ю. А. Коншины – серпуховские // Предпринимательство и предприниматели России. От истоков до начала XX века. М., 1997. С. 214.

关系密切，后者是克连戈利姆纺织工厂的创始人，主要从英国向俄国输送进口纺织机器。在孔申手工工场成立时，除了孔申家族成员外，只有克诺普拿到了股份。克诺普公司的代表 И. К. 克罗韦担任孔申手工工场首任董事会主席①。和其他纺织企业一样，孔申手工工场的很多高管职位由外国人担任，很多俄罗斯化的英国人直到十月革命前还在厂里担任高层行政和工长的职位②。他们当中的很多人在企业国有化之后被驱逐出境。С. И. 阿里斯托夫在 20 世纪 40 年代曾高兴地写道，谢尔普霍夫革命军事委员会为了与间谍做斗争，逮捕并流放了孔申手工工场的负责人 Э. 恰尔诺克和 К. 普拉特，"即使他们有人民的敌人、叛徒托洛茨基授予的保护证书"③。

1907 年，Н. А. 弗托罗夫成为孔申手工工场的董事会主席。Н. А. 弗托罗夫来自西伯利亚，他的父亲在西伯利亚起家。在他的领导下，孔申手工工场的经营蒸蒸日上，开始定期更新设备。莫斯科的瓦尔瓦尔斯克广场有一座名叫"劝业场"的建筑群，当时许多知名企业在其中开设了办事处。1912～1913 年，Н. А. 弗托罗夫积极参与各类活动，因此孔申手工工场也在这里开设了自己的办事处。一战期间，Н. А. 弗托罗夫积极组织各种生产活动，他筹建了很多化工厂、冶金厂和兵工厂，其中包括埃列克特罗斯塔利工厂，并开始开采莫斯科郊外的煤田④。

1913 年，在 Н. А. 弗托罗夫的主持下，孔申手工工场完成了一次合

---

① Аксенов А. И., Петров Ю. А. Коншины – серпуховские // Предпринимательство и предприниматели России. От истоков до начала XX века. М., 1997. С. 206; ЦИАМ. Ф. 673. Оп. 8. Д. 2. Л. 1.

② Дементьев Е. М. Санитарное исследование фабрик и заводов Серпуховского уезда. (Сборник статистических сведений по Московской губернии. Отдел санитарной статистики. Т. Ⅲ. Вып. XV.) Ч. I. М., 1888. С. 138.

③ Аристов С. И. Город Серпухов. С. 84 – 85. См. также: Гарин Г. Ф. и др. Серпухов. С. 147.

④ Аксенов А. И., Петров Ю. А. Коншины – серпуховские // Предпринимательство и предприниматели России. От истоков до начала XX века. М., 1997. С. 208 – 209; *Второв О. А.* Представители торгово – промышленного мира России на рубеже XIX – XX вв. на примере «Товарищества А. Ф. Второва с сыновьями» // Экономическая история. Обозрение. Вып. 7. М., 2001. С. 85 – 87.

并（虽然只是在产品销售方面）。孔申手工工场、丹尼洛夫纺织工厂和久布涅尔工厂合并组建了统一辛迪加“国内外贸易公司”。上述几家企业实际上在这个时候可以彻底合并，因为它们的董事会成员几乎完全相同，但即使如此，彻底合并仍然被认为是不合时宜的。新成立的辛迪加（孔申手工工场是最大的合伙方）的印染布产量占莫斯科省所有工厂产量总和的半数有余，达到俄国纺织工厂前所未有的生产水平。但是辛迪加的活动很快因战争而中断。与著名的“顿涅茨克矿区矿物燃料销售公司”和“俄罗斯冶金产品销售公司”不同的是，该辛迪加的存在几乎从未被历史学家所察觉①。

这里需要指出的是，孔申手工工场很可能也加入了中央工业区棉纺织工厂主协会②。该协会成立于1910年，联合了中央工业区所有与棉花及棉纺织物加工有关的大型工厂。根据 П. А. 布雷什金的记载，该组织的活动带有协商性质，而不是垄断性质，并且直到第一次世界大战之前也没有起到什么特别的作用③。

孔申手工工场的董事会负责制定工场的发展战略，以及做出重要的决策。根据1877年的规定，工场董事会位于莫斯科，由3名厂长组成，这3名厂长每3年由全体股东大会选举产生。还要选举两名候补董事以应对厂长临时缺席的情况。只有拥有5股以上的股东才有资格成为厂长或候补董事。因为股东人数并不是很多，因此董事会中很容易出现厂长和候补董事轮流坐庄的情况。Н. Н. 孔申作为纺织工厂的创建者，在1877年拥有500~600股，担任公司常务董事一职，根据规章，他可以“直接主持公司事务”④。

如果说董事会负责解决一些与购置土地、购买机器及原材料、销售商品、

① Пажитнов К. А. Очерки истории текстильной промышленности дореволюционной России. Хлопчатобумажная, льно-пеньковая и шелковая промышленность. М., 1958. С. 143.

② Шестакова О. А. Текстильная промышленность Серпухова за 20 лет (с 1908 по 1928 г.) // Московский край в его прошлом. Труды общества изучения Московской области. Вып. 6. Ч. 2. М., 1930. С. 80.

③ Бурышкин П. А. Москва купеческая. М., 1990. С. 261-262.

④ Соколов-Микитов И. С. Детство. М., 1988. С. 11.

签订合同、建设厂房等有关的事务，那么所有与生产相关的问题均由厂长处理。除生产问题外，厂长还需要处理劳动关系问题，如招聘和解雇工人、支付工人工资、安排工人的住宿等。根据1901年发布的工厂宿舍规章条例，厂长还有责任“应工厂检查官的要求，监管宿舍的清洁和秩序”①。起初厂长一职由外国人担任，主要是英国人，到了20世纪初，开始由俄国专家担任厂长。从1897年起，М. П. 洛塔列夫接替英国人 В. И. 克罗硕成为纺织厂厂长。

不同工厂厂长之间的工资差别非常大。比如，1896年印染厂新厂长К. Е. 拉乌胡的年薪为3万卢布，而1897年М. П. 洛塔列夫的年薪为1.5万卢布。1901年染整厂的新任厂长А. И. 卡尔波夫的年薪为1.08万卢布，外加第一年0.5%、第二年1%的工厂纯利润提成②。

1901年初，孔申手工工场设立了一个主管工场行政事务的职位。虽然厂长像之前一样，负责工人宿舍的扩建问题，但从此他可以从医院、食堂等设施的建造、维修以及各类相关标准的制定等事务中脱离出来。Е. Е. 提森豪森成为孔申手工工场最早主管行政事务的人员③。

20世纪初孔申手工工场主要由以下4家工厂组成④。

印染厂即“旧庄园工厂”，位于谢尔普霍夫县中心。该厂于1822年投产，是孔申手工工场旗下各厂中最早投产的。19世纪上半叶（特别是在1842年英国解禁纺织机器出口之前），俄国的棉纺织工业主要是工人在家中纺纱织布。工厂主先把原材料分配下去，然后向工人收购制成的纺织品，之

① ЦИАМ. Ф. 673. Оп. 8. Д. 8. Л. 96.

② ЦИАМ. Ф. 673. Оп. 8. Д. 8. Л. 34 об., 36 об., 92.

③ ЦИАМ. Ф. 673. Оп. 8. Д. 8. Л. 79.

④ 工厂的成立年份参见ЦИАМ. Ф. 673. Оп. 1. Д. 38. Л. 24, 50，不过文献中有时会出现其他年份，因此，根据Н. И. 马蒂森和Е. М. 杰缅季耶夫的说法，印染厂成立于1805年，纺织厂成立于1860年［参见Матисен Н. И. Атлас мануфактурной промышленности Московской губернии. М., 1872. С. 36, 62；Дементьев Е. М. Санитарное исследование фабрик и заводов Серпуховского уезда.（Сборник статистических сведений по Московской губернии. Отдел санитарной статистики. Т. Ⅲ. Вып. XV.）Ч. I. М., 1888. С. 10, 16］。而根据Ч. М. 约克西莫维奇的说法，纺织厂成立于1861年，染整厂成立于1885年（参见Иоксимович Ч. М. Мануфактурная промышленность в прошлом и настоящем. Т. 1. М., 1915. С. 276－277）。

后在工厂里进行进一步的加工。因此十月革命前俄国大部分大型联合企业是从加工这一生产步骤，在工厂层面也就是从染料厂和印染厂开始的。

纺织厂即“新庄园工厂”，位于与谢尔普霍夫县邻近的普辛斯基乡格拉泽奇纳村，于1859年投产。需要指出的是，孔申家族在19世纪40年代末就建设了可以机器化生产的纺织厂，但由于分家，这家工厂在1858年归Н. Н. 孔申其兄И. Н. 孔申所有。也就是说，在晚些成立的孔申手工工场中并没有自己的纺织工厂，因此后来工场又建设了新的纺织厂。

染整厂即“老工厂”，同样位于普辛斯基乡格拉泽奇纳村，该厂于1879年收购而来。这里需要着重强调，虽然专门给纱线和布料染色的工厂在1879年才设立，但在此之前，相关工作一直由印染厂负责（Н. М. 孔申于1844年就成立了染色车间），而且在拥有了新的染整厂后，这些分厂也在从事这些工作。

新纺织厂即“特列季亚科夫卡”，位于同样邻近谢尔普霍夫的维索茨基乡斯克雷利亚村，1897年在从特列季雅科夫家族收购的工厂基础上开办。

除此之外，孔申手工工场还拥有铸造厂、制砖厂、发电站以及各式生产设施（如马厩、磨坊等）。据推算，1915年10月1日，工场的固定资产由价值1940万卢布的工厂、价值320万卢布的林场和专用铁路（21339俄亩土地和54俄里铁路）[①] 组成。

表2－2中显示了各工厂间的对比关系及它们的产量份额和工人数量。

表2－2　1871～1915年孔申手工工场4家工厂产量和工人数量统计

年份	印染厂	纺织厂	新纺织厂	染整厂
年产量（百万卢布）				
1871	0.773	1.227	—	—
1900～1901	7.734	7.308	3.911	2.550
1915	17.406	20.481	20.481	7.166

① ЦИАМ. Ф. 673. Оп. 8. Д. 35. Л. 39 об.

续表

年份	印染厂	纺织厂	新纺织厂	染整厂
年产量占所有工厂的百分比(%)				
1871	39	61	—	—
1900～1901	36	34	18	12
1915	39	45	45	16
工人数量(人)				
1871	608	1208	—	—
1884	1205	1891	—	284
1902	2323	4954	3239	572
1915	3213	7606	7606	848
工人数量占所有工厂的百分比(%)				
1871	33	67	—	—
1884	36	56	—	8
1902	21	45	29	5
1915	28	65	65	7

资料来源：ЦИАМ. Ф. 673. Оп. 1. Д. 38；ЦИАМ. Ф. 673. Оп. 8. Д. 35. Л. 39 об.；ЦИАМ. Ф. 2005. Оп. 1. Д. 8. Л. 21 об.；*Матисен Н. И.* Атлас мануфактурной промышленности Московской губернии. М., 1872. С. 36－37, 62－63；*Дементьев Е. М.* Санитарное исследование фабрик и заводов Серпуховского уезда.（Сборник статистических сведений по Московской губернии. Отдел санитарной статистики. Т. Ⅲ. Вып. XV.）Ч. I. М., 1888. С. 10－11, 16－17。

从表2－2中可以看出，产量较高的是纺织厂。和染整厂比起来，印染厂（如我们之前讲过的，有大型染色车间和漂白车间）的重要性总是更大一些。

自成立以来，孔申手工工场不断快速发展，产量和利润都在提高，这一点可以通过工场的利润总额加以证明，净利润对此显示得没有那么清楚（见图2－2、图2－2），因为每年工场大部分的净利润都被用于采购机器和其他建设，并且这类支出每年并不等额。1902年，在工场董事会呈交给莫斯科省长的一份文件中写道，孔申手工工场每年为国家、地方自治机关和市政府缴纳的税、手续费和各项捐款总额超过150万卢布[①]。

① ЦИАМ. Ф. 17. Оп. 77. Д. 1107. Л. 44 об.

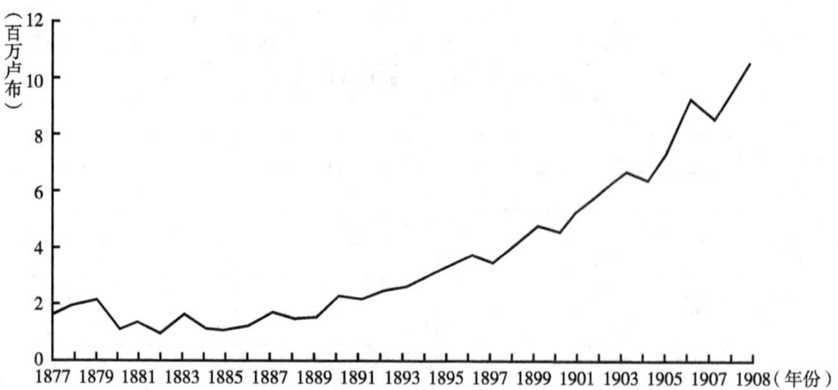

图 2－1　1877～1908 年孔申手工工场利润总额变化趋势

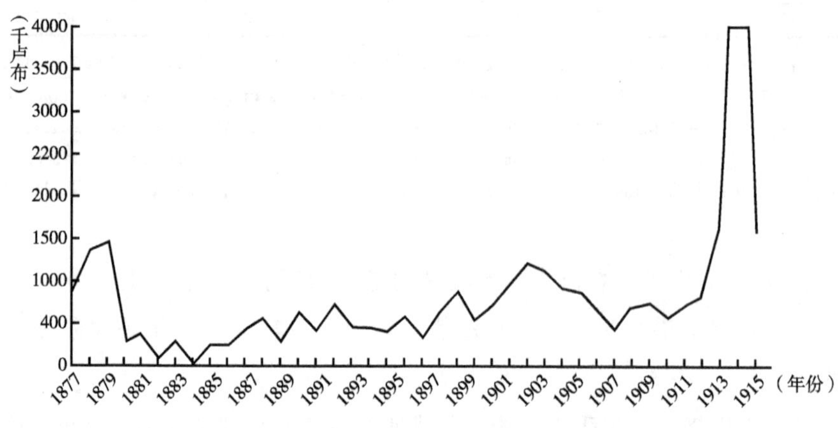

图 2－2　1877～1915 年孔申手工工场净利润变化趋势

孔申手工工场在自己的几家工厂内就可以完成织物加工的全部阶段：首先在纺织厂中将棉花变成纱线，之后在纺织厂和新纺织厂中进行织布，最后在印染厂和染整厂中完成纺织品的最后加工步骤。到 1912 年，孔申手工工场拥有 3 家零售商店（分别位于莫斯科和谢尔普霍夫）和 15 间批发仓库（分别位于圣彼得堡、华沙、里加、敖德萨、基辅、浩罕、符拉迪沃斯托克和上海）。这些仓库的商业周转额可见表 2－3。

表 2-3 1908~1912 年孔申手工工场批发仓库的商业周转额统计

时间	产品（千匹）	资金（千卢布）
1908~1909 年	1858	20773
1909~1910 年	2247	26464
1910~1911 年	2340	27179
1911~1912 年	2545	28036

注：产品规格为每件 60 俄尺。

资料来源：ЦИАМ. Ф. 673. Оп. 8. Д. 667. Л. 16-18。

随着第一次世界大战的爆发，和很多大型纺织企业一样，孔申手工工场也在很大程度上将生产重心转移到生产军用品上来，当时工场最主要的产品是军事部门所需的各类纺织品，如军装、包扎材料等。除此之外，工场还生产手榴弹所用的火药和填料。到 1916 年秋，孔申印染厂 20%~25% 的产品主要为满足国防需求而生产，而在孔申染整厂，这一数字甚至达到 50%[①]。国防生产对工场的经济活动产生了重要的影响，既保障了工场能够在经济恶化的情况下拿到国家订单，又帮助国家解决了一系列重要的经济问题。各纺织企业纷纷转向生产军用品对俄国棉纺织工业的影响极为显著，到 1917 年，与军用品有关的产量占俄国棉纺织总产量的 70%[②]。然而，战争对企业甚至整个纺织工业都造成了严重打击，特别是在原材料（棉花）、燃料以及劳动力方面（大量工人应征入伍，其中包括数量众多的熟练工人）。

1.1 工人的数量、性别和年龄构成

孔申手工工场曾是莫斯科省谢尔普霍夫县最大的工业企业，在该县还有几家大型企业，以从事纺织业为主，其中包括规模较大的里亚博夫斯基大手工工场。1902 年 1 月 1 日，孔申手工工场有工人 11088 人，谢尔普霍夫县其他工厂的

① Шестакова О. А. Текстильная промышленность Серпухова за 20 лет（с 1908 по 1928 г.）// Московский край в его прошлом. Труды общества изучения Московской области. Вып. 6. Ч. 2. М.，1930. С. 79-80.

② Пажитнов К. А. Очерки истории текстильной промышленности дореволюционной России. Хлопчатобумажная，льно-пеньковая и шелковая промышленность. М.，1958. С. 135.

雇工情况如下：纺织厂有工人2036人，织造厂有工人2566人，染整厂有工人3124人，其他工厂有工人793人[①]。由此可见，孔申手工工场所拥有的工人总数超过全县工人总数的56%。

可以通过表2－4来观察孔申手工工场工人数量的变化情况。

表2－4　1871～1915年孔申手工工场工人总数统计

单位：人

年份	年平均工人数量
1871	1816
1884	3245
1885	3215
1893	4862
1894	4744
1895	4846
1896	5794
1897	7269
1898	8471
1899	10858
1900	11237
1901	10182
1902	11091
1903	11217
1904	11402
1905	11632
1906	11357
1907	11477
1915	12537

资料来源：1871～1884年数据参见 Дементьев Е. М. Санитарноеисследованиефабрикизаводов Серпуховскогоуезда.（Сборникстатистическихсведенийпо Московскойгубернии. Отдел санитарной статистики. Т. Ⅲ. Вып. XV.）Ч. I. М.，1888. С. 10－11，16－17；1885年数据参见 Янжул И. И. Московский фабричный округ. Отчет за 1885 г. Приложения. С. 4－5；1893～1906年数据参见 ЦИАМ. Ф. 673. Оп. 1. Д. 3. Л. 113；1907～1915年数据参见 ЦИАМ. Ф. 673. Оп. 1. Д. 358. Л. 47。

① ЦИАМ. Ф. 2005. Оп. 1. Д. 8. Л. 21－22.

工人的性别和年龄情况见表2－5、表2－6、表2－7。

表2－5　1871～1917年孔申印染厂工人性别和年龄分布情况

单位：人

年份	成年工人		少年工（15～17岁）		童工（12～15岁）	
	男	女	男	女	男	女
1871	420	38	150			
1884	766	54	197	27	26	—
1898	1795	231	224	46	—	—
1899	1888	245	228	40	—	—
1900	1947	233	227	30	—	—
1901	1907	255	155	35	—	—
1902	1874	259	176	14	—	—
1903	1916	259	226	25	3	—
1904	2130	256	297	36	8	—
1914	2057	726				
1917	1137	923				

注：一战前工厂中成年男性约占80%，女性约占10%，少年工占7%～10%。

资料来源：1871年数据参见 Матисен Н. И. Атлас мануфактурной промышленности Московской губернии. М., 1872. С. 62－63；1884年数据参见 Дементьев Е. М. Санитарное исследование фабрик и заводов Серпуховского уезда. （Сборник статистических сведений по Московской губернии. Отдел санитарной статистики. Т. Ⅲ. Вып. XV.）Ч. I. М., 1888. С. 167；1898～1901年数据参见 ЦИАМ. Ф. 673. Оп. 1. Д. 1357；1902 г.：ЦИАМ. Ф. 2005. Оп. 1. Д. 8. Л. 21 об.；1903～1904年数据参见 ЦИАМ. Ф. 673. Оп. 1. Д. 112. Л. 59－60；1914～1917年数据参见 ЦИАМ. Ф. 673. Оп. 8. Д. 295. Л. 1－2；1915 г.：ЦИАМ. Ф. 673. Оп. 8. Д. 35. Л. 39 об。

表2－6　1871～1914年孔申纺织厂工人性别和年龄分布情况

单位：人

年份	成年工人		少年工		童工	
	男	女	男	女	男	女
1871	660	380	168			
1884	882	649	136	200	22	2

续表

年份	成年工人		少年工		童工	
	男	女	男	女	男	女
1900	1972	2242	222	405	107	152
1901	2048	2344	378		200	
1902	1957	2340	167	262	100	128
1903	1960	2448	378		200	
1904	1875	2342	427		155	
1905	1902	2399	399		118	
1906	1867	2455	369		90	
1914	男工约 1700 人，女工约 3030 人					

注：一战前工厂中成年男性约占 40%，女性约占 50%，少年工占 7% ~9%。1902 年的数据来源众多，相互间并不完全一致。此表数据来自第 358 号档案。

资料来源：1871 年数据参见 Матисен Н. И. Атлас мануфактурной промышленности Московской губернии. М.，1872. С. 36 – 37；1884 年数据参见 Дементьев Е. М. Санитарное исследование фабрик и заводов Серпуховского уезда.（Сборник статистических сведений по Московской губернии. Отдел санитарной статистики. Т. III. Вып. XV.）Ч. I. М.，1888. С. 139；1900 年数据参见 ЦИАМ. Ф. 673. Оп. 1. Д. 112. Л. 55 – 56（точнее，это декабрь 1899 г.）；1901 ~ 1906 年数据参见 ЦИАМ. Ф. 673. Оп. 1. Д. 358. Л. 16；1902 年数据参见 ЦИАМ. Ф. 2005. Оп. 1. Д. 8. Л. 21 об.；1914 年数据参见 ЦИАМ. Ф. 673. Оп. 5. Д. 130，132，134，136，138，140，142，144，146，148，150，152，154，156 中的工资簿数据。工资簿存在缺佚，但最多不超过 30 页。

表 2 – 7　1899 ~ 1903 年孔申手工工场工人性别和年龄分布情况

单位：人

时间	成年工人		少年工		童工	
	男	女	男	女	男	女
1899 年 7 月	5990	3833	651	595	107	152
1900 年 7 月	6096	4117	465	398	102	139
1901 年 7 月	5850	4198	524	369	99	142
1902 年 1 月	5954	4066	500	340	100	128
1902 年 7 月	5969	4177	525	332	97	88
1903 年 7 月	6142	4309	583	303	62	98

资料来源：ЦИАМ. Ф. 673. Оп. 1. Д. 112. Л. 64；1902 年 1 月数据参见 ЦИАМ. Ф. 2005. Оп. 1. Д. 8. Л. 21 об。

从表中数据可以看出，纺织厂中女工的比例非常高，并且这一比例呈增长趋势，而在其他工厂中女工的数量则明显少于男工，这是棉纺织工业的典型特征。除此之外，我们可以看到，在两家工厂中，少年工和童工的数量呈减少趋势，这同样也很典型。1900 年，全俄（不包含波兰）棉纺织工业中共有工人 324000 人，其中 44.3% 为女工，年龄在 12 ~ 15 岁的儿童占 2.2%。而到了 1913 年，工人总数达到 497000 人，女工占比为 56%，童工占比为 1.1%①。И. М. 科兹明内赫 - 兰宁的调查显示，1908 年莫斯科省各企业中从事棉纺织加工的、年龄大于 15 岁的工人共有 116520 人，其中女工占 49.5%，共 57735 人。男工的工种可以按照生产内容来划分，超过 15000 人从事整修工作，12000 人从事维修工作。女工的工种则较为单一，因为实际上所有女工都在从事纺织生产②。

1.2　工人的出身、阶层分布以及工人的务农活动

表 2 - 8 中的数据反映出孔申手工工场工人的出身和地位由其出身阶层和地域决定。

表 2 - 8　孔申手工工场工人的出身情况统计（1902 年复活节时统计）

单位：人

		工厂				
		纺织厂	新纺织厂	印染厂	染整厂	总计
莫斯科省						
市民	谢尔普霍夫县	449	151	631	66	1297
	其他城市	4	1	35	4	44
农民	谢尔普霍夫县	2371	2153	445	144	5113
	其他县	41	20	32	12	105

① Пажитнов К. А. Очерки истории текстильной промышленности дореволюционной России. Хлопчатобумажная, льно - пеньковая и шелковая промышленность. М., 1958. С. 102, 148.

② Козьминых - Ланин И. М. Заработки фабрично - заводских рабочих Московской губернии. М., 1911. Табл. 2 - 1, 2 - 2.

续表

		工厂				
		纺织厂	新纺织厂	印染厂	染整厂	总计
非任职的贵族		0	15	0	1	16
非世袭荣誉公民		0	8	0	1	9
贵族		0	0	0	1	1
图拉省						
市民		17	9	19	5	50
农民	阿列克辛县	845	348	168	102	1463
	卡希拉县	216	157	109	58	540
	其他县	290	102	313	58	763
非任职的贵族		43	0	0	1	44
非世袭荣誉公民		0	0	0	2	2
卡卢加省						
市民		39	9	54	9	111
农民	塔鲁萨县	461	311	161	40	973
	其他县	58	20	65	9	152
贵族		1	0	0	0	1
其他省份						
市民		25	11	32	9	77
农民		91	35	130	41	297
来自莫斯科孤儿院者		14	6	0	1	21
技术学校者		2	0	0	0	2
贵族		0	0	13	0	13
世袭荣誉公民		0	0	10	0	10
非世袭荣誉公民		0	0	13	0	13
非贵族出身的知识分子		0	0	20	0	20
外国国民		0	0	3	0	3
总计		4967	3356	2253	564	11140

资料来源：ЦИАМ. Ф. 673. Оп. 1. Д. 112. Л. 15。

值得一提的是，在计算工人数量时，表 2 - 8 对来自上层社会的代表也进行了非常精确的统计：75 名贵族和 34 名荣誉市民。也就是说，这些人是实实在在的工人，因为担任职务者并没有被计算在内。在这些工人中有的人是技师，有的人是考勤员、检验员等。在工资簿中，我们可以看到贵族和荣誉公民多年都从事着工资较低的工作。

通过表 2 - 8 中的数据，我们可以认为，上述工人的大部分来自莫斯科省及其邻近省份的农民：表中 11140 人中有 9406 人是农民，约占总量的 85%。

农民阶层占工人的大多数，这是十月革命前俄国工业非常典型的特征。不过，我们同样可以看到在孔申手工工场中，农民出身的工人相对占比较低，该厂工人的相当一部分是谢尔普霍夫县的市民（共有 1297 人，比例超过 11%）。这些工人既没有在城市外的工厂工作，也没有在大城市的工厂工作（在大城市的工厂中，外来居民所占比例比县城工厂的更高）。根据 И. М. 科兹明内赫 - 兰宁的调查，1908 年，在莫斯科省的几个县（不包括谢尔普霍夫县），棉纺织工厂中的工人，农民出身者所占的比重远超表 2 - 9 呈现的面貌。

表 2 - 9　1902 年孔申手工工场工人和 1908 年莫斯科省棉纺织工厂 44000 名工人的阶层分布情况

单位：%

工厂	农民	市民	贵族	其他
孔申手工工场	84.4	14.2	0.67	0.72
莫斯科省棉纺织工厂	93.6	6.0	0.05	0.36

资料来源：ЦИАМ. Ф. 673. Оп. 1. Д. 112. Л. 15；Козьминых - Ланин И. М. Уход на полевые работы фабрично - заводских рабочих Московской губернии. М., 1912. С. 3。

孔申手工工场的数据反映出大工厂中季节性返乡务农的人数并不是很多，即使有也是低熟练度工人。E. M. 杰缅季耶夫也证实了这一点，1884 年在孔申手工工场下属工厂中，纺织厂务农的工人为 27 人，占工人总量的 2.7%；印染厂务农的工人为 17 人，占工人总量的 1.8%。他还写道，这是因为管理部门禁止工人返乡务农，以防止工人在夏季大量流失。而且这一点被写进了工厂的雇佣规章中，如果工人在十月一日前离开岗位，则要被扣掉一个月的工资①。

从图 2－3 中我们可以非常直观地看出 1898 年 1 月至 1901 年 1 月孔申印染厂各工种工人数量变化趋势。

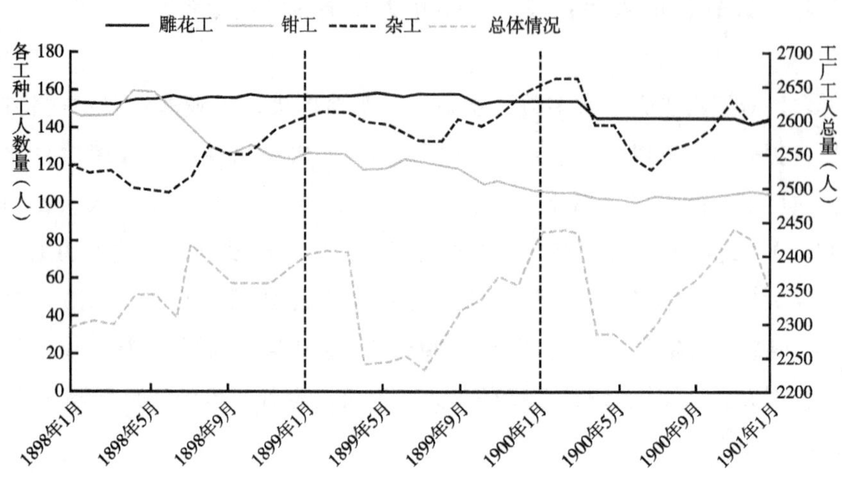

图 2－3　1898 年 1 月至 1901 年 1 月孔申印染厂工人数量变化情况

资料来源：ЦИАМ. Ф. 673. Оп. 1. Д. 1357。

可以看出，在这段时期，在以上几个工种的工人中，熟练度最高的雕花工的人数几乎没有发生变化，而钳工的数量整体呈减少趋势，不需要专门技能的杂工数量则呈现明显的季节性：冬天人数最多，夏天人数最少。杂工人数波动的原因是返乡务农，这种情况下工人人数的增减不超过工人数量的 15%。工人总人数同样存在类似的波动，流失的工人人数大概为工人总人数的 3%～4%。

1.3　工作制

接下来我们来讨论孔申手工工场的工作制情况。根据 С. И. 阿里斯托夫

① Дементьев Е. М. Санитарное исследование фабрик и заводов Серпуховского уезда. (Сборник статистических сведений по Московской губернии. Отдел санитарной статистики. Т. Ⅲ. Вып. XV.) Ч. I. М., 1888. С. 139, 168, 170.

的记录，19 世纪 70 年代，孔申手工工场的工人每天要工作 14 ~ 16 个小时①。对于这一点，董事会 1877 年 7 月 1 日发布的决定可以予以证实，当时董事会规定，纺织厂工人每天的工时为 16 个小时②。在这 16 个小时中当然包括了最多 1.5 小时的吃饭、休息时间。需要承认的是，19 世纪 70 年代，工人的工时被大大延长。不过在 1877 年 8 月 10 日，工厂开始实行昼夜交替的轮班制③。不过在之后几年中，轮班制的发展情况如何、工作制又发生了怎样的变化，这些都很难确定。

1884 年，E. M. 杰缅季耶夫在走访了这些工厂之后也进行了记录。根据他的记录，印染厂的工作制度是这样的：从复活节到 9 月 1 日，工时为 5：30 ~ 20：00，午餐休息时间为 12：00 ~ 13：30。冬季的开工时间延后半个小时，从 6：00 开始，但是午餐休息时间只有 1 个小时，即 12：00 ~ 13：00。这样一来，每天工人的净工时为 13 个小时，仅有雕花工在夏季可以工作 11 个小时（6：00 至 19：00，早餐休息时间为 8：30 ~ 9：00，午餐休息时间为 12：00 ~ 13：30）。从 8 月 15 日到复活节期间，工人从（6：30 工作到 7：30），但是没有了早餐休息时间，而从 10 月 1 日到大斋日，午餐休息时间减少到 1 个小时。纺织厂的工作制是 5：00 ~ 20：00，休息时间分别为 8：00 ~ 8：30 和 12：00 ~ 13：00（净工时为 13.5 小时）。但这种工作制从 1884 年复活节才开始实施，而在此之前，工厂实行的是我们之前提到过的六小时轮班制，并且在 1885 年冬，管理部门还计划重新实行这种工作制④。六小时轮班制大约是从 1877 年 8 月开始实行的。

显而易见，到 20 世纪初，这样的工作制不可能仍保持不变。1899 年，印染厂改变了工作制：除了雕花部门之外，工厂的所有部门，夏季的工作时间为 5：30 ~ 19：00，中间有一个半小时的休息时间；冬季的工作时间从

---

① Аристов С. Город Серпухов. С. 47.

② ЦИАМ. Ф. 673. Оп. 8. Д. 2. Л. 4 об.

③ ЦИАМ. Ф. 673. Оп. 8. Д. 2. Л. 6.

④ Дементьев Е. М. Санитарное исследование фабрик и заводов Серпуховского уезда. (Сборник статистических сведений по Московской губернии. Отдел санитарной статистики. Т. Ⅲ. Вып. XV.) Ч. I. М. , 1888. С. 169, 138 – 140.

6：00开始，但休息时间缩短为一个小时。所以，此时工人的净工作时间为12小时。但我们发现，这违反了1897年的法律。雕花工的工时还像从前一样，主要取决于白天的光照时间，而机械加工部门的工人，如钳工、细木工、焊工、车工、锻工等，比其他工人少工作一个小时。

大概是因为1897年法律的缘故，工人的工作量有所减少。有证据证明，孔申印染厂只在1905年革命发生后才将工时缩减到10.5小时，并且相应地，工人的单位工资额也会重新计算，以保障工人的收入。

但是在新纺织厂，从1896年10月就开始实行两班倒制度：第一班从4：00到8：30，之后从13：00到17：30；第二班从8：30到13：00，之后从17：30到22：00（净工时为9小时）。另外，每周工人还要用一个半小时的时间无偿清洗各类机器[①]。1908年，工厂开始实行这样的制度：每天像之前一样开工18小时，但是分成3班，每班6小时，由两组工人完成。“比如说，第一组工人星期一工作12个小时，第二组工人工作6个小时，星期二两班进行调换：第二组工人工作12个小时，第一组工人工作6个小时。每天在10：00和16：00进行交接班。星期六和节假日的时候，工人在18：00结束当天工作，也就是说，每班要工作7小时：第一种的工时为4：00～11：00，第二组则为11：00～18：00。”这样算下来，工人每周的总工作时数为104小时，相当于每班8小时40分钟[②]。

这样看来，19世纪80年代在新纺织厂实行的昼夜两班工作制对于工人而言已经再好不过了：在工厂面临危机的时候每班要工作13.5小时。看来工人们在1896年之前都没有恢复过两班制。虽然关于这一点我们没有找到相关资料可供佐证，但是当一家工厂出现某些情况（如新纺织厂没能成功地给印染厂供应纺织物）而需要调整到两班制并将工人人数加倍时，就要将工作日数大量减少。

---

① ЦИАМ. Ф. 673. Оп. 8. Д. 8. Л. 29 об.，34；ЦИАМ. Ф. 2005. Оп. 1. Д. 6. Л. 29.

② ЦИАМ. Ф. 673. Оп. 1. Д. 358. Л. 35 об.

从 1917 年复活节开始，所有工厂都开始实施八小时工作制，在这种情况下，工人的单位工资又要重新计算，使在工时缩减的情况下工人仍可得到原来的工资数目①。

根据孔申手工工场内部的规章条例，只有维修工人（其中包括机械加工部门的工人，如钳工、机器调整工、皮带工等）有义务在紧急情况下（包括节假日）加班工作。加班时工人会得到比平时的单位工资更高的加班费。管理部门可以要求他们在休息日和节假日工作，但有责任每月补给他们四个休息日。主要工种的工人（比如纺织工）不可加班②。有趣的是，凡是与加班有关的情况，管理部门都需要提前通知工厂检查官。我们可以在工厂检查官的档案资料中找到大量的相关文件③。显而易见，工厂检查官一直在对此进行追踪，以便了解工人加班究竟是否合理。

除此之外，1913 年 1 月 9 日的董事会会议记录中写道，印染厂的加班（这是该厂主要的工作形式）对孔申手工工场而言并不划算，因此董事会决定大幅削减该厂工人的加班时间④。

***

1917 年，孔申手工工场积极参与了革命活动。鉴于孔申手工工场是城中最大的企业，因此各种左翼政党的革命活动在此最为活跃。1917 年 3 月 2 日，工场的两家主要工厂即印染厂和纺织厂都成立了工厂委员会。从 1917 年到 1918 年上半年，孔申手工工场董事会的活动越来越多地受制于各级苏维埃和工人委员会。1918 年秋，孔申手工工场被国有化，并被更名为谢尔普霍夫大手工工场，纺织厂被更名为“红色纺织工人厂”，印染厂被更名为

① ЦИАМ. Ф. 673. Оп. 8. Д. 283. Л. 1－3.

② ЦИАМ. Ф. 673. Оп. 1. Д. 358. Л. 16.

③ ЦИАМ. Ф. 2005. Оп. 1. Д. 17.

④ ЦИАМ. Ф. 673. Оп. 8. Д. 36. Л. 101 об.

“第二印染厂”。从1921年11月起，孔申手工工场旗下各工厂都被并入谢尔普霍夫棉纺织公司[①]。

第二节　雅罗斯拉夫尔大手工工场

雅罗斯拉夫尔大手工工场即现在的“红渠”纺织联合工厂是俄国历史最悠久的纺织企业之一。工场的成立之日被认为是1722年6月28日，手工业院按照彼得一世的命令，将科托罗斯利河右岸、与卡瓦尔达诺夫斯科河交汇的一块地方划拨给了手工工场[②]。雅罗斯拉夫尔大手工工场的创始人是俄罗斯化的荷兰人 И. 塔梅斯和雅罗斯拉夫尔商人、客商会成员 М. С. 扎特拉佩兹诺夫。工场所有的建设工作于1731年前完工。雅罗斯拉夫尔大手工工场刚开工的时候只有172台机床，工人数量为500多人，相对而言规模并不大。工场建成不久之后，И. 塔梅斯便去世了，因此工场后来的发展与扎特拉佩兹诺夫家族的关系更为密切。

1731年，М. С. 扎特拉佩兹诺夫去世之后，其子伊万和德米特里对工场进行了分割。小儿子将所得股份变现，开始建设自己的亚麻布企业，因此雅罗斯拉夫尔出现了两家属于扎特拉佩兹诺夫家族的手工工场。为了避免混淆，我们将成立较早的、现在属于伊万的手工工场称为“雅罗斯拉夫尔大手工工场”，将另一家称为“雅罗斯拉夫尔小手工工场”。И. 扎特拉佩兹诺夫早在企业成立之前就在国外学习了7年的亚麻布生产工艺。雅罗斯拉夫尔

---

① Шестакова О. А. Текстильная промышленность Серпухова за 20 лет（с 1908 по 1928 г.）// Московский край в его прошлом. Труды общества изучения Московской области. Вып. 6. Ч. 2. М., 1930. С. 81, 84; Аристов С. Город Серпухов. С. 103. Текстильные фабрики СССР. М., 1927. С. 6.

② 雅罗斯拉夫尔大手工工场早期的历史情况，可参见：Грязнов А. Ф. Ярославская Большая мануфактура за время с 1722 по 1856 г. М., 1910; Ярославская Большая мануфактура. М., 1900; Иоксимович Ч. М. Мануфактурная промышленность в прошлом и настоящем. Т. 1. М., 1915; Паялин Н. П. Волжские ткачи. 1722 – 1917. М., 1936; Герасимов Н. В., Карасев С. М., Тарасов Е. П. Красный Перекоп: Очерки истории ордена Ленина комбината «Красный Перекоп». Ярославль, 1972。

大手工工场在他及其儿子阿列克谢的经营下蒸蒸日上，造纸厂和亚麻布工厂也相继成立，之后还陆续开办了染色工场、锯木厂和砖厂。1764 年，C. 雅科夫列夫花费 60 万卢布从 A. 扎特拉佩兹诺夫手中购买了雅罗斯拉夫尔大手工工场，直到 1857 年，该工场一直归雅科夫列夫家族所有。

18 世纪末，雅罗斯拉夫尔大手工工场已经可以完成从亚麻的纺纱、染色到最终加工的一系列流程。除此之外，工场还开始生产棉织物。根据当时的描述，“雅罗斯拉夫尔大手工工场制品的精细程度可以和英国的制品相媲美”。

1802 年，雅罗斯拉夫尔大手工工场已经拥有了 840 台机床和 3800 名工人。但是到了 19 世纪中叶，工场逐渐走向了衰落。1845 年 7 月，情况变得更加糟糕，一场火灾烧毁了造纸厂和漂白间，因此工场方面被迫辞退了大量工人。根据《雅罗斯拉夫尔省公报》的报道，援引工场管理者的话，火灾造成的损失达到 60 万卢布。

火灾发生后，雅科夫列夫家族决定将工场出售。出售工场的广告在《雅罗斯拉夫尔省公报》上定期发布了 10 年之久。终于在 1857 年，报纸刊登了雅罗斯拉夫尔大手工工场被商人 И. 安德烈耶维奇、A. A. 卡尔津金和 Г. М. 伊古姆诺夫收购的消息。收购的价格非常便宜，只有 85000 卢布。买家是雅罗斯拉夫尔的本地人，彼此之间有亲戚关系。他们主要从事亚麻制品的零售贸易，拥有殷实的资本，而且对纺织生产相当了解。下诺夫哥罗德的集市可以提供生产所需的原料，而诺夫哥罗德省有大量森林资源。科托罗斯利河可以提供廉价水资源，并且他们还拥有自己的码头。

工场在易主之后全面转向了与亚麻加工不同的棉花加工。1858 年 3 月 7 日，工场方面正式在书面上确立了雅罗斯拉夫尔大手工工场的规章①。董事会作为工场的最高领导，由 3 名厂长也就是 3 位创立者组成。董事会用“庄严的图案”作为自己的图章，图案是“一只头戴皇冠、手握板斧的熊”，这正是雅罗斯拉夫尔省的省徽。根据规章，工场的固定资本是 80 万卢布，共

① «Высочайше утвержденный Устав Товарищества Ярославской Большой мануфактуры бумажных изделий». ПСЗ – Ⅱ. Т. XXXⅢ. № 32838.

分为160股[①]，每股5000卢布，并可增发股票至100万卢布。这使得工场有实力继续兴建新厂，这种状况一直持续到19世纪80年代。20世纪初，雅罗斯拉夫尔大手工工场已经可以完成棉纺的全套生产。

雅罗斯拉夫尔大手工工场的棉纺生产主要由4幢厂房完成，它们被称为"老厂"。1858年，在第一批建好的厂房中有40000台纺锤，1860~1861年，工场完成了"中厂"的建设工作。两厂并行的状况持续了很长时间。1879年，拥有70000台纺锤的"右副楼"开始工作，到1882年，拥有57000台纺锤的"左副楼"投入使用。19世纪末，雅罗斯拉夫尔大手工工场的纺线产量已经达到了很高的水平。

雅罗斯拉夫尔大手工工场从1868年起开始在"老厂"中进行织造生产。1887年，为了更好地进行织造生产，工场又开始建设一幢四层楼的厂房，这座工厂被称为"新厂"。新厂的建筑方案在建设过程中曾有更改，在四层建筑上又多加了两层，并且除了织造生产外，工场方面还决定在新厂内增加40000台精纺纱锤和10000台捻纱环锭锤。新厂主要加工的是未漂白的棉织物，如细平布、粗平纹布和半锦缎等。

雅罗斯拉夫尔大手工工场的制品曾多次在工业展览会上获奖：1870年圣彼得堡全俄工场手工业展览会金奖；1893年雅罗斯拉夫尔农业和工业展览会金奖；1861年圣彼得堡展览会银奖；1865年莫斯科展览会银奖；1882年莫斯科全俄美术工业展览会国徽奖；1900年巴黎世博会最高奖等。1903年，雅罗斯拉夫尔大手工工场的制品在雅罗斯拉夫尔市举行的北部省展览会上获得了由帝俄技术协会颁发的荣誉奖状（最高奖）和金奖[②]。

雅罗斯拉夫尔大手工工场从1877年起开始进行捻线生产。后来为了充分利用棉纺织生产所产生的废弃物，工场开始进行棉絮生产。工场的最后一

---

① 股权分配情况如下：伊万·安德烈耶维奇·卡尔津金占50股，伊万·安德烈耶维奇·卡尔津金之子占30股，安德烈·亚历山德罗维奇·卡尔津金占40股，Г. М. 伊古姆诺夫占35股，Г. М. 伊古姆诺夫之子占5股。参见 Паялин Н. П. Волжские ткачи. 1722 – 1917. М., 1936. Т. 1. С. 97。

② ГА ЯО. Ф. 674. Оп. 1. Д. 6151. Л. 8.

个生产主项为摇纱生产。

雅罗斯拉夫尔大手工工场自创立之日起就通过Л. 克诺普的公司从英国订购机器。

除上述生产主项外，在雅罗斯拉夫尔大手工工场还有11项分支生产业务，分别为制材生产、细木模型生产、车床线圈生产、锻压生产、铸铁生产、铜和青铜铸造生产、钳工车床生产、面粉生产、面包生产、照明用煤气生产和农业生产①。

从表2－10至表2－12中可以看出雅罗斯拉夫尔大手工工场产能和产量的增长变化情况。

表2－10　1863年、1879年和1896年雅罗斯拉夫尔大手工工场产能情况

单位：台，马力

年份	蒸汽机		涡轮机		发动机总功率
	数量	功率	数量	功率	
1863	1	80	2	120	200
1879	5	320	3	160	480
1896	15	4528	3	650	5178

资料来源：ГА ЯО. Ф. 674. Оп. 1. Д. 376. Герасимов Н. В. , Карасев С. М. , Тарасов Е. П. «Красный Перекоп». С. 24。

表2－11　1888～1917年雅罗斯拉夫尔大手工工场产能情况

单位：台

年份	纺纱锤	捻线锤	织布机
1888	190980	3742	1048
1889	203558	10440	1216
1890	203558	11790	1508
1891	204594	11790	1568

① 雅罗斯拉夫尔大手工工场拥有一个农场，这在一定程度上使工场能够满足工人对农产品的需求。

续表

年份	纺纱锤	捻线锤	织布机
1892	204726	11790	1568
1893	208510	11790	1568
1894	206676	12950	1570
1895	209604	21934	1568
1898	225000		1614
1899	263972	17598	1912
1911	261900	11300	1912
1914	310390	10368	1912
1915	311318		
1917	311262	10804	1912

资料来源：ГА ЯО. Ф. 674. Оп. 1. Д. 248, 1456; Паялин Н. П. Волжские ткачи. Т. 1. С. 124, 132, 159, 294, 328; Герасимов Н. В., Карасев С. М., Тарасов Е. П. «Красный Перекоп». С. 24。

表 2-12　1894～1913 年雅罗斯拉夫尔大手工工场产量情况

单位：千普特

年份	纺纱产量	织物产量
1894	627	485
1895	627	
1898	659	
1900	801	605
1901	791	640
1902	811	
1903	778	700
1904	830	779
1905	685	
1908	817	700
1909		695
1913	910	

资料来源：Герасимов Н. В., Карасев С. М., Тарасов Е. П. «КрасныйПерекоп». С. 25; 84; *Паялин Н. П.* Волжскиеткачи. Т. 1. С. 132, 159, 160。

在 19 世纪 80 年代之前，雅罗斯拉夫尔大手工工场仅使用美国和埃及的棉花进行生产，主要供货商为克诺普家族和赫鲁多夫家族，他们在英国都有自己的分公司[①]。随着俄国与中亚的联系日益密切，卡尔津金和伊古姆诺夫开始在那里建立新的原料基地，二人从1882年起开始采购中亚的棉花，为此他们还任命H. B. 斯科别耶夫特别代理。在之后很长一段时间里，H. B. 斯科别耶夫都负责工场在中亚的分部。除此之外，棉花卖家的“舞弊和欺骗”（棉花的纯度很差）促使雅罗斯拉夫尔大手工工场建立了自己的轧棉厂，随后又建立了植棉厂。植棉厂除使用中亚当地的种子外，还引进了美国的种子进行种植。1900年，工场在中亚地区专门用于棉花种植的土地达到2750俄亩，其中最大的两块种植地分别邻近苦盏市（共1300俄亩）和安集延市（共1000俄亩）。此时工场下属12家轧棉厂（分别位于塔什干、浩罕、纳曼干、安集延及其他城市），另外还租借了6家工厂[②]。因为“在中亚种植棉花”，工场曾受到过两次表彰，分别是1893年芝加哥世博会的铜奖和1896年下诺夫哥罗德全俄美术工业展览会的金奖[③]。工场在中亚采摘棉花后，会沿着里海东岸的铁路到达乌尊阿达港，在那里装船，之后沿着里海和伏尔加河到达工场在科托罗斯利河边的码头。除此之外，工场还像从前一样经敖德萨运进埃及的棉花，经雷瓦尔运进美国的棉花。同时工场在高加索还有两家用于收购棉花的办事处和一家轧棉厂[④]。

为了给各厂提供木柴燃料和建筑材料，工场在诺夫哥罗德省的三个县，沿通航河流（舍克斯纳河和莫洛加河的支流）岸边建设了林场，20世纪初，林场占地约7万俄亩。砍伐下来的树木采用浮运和船运的方式从林场运输到各厂。工场的阿斯特拉罕办事处所采购的石油余渣也是各厂使用的燃料，通常工场会使用6艘总容量为18万普特的驳船和拖轮[⑤]来运输。

自19世纪90年代初，雅罗斯拉夫尔大手工工场的管理权开始逐渐移交

① Львова А. Д. Бухгалтерский учет в предпринимательской деятельности в конце XIX – начале XX века // История предпринимательства в России: XIX – начало XX века: Сб. статей. СПб., 2005. С. 240.

② Ярославская Большая мануфактура. М., 1900. С. 98 – 99.

③ ГА ЯО. Ф. 674. Оп. 1. Д. 6151. Л. 8.

④ Ярославская Большая мануфактура. М., 1900. С. 107.

⑤ Ярославская Большая мануфактура. М., 1900. С. 107 – 108.

给创始人的后代，A. A. 卡尔津金和 C. C. 卡尔津金成为工厂主。19 世纪末，工场的固定资本已经达到 600 万卢布，准备金为 150 万卢布。1906 年，莫斯科三山手工工场的拥有者普罗赫罗夫家族得到了雅罗斯拉夫尔大手工工场约 1/3 的股票，这虽对卡尔津金家族产生了一些限制，但还没有影响到卡尔津金家族对工场的控制权。卡尔津金家族依然如往昔一样，不仅在雅罗斯拉夫尔工业中起到重要作用，还对俄国经济产生显著影响，甚至在莫斯科贴现银行和贸易银行中也处于领先地位。20 世纪初，雅罗斯拉夫尔大手工工场与银行之间的联系不断加强。1898 年，工场董事会还只与莫斯科相互贷款协会有经济联系；到 1908 年，卡尔津金家族已经和 6 家银行有商业往来了；到 1914 年，已经和俄国 11 家大型银行有业务联系了。

棉纺生产很快为工场带来了利润。1858 年，雅罗斯拉夫尔大手工工场的净利润还不是很多，仅为 4676 卢布，到了 1861 年，净利润已经达到了 26.5 万卢布。在此之后，工场的净利润规模仍在持续增加：1865 年达到 47.5 万卢布，1879 年达到 154.6 万卢布。19 世纪 80 年代中期，净利润有所下降，1885 年工场的净利润为 103.6 万卢布，并在之后几年内持续下降。图 2－4 为雅罗斯拉夫尔大手工工场 1893～1916 年所获净利润情况。

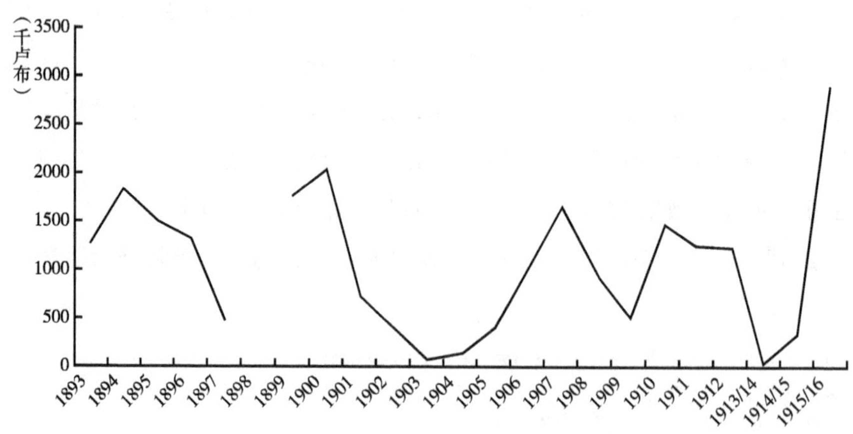

图 2－4　1893～1916 年雅罗斯拉夫尔大手工工场净利润

虽然雅罗斯拉夫尔大手工工场获得了很大成功，但是一战的爆发还是使工场遭遇了危机。1913 年 3 月初，雅罗斯拉夫尔大手工工场厂长 A. Ф. 格里亚兹诺夫通知雅罗斯拉夫尔省省长，工场将要在近期减少产量，这与俄国纺织企业所面临的危机有关。雅罗斯拉夫尔大手工工场的销售形势非常严峻，从 1913 年 1 月 1 日到 5 月 1 日，有超过 2 万普特、价值约 50 万卢布的纱线滞销，因此产品不得不以低于成本的价格[①]销售。这是企业第一次遭遇销售危机。俄国许多纺织企业在当时都面临相似的境地，对此棉纺织工厂协会采取的解决办法是减少各厂每周工作的天数。为了与棉纺织工厂协会在生产策略上保持一致，雅罗斯拉夫尔大手工工场董事会（董事会也认同到这一方案的必要性）也决定减少工作时间。1913 年 3 月 21 日，董事会以书面形式向工人宣布：

> 由于行业不景气，导致我厂产品滞销，因此非常遗憾地通知各位，我们将不得不减少产量：
>
> 1. 工厂在复活节停工之后将不会在复活节后的第一个星期二复工，而将在 4 月 24 日（星期三）复工；
>
> 2. 从今年 5 月 4 日（星期六）开始，周六将不再进行生产[②]。

面临危机的不仅是工厂主，工人同样身处危机之中。

不过在一战开始后的几周里，负责生产军用产品的纺织企业接到了政府的订单，生产状况明显复苏，这其中包括雅罗斯拉夫尔大手工工场。工场管理部门在得到军事订单后，很快对生产布局进行了调整。政府订单包括衬衫织物、帐篷布、棉花等产品，除此之外，工场还要向其他 23 家得到政府军事订单的企业供应纱线[③]。雅罗斯拉夫尔大手工工场从 1915 年起开始为 3

---

① ГА РФ. Ф. 7952. Оп. 8. Д. 61. Л. 104.

② ГА ЯО. Ф. 674. Оп. 3. Д. 143. Л. 1.

③ ГА РФ. Ф. 7952. Оп. 8. Д. 70. Л. 49.

英寸和 6 英寸手榴弹生产外壳[①]。

工厂主凭借与军事部门的关系，可以获取工厂所需的石油作为燃料，除此之外，生产所需的原料也可以获取。在回答特别会议莫斯科全权主席关于燃料的询问时，厂长 А. Ф. 格里亚兹诺夫说道，工厂在 1916 年“没有发生燃料短缺的情况，也没有因为其他原因而停工”[②]。

按军事订单生产就要对原有的生产布局重新进行调整，比如扩大某些部门的生产规模，或将某些部门的生产规模进行缩减甚至完全关闭。于是，1914 年 12 月 13 日董事会在工场内部张贴出了写给“捻丝和络纱工人”的通知：

> 由于合股线订单不足，从 1915 年 1 月 1 日起每昼夜仅需生产 75 普特，生产规模为当前产量的一半。因此并线、捻丝和络纱部门一半数量的工人从 1915 年 1 月 1 日起将不再续约[③]。

1915 年 3 月 19 日厂长 А. Ф. 格里亚兹诺夫在给这些部门工人的通知中写道：

> 由于合股线加工订单严重缺乏，根据董事会的安排，从今年复活节开始，将停止生产合股线，因此并线、捻丝和络纱部门的工人从今年复活节起将不再续约[④]。

整体而言，雅罗斯拉夫尔大手工工场得到了军事订单，并且能够按时完成，这在很大程度上帮助其挺过了艰难的战争年代，并在 1917 年依旧能够稳定生产。

---

① ГА РФ. Ф. 7952. Оп. 8. Д. 63. Л. 18, 19, 27, 29, 30 и др.

② ГА РФ. Ф. 7952. Оп. 8. Д. 63. Л. 49.

③ ГА РФ. Ф. 7952. Оп. 8. Д. 62. Л. 113.

④ ГА РФ. Ф. 7952. Оп. 8. Д. 62. Л. 205.

2.1　雅罗斯拉夫尔大手工工场的管理问题

雅罗斯拉夫尔大手工工场的办事处设在莫斯科，全体股东会议和董事会会议在这里召开。因此，涉及组织生产和工厂整体活动的重要决定都是在莫斯科做出的。董事会成员不常去工厂，日常的生产管理由当地职员负责，因此企业主高度重视工厂的组织建设和干部挑选问题。

19世纪末以前，雅罗斯拉夫尔大手工工场的主要管理原则是“一长制”，由向董事会负责的厂长在几名助理的辅助下对工场所有部门进行领导和管理。19世纪90年代初之前，工场的所有关键性管理职位，包括厂长，均由英国人担任。这些英国人在19世纪50年代末至19世纪60年代来到雅罗斯拉夫尔，那时工场还在建设当中，从英国进口了大量设备。雅罗斯拉夫尔大手工工场在这20年中的第一任厂长是Е. И. 肖克罗斯，他是毕业于英国技术学院的专家，是股东之一。肖克罗斯对如何提高工场的工作效率很感兴趣，并且在生产调整过程中发挥了重要作用[①]。他在工人中享有“绝对真诚和认真”的盛誉并赢得了“全体的尊重”[②]，这一点同在工厂声名狼藉、深受工人憎恨的厂长助理英国人布姆形成了鲜明的对照。之后肖克罗斯的职位被他的同胞——英国人Ф. П. 琼森取代，后者当时已经在雅罗斯拉夫尔大手工工场工作了30年左右，厂长助理依旧由布姆担任。1892年8月，工场发生了罢工，工人对赶来的警察说，他们“对琼森厂长是满意的，但无法忍受他的助理，因为他太不公正了。如果他再出现，大家就会杀死他”[③]。

因此19世纪90年代初，董事会被迫重新制定管理人员的选拔原则。这一时期工人的主要诉求之一就是辞退工场中的外国人。很有意思的是，雅罗斯拉夫尔大手工工场工人的不满是有针对性的。首先，工人并不针对英国籍厂长，而是针对他们的助理及职位较低的外国人。逐渐地，在管理

① 问题是工厂一开始用亚麻作为原料，从1858年开始转为用棉花作为原料。

② ГА РФ. Ф. 7952. Оп. 8. Д. 56. Л. 30.

③ ГА РФ. Ф. 7952. Оп. 8. Д. 56. Л. 36.

部门和工程技术岗位出现了俄国本土的专家。1892 年初，在管理部门 20 位代表中有 17 人为俄罗斯人，3 人为外国人，但这 3 人都担任着领导职务①。

1892 年，莫斯科皇家技术学校教授 C. A. 费奥多罗夫受邀担任厂长一职。用他自己的话来讲，他认为自己除了需要管理整个工场以外，还要消除工人对管理部门不满的根源。他下令制作特别手册，手册上记录着某项工作的候选人、补助金的申请人、请假者等，目的是更有条理地满足工人的各种要求。但是费奥多罗夫的消极立场在 1895 年罢工时引起了董事会一些成员的不满，虽然大部分成员还是认为应该将他的聘任合同延长三年②。1898 年聘任合同到期之后，费奥多罗夫便离开了工场。在此之后，厂长不再负责解决雅罗斯拉夫尔大手工工场所有管理问题，也不再接受董事会的指令，每天向莫斯科汇报事态进展。事实证明，有必要寻找一种新的管理原则，以安排新的生产计划、扩张生产规模，以及处理厂区人口增长等情况。

1898 年，董事会决定对雅罗斯拉夫尔大手工工场的管理系统进行改组。根据同年修改并确定的《关于构建雅罗斯拉夫尔大手工工场总体结构及对各个部门管理的指令》（以下简称《指令》），工厂的各个部门由以下人员进行管理：

1. 老厂厂长；
2. 新厂厂长；
3. 负责机械部分的经理（负责包括管理工场下属的机械厂）；
4. 负责账务部分的经理（负责包括会计处）；
5. 负责经营部分的经理。

无论是在《指令》中，还是在他们与董事会签订的合同中，都对这 5 个职位进行了明确的职责划分。这些走马上任的新官对自己所要负责的部门

① Балуева Н. Н. Ярославская Большая мануфактура за время с 1722 по 1856 г. М. , 1910. С. 66.

② ГА ЯО. Ф. 674. Оп. 1. Д. 2741. Л. 33.

也都了如指掌，因为他们都经过了必要的培训，并且已经在雅罗斯拉夫尔大手工工场工作多年。

老厂厂长 A. Б. 尼基福罗夫和新厂厂长 A. Ф. 格里亚兹诺夫的职责主要包括以下几点：

1. 保障工厂的有效运行，通过“技术完善”和“筹措经费”提高产量；

2. 监督原料质量，验收生产所需的原材料；

3. 调解所有与生产相关的问题，满足工人和职员大部分的日常需求，比如确定他们的工作职责和工资标准，关注他们的各项诉求，解决他们的“住房问题”，以及辞退等问题[①]。

机械部和机械厂是对整个工厂而言的，K. B. 科热夫尼科夫从 1898 年起担任这方面的经理，其主要职责为：

1. 尽可能改善动力生产和传输状况，并降低成本；

2. 对厂区内所有建筑进行维修；

3. 确保厂区内的照明系统、供暖系统、供水系统以及加湿系统可以正常运行；

4. 组建工厂的内部消防队；

5. 对起重机械、蒸汽机车、汽轮和堤坝等生产工具及设施进行保养维护，确保其处于良好状态；

6. 对工厂蒸汽锅炉燃料（石油残渣和木柴）的验收和消耗进行监督；

7. 管理雅罗斯拉夫尔大手工工场的锻造车间、铸造车间和细木工作坊；

8. 管理处于其领导范围之内的职员和工人[②]。

账务部经理 C. П. 什维列夫[③]负责管理整个工场的会计事务及报表，厂内各财务处均归其管辖，在此之前这些工作归工场的总会计主管。

账务部经理的主要职责有：

---

① ГА РФ. Ф. 7952. Оп. 8. Д. 56. Л. 206 – 207.

② ГА РФ. Ф. 7952. Оп. 8. Д. 56. Л. 207.

③ ГА РФ. Ф. 7952. Оп. 8. Д. 56. Л. 193.

1. 建立报表制度，“以便追踪各种因素对生产造成的影响，同时这也有利于及时发现各类隐患”；

2. 通过各种方式通知其他经理各部门每月在生产、老建筑维修、新建筑修建等方面的花销状况，以及预算的超支情况等；

3. 管理小吃店、工场各分部、材料商店、棉花仓库以及商品仓库的账目；

4. 追踪工人罚款的去向及使用情况；

5. 监督城市和地方自治机关的贸易捐税是否按时支付，以及各厂是否按时向买家发货；

6. 解决所有其管辖员工的问题等[①]。

1907 年的合同显示，С. П. 什维列夫的薪酬为每年 7000 卢布[②]。

经营部经理在《指令》下达之后依旧由以前的经理 В. А. 索科洛夫担任，但对他的任命只是暂时的，“直至工厂聘请到这方面的专家来接替为止”。或许是因为他的工作能力没有得到董事会的认可，或许是因为他的身体状况不允许他完成那么多工作，但无论是哪种原因，他的一些职责都暂时被其他经理分走了：食品商店归 С. П. 什维列夫管理，学校和宿舍归 А. Б. 尼基福罗夫管理，医院归 А. Ф. 格里亚兹诺夫管理[③]。之后，根据董事会的决定，В. А. 索科洛夫被 И. А. 鲁萨诺夫取代，后者在这个职位上一直工作到 20 世纪 20 年代[④]。

根据《指令》，雅罗斯拉夫尔大手工工场经营部经理的职责主要有：

1. 保障厂区范围内（包括室内）财产完整，厂区土地不可侵犯，并解决与此有关的保安问题；

2. 对工人宿舍和整个厂区的卫生标准状况进行监督（例如及时处理各类不卫生的行为，为厂区居民供应符合健康标准的饮用水等）；

---

① ГА РФ. Ф. 7952. Оп. 8. Д. 56. Л. 208.

② ГА ЯО. Ф. 674. Оп. 3. Д. 101. Л. 1 – 2.

③ ГА РФ. Ф. 7952. Оп. 8. Д. 56. Л. 206.

④ ГА РФ. Ф. 7952. Оп. 8. Д. 56. Л. 192.

3. 管理工厂的建设部门，对厂区内所有建筑进行及时维护，以及计算维护和新建建筑所需的预算；

4. 负责工人的住宿问题，并及时将结果通知老厂和新厂的厂长；

5. 管理工厂中的农业事务（如割草、磨面、打理牲畜棚等）；

6. 对工厂必需的材料（如木柴、煤炭等）和商品（用于食品商店和工场商店）列出采购清单；

7. 监督职员、工人和短工在“经济方面”的问题等。

在第一次世界大战前，雅罗斯拉夫尔大手工工场经营方面的经理 И. А. 鲁萨诺夫的工资和前任一样，也是每年 12000 卢布①。

《指令》还特别规定了每个经理“对于自己所管辖范围内出现的违反法律、法规及工厂检查官要求的现象都负有法律责任”②。

除了各个部门的经理之外，《指令》还规定了雅罗斯拉夫尔大手工工场主负责人，董事会成员 Н. В. 斯科别耶夫的职责。斯科别耶夫的职责包括“从整体上观察和监督企业的工商业利益”，以及监督各位经理的工作③。

根据《指令》要求，在工场内成立了管理委员会，成员是各部门经理，领导者是斯科别耶夫，该委员会的主要职责是每天召开会议，集体“对工场管理事务中最重要的问题进行讨论并采取措施”。在会上委员会成员可以直接对事务进行表决，并通过最终解决方案。如果问题非常严重，或是委员会成员间出现意见分歧，那就将该问题呈交董事会定夺④。

雅罗斯拉夫尔大手工工场管理委员会的职权范围包括：

1. 讨论所有涉及重大支出的事项（主要是建设和维修方面）；

2. 将与工场有关的行政问题完全分解：分配职员和工人的工作时间、安排节假日、对单位工资进行大规模调整等；

---

① ГА ЯО. Ф. 674. Оп. 3. Д. 146. Л. 1.

② ГА РФ. Ф. 7952. Оп. 8. Д. 56. Л. 206 – 208.

③ ГА РФ. Ф. 7952. Оп. 8. Д. 56. Л. 206.

④ ГА РФ. Ф. 7952. Оп. 8. Д. 56. Л. 209.

3. 随市价对工厂粮食店制作的食物的价格进行调整；

4. 拟定工人在住房、公共浴室、学校、医院等方面的开支；

5. 关注职员和工人关于补助发放和贷款支付的诉求；

6. 确定工厂对原料、燃料等方面的需求；

7. 对管理部门成员提出的建议进行讨论；

8. "对已公布的法令和工厂检查机关的要求进行讨论，对那些已经实行，但是出现了种种问题的法令，管理委员会也需要进行讨论"①。除此之外，管理委员会还要讨论那些与生产过程和厂区日常生活有关的问题。

雅罗斯拉夫尔大手工工场在1898年确立的管理结构一直沿用至1917年，中间没有改变。事实证明，这种管理体制非常高效。

20世纪初，A. Ф. 格里亚兹诺夫在建立新管理体制中起到了巨大作用，他从1892年起开始担任技术负责人，从1895年起开始担任雅罗斯拉夫尔大手工工场的副厂长。在1898年改革后，他担任了新厂厂长，任期3年，每年工资为8000卢布②。工场方面对此非常满意，并将同格里亚兹诺夫的合同续签到了1901～1904年。根据新合同，他的工资提高到每年1万卢布③。虽然他的职责范围仅限于新厂，但是他的各项努力对整个工场的生产情况都大有裨益。A. Ф. 格里亚兹诺夫同时也是管理委员会中最活跃的成员之一，在没有董事会成员出席的情况下，通常由他主持管理委员会会议。从20世纪初开始，委员会会议日益频繁，并且逐渐成为一种常态。从1907年2月1日开始，A. Ф. 格里亚兹诺夫被正式任命为雅罗斯拉夫尔大手工工场的厂长，每年的工资为1.5万卢布④。董事会授予了他很大的权力，可以对整个手工工场进行管理。从那时起，主负责人这一职务便被取消了。管理委员会的活动一直持续到第一次世界大战前⑤，董事会越来越听从格里亚兹诺夫的

① ГА РФ. Ф. 7952. Оп. 8. Д. 56. Л. 209.

② ГА ЯО. Ф. 674. Оп. 1. Д. 21588. Л. 2.

③ ГА ЯО. Ф. 674. Оп. 1. Д. 21588. Л. 2.

④ ГА ЯО. Ф. 674. Оп. 1. Д. 21587. Л. 10.

⑤ 或许持续得还要更久一些，但是我们没有找到1914年6月之后雅罗斯拉夫尔大手工工场管理委员会的会议记录。

建议，无论是在生产方面，与工人的关系方面，还是在厂区的整体生活方面。

2.2 雅罗斯拉夫尔大手工工场的工人数量和构成情况

在表2－13中我们可以看到雅罗斯拉夫尔大手工工场的工人数量从19世纪80年代末到1918年完成国有化这段时间内的变化情况，也可以确定女工、少年工和童工各自所占的比例。

这里需要注意的一个情况是，在战争时期，雅罗斯拉夫尔大手工工场的工人总数不仅没有减少，反而因工厂工作较为稳定，增长了12.8%（这与雅罗斯拉夫尔省其他许多工厂的情况不同）。而在1916年，成年男工的数量是战前数量的82.5%。成年女工的数量增长到了战前数量的1.3倍，少年工的数量增长到了之前的1.5倍；童工数量则增长到之前的4.9倍[①]。

表2－13 1861～1916年雅罗斯拉夫尔大手工工场工人数量

年份	男工				女工				总计
	成年工人	少年工	童工	总计	成年工人	少年工	童工	总计	
1861									900
1888	4000	81		4081	2300	50		2350	6431
1889	4300	81		4381	2400	50		2450	6831
1890	4000	109		4109	3125	43		3168	7277
1891	4043	138		4181	3444	49		3493	7674
1892	4238	111		4349	3208	22		3230	7579
1893	4238	111		4349	3208	22		3230	7579
1894	4039	60		4099	3121	1		3122	7221
1895									8073
1900									9588

① ГА ЯО. Ф. 674. Оп. 1. Д. 8140. Л. 9, 18, 22, 34.

续表

年份	男工				女工				总计
	成年工人	少年工	童工	总计	成年工人	少年工	童工	总计	
1902									9880
1903									9773
1905	4550	243	238	5031	3890	108		3998	9029
1906	4589				4269				9510
1910				5180				4512	9692
1913	4298	230	67	4595	4616	187	13	4816	9411
1914	4217	314	107	4638	4977	353	14	5344	9982
1915	3871	325	263	4459	5281	314	21	5616	10075
1916	3559	358	314	4231	6020	288	78	6386	10617

资料来源：ГА РФ. Ф. 7952. Оп. 8. Д. 68. Л. 35, 37; ГА ЯО. Ф. 674. Оп. 1. Д. 8140. Л. 9, 18, 22, 34; Оп. 2. Д. 97. Л. 1; Ф. 662. Оп. 1. Д. 4; ЦДНИ ЯО. Ф. 394. Оп. 1. Д. 19. Л. 142; Герасимов Н. В., Карасев С. М., Тарасов Е. П. Красный Перекоп: Очерки истории ордена Ленина комбината «Красный Перекоп». Ярославль, 1972. С. 28。

从20世纪初开始，女工、少年工和童工在工人总量中所占的比例就在不断上升。这说明，由于工作日的减少和工作制的改变，管理部门在很多情况下想要替换掉成年男工，因为通常付给他们的薪酬会更高（详见本书第三章）。雅罗斯拉夫尔大手工工场工人性别和年龄构成的改变首见于第一次世界大战期间，当时大量有服兵役义务的工人应征入伍。直到1916年初，从事国防生产的纺织工厂才可以保留一些高技术水平的工人，使他们不被征召，但是在此之后，男工被征召入伍的情况仍有增无减[①]。

档案文献中保存了关于1910年雅罗斯拉夫尔大手工工场工人出生地和社会出身的资料，可参见表2－14中的数据。

① Маевский И. В. Экономика русской промышленности в условиях Первой мировой войны. М., 2003. С. 249.

表 2-14 1910 年 1 月 1 日雅罗斯拉夫尔大手工工场工人出身情况统计

单位：人

地区	社会出身/其他	男工	女工
雅罗斯拉夫尔省	市民	809	741
	农民	1465	1214
弗拉基米尔省（不包括尤里耶夫县）	农民	546	490
弗拉基米尔省尤里耶夫县	农民	1347	1280
沃洛格达省		501	374
科斯特罗马省		228	196
莫斯科省		59	54
特维尔省		42	36
下诺夫哥罗德省		34	26
诺夫哥罗德省		29	18
其他省份		100	66
	非世袭荣誉公民	10	12
	世袭荣誉公民	5	2
	贵族	2	0
	未成年的贵族子弟	1	0
	低级军官子弟	2	3
总计		5180	4512

注：原著存在两组空白数据，上面一组社会出身不明，下面一组地区不明。
资料来源：ГА ЯО. Ф. 674. Оп. 2. Д. 97. Л. 15。

从表 2-14 中可以看到，工场中仅有 43.6% 的工人是雅罗斯拉夫尔省居民，也就是说，外来人口（主要来自邻近省份）占工人的大多数。这在该省的整体状况中也得到了反映：1902 年，在大型纺织企业中，60.2% 的工人来自其他省份①。除此之外，雅罗斯拉夫尔大手工工场 37.8% 的工人来自弗拉基米尔省，而这些“弗拉基米尔省人”中 71.7% 是尤里耶夫县的农

① Погожев А. В. Учет численности и состава рабочих в России: Материалы для статистикитруда. СПб., 1906. С. 94-95.

民。来自沃洛格达省和科斯特罗马省的工人也属于工厂中规模较大的群体，虽然他们所占的比例比来自弗拉基米尔省的工人要少得多。

19 世纪 80 年代初，“厂长会通过代理人去弗拉基米尔省招工并向工人许以高薪”。第一批前往工场做工的人会写信给自己的亲朋好友，告诉他们工场的工资确实很高，而且工场还需要大量的纺织工，建议他们也去应聘。就这样，很多人携家带口地来到工场。起初他们得到的工资确实较为优厚，但是雅罗斯拉夫尔大手工工场没有躲过 19 世纪 80 年代的工业危机，工场的产品出现了滞销，生产出的纱线和纸制品堆满了仓库，但是董事会并没有决定降低产量（有时作为对滞销商品的补偿会降低单位工资）。因此工人们抱怨道：“辛苦了一个月，结果只够吃饭，连回家的钱都没有。”①

在 1895 年罢工以后，雅罗斯拉夫尔大手工工场厂长 С. А. 费奥多罗夫开始了新一轮的招工。之后 А. Ф. 格里亚兹诺夫决定考虑将工人的近亲和家人招进工场。没有这层关系的人进厂做工的可能性不大。管理部门为这些人制定了特殊规则。招工的首选是工人的近亲，如父母、丈夫、妻子、爷爷奶奶、外公外婆等，其次是他们的亲兄弟姐妹、叔叔阿姨等，之后是他们的远房亲戚（如表兄弟姐妹、堂兄弟姐妹等）。这样一来，工场中就出现了很多家族。这样的雇佣方式有助于工人在生产中保持纪律，提高生产效率，因为家庭成员之间可以互相影响。

2.3 工作制

1897 年 6 月 2 日法令颁布之后，只出白班的成年男工的工作时间被调整为 10.5 小时，有时会出夜班的工人的工作时间被调整为 10 个小时。1905 年 4 月，工场在缩减工作日天数的情况下，将工厂调整为每昼夜开工 18 小时。这样一来，白班工人每天工作 10.5 小时，而换班工人的工作时间为 9 小时（含 15 分钟的午餐时间）。在减少工作日天数的同时，工场“为了保障工人的福利待遇不变，决定提高单位工资额，使那些工作时间被缩减的工

① Паялин Н. П. Волжские ткачи. 1722 – 1917. М., 1936. Т. 1. С. 121 – 122.

人还能得到同样的工资”①。除此之外，工场还缩减了每年的非工作日天数(降至3天)，这是为了弥补在实行了新工作制后，产量降低的情况。工作制的变化也让工作班组随之改变：从四班制改为两班制。实行了这一系列措施之后，董事会和管理部门希望能从工人那里得到良好的反馈。但是白班工人对此表示不满，因为他们希望把工作时间缩减到10小时，而换班工人同样对此表示不满。根据A.Ф.格里亚兹诺夫的记录，“住在宿舍的工人、老人和那些游手好闲的人说，工作9个小时会特别累，所以他们希望按四班制工作，每班工作4.5小时。游手好闲之人更是坦率地说，四班制的时候，他们有一个班的时间来醒酒，有一个班的时间瞎混，到最后每天能得到半天的工资。而如果实行了新工作制，每班工作9小时，那就会因为醒酒而错过一整天的工作，这对他们而言是吃亏的。相反，所有住在私人住房的工人，以及年轻工人都支持工作9小时，反对四班制”②。这样的情况在新工作制实行的头几天出现过，但之后，根据A.Ф.格里亚兹诺夫的记载，全都平息了。

工作日天数的减少和工作制的改变都促使工场方面立即制定新的排班表。

1918年7月29日，工厂实现了国有化，成立了由9人组成的新董事会，其中6人为工人代表，另外3人为工厂的技术人员。20世纪20年代末，雅罗斯拉夫尔大手工工场更名为最高国民经济委员会纺织业管理总局雅罗斯拉夫尔纺织工厂，1922年7月更名为“红渠”纺织联合工厂。

***

至此，我们分析了孔申手工工场和雅罗斯拉夫尔大手工工场的生产进程和劳动力状况。不过，虽然这两家工场都是大型棉纺织企业，但它们的生产和工作条件与十月革命前俄国大型棉纺织工业的总体生产状况或许或多或少

① ГА ЯО. Ф. 674. Оп. 3. Д. 262. Л. 1-2.

② ГА ЯО. Ф. 674. Оп. 3. Д. 262. Л. 4.

地有所不同，特别是与中央工业区相比的话。孔申手工工场工人的阶层组成特点和整体数据并不协调，因为其下属的工厂都位于谢尔普霍夫县中心地区（如印染厂），或在县城外（其他工厂），农民出身的工人较少，市民出身的工人较多。除此之外，工人的性别、年龄、流动性、季节性务农的频率和熟练度等情况对劳动力的最主要特点影响较小。总而言之，在以这两家企业为基础研究劳动关系时，不能只对两家企业进行分析，而首先要对中央工业区大型企业的特点进行研究。

第二部分

本部分主要分析在十月革命前的俄国，大型纺织企业如何利用各种物质因素激励工人劳动，提高生产熟练度、纪律性及生产率。第三章分析了纺织工人的工资情况、各类工人的工资差异，以及各厂奖金的情况。第四章专门研究了工厂中的罚款及其他惩罚方式。

第三章
工资：工人劳动的物质激励

工资是研究十月革命前俄国企业对工人劳动激励最重要的切入点。显然，工资在工人和工厂主之间的关系中起着非常重要的作用：它是工厂社会条件优劣的指标，是促使工人努力工作的动力。围绕着工资问题，劳资双方曾爆发过太多次的劳动纠纷，同时也正是因为工资，工人对自己生产的劳动产品的好坏漠不关心。工资还作用于工人之间的关系，是区分工人财产及其社会地位最重要的标志。

我们认为，在十月革命前，工资是工人从工厂主那里获得的最主要的劳动报酬，工资对工人劳动激励的程度远远超过其他任何一种劳动激励措施。因此有必要就工资这一劳动激励措施单列一章进行讨论。

我们在第一章中就已经提到过，无论是在十月革命前还是苏联时期，学者就已经多次对工资及其他与工人的劳动动机有关的问题进行过研究了，他们通常是利用综合数据进行探讨。但如果想详细研究大型企业的工资支付机制以及劳动激励机制，仅凭综合数据是远远不够的。综合数据涉及的信息往往过于多元，因此有时很多具有重要意义的特点会淹没在数据之中。如果要使研究变得更有价值，必须首先描述工厂各个部门的劳动激励机制是如何运行的，再详细观察各工种及不同熟练度工人的工资变化。工资数据可以帮助我们从微观层面了解俄国工业企业劳动关系发展的整体趋势。总而言之，在我们的研究框架中，具体数据和综合数据不是互相排斥的，而是互相补充的。

我们就孔申手工工场和雅罗斯拉夫尔大手工工场的情况展开讨论，同时我们还引用了部分三山手工工场的资料，这样就可以对工资数据进行对比分析，从而了解工人如何依靠工资生活，随着工人熟练程度的提高，其工资发生了怎样的变化，以及不同性别、不同年龄的工人在工资上有怎样的区别等问题①。

想要研究这些问题就不能仅仅依靠综合数据了。通过分析综合数据可以看出平均工资在某段时间内的变化情况，比如莫斯科省工人的工资在很长一段时间内是怎样变化的（数据出自《工厂检查机关报告汇编》）。综合数据的价值在于可以在一定程度上展现某一省份内工人的普遍情况。但从另一个角度来说，它只能帮助我们理解各工业领域内工人的普遍特点，如果具体到某个领域内不同工种、不同熟练程度、不同性别和年龄的工人，以及具体某一家工厂的工资支付形式的话，综合数据对此就无能为力了。全省工人的平均工资水平是一个非常抽象的概念，影响其增长的因素有很多，可能是因为工人工资普遍得到了增长，也有可能是因为工人的组成结构发生了变化，比如因法律禁止，工厂中低薪雇用的童工急剧减少。此外，工人平均工资水平的变化也可能是多种因素协同作用而引起的，几乎不可能细化到每一种因素。

不过，自 19 世纪 90 年代起，在各类出版物中都能找到与十月革命前工人工资有关的不完整的数据。这些数据通常可用来帮助作者论述某地或某工业部门工人的具体情况。

研究劳动激励机制的核心问题之一就是弄清工人彼此间劳动报酬的差异程度。我们需要主要研究以下几个问题：不同工种的工人工资差别有多大？这种差别是如何变化的？同一工种工人的工资差别又有多大？对此研究工人史的学者已经解释清楚的是：一般来说，织布工的工资总是比纺纱工的工资高，印花机操作工的工资比染色工的工资高，而机械厂的钳工又比纺织厂的钳工挣得多一些。这些学者往往将工人阶级看成拥有统一困难、观点和利益

① 需要指出的是，孔申手工工场关于工人工资的档案资料最有代表性。

诉求的群体。不过就目前来说，学界对工人工资差别这一问题的研究还不是十分深入，因此某些问题暂时还无法回答，比如从20世纪初到1913年，俄国织布工和纺纱工的工资是怎样变化的？俄国织布工和纺纱工工资的差别情况如何？如果将俄国和其他国家的数据进行对比，这种差别到底有多大？为什么会产生这样的差别？

随着俄国工业化水平的急剧提高和社会矛盾的日益尖锐，分析上述关系的意义越发凸显。对于俄国而言，关键在于分析19世纪末到20世纪初的情况，在此期间工人运动不断发展，最终爆发了第一次俄国革命。

第一节　工资的计算方式

各家工厂计算工资的方法各不相同，最主要的是“计时工资制”和“计件工资制”两种。计时工资制也有不同的形式，从按年、按季（这两种情况在19世纪末已经很少见了）到按月、按日均有采用。按日计薪也有多样的计算方法。例如很多工人每天都来工厂做工，工厂根据他们工作的天数来计算工资；也有的工人是日工，他们只在工厂有需要的时候才被雇去工作一天，所做的工作通常也不需要什么资质（比如装卸）。

十月革命前，俄国社会对计件工资的讨论非常激烈。一方面，计件工资制可以非常公平地评价工人的努力程度。有很多证据证明工厂主在所有可以使用的地方都实行了计件工资制①；除此之外，正如时人所指出的那样，“工人还是很支持计件工资制的”②。另一方面，下列说法在一定程度上也是正确的：“在计时工资制下，工人会把工作限定在自己能力范围之内，他们更会爱惜自己的身体，保护自己的健康。而在计件工资制下工人只有一个想法，那就是尽可能多地工作。休息对他们而言就是在损失金钱，缩短工作日

① 参见：Дементьев Е. М. Фабрика, что она дает населению и что она у него берет. М., 1897. С. 127; Краснов А. Что такое сдельная плата? СПб., 1907. С. 6。

② Краснов А. *Что такое сдельная плата? СПб., 1907.* С. 5.

对他们反而是一直束缚。”[①] 而且即使是以数量来计算工人的劳动成果，对管理部门而言也不总是有利的。所以纺织工厂通常不采用计件工资制，因为如果工人着急生产的话，很可能会导致纺线过细，从而给产品造成很大的质量隐患。

需要注意的是，有时一些工厂主会为了降低单位工资而实行计件工资制[②]。实行计件工资制会提高工人的劳动强度，使工厂主可以提高工作标准和工资水平。这样虽然工厂主需要支付的工资增加了，但工厂的产量也随之提高了。

还有一种计件工资形式，叫作“超额计薪制”。如果工人超额完成了某项工作，那么除了得到按合同本应得到的报酬之外，还可以得到他超额完成的那部分工作的报酬。而如果工人未完成该项工作，则需缴纳罚款，未完成的部分越多，需缴纳罚款也越多。这一计薪方式的使用范围很小。根据И. М. 科兹明内赫－兰宁对莫斯科省的调查结果（И. М. 科兹明内赫－兰宁调查了883家企业的246000名工人，占全省工人总量的80%），1908年11月1日，47.6%的工人的工资属于计件工资，46.6%的工人的工资属于计时工资，仅有0.5%的工人按超额计薪制工作。此外，还有5.4%的工人并非在单一的计薪制度下工作：他们的工资里既有计件工资，也有计时工资[③]。如果仅看那些从事棉花、亚麻和金属加工的工人的情况，则按计件工资制工作的工人占总量的61%[④]。

---

① Краснов А. *Что такое сдельная плата*? СПб., 1907. С. 8.

② 参见 П. Т. [Тимофеев П.] Заводские будни (Из записок рабочего) // Русское богатство. 1903. № 8. С. 48。

③ Козьминых－Ланин И. М. I. Семейный состав фабрично－заводских рабочих Московской губернии. II. Сословный состав. III. Формы найма, расчет и отпуски. IV. Сроки расплаты и время (рабочее или нерабочее) выдачи заработной платы. V. Способы вознаграждения (формы заработной платы). М., 1914. С. V.

④ Козьминых－Ланин И. М. I. Семейный состав фабрично－заводских рабочих Московской губернии. II. Сословный состав. III. Формы найма, расчет и отпуски. IV. Сроки расплаты и время (рабочее или нерабочее) выдачи заработной платы. V. Способы вознаграждения (формы заработной платы). М., 1914. С. V.

接下来我们要单独讨论一下加班的问题。加班与工作时间的延长密不可分，因为加班的出现源于企业管理部门迫使工人更多地劳动。比如，E. M. 杰缅季耶夫在谈到19世纪80年代中期的科洛姆纳机器制造厂时指出，“公司规定的工时是11.5小时，而实际上工人通常要工作14.5~16.5小时”①。

1897年6月2日，法律规定加班应分为“必要的”和“非必要的”，前者指的是那些因生产技术条件所限而不得不进行的加班。法律规定，每位工人一年内的非必要加班时间不得超过120小时，但实际上很难对此进行监管。1903年在杂志《俄国财富》上以一名金属加工工人的名义刊登了一篇《工人日记》，文中讲述了机器加工厂里的日常：工长会给工人们分配任务，责令限期完成，而这些任务在常规时间内根本做不完，工人因此不得不留下来加班并单独和工长商量加班费的事情。作者写道，“或许有人会问我，工长最后怎么说？要知道这1.5~2小时的工作如果按加班算的话，工厂应该付加班费。但这并不是加班，所以没有加班费。只有按时计薪的工人加班才会得到加班费，按件计薪的工人什么报酬也得不到”②。

***

现在我们来分析孔申手工工场和雅罗斯拉夫尔大手工工场的工资支付情况。

孔申手工工场同时实行计时工资制和计件工资制，未实行超额计薪制。工人的计时工资分为日薪和月薪两种。熟练工人，如工长、雕花工、印花工等领取的是月薪。除此之外，不直接从事生产的工人，如守卫、工厂宿舍管理员、工厂杂工等同样领取月薪。尽管如此，按月领取工资的工人仍需按每月的工作天数领取工资，不过月薪的增长速度更快些。

---

① Дементьев Е. М. Фабрика, что она дает населению и что она у него берет. М., 1897. С. 90.

② П. Т. [Тимофеев П.] Заводские будни (Из записок рабочего) // Русское богатство. 1903. № 8. С. 50–51.

正如我们在第二章中所讲过的，20 世纪初孔申手工工场的加班情况并不十分常见，而且公司不会要求从事主要工种的工人加班。1913 年，孔申手工工场决定大幅降低工人加班的概率，加班工资也理所当然地增加了：1900 年孔申手工工场工人每日的工时为 11.5 小时，如果工人加班时间达到 8 个小时，公司将按加班一天的标准为工人发放加班工资①。

雅罗斯拉夫尔大手工工场董事会也实行了多样的工资支付制度（计时工资制、计件工资制和混合计薪制）。计件工资制作为一种物质奖励形式广泛实行，特别是在纺织部门。20 世纪初所有的织布工、粗纺工、制带工、梳理工和纺纱工等都是按计件工资制领取工资，而部分织布工则是按混合计薪制（将计时工资制和计件工资制结合起来）领取。混合计薪制往往是在从计时工资制向计件工资制过渡的时候使用的。在向计时工资制过渡的时候，特别是在初期，工人的工资往往会下降，所以工厂会在几个月的时间内补足两种计薪制度之间的差价，如 1903 年雅罗斯拉夫尔大手工工场对粗纺工的做法（这可以在收支统计数据中可以找到证明）②。1908 ~ 1913 年该厂其他工种的工人也都由按时计薪过渡到了按件计薪，各自的工资也都有所变化。

在计件工资制下工人的收入有所增加，原因可能在于工人的劳动效率提升了或工厂主提高了单位工资。一般来说后者绝少出现。实际上从工人的角度来说，生产效率提高往往是由于工厂主严酷的压榨。

而对按时计薪（无论是按日计薪还是按月计薪）的工人来说，则是另外一种情况。在工厂管理部门更改计薪制度的时候，他们增加收入的机会更大。通过档案资料我们可以看到，按月计薪制更符合工人的期望。

需要指出的是，如果工人的工种相同，但在不同的部门工作，其能够得到的月薪也有差别。比如，1908 年雅罗斯拉夫尔大手工工场漂白部门的蒸汽工人的月薪为 20 卢布，而织布部门的蒸汽工人的月薪则为 18 卢布；1913 年前者的月薪涨了 50 戈比，后者则保持不变。此外，当工人在各部门之间调动

---

① 参见 ЦИАМ. Ф. 2005. Оп. 1. Д. 17. Л. 14。

② ГА ЯО. Ф. 674. Оп. 1. Д. 4484. Л. 1 – 198.

时，通常其工资也会随之变化。如果工人从漂白部门转到织布部门，则每月将少挣 2 卢布。根据现有的档案文献来看，各部门间只有守卫的月薪是一样的。

不过，按月计薪不一定就意味着工资较多。根据雅罗斯拉夫尔大手工工场的统计数据我们可以发现，同一工种的工人在按日计薪时比按月计薪时得到的工资更多。以 1913 年的打印工为例，一名工人的月薪为 10 卢布，第二名工人的日薪为 60 戈比（如果每月工作 25 天，将收入 15 卢布），第三名工人每日 50 戈比（如果每月工作 25 天，收入 12.5 卢布）①。

类似的情况大多在新录用的熟练工人身上才会出现。新聘工人工作的最初阶段相当于试用期，所以工场会实行短期工作制。如果新聘工人工作勤勉又遵守纪律的话，就很可能在未来得到加薪。比如织布部门的检验员，1908 年的月薪为 37 卢布，1913 年就已经涨到了 42 卢布（工资涨幅超过了同部门其他工种的工人）②。

通常只有熟练工人、非常努力劳动的人或是工厂主特别偏爱的人才有机会以按月的方式领取工资。工厂主会通过这种方式留住那些对企业更有价值的工人。因此，向工人按月发放工资，可以被视为一种劳动激励措施。

第二节　工资的变化情况

2.1　各工种工人的工资变化情况

表 3－1 和表 3－2 展示了孔申手工工场各工种成年工人平均工资的变化情况（除精纺工外，只显示了男工的工资数额）。为了有更大的可比性，这些数据计算的不是名义工资，而是实际工资，同时考虑到了当地物价指数的变化情况。这里我们使用的是莫斯科的物价指数③，以 1913 年的物价情况为基础（以该年指数为 100%）。

---

① ГА ЯО. Ф. 674. Оп. 1. Д. 7691. Л. 12.

② ГА ЯО. Ф. 674. Оп. 1. Д. 5851. Л. 14; Д. 7688. Л. 11.

③ 参见 Струмилин С. Г. Очерки экономической истории России. М., 1960. С. 114－115。

表 3－1　1898～1913 年孔申印染厂成年工人实际日均工资

单位：戈比

年份	绘图工	雕花工	漂白工	染色工	钳工	印花工
1898	190. 43	165. 08	31. 11	59. 73	98. 01	78. 82
1899	226. 11	168. 35	34. 91	74. 15	112. 22	64. 47
1900	258. 94	167. 55	36. 10	81. 73	117. 80	97. 95
1901	184. 27	146. 87	70. 16	67. 66	116. 19	101. 91
1902	197. 47	144. 09		69. 84		76. 81
1903	235. 07	159. 67		69. 70		89. 06
1904	230. 77	186. 43		65. 25		105. 83
1905	244. 28	174. 52	69. 93	70. 58	139. 35	113. 92
1906	241. 50	172. 61	76. 57	69. 12	142. 33	103. 05
1907	238. 43	183. 91	83. 93	74. 47	146. 71	99. 76
1908	230. 32	181. 03	80. 73	70. 39	142. 44	85. 61
1909	227. 22	181. 79	83. 49	78. 13	145. 26	99. 27
1910	245. 26	201. 05	80. 52	71. 90	155. 06	90. 75
1911	254. 04	210. 09	83. 77	83. 32	155. 50	86. 35
1912	258. 76	198. 01	88. 05	82. 89	148. 05	110. 42
1913	274. 08	196. 87	78. 24	74. 97	144. 90	123. 54

表 3－2　1901～1913 年孔申精纺厂和新织布厂成年工人实际日均工资变化情况

单位：戈比

年份	织布工		精纺工	捻接工	蒸汽纺纱工	精纺厂粗纺工
	精纺厂	新织布厂				
1901	79. 96	90. 19	123. 99	86. 77		
1902	77. 77	92. 62	117. 92	83. 69		
1903	83. 80	93. 60	132. 43	93. 26	71. 60	
1904	76. 29	88. 90	124. 50	87. 47	67. 09	
1905	81. 30	89. 49	124. 73	80. 67	67. 52	73. 35
1906	85. 16	92. 95	128. 55	101. 75	71. 43	78. 42
1907	86. 69	96. 46	128. 18	109. 07	72. 68	80. 91
1908	81. 30	90. 72	125. 36	112. 47	70. 25	78. 09
1909	88. 22	92. 19	128. 99	102. 98	70. 70	81. 08
1910	86. 16	95. 64	137. 71	105. 89	74. 69	82. 92
1911	88. 26	96. 58	147. 63	110. 72	82. 03	98. 25
1912	83. 20	97. 08	147. 83	99. 95	79. 05	92. 72
1913	87. 16	99. 74	140. 00	103. 75	80. 66	92. 75

通过这些经过换算的数据，从总体上我们可以看出，各工种工人的实际工资都在增长，同时各工种间的工资差距在逐渐拉大。这种趋势一直持续到第一次世界大战，战争期间工场给工人发放战时补助，并且由于通货膨胀日益严重，工场定期提高了工人的工资。在战争初期，工场有时会按照主要工资的比例发放补助（这加剧了工资不平等的现象），有时也会给所有工人发放同样的补助（这缓减了工资不平等现象）。1917年工场根据工资级差表按比例向工人发放补助，这使得低收入工人可以比高收入工人得到更多补助。

需要说明的是，1914～1916年，孔申手工工场董事会逐渐失去了自行决定工资制度的权力，工人的工资须通过各级委员会审议，而在二月革命之后，关于工资额度变化的问题则直接由工厂主委员会和调解委员会决定。

表3－3和表3－4对孔申手工工场在一战期间工资制的变化情况进行了说明。

表3－3　1915年复活节至1917年复活节孔申手工工场向全体工人发放的补助情况

从何时起	战时临时补助						基本工资附加情况	
	计件及按日发放			按月发放			计件及按日发放	钳工
	男工	女工	少年工	男工	女工	少年工		
1915年4月1日							8%	10%
1915年6月1日	6戈比	4戈比	4戈比	1卢布50戈比	1卢布	1卢布		10%
1915年10月2日	12戈比	8戈比	8戈比	3卢布	2卢布	2卢布		10%
1915年12月15日	20戈比	14戈比	14戈比	5卢布	3卢布50戈比	3卢布50戈比		
1916年4月1日							8%～12%	10%～15%
1916年6月1日	30戈比	22戈比	22戈比	7卢布50戈比	5卢布50戈比	5卢布50戈比		

续表

<table>
<tr><th rowspan="3">从何时起</th><th colspan="6">战时临时补助</th><th colspan="2">基本工资附加情况</th></tr>
<tr><th colspan="3">计件及按日发放</th><th colspan="3">按月发放</th><th rowspan="2">计件及按日发放</th><th rowspan="2">钳工</th></tr>
<tr><th>男工</th><th>女工</th><th>少年工</th><th>男工</th><th>女工</th><th>少年工</th></tr>
<tr><td>1916 年 7 月 15 日</td><td>38 戈比</td><td>28 戈比</td><td>26 戈比</td><td>9 卢布 50 戈比</td><td>7 卢布</td><td>6 卢布 50 戈比</td><td></td><td>15% ~20%</td></tr>
<tr><td>1916 年 10 月 1 日</td><td>44 戈比</td><td>34 戈比</td><td>30 戈比</td><td>11 卢布</td><td>8 卢布 50 戈比</td><td>7 卢布 50 戈比</td><td></td><td></td></tr>
<tr><td>1916 年 12 月 1 日</td><td>8%</td><td>8%</td><td>8%</td><td>8%</td><td>8%</td><td>8%</td><td></td><td>7%</td></tr>
<tr><td>1917 年 3 月 17 日</td><td colspan="8">工龄超过一年的员工，按日和计件工作的，一次性给予 50 天工资；按月工作的，发放 2 倍月薪；工作时间不满一年的，按比例发放。除此之外，所有钳工工长在 1916 年复活节到 1917 年复活节之间领取一次性补助：男工为 93 卢布，女工为 38 卢布</td></tr>
<tr><td>1917 年 4 月 1 日</td><td colspan="8">战时补助的数额是基本工资的 8%，这样一来所有工人额外得到的工资是原来工资等级表中的 50% ~100%</td></tr>
<tr><td>1917 年复活节（1917 年 4 月 2 日）</td><td>44 戈比</td><td>34 戈比</td><td>30 戈比</td><td>11 卢布</td><td>8 卢布 50 戈比</td><td>7 卢布 50 戈比</td><td>88% ~ 148%</td><td>195% ~ 250%</td></tr>
<tr><td>1917 年 4 月 29 日</td><td colspan="8">所有人的基本工资都增加 30%，而为了能够使 8 小时工作制下工人的工资保持不变，工场提高了单位工资，原来工作 9 小时的工人单位工资上涨 10%，工作 9.5 小时的工人单位工资上涨 15%，工作 10 小时的工人单位工资上涨 20%</td></tr>
<tr><td>1917 年 5 月 12 日</td><td colspan="8">按照工资等级表：50% ~100%</td></tr>
</table>

资料来源：ЦИАМ. Ф. 673. Оп. 8. Д. 283. Л. 1 об.，3；ЦИАМ. Ф. 673. Оп. 1. Д. 932，Л. 6，11，14，25，27，33，47，58 -60，62。

表 3 -4　孔申手工工场工资等级表和 1917 年复活节之后新增的工资统计

以前的工资（戈比/天）	增加幅度（%）	增加后工资（戈比/天）
40 ~100	100	80 ~200
140	90	266
180	80	324

续表

以前的工资(戈比/天)	增加幅度(%)	增加后工资(戈比/天)
200	75	350
220	70	374
260	60	416
300～400	50	450～600

注：此为略表，原表共37行，没有必要全部呈现，此处只保留了关键信息。
资料来源：ЦИАМ. Ф. 673. Оп. 8. Д. 283. Л. 4。

1917年复活节（4月2日），孔申手工工场工人工资的增长情况如下："工人基本工资增加了19%，除此之外还有战时补助：男工44戈比，女工34戈比，少年工30戈比，补助占基本工资的8%。"此外，1917年复活节前公司还向工人发放了一次性补助，数额为两个月的基本工资；工场还和按件计薪的工人达成一致，工场同意实行8小时工作制，之前工作9小时的工人，工资削减10%，以前工作10小时的工人，工资削减20%①。

与孔申手工工场不同的是，雅罗斯拉夫尔大手工工场在一战期间提供的补助不按年龄和性别进行区分（见表3－5）。

表3－5　从1915年初到1917年7月雅罗斯拉夫尔大手工工场工人工资增长情况

从何时起	对象	幅度
1915年3月之前	所有工人	10%
1915年4月1日	所有工人	10%
1915年9月1日	所有工人	15%
1915年11月1日	所有工人	5戈比/天
1916年4月1日	男工	20戈比/天
	女工、少年工、童工	15戈比/天
1916年6月1日	所有工人	10戈比/天
1917年1月1日	所有工人	10戈比/天

① ЦИАМ. Ф. 673. Оп. 8. Д. 283. Л. 2－2 об.

续表

从何时起	对象	幅度
1917 年 2 月 1 日	所有工人	10 戈比/天
1917 年 5 月	机械车间工人	75%
1917 年 5 月（实行 8 小时工作制后）	按计件制工作的所有工人	17%
1917 年 7 月 1 日（食品商店涨价之后）	除机械车间外的所有工人	210%
	机械车间工人	135%

资料来源：ГА РФ. Ф. 7952. Оп. 8. Д. 62. Л. 187，188，194；Д. 63. Л. 106，118 – 119，160；Д. 64. Л. 27，29，59，77；ГА ЯО. Ф. 674. Оп. 3. Д. 254. Л. 107。

除此之外，根据工场财务部门的计算，1915 年 10 月“工厂商店必需品价格涨幅达 8%”①。从表 3 – 5 可以看出，这与 1917 年 7 月的工资涨幅持平。还可以看到，1915 年 11 月，工场按比例提高了所有工人的基本工资，这拉大了工人之间的工资差距。工人多次请求管理部门给所有工人上涨同等数额的工资，而不是按比例上涨。1915 年 11 月至 1917 年 6 月，雅罗斯拉夫尔大手工工场所有工人，无论性别、年龄和工作完成情况如何，都得到了相同数额的补助金（每人每日 1 卢布），这缩小了个人工资的相对差距②。工场的财务资料中还有各工种工人在 1914 年 4 月和 1916 年 6 月的工资额。这些资料都能证明一战期间高收入工人和低收入工人的工资差距在逐渐缩小。

很多学者都曾提出，在战时通货膨胀严重的时候，高收入工人的工资增长较慢，因为低收入工人已经濒于贫困的境地，他们的工资已经不可能继续降低了③。我们要指出的是，1905 年罢工期间，孔申手工工场董事会“为了

---

① ГА РФ. Ф. 7952. Оп. 8. Д. 62. Л. 195.

② 需要指出的是，董事会尝试从 1916 年 4 月 1 日开始给工人增加工资：成年男工每天增加 5 戈比，女工和少年工每天增加 15 戈比。但是这引起了工人方面的抗议，之后董事会同意统一给工人每天增加 20 戈比的工资。

③ 参见：Струмилин С. Г. Оплата труда в России. Очерки экономической истории России. М.，1960. // Плановое хозяйство. 1930. № 7 – 8. С. 155；Лаврентьев В. Заработная плата в России прежде и теперь（при капитализме и при диктатуре пролетариата）. Харьков，1926. С. 51。

使工资更加公平”重新修改了单位工资，也就是反对工资差异化，这种做法更照顾低收入工人。

在计算孔申手工工场工人的实际工资时还要考虑到莫斯科的物价指数。这种计算多半应该是正确的，而将孔申手工工场工人的名义工资和他们所购买的必需品的价格进行比较很有意义。想要全方面地研究这一问题的难点在于，除了需要考虑物价指数外，还要正确分析各种商品的总体消费结构。档案文献可以提供孔申手工工场食品商店的价格变化情况，同时还可以与物价指数形成对照。虽然有时会有一些不匹配的情况出现，但是整体而言，莫斯科物价指数的变化规律和食品商店的物价变化情况几乎相同（具体请见本书第六章）。

除此之外，织布工的工资还应该置于1905～1908年商品价格普遍上涨这一背景下进行比较，公司管理部门在1908年描述织造厂工人概况时讲道：“如果没有关于工人对每种食品需求量的数据，就很难对因为物价上涨而提高工资这种做法进行评价。但这个问题因为以下事实变得清晰起来：医院服务人员的食品供给在1907年是每天17戈比，1908年是每天22.5戈比，涨了5.5戈比，而食物品质和以前没有变化。因此，这5.5戈比就完全变成食物上涨的价格。如果现在假定工人的食物和医院服务人员是一样的，与刚提到的织布工工资相比较，就可以得出下面的结论：织布工的日薪从1907年的100戈比涨到111戈比，而同期食品价格从100戈比涨到120戈比。这就是说，食品价格的增长速度比工资增长速度要快。食品价格每日增加了20戈比，相应地，织布工工资每日增加了11戈比。”①

将孔申手工工场不同级别工人的工资数据与其他工厂的类似数据进行比较是很有趣的。在И.М.科兹明内赫－兰宁的表格中可以找到一些综合性数据，他收集了1908年11月前莫斯科省（不含莫斯科市）各工厂不同工种和等级工人的工资信息。将其与孔申手工工场相近时期的情况进行对比，比较结果见表3－6。

① ЦИАМ. Ф. 673. Оп. 1. Д. 358. Л. 43－44.

表 3-6　孔申手工工场（1909 年 1 月前）和莫斯科省各工厂（1908 年 11 月前）不同工种工人日均工资对比

单位：戈比

工种	莫斯科省各工厂	孔申手工工场
织布工	73.1	精纺厂：82.0 新织布厂：91.2
精纺工	110.8	127.5
捻接工	负责纺纱：82.1 负责织布：64.6	101.5
纺纱工	60.9	71.5
雕花工	185.8	178.1

注：雕花工的工资根据 1908～1909 年的工资簿还原（每月工作 23 天）；ЦИАМ. Ф. 673. Оп. 2. Д. 236。

资料来源：Козьминых - Ланин И. М. Заработки фабрично - заводских рабочих Московской губернии. М., 1911. Табл. 1-2；ЦИАМ. Ф. 673. Оп. 1. Д. 358. Л. 40。

这样我们就可以看到，孔申手工工场的工人工资比莫斯科省各工厂工人的平均工资大约高 15%～20%。即使只看雕花工的工资，情况也是如此。因为表 3-6 是将所有在雕花部门的工人都计算在内了，而其中有一部分人做的是辅助性工作。如果我们将条件变得苛刻一些，只计算按月计薪的工人，而不算按日计薪且月薪低于 10 卢布的工人的话，那么孔申手工工场雕花工的工资就变成了平均 204.7 戈比。可以看出孔申手工工场的工人工资更高。这一情况并不是偶然的，一般大型企业都会付给工人更高的工资。

另外，将孔申手工工场（此处以孔申印染厂为例说明）的工人工资与三山手工工场的相关资料进行对比也很有意义（该厂资料见 M. K. 罗日科娃的专著）①。这种比较（见表 3-7）的许多初始条件是相同的。对于二者而言，研究它们的平均工资都要与莫斯科省纺织企业的生产规模进行完全比

① Рожкова М. К. Заработная плата рабочих Трехгорной мануфактурыв 1892 - 1913 гг. С. 334, 339.

较，即使它们一家在莫斯科，另一家在谢尔普霍夫。但可惜的是，我们不能完全信任这种使用平均数的方法。除此之外，还要去除孔申印染厂漂白部门的低指数，因为其工资在1899～1901年这段时间因某些原因降低了①。

首先，根据表3－7，我们可以看出三山手工工场工人的工资比孔申手工工场工人的工资更高，这主要是因为首都和县城商品的零售价格存在差别。其次，如果说两家工场低熟练度工人的工资差别还不是很大的话，那么钳工（纺织工厂中收入最高的工种之一）的工资差别就非常明显了。唯一的解释是，对于莫斯科的企业而言，招聘优秀钳工是非常重要的，而钳工也往往会选择工资更高的企业。最后需要指出的是，三山手工工场工人的实际工资在这段时期整体逐渐增长，而孔申手工工场1913年的工资水平和1905年相比增长幅度并不明显。

表3－7　1898～1913年三山手工工场和孔申印染厂各工种工人实际月薪对比

单位：卢布

年份	三山手工工场			孔申印染厂		
	漂白工	染色工	钳工	漂白工	染色工	钳工
1898	16.23	15.33	40.18	7.47	14.33	23.52
1905	18.65	19.72	48.49	16.78	16.94	33.44
1908	17.57	18.94	47.88	19.38	16.89	34.19
1913	20.55	25.33	61.40	18.78	17.99	34.78

注：孔申印染厂的情况比对的是莫斯科的物价指数，且每月按24个工作日计算。

资料来源：Рожкова М. К. Заработная плата рабочих Трехгорной мануфактуры в 1892－1913 гг. С. 334，339；ЦИАМ. Ф. 673. Оп. 1. Д. 927. Л. 1－3；ЦИАМ. Ф. 673. Оп. 1. Д. 1357。

2.2　对工人工资簿中数据的分析

我们在前面进行的分析表明，不同工人的工资存在较大差别，而这种对综合平均数据所进行的分析绝对不能用来核算和解释整个生产领域。为了更

① 参见 Гильберт М. И. Движение заработков рабочих в конце XIX в. // Из истории рабочего класса и революционного движения. М.，1958. С. 319－320。

全面地理解工资机制的作用，必须进行微观分析并关注个体工人工资的变化情况。详细和系统的孔申手工工场的档案资料对研究这一时期的工人工资意义重大。

在这项工作的初始阶段，我们对孔申印染厂雕花部门的工资进行了微观分析。为此建立了一个包括1882～1916年工资支付制度（既有按日计薪制，也有按月计薪制；在雕花部门没有实行计件工资制）的数据库。其中有几个年份的工资簿我们没有找到，因此我们无法将这几年雇用和辞职的工人计算在内，不过这问题不大，因为这类工人的数量并不多。我们得到的工资制度表非常有代表性，因为许多工人在工厂的工作时间超过了5年［超过了数据库中所有工人（共381人）的75%（共289人）］。

需要指出的是，即使在企业遭遇危机时，工人（无论是高熟练度工人，还是低熟练度工人）的工资实际上也从未降低过。最近几十年，国外学者在研究工业化阶段的劳资关系时就曾提出，企业在危机时期需采取哪些策略以保存生产力？通常，企业在危机时期不会降低高熟练度工人的工资，因为企业要留住他们，不让他们投奔其他工厂，于是会按照“危机之前的”工资金额向他们发放工资，甚至不惜损失自己的经济利益。类似的情况在孔申手工工场的材料中也可以找到（见图3－1）。在雕花部门，甚至连低熟练度工人的工资也没有降低。现有数据表明，在经济困难时期，工厂主首先想到的是怎样减少工作岗位，而不是怎样降低工人（这主要指的是高熟练度工人）的工资。

在分析雕花部门工人工资的变化问题时，可以得到以下结论。年轻工人（指25～30岁）的工资增长幅度是每年月薪增加2～4卢布。少数最高级别工人（月薪高于90卢布）的月薪会定期（但不是每年）少量增加（通常是1卢布，偶尔2卢布）。按日计薪的工人工资增长频率较低。年龄大的工人（指45岁以上）和获得平均（对于该群体而言）水平工资的工人，他们的工资很少增长，通常3～5年才有一次。

技术等级较高的工人通常都是按月计薪，他们的工资簿中清清楚楚地写明了20卢布/月、50卢布/月等信息。孔申手工工场的工资簿在各个工

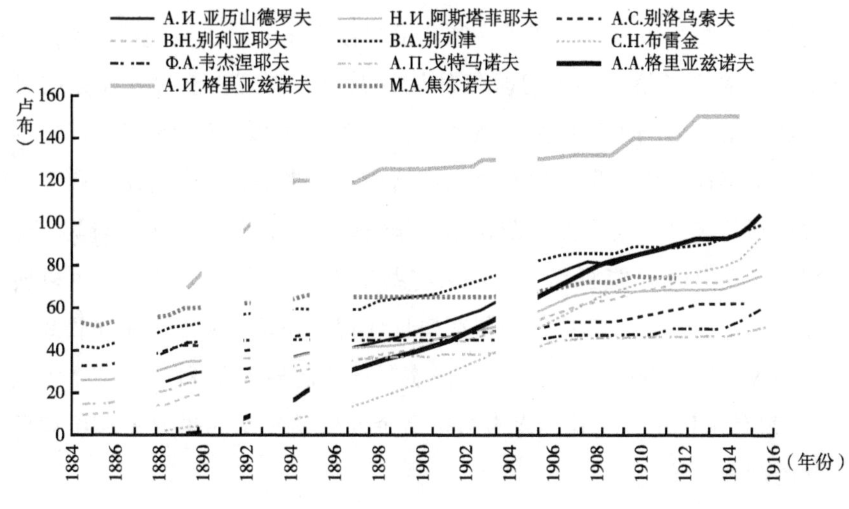

图 3－1　1884～1916 年孔申印染厂雕花部门工人月薪变化

种中都会列明最高收入的工人和工长，而他们都是按月计薪的。大部分雕花工也是按月计薪。与他们不同的是，有些工人是按日计薪的，如 50 戈比/日、75 戈比/日等。有趣的是，计薪制度对工资额没有什么影响。如果某个工人是按月计薪的，那么他的实际工资还需要根据他工作的天数来计算；如果工人因病有一半的工作日没有来工作的话，那么他将只得到半个月的工资；假如有半天没来工作，当天工资也要被扣除一半。这些按日计薪的工人不是临时工，他们和按月计薪的工人一样，也和工厂签订了劳动合同，只是计薪制度不同，本身没有实际差别。我们在雕花部门中发现了一些工人的计薪制度变化情况，起初这些工人的日薪逐年增长，后来他们就转为按月计薪了。工人在某些情况下也会出现收入降低的情况，但在半年至一年之后他的月薪数额就会超过之前按日计薪所得的工资。总体上来讲，虽然最高工资收入的工人是按月计薪的，但因此认为按月计薪制一定意味着工人可以获得更高的工资显然是不对的。比如两个工人，一个工人的月薪为 15 卢布（按 24 个工作日计算的话，日薪仅为 60 戈比），另一个工人的日薪则为 95 戈比、1 卢布甚至更多。但前者工资未来的增长趋势更被看好。

这里还要指出一点，少年工在雕花部门被当作学徒，他们刚开始工作的时候工资非常低（第一年学习时每月仅有1.25卢布），但被算作是按月计薪的。学习结束，当他们成为高级工人后，每月可以得到15~20卢布的工资，之后每年还会涨工资。但对雕花部门的工人来说，提高等级不仅要靠当学徒时学到的技术，还需要不断积累工作经验。工人收入的多少与其工作质量正相关，只有这才能解释，为什么有些工人（往往是年轻人）可以转为按月计薪，而有些工人却依然停留在按日计薪，并且未来工资明显提高的可能性也不大。所以我们可以确定，“向按月计薪制转换”和“提高个人实际工资”，都是工厂主为了让工人努力提高个人劳动技术和遵守劳动纪律而采取的激励措施。

雕花部门中的工人大部分是小于16岁的少年工学徒。20世纪初，绝大部分学徒是正在或曾在雕花部门工作的工人及其他车间工人的子弟。例如，当时在雕花部门出现了一个工人家族（格里亚兹诺夫家族），其中为首的A. И. 格里亚兹诺夫是整个这段时期工资收入最高的工人（他的月薪从1889年的70卢布涨到1915年的150卢布），他的8个儿子都在该车间从学徒开始做起。

雕花工是工厂中收入较高的工种之一，因此他们很少会辞职。根据工资簿的记载，他们也不会回家务农。雕花工中大部分是市民出身，不是农民出身，这一点与比他们技术等级低的工人不同。

M. И. 吉尔伯特曾研究过孔申印染厂的工资簿（还有其他工厂的工资簿、雇佣单和支付明细表等），他的主要研究方向是19世纪60~90年代工人工资的变化情况。他在研究中遇到了很多困难。比如，孔申手工工场1861~1869年的工资簿没有保存下来，企业的生产结构在改革后也发生了改变，所以在将同一工种的工人进行比较时就遇到了问题。他在研究了改革后10年中染色部门和雕花部门工人的工资变化情况后得出了结论：“我们确定的是，从1860年到1870年在孔申手工工场做同样工作的工人工资增长了9%，而这10年中工人的生活费用增加了14%。"① 在对这两个指标进行计算之后，作者进行了非常严谨的假设。首先，是食物供给价格的定义，如果想要评价1860年"工厂供应伙食"和1870年"自行料理伙食"这两种情况下工人工资之间的差别，那么就一定要明确这个定义。对于"工厂供应伙食"的估价，M. И. 吉尔伯特引用了E. M. 杰缅季耶夫对莫斯科省工厂伙食的估价。但是使用E. M. 杰缅季耶夫的综合数据无法查看具体某家工厂的情况。而且他的数据一直延续到19世纪80年代中期，超过了这10年的期限。其次，不知道什么原因，M. И. 吉尔伯特在计算物价上涨的时候使用的不是莫斯科的物价指数，而是圣彼得堡的。虽然这种计算比那些没有经过充分论证就得出的食品供给价格估算要更具体，但是它多多少少还是会影响最后的结果。

在此后的资料中出现了个体数据，我们可以此作为基础，计算个体工人的工资变化情况。我们的结论是：孔申印染厂雕花部门工人的工资在1890～1900年平均增长了87%（样本容量为60人），在1900～1910年增长了146%（样本容量为92人）。莫斯科物价指数在1890～1900年下降了2.4%，而在1900～1910年增长了19.3%。我们还可以与实际物价进行对比，1901～1905年孔申印染厂雕花工人的工资平均增长了36%（样本容量为105人），而工厂食品商店的黑麦面粉的价格增长了34%，发酵黑麦面包的价格增长了26%，荞麦米的价格增长了3%，肉、鱼和黄油的价格维持不变，燕麦的价格下降了9%②。

对工资在不同时期增长速度的变化进行研究，特别是将危机时期和上升时期进行比较，是非常有意义的。研究者们对此很少涉及，因为想要研究这一问题的话，需要非常详细的数据作为基础，此外，可能会影响指标平均值的因素也实在太多。工厂检查官或工厂的统计员了解工厂的工资状况。比如，E. M. 杰缅季耶夫曾就1883～1885年的危机写道："大型企业对危机的

① Гильберт М. И. Движение заработков рабочих в конце XIX в. // Из истории рабочего класса и революционного движения. М., 1958. С. 321.

② 参见ЦИАМ. Ф. 673. Оп. 1. Д. 67. Л. 1, 24。

反应主要体现在减少那些不换班的岗位，也就是说企业减少了工人数量，但没有降低工人的工资。"[①] 我们所掌握的数据也表明，直到1914年，各部门工人的工资情况没有发生非常剧烈的变化，只有1905～1907年出现了波动。

大部分研究者认为，1905～1907年的革命对工资增长和工人生活条件的改善都产生了影响。这些在我们引用的资料中可以很明显地看出来。对于大部分工人来说，1905～1907年是工资显著增加的时期，特别是那些低熟练度的工人，在这段时间内他们的工资增加得非常显著，而在其他年份，其工资增长的速度很慢。染色部门女工的工资是各工种工人中最低的，19世纪90年代和20世纪初，染色女工在刚开始工作的时候工资非常低（每天只有35～38戈比），一两年后她们的日薪会涨到40～45戈比，但在那之后的很多年里工资都不会再有什么变化。直到1905年孔申手工工场给所有的染色女工都涨了工资（每天涨3～5戈比），在这之后她们的工资才开始持续增加。

这段时期（特别是1905～1907年）工人的工资确实增长了很多。比如染色部门从1906年8月开始给所有男工的日薪涨了5戈比，给女工和童工涨了4戈比，这相当于他们工资总额的5.98%。孔申手工工场董事会通过决议，决定从1907年复活节开始每个月增加的工资总数不低于7800卢布[②]。纺织厂同样从1907年复活节开始将所有工人的工资上涨4%～12%（平均7.21%），总金额为每年79410卢布[③]。

在对孔申印染厂雕花部门工人的工资进行微观分析之后可以看出，孔申手工工场董事会在我们所研究的这段时期内发布的关于单位工资变化的通告中，没有关于计件工资额下降或是定额提高的信息。在研究过程中我们发现，"1901年夏天印染厂的单位工资曾经突然下降了25%～30%"，据说是罢工的缘故[④]。但是在研究了董事会会议记录和印染厂的工资簿之后我们发

① Дементьев Е. М. Фабрика, что она дает населению и что она у него берет. М., 1897. С. 120.

② ЦИАМ. Ф. 673. Оп. 8. Д. 6. Л. 355－356.

③ ЦИАМ. Ф. 673. Оп. 8. Д. 6. Л. 351.

④ Гарин Г. Ф. и др. Серпухов. С. 122.

现，这一举动最后并没有成真。这并不意味着工人的单位工资完全没有下降过，但是它并未成为惯例。谢尔普霍夫县工厂检查官在写给莫斯科省工厂检查官的关于织布工工资问题的信中这样写道："需要提前2周通知工人，告诉他们将从高级岗位调到低级岗位，只有在工人无法胜任更难工作的时候才不用这样做。"

第三节　工资差别

3.1　各工种工人的工资差别

如同前文讲过的那样，关于十月革命前工人工资的差别问题在苏联史学界并不引人注意。对于当时的人而言很显而易见的一点是，不仅不同熟练度工人的工资存在差异，而且在工人之中还存在所谓的"特权者"，这使得工人之间出现了很多摩擦和矛盾。例如，在《工人生活》报中有一篇与三山手工工场有关的报道，文中写道："内衣车间的工人们相处得并不是很友好，那些工龄较长的工人在新来的工人面前趾高气扬，甚至都不愿意和他们说话。"① 机器制造部门的工人在自己的笔记中写道："可以说，对有文化的工人而言，他们'最大的弱点'就是职业的自尊心和工作的荣誉感。一个习惯了从事重要工作的工人，会非常不情愿去做次要一点的、普通的工作，即使这份工作的工资和之前一样。但最终他们还是会同意去做杂工的工作。"②

工资是衡量纺织工人社会性的一种指标，这一指标与工人的工种、熟练度、文化程度以及其他方面的差异有关。工厂通常把工人分成三类：技术熟练的工人、不够熟练的工人和非熟练工人。不过也有其他区别工人熟练程度的方法。H. A. 伊万诺娃指出，工资应该主要由工人的熟练度来决定。为此

① «Фабричная жизнь», 19. 12. 1910. С. 6.

② П. Т. [Тимофеев П.] Заводские будни (Из записок рабочего) // Русское богатство. 1903. № 8. С. 33.

她引用了中部工业区棉纺织加工企业工人工资和熟练度的数据，研究后发现：在中部工业区的所有省份中，日薪低于50戈比的低收入工人在棉纺织工业中的占比为15% ~17%，而日薪为0.5 ~1卢布的纺织工人的比例在60% ~70%。这样一来，大概有80%的工人被Н. А. 伊万诺娃归类为非熟练工人和不够熟练的工人，还有15% ~20%的工人日薪为1 ~2卢布，这些是中等熟练度工人，而仅有大概2%的工人的日薪会超过2卢布，他们是高熟练度工人（可能就是工长）①。

М. К. 罗日科娃在《三山手工工场工人自传汇编》中使用了概括1905年和1906年主要车间纺织工人熟练度的资料②。

1. 纺织工：所需熟练度不高，但也并非完全不需要学习技术。

2. 织布工：中等熟练度工人（想成为一名织布工，至少要学习一个月才能操作机床；半年之后才可以操作两台机床，届时方可得到全部工资）。

3. 机械部门的工人，通常都是高熟练度工人，如钳工、车工等。

4. 印染厂的雕花工是高熟练度工人，他们的学习期限一般要三四年。

5. 手工雕花工同样也是高熟练度工人。

6. 印花工：高熟练度工人，在手工印花台上工作。但因为手工生产已经被机器生产所取代，因此他们的工资变得很低。

7. 印花机挡车工：控制印染设备的工人，其熟练度要求和雕花工相当（学习期限一样长）。

8. 印染厂和染整厂中那些非熟练工人，他们不需要学习就能上岗③。

М. К. 罗日科娃整理出的材料探讨了工人分化的两个因素。首先，工人熟练度与工龄之间的关系：雕花工、切料工、印花工和印花机挡车

---

① Иванова Н. А. Промышленный Центр России 1907 – 1914 гг. М. , 1995. С. 270 – 271.

② Рожкова М. К. Трехгорная мануфактура ко времени революции 1905 года // Русский рабочий в революционном движении. Сборник первый. Рабочие Трехгорной мануфактуры в 1905 году. М. , 1930. С. 7 – 26.

③ Рожкова М. К. Трехгорная мануфактура ко времени революции 1905 года // Русский рабочий в революционном движении. Сборник первый. Рабочие Трехгорной мануфактуры в 1905 году. М. , 1930. С. 10 – 11.

工在“骨干”工人中所占比例最大，其中53%～63%的工人工龄超过了5年，其他部门工人的平均工龄与熟练度成正比，工龄越短，熟练度越低[①]。其次，通过这些数据可以判定工人熟练度与其所属社会阶层之间的关系。在熟练度最高的工人中，长期在工厂工作的人（如雕花工、切料工和印花机挡车工）占大多数，而他们大部分出身于城市市民，只有少数是农民。

从社会关系的角度来研究不同工人群体间工资不平衡的问题很有意义。一方面，对企业来说，工人间的工资不平衡是一种重要的劳动激励手段，这是产生这种现象的根本原因。与其说是工资数额，倒不如说是工资的差异促使工人更高效、更熟练地工作。我们不妨做个假设，如果工厂无论工人的熟练度是高是低，其所从事工作的难度是大是小，都付给他们同样的（非常高的）工资，那么工人是没有办法高效工作的，因为对他们而言，已经没有了想要从事更复杂和更紧张的工作的意愿（类似的这种设想在1917年后付诸实施了，但从生产水平的角度来看结果是比较负面的）。这样的确完全公平，但如果所有工人都能得到同样数额的工资，那么从事复杂的、需要丰富工作经验和高熟练度的工人，就会失去认真工作的动力。比如织布工就不会再想方设法地提高自身工作效率，尽力从操作一台机床变成两台、四台机床。随着工人间工资差距的急剧降低，甚至非熟练工人也不会再像之前那样努力工作，本来他还希望通过自身努力将自己的孩子送进工厂开办的技工学校当学徒。

另一方面，工资差异过大（工资分配不公平）将会使不同熟练度的工人之间的关系以及工人和工厂管理部门之间的关系变得紧张，而工人会自然而然地将此归咎于工厂管理部门。总体而言，熟练工和非熟练工之间的工资差别显然是劳动力市场状况的反映，在招工的时候，工厂对不同熟练程度的工人的需求也有所不同，在这种情况下需要将俄国的情况与其他国家的情况

① Рожкова М. К. Трехгорная мануфактура ко времени революции 1905 года // Русский рабочий в революционном движении. Сборник первый. Рабочие Трехгорной мануфактуры в 1905 году. М., 1930. С. 12.

进行比较。

为了正确评估工业化阶段工人的工资情况，就必须了解工资分配不公的情况是怎样发展的。国外的历史学家和经济学家对西欧和美国的数据进行了分析，并得到了有趣的结果。J. 威尔森和 P. 林德尔特在研究了大量资料的基础上指出，在英国和美国的工业化阶段，工人工资分配不公的现象先是增加，然后减少，可以用 U 形图即“库兹涅茨曲线”来描述这一变化趋势[①]。如果将 20 世纪初美国和英国熟练工人和非熟练工人的工资数据进行对比就会发现二者存在很大不同，当时美国工厂的熟练工可以获得很高的工资，即使按照西欧的标准来说也相当高了。根据 J. 威尔森和 P. 林德尔特的计算，1909 年美国熟练工人的工资是非熟练工人工资的 2.17 倍，同时期英国的这个比值要低一些，为 1.54 倍。与 20 世纪的情况不同，在更早期（19 世纪 20 年代），美国熟练工人的工资相对英国来讲更低一些。当然，关于“库兹涅茨曲线”（工资不平等现象在工业化时期从最开始的增加到降低）能否描述这一过程，目前还存在争议[②]。

工资差距反映了熟练劳动相较于非熟练劳动所体现的价值。如果工资差距加大，说明工厂主对熟练工人的需求在增加，需要支付给他们更多的工资。工业发展时期劳动差异扩大说明未来工厂会需要更多的熟练工人，而熟练工人的培养速度无法满足市场需求。相反地，如果工资差距缩小，说明市场上熟练工的数量很多，而工厂主也相对更容易录用他们。

可惜的是，十月革命前俄国研究工资分配问题的学者不像西方研究者那样可以利用系统性的数据。但是我们可以通过孔申印染厂的材料对工资分配不公现象的变化情况进行大致判断。在图 3－2 中可以看到两个车间名义工资的变化情况，以及莫斯科物价指数的变化情况。从图中可以看出，1898～1910 年雕花工和印花工的名义工资明显增加：印花工的平均月薪从 15 卢布

---

① Williamson, J. , Lindert, P, *American Inequality.* A Macroeconomic History. San Francisco, 1980.

② Бородкин Л. И. Неравенство доходов в период индустриальной революции. Универсальна ли гипотеза о кривой Кузнеца? // Россия и мир. Памяти профессора Валерия Ивановича Бовыкина. Сб. статей. М. , 2001. С. 331 – 355.

涨到了 20 卢布左右，而雕花工的平均月薪从 31 卢布涨到了 45 卢布左右。如果关注该工厂工人的实际工资，那么会发现印花工的工资在这段时期没有发生实际变化，雕花工的工资则平均增长了 15%①。

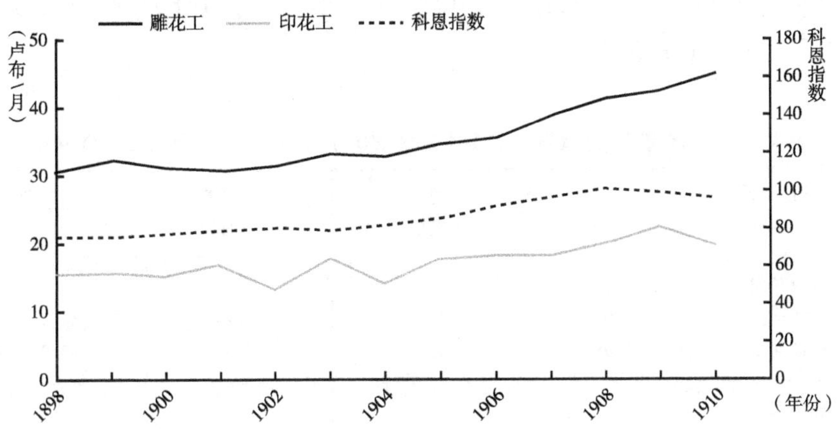

图 3-2　1898～1910 年孔申印染厂雕花工和印花工名义工资和莫斯科物价指数（科恩指数）的变化情况

从本质上讲，印花工不算是低等或中等熟练工人，虽然他们的平均工资接近工厂工人的平均工资②，但正如我们在上文提到过的，印花工在 19 世纪末 20 世纪初是手工劳动者，这项工作还没有使用机器进行生产，他们的工资低于其他熟练工人。高熟练度工人和低熟练度工人在工资方面的差别会更大，而我们从孔申手工工场的工资数据中得到的工资差异方面的估算指数明显超过西方国家工业中所得到的指数。

将我们得到的该工厂纺织工人工资差异的估算指数和莫斯科省企业的估

---

① 上面讲过，雕花工人的工资在 1900～1910 年平均增长了 146%。这里是没有矛盾的，因为我们现在研究的是车间中所有工人的平均指标。工资的涨幅不能很明显地被反映出来，因为车间每年都会有新工人到来，新人刚来到高收入的岗位时，工资肯定要低很多。

② 比如，工资簿显示，1902 年秋季在我们所研究的工厂中，工人的平均月工资是 19 卢布，当时印花工的平均月工资是 15.4 卢布［也就是说比工厂中一些大车间的工人工资更高一些，比如染色（167 人）和热压车间（219 人），他们的平均月工资分别为 13.5 卢布和 13.3 卢布］。

算指数在整体上做对比。在这种对比中可用 И. М. 科兹明内赫－兰宁出版的关于 1908 年莫斯科省工厂工资的资料①。该资料包括主要工种工人的平均工资，这使得我们可以确定高收入和低收入工种工资的差别。

表 3－8 和表 3－9 中包括了 1908 年 11 月莫斯科省 141 家棉纺加工企业男工和女工的工资情况。

表 3－8　1908 年 11 月莫斯科省 141 家棉纺加工企业 15 岁以上女工工资情况

生产部门及工人工种	工人数量（人）	每月平均工作天数（天）	平均月薪（卢布）	平均日薪（戈比）
纺织部门				
粗纺女工	4750	22.3	14.24	64.0
制带女工	1608	22.3	13.52	83.3
混纺部门				
精纺女工	6085	22.2	13.63	60.9
棉织部门				
捻接女工	707	23.4	12.31	52.5
漂白部门				
手工织布女工	646	22.1	10.22	56.3
印染部门				
机器织布女工	25488	21.5	16.07	71.04
漂白工	431	23.2	11.68	50.3
精修部门 烘干女工	837	22.9	10.58	46.2
其他工种	12601	22.8	11.73	51.5

资料来源：Козьминых－Ланин И. М. Заработки фабрично－заводских рабочих Московской губернии. М.，1911. Табл. 1。

① Козьминых－Ланин И. М. Заработки фабрично－заводских рабочих Московской губернии. М.，1911.

表 3-9　1908 年 11 月莫斯科省 141 家棉纺加工企业 15 岁以上男工工资情况

生产部门及工人工种	工人数量(人)	每月平均工作天数(天)	平均月薪(卢布)	平均日薪(戈比)
棉纺部门、混纺部门、捻线部门				
分拣工	511	22.3	14.73	66.0
清棉工	928	22.7	16.32	71.8
定置工	1274	22.6	12.60	55.7
纺纱工	1283	23.4	25.89	110.8
捻接工	2132	22.7	18.64	82.1
精纺工	134	23.0	12.75	55.5
其他工种	4397	22.2	16.58	74.6
棉织部门、棉绒部门				
整纱工	398	23.3	20.54	88.3
浆纱工	485	23.9	24.79	103.5
穿纱工	639	21.8	18.61	85.4
捻接工	136	23.5	15.21	64.6
修布工	109	23.1	16.48	71.4
手工织布工	10171	22.2	19.29	84.5
机器织布工	1669	22.5	16.44	73.1
副工长	1905	22.4	16.4	73.1
其他工种	3257	21.7	16.49	75.9
棉纱漂白、印花工	184	22.5	57.28	254.2
印花工	1221	21.7	19.14	88.1
快蒸工	249	22.4	17.64	78.8
汽蒸工	209	21.7	16.68	76.9
色浆调煮工	517	22.8	21.66	95.0
轧制工	298	23.4	26.77	111.4
梳理工	742	23.2	18.26	78.6
刨工	541	22.9	17.76	77.5
填装工	372	22.1	20.87	94.6
染色工	2692	22.2	17.27	77.9
漂白部门				
蒸馏工	335	22.7	20.16	88.9

续表

生产部门及工人工种	工人数量(人)	每月平均工作天数(天)	平均月薪(卢布)	平均日薪(戈比)
烘干工	892	23.1	17.25	74.6
整修工	1543	22.3	17.93	80.4
雕花部门				
水洗工	245	22.9	23.61	103.3
叠布工	1515	23.1	20.63	82.2
雕花工	681	22.5	41.85	185.8
切料工	119	22.9	21.65	94.4
其他工种	2260	19.4	17.04	88.0

资料来源：Козьминых – Ланин И. М. Заработки фабрично – заводских рабочих Московской губернии. М., 1911. Табл. 1。

根据表 3 – 8，棉纺加工企业中收入最高的女工是操作机械机床的织布女工（表中的“机器织布女工”，她们的人数约占女工总数的一半，平均月薪为 16.07 卢布），收入最低的女工是手工织布女工，平均月薪为 10.22 卢布）和操作烘筒的女工（表格中的“烘干女工”，平均月薪为 10.58 卢布），前者的工资约是后两者的 1.5 倍。

表 3 – 9 展示了莫斯科省棉纺加工企业各工种男工的工资情况，我们可以通过该表估算由 M. K. 罗日科娃划分的各工种工人间工资的差别。要指出的是，该表中高收入男工与低收入男工间工资的差别比女工的更大。棉纱漂白、印花工的平均月薪（57.28 卢布）和雕花工的平均月薪（41.85 卢布）是手工织布工（这是棉纺加工企业中人数最多的工种，10171 人的平均月薪为 19.29 卢布）的两三倍。如同我们上文所讲的，织布工是一个中等熟练度的工种，与杂工的差异很大。有趣的是，该表中雕花工和填装工平均月薪的对比关系（41.85 卢布和 20.87 卢布）与我们根据 1908 年孔申印染厂工资档案数据所得出的对比关系（41.8 卢布和 19.94 卢布）一致。

为了方便比较，我们还引用了 1903 年雅罗斯拉夫尔大手工工场的几个工种（我们成功计算出了这几个工种的指数）的工人平均日薪的数据（见表 3 – 10）。

表 3－10　1903 年雅罗斯拉夫尔大手工工场成年男工工资

工种	平均日薪(卢布)
贴边工	1.72
打包工	1.37
纺纱工	1.05
冲压工	0.96
制箱工人	0.95
锯工	0.85
一级捻接工	0.76
头道粗纺机上的工人	0.73
织布工	0.71
制带工人	0.67
二级捻接工	0.58
悬挂工	0.54
卷线工	0.48
换筒工	0.38

资料来源：ГА ЯО. Ф. 674. Оп. 1. Д. 4472，4476，4480，4481，4484－4488，4490。

虽然无法将孔申手工工场和雅罗斯拉夫尔大手工工场的数据进行对比（雅罗斯拉夫尔大手工工场没有印染厂，而孔申手工工场保存的关于各工种工人工资情况的档案资料中，只有印染厂的信息相对完整），但表 3－8 中的数据与 И. М. 科兹明内赫－兰宁所收集的数据高度吻合，这就令人信服地证明了各工种工人的工资之间存在非常大的差别。

需要指出的是，表 3－10 所列出的低收入的工种，均从事辅助性工作。比如纺纱工、一级捻接工、二级捻接工和换筒工组成了使用蒸汽机的“缺一不可的团队”。纺纱工的工资取决于整个团队生产的产品单价和质量，而其他人的工资则是按纺纱工工资的一定比例来确定，悬挂工和卷线工的工资取决于冲压工工资的多少。

工资的差异在工人看来是非常现实的问题，有时收入低的工人试图改变这一状况。例如在 1908 年 12 月，雅罗斯拉夫尔大手工工场的捻接工和换筒工向管理部门提出：“奖励给团队的钱应该由纺纱工、帮工、捻接工和换筒工平均分配，而不是按一定比例分配。"[①] 董事会回应称，只有在帮工和纺纱工都同意平均分配的情况下才会如此处理。1909 年 1 月，三个工种的工人（帮工、捻接工和换筒工）再次提出了同样的要求，但董事会的回应还是要求必须事先取得纺纱工的同意[②]。最终这一请求还是没有得到满足。

是什么导致了纺织工人工资的差别？我们目前还没有掌握可以解答这一问题的档案资料。但是在这个问题上，И. М. 科兹明内赫－兰宁收集的 1908 年莫斯科省工人的工资数据很重要，他将工人工资与其在工厂工作的时间长短、劳动的连续性以及年龄、性别组成等问题联系起来。对织布工而言，工资的高低与以下几个问题有关："可以操作几台机床？""有没有上过小学？"[③] 事实上，如果我们将 1908 年莫斯科省棉纺厂和棉织厂男工的工资数据按照年龄进行分组，会发现其工资高低取决于文化程度。在图 3－3 中，可以清楚地看出在每一个年龄组中有文化工人的工资都比没文化工人的工资要高。要指出的是，有文化工人[④]和没文化工人工资之间的差距会随着工龄的增加而不断扩大。比如说，在青年工人（20～25 岁）中这个差别是 7.9%（有文化工人更高），而在 55～60 岁这个组别中差别达到了 41.3%。

总体而言，我们得出的结论是有文化工人的工资比没文化工人更多，1908 年莫斯科省棉纺厂和棉织厂女工的工资指标也证实了这一点。И. М. 科兹明内赫－兰宁认为，有文化工人会得到更高的工资，因为他们从事的工作需要较高的熟练度，因此工资更高。

让我们回到俄国和西方工业化进程中工业工人工资差异的比较问题上来。俄国工人工资的不平等性比西欧和北美国家都更明显，比较可信的解释是，这与劳动力补充的特点有关。在俄国，工人大部分是从农民中招来的（特别是在工业化早期阶段）[⑤]，其中很多人只希望打份短工。工厂方面若想

---

① ГА РФ. Ф. 7952. Оп. 8. Д. 59. Л. 244.

② ГА РФ. Ф. 7952. Оп. 8. Д. 60. Л. 41.

③ Козьминых – Ланин И. М. Грамотность и заработки фабрично – заводских рабочих Московской губернии. М., 1912.

④ 指小学文化程度的工人。

⑤ 在本书的第二章中对两家企业在 20 世纪初的工人出身有详细记载。

雇到高熟练度的工人更困难，而且熟练工人的工资很高。在西欧国家，工业化时期劳动力的形成在很大程度上依靠手工业者的流入，对熟练工人的需求不是那么突出。

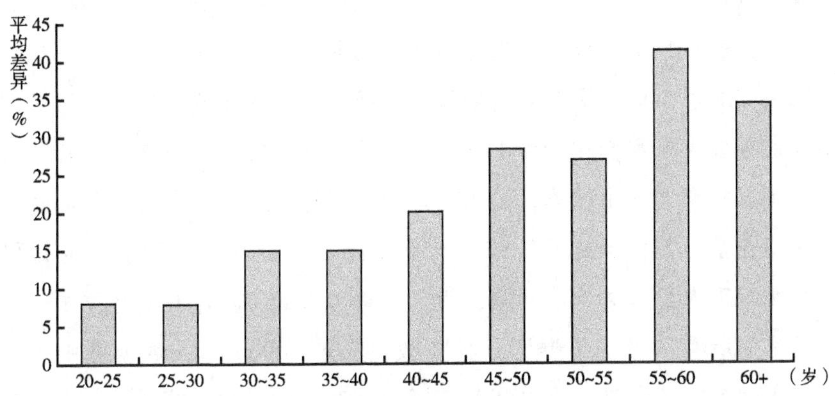

图 3－3　1908 年莫斯科省棉纺厂和棉织厂有文化男工和没文化男工的平均月薪差异（按年龄分组）

3.2　综合数据和个体数据处理的比较

必须指出的是，在计算工资不平等系数时，我们使用了孔申手工工场的数据，这组数据是包含了各工种情况的综合数据。因为除此之外，再也没有任何其他的统计数据了，所以在研究高熟练度工人和低熟练度工人工资差别时必须利用综合数据。但是很显然，如果想更好地观察工资发放不公的现象，就必须使用个体数据。原则上不能只使用整个工厂的综合数据，但使用各个工种或各个车间的综合数据是可以的。不过使用这些数据得出的结论都只能算是接近实际情况而已，不能说准确无误，因为综合数据本身的特点会使研究出现一定误差，之所以继续使用综合数据，实在是因为没有其他的数据可供利用了。在很长一段时期内，大型工厂档案资料里工资的个体数据都很少见，甚至在我们所研究的孔申手工工场的档案资料中都无法直接找到完整的、没有遗漏的、长时期的关于所有车间工人工资的个体数据。即使研究者们果真找到了那样的数据，对工人的个人信息进行系统加工也是一项非常繁重且困难的任务。

但是现在，我们既有各车间工人的工资信息，又有工人的个人工资信息，就可以将它们进行比较，从而评价根据综合数据所做研究的精确度。据我们所知，这正是国内外研究者比较认可的研究方法。

那么，通过个体数据和综合数据分别得出的工人工资不平等指数之间的差别到底有多大？我们比较了 1902 年 10 月孔申印染厂的个体数据和综合数据。之所以特意选择了秋季，是因为这时可以避开会计事务方面的问题，我们考虑到春季（复活节之后）工厂会重新结算营业年度，而且这样做可以避开非熟练工人夏季务农的问题。为了分析工人的工资，我们建立了一个包含工资簿中所有信息的数据库（样本数量超过 2000 人），数据库中包含了工人的车间名、工资制、当月实际工资等信息。同时我们摘录了每个车间工资的综合数据①。在对数据进行处理之前，我们认为应该将那些只工作了几天的工人从样本中去除（这些工人通常要么才被雇用不久，要么在当月被解雇），同时我们也将那些从事非生产工作的工人（如守卫、马厩工人、商店工作人员等）排除在外。这些操作对工资分配不公的测量指数没有产生什么影响：比如，通过这种方式修改数据库之后，在第一种情况下基尼指数②从 32.3% 变为 33.4%，在第二种情况下从 33.4% 变为 32.8%。无论在整体图表中，还是在工资不平等指标中，这种比较都可以显示出处理个体数据和综合数据的巨大差别。这取决于不平等测量系数的计算方式，根据个体数据计算出的系数是根据综合数据计算出的系数的 1.3～2 倍。

1902 年 10 月孔申印染厂工人工资不平等测量系数如表 3－11 所示。

还要注意的是，图 3－4 和图 3－5 非常明显地显示了个体数据和综合数

① ЦИАМ. Ф. 673. Оп. 2. Д. 184.

② 可参见 Нуреев Р. М. Курс микроэкономики. Учебник для вузов. М., 1998. С. 297－311。通过计算基尼系数来研究工人史领域的问题，还可参见：Бородкин Л. И., Валетов Т. Я. Измерение и моделирование динамики неравенства в133 оплате труда промышленных рабочих в начале XX в. // Компьютер и экономическая история. Барнаул, 1997. С. 14－30。

据之间的差别，没有计算任何的系数。两张图使用了同样的比例尺，也都使用了孔申手工工场的工资档案，只是在图 3－4 中更多地使用了确切的个体数据，而在图 3－5 中使用了历史学者更容易接触到的综合数据。可以看出，在使用综合数据制作的工资分配曲线中存在偏差。

表 3－11　1902 年 10 月孔申印染厂工人工资不平等测量系数

数据类型	工人数量①（人）	基尼系数（%）	十分位数的比值②	最高收入群体的工资占工资总额的比重（%）		
				20%	10%	5%
个体数据	1661	32.8	8.3	43.9	29.6	19.2
综合数据	1701	19.4	2.9	32.4	18.9	10.0

资料来源：ЦИАМ. Ф. 673. Оп. 2. Д. 184－189。

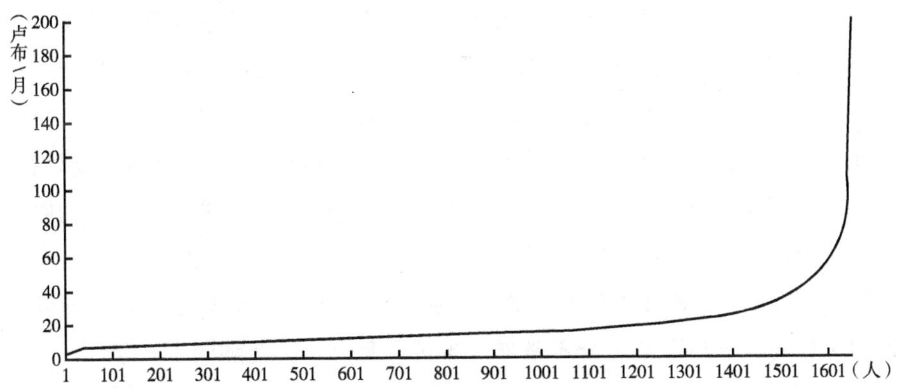

图 3－4　1902 年 10 月孔申印染厂全体工人工资分配情况（根据个体数据）

之所以两张图中的结果不一样，主要原因是后者对工资簿数据按照车间取了平均数，而车间内部的工资差异非常大，特别是在人数多的和拥有熟练工人的车间。例如，在气缸部门（共 267 名工人，平均月薪为 19.4 卢布）有 23 人从事印花机挡车工的工作，熟练工人的月薪从 25 卢布至 125 卢布不

① 工人总数上有差别是因为在对工人进行个体研究时将那些未工作满一个月的工人去除了。

② 将收入最高的前十分之一工人和收入最低的后十分之一工人的收入进行比例计算。

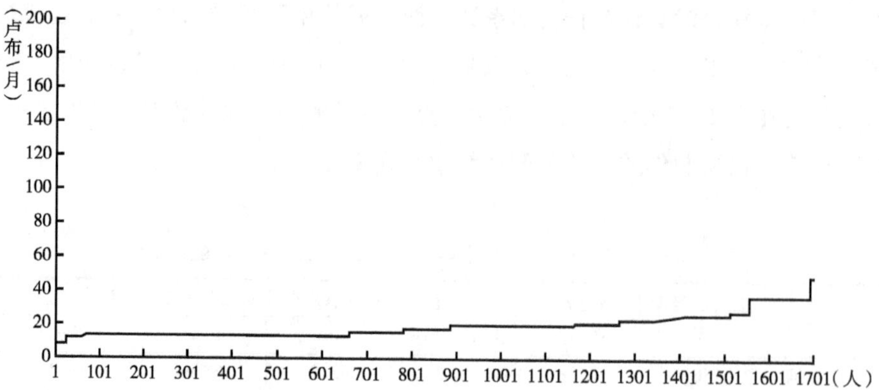

图 3-5　1902 年 10 月孔申印染厂全体工人工资分配情况（根据综合数据）

等，他们的平均月薪为 62.1 卢布。在同一个部门有 84 人（以女工和少年工为主）在 1902 年 10 月得到的工资低于 10 卢布。杂工被单独列入一个分组中，他们的工作与生产没有直接关系（在工资簿中具体说明，这些杂工是放牧员和女厨师）。将最高收入的工人与最低收入的工人的工资取平均值，这就导致了测量的偏差，这种偏差越大，对工资不平等指数的影响就越大。

除了印染厂外其他工厂的工资簿保存得不是很好，但我们还是成功收集到了纺织厂所有工人（共 4715 人）在 1914 年 6 月的完整的工资统计数据①。纺织工作和整饰工作不同的是，从事纺织工作的很多工人是按计件工资制工作的，所以工资差异不是那么明显（见表 3-12 和图 3-6）。

表 3-12　1914 年 6 月孔申纺织厂工人工资不平等指数（根据个体数据）

工人数量（人）	基尼系数（%）	十分位数的比值	最高收入群体的工资占工资总额的比重(%)		
			20%	10%	5%
4715	20.5	4.5	31.3	18.1	10.3

资料来源：ЦИАМ. Ф. 673. Оп. 5. Д. 130-156。

① ЦИАМ. Ф. 673. Оп. 5. Д. 130，132，134，136，138，140，142，144，146，148，150，152，154，156。工资统计数据可参见莫斯科大学历史系经济史中心网页：http：//www. hist. msu. ru/Labs/Ecohist/DBASES/WAGES/index. htm。

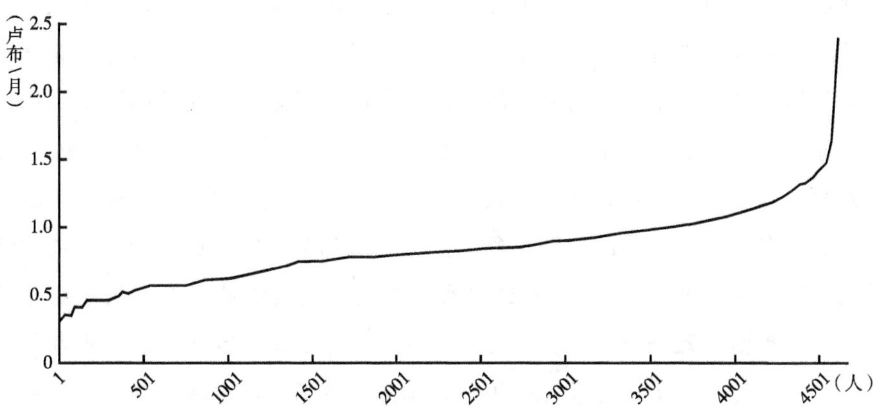

图 3－6　1914 年 6 月孔申纺织厂全体工人工资分配情况

3.3　个体数据的研究结果

我们已经证明了，在使用个体数据和综合数据时的差别非常明显。但正如上文中我们曾说过的，研究者很少能够得到个体数据，所以不得不使用综合数据。首先需要考虑的是，综合数据会使最终结论出现很大的误差。其次，在对个体数据和综合数据进行比较时可以仔细研究哪些方面受这种误差的影响更大，哪些方面受影响更小。

事实上，工人工资差别很大这种情况通常出现在拥有很多熟练工人的车间，而这种车间的平均工资一般比较高。有的车间平均工资较低，是因为工人水平的同质化程度更高。比如说雕花部门工人的工资差别系数为 72.5%，而在印花车间则为 10.6%。相应地，我们可以采用那些相对较少需要熟练工人的车间的平均工资，因为其更加接近这个工种的实际工资，而那些需要熟练工人的车间，熟练工人的平均工资要比车间的平均工资高不少。所以研究熟练工人和非熟练工人之间工资的关系要比使用我们的综合数据进行计算更有意义。

接下来要研究孔申印染厂不同工种（和不同熟练度）工人的个人工资及其变化情况。我们对工厂雕花部门和染色部门的工资簿进行了仔细研究。

挑选这两个部门是出于多方面的考虑：首先，两个部门都拥有很多工人；其次，为了更好地进行比较，两个部门的工人必须在熟练度和工资方面有比较大的差别。这两个条件都得到了满足。一方面，无论是雕花部门还是染色部门，都有数十名工人在工作，而在某些年份中，工人数几近达到 100 人。另一方面，两个部门所需的熟练度是不一样的，这在工资的很多指标上亦然。

对孔申印染厂雕花部门和染色部门工人的几个主要指标进行了比较，结果见表 3－13 和表 3－14。现在还没有成功收集到染色部门工人长期变化情况的完整数据（雕花部门工人的已收集到），档案里很多材料缺失或者需要修复，好在有一些年份已经可以进行正确的比较了。需要指出的是，染色工的个体数据库不像上文所讲过的雕花工的个人工资变化情况那样直观，因为大部分染色工工作不久就离开了工厂或是被调到了其他部门工作，所以无法形成长期数据。

表 3－13　1905～1912 年孔申印染厂雕花部门和染色部门工人情况对比

	雕花工			染色工		
	1905 年	1910 年	1912 年	1905 年	1910 年	1912 年
工人总数(人)	155	174	172	263	348	288
男工(人)	134	162	156	145	198	175
女工(人)	0	0	0	75	85	75
少年工(人)	21	12	16	43	65	38
女工的占比(%)	0	0	0	28.5	24.4	26.0
少年工的占比(%)	13.5	6.9	9.3	16.3	18.7	13.2
按日薪制工作人数(人)	31	41	38	255	338	280
按日薪制工作人数的占比(%)	20.0	23.6	22.1	97.0	97.1	97.2
被雇用或辞退的工人数(人)	14	21	9	133	108	74
按日薪制工作的工人中被雇用或辞退的工人数(人)	10	10	3			
总人数中稳定工作的工人占比(%)	91.0	87.9	94.8	49.4	69.0	74.3
按月薪制工作的工人中稳定工作的工人占比(%)	96.8	91.7	95.5			

续表

	雕花工			染色工		
	1905 年	1910 年	1912 年	1905 年	1910 年	1912 年
按日薪制工作的工人中稳定工作的工人占比(%)	67.7	75.6	92.1			
男工日平均工资(卢布)	1.55	1.81	1.96	0.70	0.81	0.84
中位数①(卢布)	1.25	1.52	1.67	0.60	0.75	0.75
变化率(%)	61.0	55.0	53.5			44.1
女工日平均工资(卢布)				0.38	0.48	0.48
中位数(卢布)				0.38	0.48	0.48
变化率(%)				5.1	2.3	2.2

注：表中个别空白是因为雕花部门没有女工，染色部门几乎所有的工人都是日工。

资料来源：ЦИАМ. Ф. 673. Оп. 2. Д. 209, 212, 253, 256, 272, 275. Подсчеты проведены по расчетным книгам – граверные: дела № 209, 253 и 272; красильные: дела № 212, 256 и 275。

表 3－14　孔申印染厂雕花部门和染色部门工人工资增长情况对比

	雕花工					染色男工			染色女工		
	1898 年	1902 年	1906 年	1910 年	1914 年	1892 年	1906 年	1910 年	1892 年	1906 年	1910 年
涨工资的工人占比(%)	58.8	69.5	99.3	83.5	83. 5	64.3	99.2	31.2	25.7	100	18.1
工资平均涨幅(卢布/月)	2.20	2.22	3.70	2.81	3.81	0.68	2.00	1.28	0.05	1.89	0.59

资料来源：ЦИАМ. Ф. 673. Оп. 2. Д. 106, 119, 143, 148, 177, 184, 209, 212, 216, 219, 245, 248, 253, 256, 286, 306。

---

① Компьютеризованный статистический анализ для историков / Под ред. Л. И. Бородкина, И. М. Гарсковой. М., 1999. С. 12 – 16.

对各工种工人的个体数据进行对比，我们可以得出以下结论。

3.4 各工种工人的流动性

在第二章中我们已经提出了关于孔申手工工场工人务农的问题，并且说明了这与工人的工种及熟练度有关。关于工厂中人员更替和劳动力流动性的问题，不管其与工人务农有没有关系，在科学文献中被研究得都不是很多。与此同时这个问题又是非常重要的，因为无论是对于工人本身的组成，还是对于劳动关系的总体而言，劳动力的可替换性都是最重要的特性之一。如果流动性很大，既说明工人没有来得及在自己的岗位上得到足够的经验和熟练度，也说明他们对这家企业和这个岗位没有足够的兴趣。由此可见，高流动性表明企业的劳动力质量低，而且其劳动激励机制的效率也低。

近年来的研究显示，苏联时期的工厂管理者们清楚地意识到，对于企业发展而言，首要任务之一便是与工人流动做斗争，特别是在 20 世纪 20 ~ 30 年代①。但没有人对十月革命前企业的流动性问题进行专门研究。A. M. 马尔科维奇和 A. K. 索科洛夫在研究了 20 世纪初古容工厂的状况之后得出结论，在熟练工人不足而同时非熟练工人供大于求的条件下，管理部门只会关心熟练工人，而劳动力流动性问题还没有被整体提出。此外，当时普遍采用雇用日工的办法②。

孔申手工工场的数据在整体上反映了这样一种情况。工人的流动性可以反映出雕花部门和染色部门之间的本质差别。如果说每年在雕花部门有 85% ~95% 的工人能稳定工作（也就是说从年初到年末没有离职），那么染色部门的这一指标则明显下降到了约 50% ~75%（见表 3 - 13）。而工厂的

---

① 参见：Журавлев С. В., Мухин М. Ю. «Крепость социализма»: Повседневность и мотивация труда на советском предприятии, 1928 - 1938 гг. М., 2004. С. 34 - 37, 63; Маркевич А. М., Соколов А. К. «Магнитка близ Садового кольца»: Стимулы к работе на Московском заводе «Серп и молот», 1883 - 2001 гг. М., 2005. С. 138 - 140, 197 - 198, 226 - 229。

② Маркевич А. М., Соколов А. К. «Магнитка близ Садового кольца»: Стимулы к работе на Московском заводе «Серп и молот», 1883 - 2001 гг. М., 2005. С. 20, 24, 45.

杂工不属于任何一个部门，我们成功计算出，对于杂工而言这一指标还要更低，从来没有超过50%。

显而易见的是，低收入工人的流动性特别高，这是因为他们与工厂的从属关系更弱。我们还可以观察到在雕花部门稳定工作的工人中按日薪制工作和按月薪制工作的差别：1905年在前者中这一指标是68%，后者是97%。这意味着，在按日薪制工作的工人中，有大约1/3的工人被替换，而124名按月薪制工作的工人中只有4人被替换。

3.5　个人工资率的变化

如果说在雕花部门个人工资变化表中看不到工人数量减少的情况，那么染色部门中确实存在这样的情况，只不过极少出现。在雕花部门中有一种情况需要指出，那就是当工人离职后重新回到该岗位时，他的工资会降低。在染色部门这样的情况时有发生，工厂甚至为那些离开工厂几年后又回来工作的人准备了刻有“从19××年恢复工作”的印章。一旦办理了离职手续，那么即使工人在当月就恢复工作，按规定其工资也必须降低（通常为5戈比/天），但往往两三个月之后就会恢复到原来的水平。

对于整个时期和所有工人而言，工资始终保持增长趋势。这种名义工资的增长与实际工资的增长在战前是同步进行的。这在雕花部门中可以得到反映。对于非熟练工人而言，工资同样经常增长。两个工种的某些参数大致相同，比如平均工资的增长百分比，还有工资提升的工人的百分比。当然，在计算工资提高时，会发现熟练工人的工资提高得更快，这当然和劳动激励的课题有关。

需要指出的是，对于稳定工作的工人而言，工资始终保持增长趋势，这在其他资料中也可以得到证明。比如，在三山手工工场工人自传集中有很多关于不同年份工资的回忆，可以看出其增长速度很快。比如，某个雕花工1892~1893年的日薪为40戈比，1894年为55戈比，1904~1905年为2.3卢布，1905~1906年为2.5卢布，蒸汽部门女工的工资从1901~1902年到

1905～1906 年增长了 70%[①]。

低收入工人的高流动性对不平等指数的变化产生很大影响。除了工厂整体提高单位工资之外，主要有以下两个因素对平均工资有影响：部分工人的工资经常性增长提高了不平等指数，而工人的更替、工龄长的工人被新来的低工资的工人替代，这些使得不平等指数出现下降。因为雕花部门的很多工人长时间在那里工作，所以这两种因素所起的作用是相同的；染色部门因为工人流动性很高，所以第二个因素所起的作用明显超过第一个因素，因此染色部门不平等指数的增长速度就低一些。与此同时，工种间的指数差别也越来越大[②]。

前文提到过，按时间计算的工资制（按日和按月），是劳动激励方式的一种。按月薪制工作的工人有更高的技术等级水平和更好的前途。例如，对各工种进行比较可以看出，染色工的无技术等级水平的劳动价值明显较低——染色工中 97% 的工人是按日薪制工作的，而对雕花工而言这一数据是 20%～25%。

3.6　女工的劳动

有历史学观点认为，在 19 世纪末 20 世纪初俄国工业中，男工和女工的工资水平相差很大，且后者明显偏低。整体而言，这种观点在各时期的综合数据中都可以得到证实。在工业化最初的几十年中这种差距更大。1881 年 П. А. 佩斯科夫考察莫斯科的纺织工厂后指出，成年男工得到的工资最多，成年女工的工资是男工工资的一半左右，少年工的工资和女工工资基本相

---

① 参见 Русский рабочий в революционном движении. Сборник первый. Рабочие Трехгорной мануфактуры в 1905 году. М.，1930. Биографии А. Ф. Акулова，С. Г. Мазура，Д. Ф. Бабкина，Е. С. Старостиной－Салтыковой. С. 173，181，195，209。

② 参见 Свавицкий Н.，Шер В. Очерк положения рабочих печатного дела в Москве（по данным анкеты，произведенной О－вом рабочих графических искусств в 1907 году）. СПб.，1909. С. 23－24，28－31。

同，童工的工资只比女工工资的一半多一点[①]。这种差别随时间推移不断减小。根据 И. М. 科兹明内赫－兰宁收集的与1908年莫斯科省棉纺织工厂有关的数据，男捻接工的平均日薪是女捻接工的1.6倍，而操作机械机床的男织布工的平均日薪是女织布工的1.2倍。而且女工工资和同工种男工相比明显偏低是一种常见现象，不仅出现在纺织业中，对其他很多生产行业来讲也是如此[②]。这种因为歧视而出现的差别到底有多大，男工和女工的熟练度到底有怎样的差别？为了尝试回答这些问题，我们将注意力投向了档案材料。

在研究孔申手工工场材料的时候一个值得注意的情况是，女工在染色部门中所占比例不小（25%～30%），而在同一时期，相对而言更需要熟练工人的雕花部门从19世纪80年代初至1916年都没有招过一个女工。女工的工资有自身特点。首先，所有女工（不仅是染色部门的，而且是我们所研究的所有工厂的女工）要么是按日薪制工作的，要么是按计件工资制工作的，而没有按月薪制工作的。其次，染色部门女工的平均工资是男工的50%～60%，19世纪90年代大约是每天30戈比，到了1914年普遍达到每天48戈比。

这种工资差别在雅罗斯拉夫尔大手工工场同样存在。例如，我们研究了雅罗斯拉夫尔大手工工场织造部门和漂白部门的工资情况（1913年女工在织造部门中约占15%，在漂白车间中约占35.5%）。月薪制在女工之中没有实行。女工中按日薪制工作的，其日薪也比同工种的男工低得多。例如，1908年漂白部门清洁女工的日薪是40～50戈比，而同岗位男工的日薪是85戈比。这种差别不仅一直存在，而且在1913～1914年还有扩大的趋势。同时还可以观察到一个规律：工人的熟练度越低，其男女工工资间的差别越大。

---

① 参见 Песков П. А. Санитарное исследование фабрик по обработке волокнистых веществ. Вып. 2. М., 1882. С. 20－47。

② Кириллова Н. А. Женщина－работница в крупной промышленности // Труды I－го Всероссийского женского съезда при русском женском обществе в С.－Петербурге 10－16 декабря 1908 года. СПб., 1909. С. 297－298.

当然，如果我们讨论计件工资制（在布匹加工中很少使用计件工资制，但是在纺纱生产，特别是在织造生产中就非常常见了[①]），会发现男女工工资间的差别就没有那么大了。孔申纺织厂 1914 年 6 月的工资簿数据非常具有代表性。某些女织布工赚的甚至比大部分男织布工还要多，虽然这种现象并不是很普遍。而在 1908 年关于织造厂工人状况的记录中直接写道："男工和女工的工资没有任何差别。"[②] E. M. 杰缅季耶夫在 1884 年就曾指出在孔申纺织厂操作织机的男工和女工的工资没有差别[③]。

但是雅罗斯拉夫尔大手工工场的工资信息显示，即使实行计件工资制，女工工资还是明显低于男工工资。例如，在织布机工人中这一差别为每天 12～15 戈比，在制带工人中为 18～19 戈比，在粗纺工人中约为 20 戈比。于是我们再次提出一个重要的问题：到底是单纯的歧视导致在工资中出现这样的结果，还是因为女工做的都是更容易的工作呢？

这里要看一下尼科利手工工场织布工的工资状况。И. В. 波特金娜在书中对此进行了描述。1886 年工场方面下达了命令，两个倒班的男织布工的工资平均分配，但如果是一个女工和一个男工倒班的话，那么要多向男工发放 8% 的工资。1894 年在女工被禁止上夜班之后，尼科利手工工场的单位工资发生了变化：白天工作的织布工工资涨了 10%，而参与倒班工作的男工的单位工资比女工多增加 30%。从 1905 年 10 月起男女工工资差别开始减少，在所有工种中的差别为 12%[④]。

上述内容充分说明，管理部门认为，两个人进行倒班工作的话（因为他们是一起生产产品，所以无法直接计算各自的贡献），男工的贡献更多，

① Пажитнов К. А. Очерки истории текстильной промышленности дореволюционной России. Хлопчатобумажная, льно - пеньковая и шелковая промышленность. М., 1958. С. 129.

② ЦИАМ. Ф. 673. Оп. 1. Д. 358. Л. 36 об.

③ Дементьев Е. М. Санитарное исследование фабрик и заводов Серпуховского уезда. (Сборник статистических сведений по Московской губернии. Отдел санитарной статистики. Т. Ⅲ. Вып. XV.) Ч. I. М., 1888. С. 145.

④ Поткина И. В. На Олимпе делового успеха: Никольская мануфактура Морозовых, 1717 - 1917. М., 2004. С. 236.

所以他们所占的比例更大。通常来说，这不是管理部门的奇想，对于男工而言，他们确实要承担更繁重的工作。有一点可以证明，就是当女工根据命令不再做晚班工作之后，她们的劳动更轻松了，而工资差别进一步拉大了。

雅罗斯拉夫尔大手工工场也想用完全相同的逻辑规定单位工资，但是工人并不同意。1912 年，工人要求“粗纺女工的工资应该与粗纺男工一样”，以及“将男织布工和女织布工的工资改为一样”。工人还要求将“男织布工工资比女织布工多 7%”的规定撤销，因为是它导致工资不平等的[①]。

虽然两班工人中男工工资更高这种方式有一定的合理性，但不可忽略的是，管理部门确信就是可以少付工资给女工（和少年工一样）。在 A. Φ. 格里亚兹诺夫 1905 年 2 月写给雅罗斯拉夫尔大手工工场董事会的报告中可以找到与此结论有关的内容，在这份报告中还确定了将工厂工时改为 18 小时(代替之前的 21 小时)、从四班工作制调整为两班工作制的必然性并对其影响进行了研究。格里亚兹诺夫指出，现在法律规定不可以指派女工和少年工在晚上工作，那么根据新的时间表，可以给他们安排很多其他类型的工作。“雅罗斯拉夫尔大手工工场改为 18 小时工作制后，所有的换筒工作全由童工和少年工来完成。第一，对纺纱部门来说，这解决了工人人手不足的问题；第二，提高了走锭精纺机的生产率；第三，降低了结婚的数量；第四，不用多付给工人工资了。”[②] 与此同时要考虑到的是，雅罗斯拉夫尔大手工工场对操作走锭精纺机的工人工资实行以下标准：“纺纱工可以得到规定工资的 100%，他们的帮工可以得到规定工资的 72%，捻接工可以得到规定工资的 55%，换筒工可以得到规定工资的 36%。因为雅罗斯拉夫尔大手工工场大部分纺织工的日薪通常比 1 卢布多一点，所以帮工们的日薪通常为73～80 戈比，捻接工为 56～60 戈比，换筒工为 36～40 戈比。纺纱工和帮工对自己的工资整体上比较满意。而捻接工和换筒工就很不满意了，换筒工尤其表示不满。所以雅罗斯拉夫尔大手工工场想找成年（不小于 17 岁）工人来

① ГА РФ. Ф. 7952. Оп. 8. Д. 61. Л. 13, 16.

② ГА ЯО. Ф. 674. Оп. 3. Д. 144.

做这份每天36戈比的工作是完全不可能的。而如果没有换筒工的话，走锭精纺机无法工作，所以雅罗斯拉夫尔大手工工场不得不做出妥协：将换筒工的工资提升到和捻接工一样多，也就是说从36%提升到55%。这意味着每年要多付很多工资。”① 在格里亚兹诺夫看来，对于童工和少年工，“给他们36~40戈比的日薪就会很满意了，这会为工厂节省下一笔开支”②。格里亚兹诺夫更关心女工在新的工作制度中从事的工种：“精纺女工现在的日薪是40~45戈比，她们中很多人是已成家的妇女，而女测量员的日薪是26戈比，虽然她们更年轻，但其中很多人也是成家了的。她们认为工资实在太少了，在未来它会显得更少，所以工人提出了涨工资的要求。于是工厂让小女孩（12~15岁）担任测量员，让少女（15~17岁）当精纺女工，给前者26戈比的日薪，给后者40~50戈比，她们就已经很满意了。这使得雅罗斯拉夫尔大手工工场在很长一段时间里都没有收到来自精纺工关于提高工资的要求。”③

最后，他写道：“雅罗斯拉夫尔大手工工场改为18小时工作制之后最主要的变化之一是很多现在由男工、女工和少年工从事的岗位被取代了……这种变化产生的结果是：首先，产值出现一些下降，因为雅罗斯拉夫尔大手工工场女工的工资比男工低；其次，可以在更多领域雇用女工，相应地，男工的雇用数量减少了，对于企业而言一个很重要的情况是其男工经常不足而女工富余。”④

由此可见，虽然给女工提供的是相对简单的工作，但有些也是很重要的岗位，女工对不高的工资表示满意，但是做同样工作的男工对这样的工资则不会满意。

女工与男工不同的是，她们的日薪很少与其工龄和年龄相关，其工资指数化是一次性的。如果我们回过头来研究孔申手工工场染色部门女工的工资

---

① ГА ЯО. Ф. 674. Оп. 3. Д. 144.

② ГА ЯО. Ф. 674. Оп. 3. Д. 144.

③ ГА ЯО. Ф. 674. Оп. 3. Д. 144.

④ ГА ЯО. Ф. 674. Оп. 3. Д. 144.

会发现，女工们组成了一个工资非常平均的工人群体：她们工资的差别指数非常小，只有2%～5%！就劳动激励问题而言可以得出一个结论，即管理部门并不想利用工资差异的方式对染色部门的女工进行劳动激励。

雅罗斯拉夫尔大手工工场女工的工资实际上与工龄无关。刚被招进工厂的女工的初始工资只有同工种其他女工工资的一半。一般经过1～3个月之后她就可以得到完整的工资，但工资往往在未来的很多年都不变。女工工资差别也不是很大，日薪40～55戈比，织造部门的平均日薪约为47戈比，漂白部门约为49戈比。而同一时期男工的日薪差别就要大得多：漂白部门的日薪为0.5～1.5卢布（也就是说最高工资是最低工资的3倍），织造部门的日薪为0.35～1.4卢布（最高工资是最低工资的4倍）。

苏联史学界普遍认为，女工的工资低于男工，是因为工厂主为了自己的利益而给女工更低的工资。但实际上这种观点太过简单，女工的工资水平低是因为其工作特点及其他一些原因。一方面，女工（还有少年工）的工资低是由于其熟练度低，以及所从事的工作更简单。当时的一位研究者指出，女性往往不会被安排到在传统上认为属于男性的岗位上去，即使女性完全可以胜任，最终她们往往会被安排去做低收入的工作，"在劳动力市场上就贬值了"①。这有可能是工厂主有意为之，但也是工资方面的歧视。

另一方面，我们可以在孔申手工工场织造生产中看到，如果男工和女工完成了完全相同的工作，那么他们可以得到相同的工资。但在雅罗斯拉夫尔大手工工场，会给从事同样工作的男工开出更高的工资，而这仅仅是因为给男人开低工资被认为是不妥当的。由此可见，要想搞清楚女性工资低微这一现象中的"公平"和"歧视"的关系，就要更详细地研究企业的事务处理资料。

最后要注意的是，即使女工和男工在同样的单位工资条件下工作，女工得到的依旧比男工更少。在孔申纺织厂的工资明细中可以看到，有些织布女

---

① Чекин А. Женский труд в современном производстве // Вестник Европы. 1911. № 11. С. 296 – 314.

工（1146 人中的 53 人）在 1914 年 6 月的工资超过了 25 卢布，有 5 名女工的工资超过了 30 卢布，最高者为 37.17 卢布。但是织布工的平均工资是这样的：织布女工为 19.19 卢布（共 1146 人），织布男工为 21.75 卢布（共 239 人），操作四台机床的织布男工为 26.72 卢布（共 146 人）。需要考虑的是，在这种令人疲倦的工作中女工的平均生产能力比男工低，所以得到的钱也少。还有其他一些原因也在起作用。M. 达维多维奇曾负责过圣彼得堡纺织工人的预算检查，在与数据处理有关的文章中，有一篇曾经提到过如何解释男性工资比女性高，“在很多情况下工作被孩子耽误了”，也就是说女性要忙于孩子的事情，有时被迫缺勤，所以其工资低，而且还要接受因迟到和缺勤而产生的罚款①。

3.7 少年工的劳动

最后，必须单独研究少年工和童工的工资特点。众所周知，他们的工资比成年男工要低得多。第一部关于限制工厂使用童工劳动的法律于 1882 年 6 月 1 日出台②，规定工厂不得使用 12 岁以下儿童工作，而且将 12～15 岁的少年工的每日工时限制在 8 小时以内。

在工厂检查官决算汇总表中确定了年龄阶段：12～15 岁是童工，15～17 岁是少年工，17 岁以上是成年工人。但孔申手工工场雕花部门的学徒工，从 13～15 岁就开始工作，到 18～19 岁还是学徒。所以我们将 19 岁作为少年工和成年工人的分界线。

孔申手工工场少年工的工资主要有两种模式。正如之前讲过的，雕花部门的学徒工在第一年是按月薪制工作的，工资非常低，每月只有 1.25 卢布，

① Фросина. Бюджет семей работниц // Труды I – го Всероссийского женского съезда при русском женском обществе в С. – Петербурге 10 – 16 декабря 1908 года. СПб.，1909. С. 319。相关内容几乎又逐字出现在了下面这篇文章中：Давидович М. Хозяйственное значение женщины в рабочей семье（По данным анкеты среди текстильных рабочих С. – Петербурга）// Познание России. 1909. № Ⅲ. С. 120。

② «О малолетних，работающих на заводах，фабриках и мануфактурах». ПСЗ – Ⅲ. Т. Ⅱ. № 931.

第二年月薪为 2.5 卢布，然后是 3.75 卢布、5 卢布、6.67 卢布、10 卢布。在 19 世纪 80 年代的工资簿中可以看到学徒工的工资不是按月的，而是按五年计算，“五年的工资一共是 230 卢布：第一年 15 卢布，第二年 30 卢布，第三年 45 卢布，第四年 60 卢布，第五年 80 卢布”。结束学徒生涯后，有 2～3 年要半独立地工作，月薪为 14～20 卢布，之后他们就不再是学徒工了，工资增速会比成年工人快得多。在不需要高熟练度劳动的染色部门，少年工的工资和成年工人差别不大。刚进厂的年轻工人虽然得到的工资最低，但是在 2～3 年的时间里就会与大部分工人平齐了，在那之后就不要对工资增长抱什么期望了，未来只有当工人集体涨工资的时候他们的工资才会被提高。

在研究了孔申印染厂雕花部门学徒工的工资后，М. И. 吉尔伯特得出了这样的结论：“不是所有学徒的工资都增长得很快。不可能保证每个学徒都能拥有高熟练度并得到满意的工资。很多工人的工资在结束学习之后的 10 年甚至更久的时间里还没有达到 1 卢布/天。”① 他引用了 8 名以前当过学徒的工人的工资为例，其中只有一人在结束学徒生涯 10 年后日薪还没有达到 1 卢布（19 世纪 80～90 年代 1 卢布/天的工资已经远超企业的平均工资）。我们可以在更长的时间跨度下来看看这些工人的情况。在结束学徒生涯 20 年后，8 人中只有 2 人离开工厂，而其他人②的工资为每个月 54～86 卢布，在当时的大背景下这怎样也不会被称为低工资了。所以 М. И. 吉尔伯特得出的结论，至少在他所选择使用的样本中，是得不到数据支撑的。

那么使工人工资产生差异的因素有哪些呢？我们通过孔申印染厂雕花部门工人工资的个体数据来研究这个问题。我们可以利用数学统计学的有效方法，也就是回归分析③。多重回归模型需要相关数量特征和因素组（不相关

① Гильберт М. И. Движение заработков рабочих в конце XIX в. // Из истории рабочего класса и революционного движения. М. , 1958. С. 326.

② 这里说的是 А. С. Белоусов, В. А. Березин, М. А. Зернов, С. Д. Оленин, С. В. Троицкий, И. К. Федоров。

③ 关于回归分析，可参见 Компьютеризованный статистический анализ для историков / Под ред. Л. И. Бородкина, И. М. Гарсковой. М. , 1999. С. 65－85。

特征）。我们将工人工资设定为相关特征，不相关特征指在工厂工作的工龄、他们的初始工资额、阶层出身和是否当过学徒工（最初的工人经历）①。这些数据来自我们为1913年在雕花部门工作的153名工人所建立的数据库。我们得到的回归模型表明，在这个样本中，出身是一个微小的因素，另外三个因素形成了工人工资方面差别的64%（这里说的是决定系数 R^2）。由此可见，所有我们没有考虑到的因素加起来只能解释这种差别的约1/3。这种情况下，对这三种因素的贡献进行比较，可以将它们重新整理下：初始工资额（刚进入工厂时对工人熟练度进行的评定）、学徒生涯、工龄。正如回归分析表明的那样，工资的增长从初始的平均1卢布变为了1913年的平均0.90卢布，工龄每增加一年，工资增长1.09卢布，完成学徒生涯的工人的工资平均比其他工人高29.9卢布（将其他特征设定为特定值的情况下）。

我们又进行了一项统计论证，证明学徒生涯因素在雕花工人工资变化中起到极重要的作用。

雅罗斯拉夫尔大手工工场少年工和童工的工资情况和孔申手工工场的情况很类似。在大多数情况下，少年工和童工从事的是那些不需要专业知识和技能的工作。他们的工资比成年工人少得多，表3－15中的数据可以证明。

表3－15　1914年6月雅罗斯拉夫尔大手工工场个别工种成年男工、少年工平均月薪

单位：卢布

工种	成年男工	少年工
上油工	20.09	10.60
打印工	19.10	11.11
锭绳工	15.83	11.26
文字工作	21.24	14.39

资料来源：ГА ЯО. Ф. 674. Оп. 1. Д. 8227。

① 后两者是二分法的，也就是说它们的意义不是0就是1。“0”代表农民阶层，而“1”代表其他阶层，“1”对于学徒身份而言，意味着工人在工厂工作是以学徒身份开始的。

同工种的少年工和童工的工资也有很大的差别。比如，1914 年 6 月换筒工中的少年工的平均月薪为 16.82 卢布，而童工的平均月薪为 8.48 卢布，也就是说前者是后者的 2 倍。在雅罗斯拉夫尔大手工工场的女工中，成年工人和少年工工资的差别相对没有那么明显，在大多数工种中相差约 4 卢布。

除了不需要熟练度的工作外，少年工和童工还被招入工厂成为学徒。如果说大部分工种招收学徒的年龄限制在 28 岁以下的话（比如织布学徒，无论男女），那么钳工、细木工、车工等工种则更喜欢招收少年①。大部分情况下学徒都是雅罗斯拉夫尔大手工工场工人的子弟。通常，父母们向管理部门提出请求希望招收自己的孩子成为钳工、细木工或车工学徒。管理部门在招录少年工的时候，要考虑他们的父母在工厂工作了多久以及在生产中表现如何。那些“在这里定居了”的家庭更愿意将孩子送到工厂工作②。

通常来当钳工、细木工和车工学徒的少年受教育程度都很低（毕业于教区学校或工厂学校）。这些工种的学习需要 5 年时间。在世纪之交和 20 世纪最初的几年这些学员的工资按照如下方式支付。第一年他们只能得到实物工资，第二年开始得到货币工资，金额也会逐年上升。比如，1898 年被招收进雅罗斯拉夫尔大手工工场旗下机械工厂成为钳工学徒的 П. А. 戈卢布科夫，在学习钳工技术的第二年工资是每月 5 卢布，第三年 8 卢布，第四年 10 卢布，第五年 12 卢布。1903 年，当他结束 5 年的学习，正式成为一名钳工的时候，他的工资是每天 70 戈比③。这个工资水平对于一个新钳工来说是比较正常的。

从过去的学徒到年轻的工人，在刚能独立完成工作的时期工资还不高。但是从长远来看，他们还是非常有优势的。只要努力工作且没有违纪行为，大概两年就有机会将工资提高到每天 1 卢布或者更多，也就是说达到有熟练度的、收入不错的工人的水平。

1908 年雅罗斯拉夫尔大手工工场钳工、细木工和车工学徒的工资计算

① ГА ЯО. Ф. 674. Оп. 5 «В». Д. 46, 55, 71, 510а, 533, 582 и др.

② ГА ЯО. Ф. 674. Оп. 2. Д. 47. Л. 15.

③ ЦДНИ ЯО. Ф. 394. Оп. 1. Д. 12. Л. 58 – 58 об.

方式发生了改变。1908～1914 年他们都按日薪制工作（就像所有成年工人一样），工资的多少取决于工作质量的高低和工作时间的长短。1914 年 6 月钳工、细木工和车工学徒的平均日薪是 64～70 戈比，是同工种成年工人工资的 1/3～1/2。

第四节　奖金及其他奖励措施

总体看来，企业在十月革命前极少通过发放奖金的方式奖励工人，因此完全没人对此进行研究。但是在档案材料中可以找到关于这方面的资料，虽然内容不是很多。

比如，19 世纪 60 年代雅罗斯拉夫尔大手工工场董事会制定了“特殊规则”，工人可以因“勤奋”和“认真”得到表扬和奖励（这里指的是金钱奖励）①。奖励的金额很高，约 10 卢布②，相当于非熟练工人半个月的工资。我们可以认为“特殊规则”是企业管理者进行的一项实验，当时企业受到棉纺织工业危机的影响，尝试在工厂管理中使用新方法。在 19 世纪70～90 年代雅罗斯拉夫尔大手工工场所发布的命令中已经看不到类似内容了③。

我们没有掌握关于企业奖励工人的系统数据。但是在资料中可以看到，奖励主要有两种形式：金钱的和实物的。工人主要在以下三种情况下会得到金钱奖励。

1. 因为努力工作而得到奖金。奖金金额为工人平均月薪的 30%～50%。在材料中经常会看到守卫们因为抓到小偷而得到“奖金”④。

2. 因为在节假日工作而得到加班奖金。奖金金额是同工种中的最高工资⑤。

① ГА ЯО. Ф. 674. Оп. 1. Д. 173. Л. 79－81, 95－100 и др.
② ГА ЯО. Ф. 674. Оп. 1. Д. 173. Л. 126, 129.
③ ГА ЯО. Ф. 674. Оп. 1. Д. 21459 и др.
④ ГА ЯО. Ф. 674. Оп. 1. Д. 21431. Л. 19－27; Д. 21395. Л. 116－230.
⑤ ГА ЯО. Ф. 674. Оп. 1. Д. 21412. Л. 3－237.

3. 因为节日而得到奖金。奖金金额和日薪大致相当。往往会在圣诞节前和复活节的时候发给每位工人[①]。

可以看到，企业因为过节给工人发奖金较其他两种情况更为常见，在孔申手工工场中也是如此。我们没有在该企业的文件中找到关于其给工人发放奖金的信息（此外有根据认为，到 1914 年的时候就不再发放奖金了[②]），但是有 1913 年经济管理部门工人的资料[③]。资料中记录了得到奖金的人员名单，可以看到，虽然并不是所有的工人都能得到奖金，但总体来讲，大部分工人都可以得到。这种奖金的数额不是很大，1913 年复活节时工人可以得到 20～25 戈比不等的奖金，而工长可以得到 1 卢布左右，有些工人得到的奖励是印花布。

只用实物形式来支付奖酬这种情况是不存在的。"伏特加和面包""小甜面包和葡萄酒"是金钱奖励的补充[④]。比如，1897 年，雅罗斯拉夫尔大手工工场的工人"在圣诞节得到了茶叶"[⑤]。

1908 年和 1909 年，孔申手工工场"为了提高印染厂工人的工作效率和质量"而发放了奖金[⑥]。但是，根据会议记录，虽然董事会一致觉得这样的方式可以直接激励工人努力工作[⑦]，但还是只进行了这一次。在 1909 年写给莫斯科省工厂和采矿事业机关的信中对此进行了直接说明："之所以发放奖金，是因为 1908 年复活节时印染厂由于水灾泛滥而停工了很长时间，而那些从事造纸印刷的工人没有得到工资。董事会考虑到工人的困难，决定在 1908 年复活节至 1909 年复活节期间向工人发放奖金。"[⑧] 除此

① ГА ЯО. Ф. 674. Оп. 1. Д. 21412. Л. 3－237.

② 节日奖金在工资簿中完全没有体现，因为不能通过出纳处进行发放。除此之外，1901～1906 年在谈到与工人有关的支出时都没有提到关于奖励的情况。

③ ЦИАМ. Ф. 673. Оп. 1. Д. 834. Л. 28－33.

④ ГА ЯО. Ф. 674. Оп. 2. Д. 16, 17, 21, 22 и др.

⑤ ГА ЯО. Ф. 674. Оп. 1. Д. 21412. Л. 449.

⑥ ЦИАМ. Ф. 673. Оп. 8. Д. 36. Л. 23 об.

⑦ Аксенов А. И., Петров Ю. А. Коншины－серпуховские // Предпринимательство и предприниматели России. От истоков до начала XX века. М., 1997. С. 212.

⑧ ЦИАМ. Ф. 673. Оп. 1. Д. 515. Л. 8.

之外，因为发放奖金的决定是在 1908 年 12 月做出的[①]，于是共发放了两次奖金，分别在 1908 年圣诞节和 1909 年复活节。如此一来，工人在当年的大部分时间中并不知道自己会因为努力工作而得到奖金。所以这种奖励不该被认为是劳动激励因素，更准确地说，这是管理部门很好地采取措施补偿了工人的损失。

相反，1907 年 3 月，也是在复活节前，工人向工厂申请奖金，但管理部门没有答应："A. H. 孔申向董事会报告称，工人拿着申请书来找他，希望发放奖金。董事会通过决议：不给工人发放奖金，而是改变单位工资，先使按计件工资制和按日薪制工作的工人工资相等，然后提高两种工资制的单位工资，也就是说单位工资的平均涨幅不能超过当前工资的 8%。在工厂内张贴了相关通告。"[②] 可能即使工人不提出要求，管理部门也在计划提高工人的单位工资，但问题是为什么管理部门更愿意给工人提高工资而不是发放奖金呢？这就不清楚了。

但是在董事会写给莫斯科省省长的关于 1902 年印染厂罢工原因的解释中可以看到，工人特别要求"发放一年前被取消的奖金"。董事会对此做出说明："企业在 1901 年复活节之前实行向努力工作的工人发放奖金的措施，但因为大部分工人是按日薪制工作的，这就需要确定给谁发奖金，不给谁发奖金，这么做非常烦琐且常常引起不满。最终给所有工人都发放了奖金，但是其金额和计算方式都没有解释清楚，所以从 1901 年复活节开始不再发放奖金而改为提高日薪。"[③] 如此一来，董事会在奖金问题上得到了反面的经验：无法判断奖金对激励工人的具体影响，但是可以肯定的是，一定会打击没有得到奖金的工人的工作积极性。大概这就是孔申手工工场不再实行奖金和奖励制度的原因了。

---

① 1908 年 11 月 29 日董事会会议上讨论了该问题，与上级之间关于该问题的书信往来是从 1908 年 12 月到 1909 年 1 月，而在 1908 年圣诞节时向工人发出了通告。

② ЦИАМ. Ф. 673. Оп. 8. Д. 22. Л. 90, об этом же есть в другом деле: ЦИАМ. Ф. 673. Оп. 1. Д. 201. Л. 85.

③ ЦИАМ. Ф. 17. Оп. 77. Д. 1107. Л. 26 об.

雅罗斯拉夫尔大手工工场在20世纪初为了表彰那些长期在工厂工作的工人而向他们支付了一次性奖金，奖金共分以下两种[①]。

第一种，向有25年工龄的工人发放奖金，金额严格规定为25卢布（每工作一年奖励1卢布）。

第二种，向工龄超过35年的工人发放额外奖金，共计10卢布（也就是说在25年的基础上每工作一年奖励1卢布）。而那些工龄在27~34年的，以及因为疾病或年龄太大而被迫离职的工人通常也可以得到奖金。实际上这种额外奖金会在6~25卢布波动，其数额主要取决于以下因素。

1. 超过25年之后的工作年数。

2. 是否曾因为违反生产纪律而遭到处罚。

3. 工人的家庭经济状况。

可见，工种和工资额对此没有影响。

雅罗斯拉夫尔大手工工场在19世纪80年代就已经开始发放工龄奖金了，但是当时的奖金要少一些。例如，П. Ф. 巴利亚斯尼科夫从1866年就开始在工厂工作，在他的个人档案中写道，为了表扬他在工厂工作了25年，他得到了厂长肖克罗斯发放的15卢布奖金。巴利亚斯尼科夫在1897年得到了10卢布的额外奖金，1903年他又得到了6卢布，而在1908年还得到了10卢布的额外奖金[②]。

20世纪初工龄奖金政策得到进一步推广，这在雅罗斯拉夫尔大手工工场董事会会议记录和一些书中都可以看到（见表3-16）。1901年和1902年分别有7名和8名工人以“长年工作”为由请求工厂为他们发放奖金。1901年和1902年分别有1名和2名工人的请求遭到拒绝，而其他人都得到了25卢布的奖金[③]。除此之外，在这两年中没有发放过其他奖金。

---

① ГА ЯО. Ф. 674. Оп. 1. Д. 4040, 6073.

② ГА ЯО. Ф. 674. Оп. 5 «Б». Д. 286. Л. 1-2.

③ ГА ЯО. Ф. 674. Оп. 1. Д. 4040.

表 3－16　1908～1914 年雅罗斯拉夫尔大手工工场向工人发放工龄奖金和额外奖金情况

单位：卢布

年份	发放的奖金					
	工龄奖金(25 年)			额外奖金(35 年及以上)		
	男工	女工	总计	男工	女工	总计
1908	97(4)	70	167	49(1)	24	73
1909	71	65	136	33	31	64
1910	79(3)	80(4)	159	37(1)	33	70
1911	89(2)	73(4)	162	22	29	51
1912	90(2)	78(1)	168	39(1)	31	70
1913	91(4)	74(1)	165	31(1)	26(1)	57
1914	116	114(2)	230	40	39	79

注：括号里的是工人去世后企业向其家属发放奖金的次数。

资料来源：ГА ЯО. Ф. 674. Оп. 1. Д. 6073。

1908～1914 年工人向企业提出发放奖金的请求可以在其他一些书中找到。企业在 7 年（1908～1914 年）中共收到 1695 次请求。其中有 1651 名工人（884 名男工和 767 名女工）得到了奖金（其中有 1187 人得到的是工龄奖金，有 464 人得到的是额外奖金），44 名工人被拒绝（37 名男工和 7 名女工）①。整体上来看，在这 7 年中，在申请工龄奖金的人中被拒绝和延期的占总数的 3.5%，而申请额外奖金的人中被拒绝的比例仅有 0.4%（原因都是曾经旷工）。这两种奖金的低拒绝率可以解释为，工人已经事先就得到奖金的可能性与管理部门进行过讨论，之后才会正式申请。

必须指出的是，在满足了努力工作、没有违纪（或者次数极少）或受罚等条件的情况下，工龄虽没到 25 年，但是在工厂工作超过 22 年的工人也可以得到工龄奖金。这主要有以下几种情况。

1. 当工人因为身体状况欠佳而不得不离开工厂时，企业会向其发放全额奖金（25 卢布）。

① ГА ЯО. Ф. 674. Оп. 1. Д. 6073.

2. 如果工人死亡，那么企业会将奖金全额支付给其家人。除此之外，还会发放6～10卢布的一次性殡葬补助。

3. 工人可以因为家庭经济困难而提前申请奖金。

有趣的是，在个人档案中我们可以看到，工人得到的奖金不是现金，而是存折。

雅罗斯拉夫尔大手工工场的工人得到的工龄奖金比职员低。例如，1909年5月21日董事会通过了给一名工作了25年的职员发放300卢布工龄奖金的决定。通常，职员得到的奖金与其一年薪水相当[①]。

应该指出，远不是每家企业都会发放类似的奖金。比如，1912年诺尔斯克手工工场（雅罗斯拉夫尔省）罢工期间，工人们的要求之一就是发放工龄奖金，但是并没有被满足[②]。所以，工龄奖金可以被看作一种额外的物质激励。

另外一个不容忽视的因素是，那些得到工龄奖金的工人比其他工人更有可能在离职之后在每月得到补助（以退休金形式）。

除了奖金之外，在雅罗斯拉夫尔大手工工场工作了25年的工人还可以得到刻有其名字的纪念奖章。奖章为银质，表面镀金并嵌入了珐琅，上面刻有工人的姓、名和父称，奖章的另一面标注了其进厂工作和获颁奖章的年份。有时这两个年份之差超过了25年。这是因为在统计工人工作年限的时候没有将他生病、返乡或其他因个人原因耽误的时间计算在内。和奖金一样，奖章的发放在性别和岗位方面也没有区别。

除了可以得到奖金和奖章外，有些工人还可以得到"带有链子和表盖上刻字的"银表[③]。我们没发现有条件规定，哪些工人能得到这样的奖励，而哪些工人不能。在雅罗斯拉夫尔大手工工场为巴黎世博会而准备的介绍中直接写道，这种奖励是为"资深工人"准备的[④]。通过个人档案可以进一步

---

① ГА ЯО. Ф. 674. Оп. 1. Д. 6099. Л. 19；Д. 4664. Л. 20.

② ГА ЯО. Ф. Р－189. Оп. 1. Д. 36. Л. 15.

③ Ярославская Большая мануфактура. М.，1900. С. 38.

④ Ярославская Большая мануфактура. М.，1900. С. 38.

了解该问题。首先，得到银表奖励的只有男工（这就和奖章有很明显的区别了）。其次，他们的工龄都超过了 25 年，并且已经得到过奖金和奖章。最后，他们都是从 12 ~ 15 岁起就从最低收入的岗位开始工作，现在已经达到了比较高的职位（通常都是各部门中年龄比较大的工人，如修理工、蒸汽机工等）。据此可以推测，银表是比奖章更高级别的奖励，但不是针对所有工人的，只有部分工人有资格获得。

确定某人能否获得银表还有另外一种途径。例如，И. И. 扎别林从 1868 年起就在雅罗斯拉夫尔大手工工场工作，1899 年 3 月 5 日在他的个人档案中有这样一条记录："没有得到手表。"那时他的工龄已经超过 30 年了，他在 1897 年 3 月已得到了 25 卢布奖金和奖章。而扎别林之所以没有得到银表，可能是因为他在 1895 年参与了罢工。在工场拒绝向其发放银表的决议中，除了记录扎别林工作和家庭的信息外，还写道："他参与了煽动罢工。"[①] 考虑到董事会和管理部门对待疑似参加或支持革命组织的工人的严酷态度，我们完全有理由判断其可能据此剥夺工人获得银表的资格。

当然，非常重要的问题是，工人自己是如何评价这些"非物质"奖励的呢（虽然镀金的奖章和银表的价值绝对不低）？让我们通过研究一个具体的例子来尝试回答这个问题。Ф. И. 瓦西里耶夫从 1876 年开始在工厂工作，当了 12 年的换筒工，从 19 世纪 90 年代末开始担任工长。1902 年 3 月 6 日他获得了 25 卢布的奖金和奖章，同年 7 月 31 日获得了银表[②]。在 Ф. И. 瓦西里耶夫的个人档案中保存了他写给 А. Ф. 格里亚兹诺夫的报告，而该报告是他 1905 年离开工厂后所写的。在报告中他申请提高每月的退休补助金，因为用他的话来讲，这 10 卢布"对他的家庭生活来说简直是微不足道的"[③]。顺便一提，上面所提的补助金额也证明了一点，他的待遇和大部分工人不一样，其他人因为年龄过大而不在工厂工作之后，退休补助很少能超过 4 卢布，大部分人的退休补助在 3 卢布左右（关于这一问题更具体的内容

① ГА ЯО. Ф. 674. Оп. 5 «З». Д. 19. Л. 2.

② ГА ЯО. Ф. 674. Оп. 5 «В». Д. 157. Л. 1 – 3.

③ ГА ЯО. Ф. 674. Л. 5.

请见本书第八章)。他用下面这种方式来论证自己的请求："我在工厂努力工作了整整29年……我从管理部门那里得到过银表和奖章，这些对于工人而言有着不小的意义，甚至会在工作中得到某种特权。"① 工人的后代也可以证实他们有多看重这些奖励，在"红渠"纺织联合工厂博物馆的工作人员与工人后代进行的谈话中，工人后代回忆道，即使是在国内战争的困难时期，当工人被迫要卖掉一些东西的时候，他们还是保留了在雅罗斯拉夫尔大手工工场因长期、认真的工作而得到的奖章。

***

总之，通过对工资的综合数据和个体数据的分析，可以证明工资是劳动激励的主要因素之一。

在第一次世界大战前的30年间，大部分纺织工人的工资都呈增长趋势，不仅名义工资如此，实际工资同样如此（只是增长程度略低）。为了保障工厂正常运转并留住熟练工人，工厂主必须采取措施保障工人的生活水平。

工资差异是重要的激励机制。虽然如上文所说，无论是熟练工人，还是非熟练工人，他们的工资金额都随时间而增加，但工资差别不断扩大，虽然这一过程比较缓慢。这也是为什么熟练工人的工资涨幅往往更大、高收入工种的流动性更低、工人会夜以继日地工作直到得到不错的薪水。将工种的综合数据和具体的个体数据进行比较可以看出，对工资差异程度的估计非常不足。

有趣的是，女工的工资差异相对而言更小，工厂主也并不重视对女工进行物质激励。在计件工资制下，即使有个别女工的工资高于男工的平均工资，普遍来看，女工的平均工资也比男工低。关于女工平均工资较低的问题，到底是由于那个时期具有代表性的性别歧视，还是因为男女工平均生产率的差别，目前并没有非常清楚的结论，我们认为通常两种因素都有影响

① ГА ЯО. Ф. 674. Л. 22.

（虽然在孔申手工工场的工资文件中没有与歧视直接相关的内容）。另外，女工生产率的降低也是由一系列因素决定的。

俄国纺织工厂中同工种不同水平的工人的工资差别比西欧和美国更大。这可以用俄国劳动力市场的特点进行解释，俄国相对于西欧国家而言，非熟练工人占比更大，并且工厂更难雇到熟练工人。

这一因素在企业对待工人的策略中也得到了体现。即使在危机时期，工厂主也不打算降低熟练工人的工资，因为他们想留住这些工人，不希望他们去别的企业工作。企业更常见的选择是减少岗位数量，而不是降低工资（很大程度上是对于熟练工人而言的）。我们所研究的企业最早开始尝试对有着良好的工作成绩和劳动纪律的熟练工人进行物质奖励，但并不总是得到好的结果，而且在十月革命前这种奖励也未起到多大作用。

相较而言，向工龄长的和有功绩的工人一次性发放大额奖金更有意义。这种做法于20世纪初在雅罗斯拉夫尔大手工工场实行得很好，但是孔申手工工场对此并未采用。工资制也与劳动激励机制有关。在计件工资制下，涨工资通常可以提高劳动生产率。而那些按照计时工资制（按日或按月）工作的工人更有机会涨工资。月薪制对于工人而言意味着他们的工资在未来有更好的增长趋势。通常，熟练工人、对劳动认真负责的人更有可能转为按月薪制工作，工厂主希望能通过这样的方式留住对企业有用的人才。

对于处于试用期的新工人来说，他们的初始工资额不高，只有那些努力劳动并遵守企业制度的工人才更有可能提高自己的工资。

有学徒经历的工人更有可能在未来大幅提高自己的工资。工厂有各自招收学徒的规定（学徒通常是工人的子弟），并教授他们如何从事高熟练度的工作。起初学徒的工资非常少，按照工厂的需要他们被分配到不同工种和岗位上，他们大多会在这里工作很多年，之后他们的工资就会迅速提高，5～10年后这些过去的学徒所赚的工资已经远远超过了平均工资水平，并且以后还会继续增长。

在第一次世界大战期间，与工资差异有关的劳动激励因素的作用下降了。工资增长率与工资级差表有关，根据级差表，低收入工人的工资增长率比高收入工人的更高。与劳动关系同样重要的还有随着通货膨胀而增长的工资指数。1916~1917 年，工人的工资越发多元，“战时补助”也被加入工资之中，工厂商店的实物商品开始打折（详见本书第六章），并且在 1917 年，由于改为 8 小时工作制，工厂还向工人给予了一定“补偿”。

第四章
惩罚措施

除奖励外，惩罚也是工厂劳动激励机制的组成部分之一。对于那些违反了劳动和生产纪律的工人，工厂会给予其各类惩罚。根据我们的研究，19世纪下半叶到20世纪初，孔申手工工场和雅罗斯拉夫尔大手工工场这两家企业采用的惩罚措施有以下五种：第一，罚款；第二，将工人调到低收入的工种或岗位；第三，辞退工人并永不复用；第四，要求工人搬离工厂集体宿舍；第五，剥夺或延期发放工人的工龄奖金。下面让我们具体研究这些惩罚措施是如何实施的。

第一节　罚款

罚款是十月革命前俄国工业企业最常使用的惩罚方式。19世纪70~80年代，罚款的金额很高，而且当时还没有出台相关规定，尚未对罚款金额进行严格限制。在纺织行业中，罚款出现的频率比其他行业高得多，在某种程度上是因为纺织工人的熟练度普遍较低，并且这一行业本身就具有容易产出废品和机器经常停机的特点，因此工人很容易被人找到处罚的理由。弗拉基米尔区工厂检查官 П. А. 佩斯科夫在1883年写道："其他任何行业都不如纺织业有如此之多的规定。根据这些规定，工厂会以工人在技术上的不足为由而从各个方面对其进行罚款。有的工人即使履行了工厂的所有要求，无论他的努力程度和技术水平如何，在一年中也不可避免地会被罚款数次。”[①]

但是需要指出的是，对“罚款金额很高”这一概念的理解必须符合实际。苏联史学界在研究这一问题的时候明显夸大了罚款的数额，我们认为很可能是1895年列宁所著的《对工厂工人罚款法的解释》一文奠定了这种基调。列宁在评定了罚款状况之后认为“罚款法”是一种“完全的霸道行径”。他写道：“那时工厂主勒取的罚款高得惊人，他们靠罚款获得了大量收入……罚款金额有时高达工人工资的一半。”[②] 但在之后的行文中，列宁又降低了这个标准，他写道：“在П. А. 佩斯科夫的报告中，尼科利斯科耶手工工场的罚款金额最多时占工资的23.25%，这也成为著名的‘1885年莫罗佐夫罢工’的最重要起因之一。”最后列宁得出结论：“显而易见，工厂的罚款金额并没有达到法律规定的上限（工资的1/3）。”[③] 尽管如此，对罚款的批判基调已经确定。苏联史学家和工人阶级史专家在大部分研究著作中都武断地认为，“工人被残酷地征收罚款和克扣工资”[④]，“工厂的罚款金额不受任何限制”，“大量罚款严重削减了工人工资”[⑤]，“对工厂主而言，罚款成为降低工资的方法及额外收入的来源”[⑥]。在援引工人们的回忆录时，学者们写道：“某些工人缴纳的罚款‘占其工资的30%～40%’。”[⑦]

如果认真研究的话就会发现，实际上，罚款金额往往比上述金额要少得多。1972年，М. Г. 梅耶洛维奇认为：“在限制罚款金额的法律出台后，罚

---

① Песков П. А. Фабричный быт Владимирской губернии. Отчет за 1882 – 1883 гг. фабричного инспектора над занятиями малолетних рабочих Владимирского округа П. А. Пескова. СПб., 1884. С. 68 – 69.

② Ленин В. И. Объяснение закона о штрафах // Полн. собр. соч. Т. 2. С. 21.

③ Ленин В. И. Объяснение закона о штрафах // Полн. собр. соч. Т. 2. С. 35 – 36.

④ Аристов С. Город Серпухов. С. 54. Данная цитата приведена в книге в контексте стачки на коншинской бумаготкацкой фабрике в июне 1875 г. О реальных значениях штрафов в этот момент см. ниже (табл. 4 – 1).

⑤ Крузе Э. Э. Петербургские рабочие в 1912 – 1914 годах. М.; Л., 1961. С. 112 – 113.

⑥ Герасимов Н. В., Карасев С. М., Тарасов Е. П. Красный Перекоп: Очерки истории орде наЛенина комбината «Красный Перекоп». Ярославль, 1972. С. 32.

⑦ Герасимов Н. В., Карасев С. М., Тарасов Е. П. Красный Перекоп: Очерки истории ордена Ленина комбината «Красный Перекоп». Ярославль, 1972. С. 33.

款金额仅为工人工资的一小部分。因此研究20世纪工人史的研究者所确信的‘大量罚款严重抵消了工人工资’是完全没有事实依据的。”①

以尼科利斯科耶手工工场为例，罚款金额在1884年末已经达到了临界水平，甚至成为工人罢工的原因之一。И. В. 波特金娜的研究表明，高额罚款是企业在危机时期为提高产品质量而采取的临时措施。即使如此，罚款的平均水平也未超过工资的20%②。可是这20%的工资对工人来说是非常重要的，所以全厂工人都支持罢工。

政府在这场罢工事件后很快对罚款标准进行了立法。根据1886年6月3日颁布的《关于监督轻工业企业和工厂主与工人之间相互关系的规定》(以下简称《规定》)③，罚款总额不得超过工人工资的1/3。法律规定，企业收到的罚款款项不得算入利润，而要作为罚款基金用于向工人发放补助。

另外还要指出的是，该《规定》从当年10月1日开始在圣彼得堡省、莫斯科省和弗拉基米尔省实行；1891年7月11日开始在华沙省和彼得库夫省实行；1894年3月14日又有13个省份开始实行，其中包括雅罗斯拉夫尔省；1897年又有42个欧俄省份和波兰王国各辖省开始实行；1900年开始在巴库省实行；等等。不过截至1917年，该《规定》并没有普及外乌拉尔地区。

根据1886年的《规定》，工人被罚款的原因仅有“工作失误”(生产出了废品、损坏了机器和材料)、“旷工”(半天以上)和“违反纪律”三种。除上述原因外，工厂不可以其他理由向工人罚款。但是工厂检查官们对这三条罚款理由提出了批评，他们认为某些罚款理由的条文表述并不清晰，导致

① Мейерович М. Г. Штрафы и их место в характеристике положения рабочих в начале XX в. (по материалам Центрального промышленного района) // Рабочие России в эпоху капитализма: сравнительный порайонный анализ. Материалы к научной сессии по истории рабочего класса. Ростов – на – Дону, 1972. С. 132.

② Поткина И. В. На Олимпе делового успеха: Никольская мануфактура Морозовых, 1717 – 1917. М., 2004. С. 241 – 242.

③ ПСЗ – Ⅲ. Т. VI. № 3769, ст. 30 – 39.

他们无法进行全面监管①。《规定》在“违反纪律”一项的条文中列举了各种违反劳动纪律和生产纪律的情况，虽然对象包括工人、工长和职员，但是惩罚只针对工人。

数据表明，在1886年《规定》实行前，各工厂的罚款金额从未达到工人工资的1/3，甚至罚款达到工资的1/10都非常罕见。表4－1中列明了8名工人的工资和罚款金额，他们因为策划了1875年6月孔申纺织厂的罢工而被开除。表中列明了他们从进入工厂（1875年复活节后，也就是4月末，唯一的例外是织布工A. 拉齐奥诺夫，他于6月1日进入工厂）到6月22日被开除期间工资和罚款的金额。

表4－1　1875年孔申纺织厂因罢工而被开除的织布工的工资和罚款金额

单位：卢布，%

名字	工资	因为损坏机器或材料而被罚款	罚款占工资比例
A. 叶菲莫夫	17.87	1.20	6.72
H. 伊万诺夫	23.41	1.40	5.98
H. M. 马库申	30.27	1.00	3.30
Д. 古里耶夫	27.79	0.80	2.88
A. 拉齐奥诺夫	6.76	0.15	2.22
П. 伊万诺夫	33.63	0.40	1.19
B. 叶菲莫夫	29.51	0.30	1.02
И. 伊万诺夫	36.25	0.00	0.00

资料来源：ЦИАМ. Ф. 17. Оп. 48. Д. 250. Л. 68－68 об。

虽然这些数据的代表性并不是很强，但是也让人们对19世纪70年代中期工厂对织布工的罚款金额有了一个基础性的概念和认识。我们找到了孔申印染厂当年的工资簿，可以看到，全厂所有印花工一年的工资总额为55430

① 参见 Литвинов－Фалинский В. П. Фабричное законодательство и фабричная инспекция. М.，1904. С. 157－160。

卢布，罚款总额为 143.93 卢布，罚款占工资的 0.26%[①]。染色工的罚款平均占工资的 1.56%。只有在个别情况下，罚款会超过工资的 10%，而这对于工人家庭而言已经非常多了。

我们也掌握了可以反映雅罗斯拉夫尔大手工工场所有工人罚款平均金额变化情况的完整数据，其中包括我们所研究的这一时期。这些数据可参见表 4－2。19 世纪 70～80 年代，工人的罚款平均占其工资的 3%～3.5%。从 19 世纪 90 年代初开始，工资和罚款之间的关系发生了较大变化，罚款金额开始下降。

表 4－2　1877～1914 年雅罗斯拉夫尔大手工工场工人罚款占工资的比例

单位：%

年份	占比	年份	占比	年份	占比
1877	3.30	1902	0.44	1910	0.28
1878	3.50	1903	0.37	1911	0.25
1882	3.27	1905	0.34	1912	0.22
1885	3.10	1906	0.28	1913	0.24
1891	1.24	1907	0.29	1914	0.20
1894	0.69	1908	0.35		
1900	0.50	1909	0.35		

资料来源：ГА ЯО. Ф. 674. Оп. 1. Д. 21386，21387，21465；ГА РФ. Ф. 7952. Оп. 8. Д. 60。

雅罗斯拉夫尔大手工工场生产纪律的加强和劳动质量的提高都对罚款状况的改变产生了很大影响。此外，罚款金额的下降必然还有其他原因：首先，1890 年和 1895 年在工厂发生了两次罢工，在工人提出的要求中就有降低罚款金额这一项。其次，1894 年开始实行的《规定》也起到了一定作用，因为《规定》严格规范了罚款的征收过程。

虽然对于 20 世纪初俄国的工人罚款问题还需要进一步分析，但可以说，

① ЦИАМ. Ф. 673. Оп. 2. Д. 22.

20世纪初，和十月革命后的几十年一样，罚款金额已经大幅下降[①]。根据1901~1913年《工厂检查官决算汇总表》可以看出，工人平均一年被罚1.5~2.5次，罚款总额为25~45戈比（年平均工资为210~270卢布）[②]。当然，平均值会掩盖工厂主滥用权力的情况。此外，以往的研究表明，有很多工人从未受罚，这就意味着，某些工人的罚款大大超过了平均值[③]。但是这些统计可以表明，罚款在20世纪初已经没有太大的经济意义了。

总之，雅罗斯拉夫尔大手工工场的数据反映出，罚款金额在20世纪初出现过多次下降。并且根据表4-3，虽然各工种罚款的具体金额不尽相同，但整体上孔申手工工场的罚款在工人工资中所占的比重也不大。对1902年10月工资簿中的统计数据进行分析可以看出，孔申印染厂2089名工人的当月工资总额约为36800卢布，而包括旷工情况在内，只有130人被罚，罚款总额为33.26卢布[④]。1903年，莫斯科地区的工厂检查官在提交给莫斯科省省长的报告中也强调："工人因不认真工作而被处罚，但罚款金额太过低微，一个月不超过40卢布。工人却有2400人，他们每月的工资总额超过35000卢布。"

1909年，孔申手工工场董事会在提交给工商业代表委员会的关于织造厂工人状况的介绍中写道："1905年之前本厂的罚款次数和罚款金额一直在增加。而从1905年开始，两者都不断下降，但平均罚款金额上升了。"[⑤] 这在下面的统计数据中可以得到证实。

---

① 关于罚款的一般情况，可参见 Миронов Б. Н. «Послал Бог работу, да отнял черт охоту»: трудовая этика российских рабочих в пореформенное время // Социальная история. Ежегодник, 1998/99. М., 1999. С. 253-259。

② 参见 Миронов Б. Н. «Послал Бог работу, да отнял черт охоту»: трудовая этика российских рабочих в пореформенное время // Социальная история. Ежегодник, 1998/99. М., 1999. С. 258-259 中的统计表或 Кирьянов Ю. И. Жизненный уровень рабочих России (конец XIX - начало XX в.). М., 1979. С. 137, 104。

③ Семанов С. Н. Петербургские рабочие накануне первой русской революции. М.; Л., 1966. С. 112-113.

④ ЦИАМ. Ф. 673. Оп. 2. Д. 184-189.

⑤ ЦИАМ. Ф. 673. Оп. 1. Д. 358. Л. 40 об.

表 4 - 3　1902～1908 年孔申手工工场织造厂罚款

年份	工人数量（人）	罚款次数（次）	工资总额（千卢布）	罚款总额（卢布）	罚款占工资比例（%）	平均每次罚款金额（戈比）
1902	8211	26473	1478.0	1800.15	0.121	6.80
1903	8133	27433	1509.9	1879.98	0.124	6.85
1904	8145	39839	1525.6	2527.60	0.166	6.34
1905	8137	19511	1930.1	1180.80	0.061	6.05
1906	8366	15505	1845.6	1019.40	0.055	6.57
1907	8498	12959	2059.5	872.00	0.042	6.73
1908		9756		696.40		7.14

资料来源：ЦИАМ. Ф. 673. Оп. 1. Д. 358. Л. 40 об。

在纺织领域，最常见的罚款原因是不认真工作，这种罚款的平均金额比违反纪律和旷工低得多。而在印染生产中，基本没有可以受个人工作态度影响的环节，所以想要跟踪其在何时（或哪台机床上）没有认真工作较为困难，因此，工厂通常会根据工人产出了废品而对其进行罚款。20 世纪初孔申手工工场和雅罗斯拉夫尔大手工工场的罚款情况如表 4 - 4 至表 4 - 7 所示。

表 4 - 4　1904～1910 年孔申纺织厂罚款情况

单位：次，卢布

年份	不认真工作		违反纪律		旷工		罚款总额
	次数	金额	次数	金额	次数	金额	
1904	25993	1523.70	392	87.40	849	187.70	1798.80
1905	11962	665.95	176	32.20	433	100.45	798.60
1906	9295	527.50	130	34.90	522	127.95	690.35
1907	6647	391.20	182	42.00	532	126.90	560.10
1910	14090	717.09	245	56.00	368	73.45	846.54

资料来源：ЦИАМ. Ф. 673. Оп. 1. Д. 202. Л. 108；Д. 259. Л. 47；Д. 259. Л. 183；Д. 438. Л. 133；Д. 601. Л. 135。

表 4-5 1904~1910 年孔申印染厂罚款情况

单位：次，卢布

年份	不认真工作		违反纪律		旷工		罚款总额
	次数	金额	次数	金额	次数	金额	
1904	210	49.60	605	107.35	253	100.63	257.58
1905	47	9.70	181	31.50	170	74.72	115.92
1906	85	27.20	188	35.93	189	102.14	165.27
1907	184	74.45	237	40.62	53	28.46	143.53
1910	775	188.10	739	183.55	164	78.96	450.61

资料来源：ЦИАМ. Ф. 673. Оп. 1. Д. 202. Л. 108；Д. 259. Л. 47；Д. 259. Л. 183；Д. 438. Л. 133；Д. 601. Л. 135。

表 4-6 1904~1910 年孔申手工工场各工厂罚款情况

单位：次，卢布

年份	不认真工作		违反纪律		旷工		罚款总额
	次数	金额	次数	金额	次数	金额	
1904	38527	2269.95	1379	261.97	1391	403.45	2935.37
1905	18869	1042.90	450	89.90	818	265.68	1398.48
1906	14792	857.90	407	105.88	822	265.68	1229.46
1907	12366	766.45	507	114.22	705	212.00	1092.67
1910	22043	1327.01	1286	302.05	1026	304.90	1933.96

资料来源：ЦИАМ. Ф. 673. Оп. 1. Д. 202. Л. 108；Д. 259. Л. 47；Д. 259. Л. 183；Д. 438. Л. 133；Д. 601. Л. 135。

表 4-7 1902~1916 年雅罗斯拉夫尔大手工工场罚款情况

单位：次，卢布

年份	不认真工作		违反纪律		旷工		罚款总额
	次数	金额	次数	金额	次数	金额	
1902	18456	1775.00	4945	772.30	12610	4821.00	7368.30
1903	16226	1608.00	4637	961.70	10455	4062.00	6631.70
1905	8427	678.90	249	51.75	1418	663.60	1394.25
1906	5889	538.20	100	24.05	1530	740.50	1302.75

续表

年份	不认真工作		违反纪律		旷工		罚款总额
	次数	金额	次数	金额	次数	金额	
1907	5060	384.50	99	27.50	1498	731.50	1143.50
1908	8334	727.40	175	42.70	1713	848.10	1618.20
1909	12141	1579.00	138	34.35	1227	569.60	2182.95
1912	34562	2031.49	5570	675.83	8680	3338.07	6045.39
1913	23843	2769.43	6357	800.55	8152	3144.82	6714.80
1915	19035	2607.94	4258	608.06	5565	1854.83	5070.83
1916	18633	2486.49	4831	810.03	10591	3569.73	6866.25

资料来源：ГА ЯО. Ф. 674. Оп. 1. Д. 21465；Д. 8140. Л. 10, 11, 24, 25, 31, 33, 35 –36。

表 4 –8　1902 ~1916 年雅罗斯拉夫尔大手工工场和孔申手工工场平均罚款金额

单位：戈比

年份	不认真工作		违反纪律		旷工	
	雅罗斯拉夫尔大手工工场	孔申手工工场	雅罗斯拉夫尔大手工工场	孔申手工工场	雅罗斯拉夫尔大手工工场	孔申手工工场
1902	9.62		15.62		38.23	
1903	9.91		20.74		38.85	
1904		5.89		19.00		29.00
1905	8.06	5.53	20.78	19.98	46.80	32.48
1906	9.14	5.80	24.05	26.01	48.40	32.32
1907	7.60	6.20	27.78	22.53	48.83	30.07
1908	8.73		24.40		49.51	
1909	13.01		24.89		46.42	
1910		6.02		23.49		29.72
1912	5.88		12.13		38.46	
1913	11.62		12.59		38.58	
1915	13.70		14.28		33.33	
1916	13.34		16.77		33.71	

资料来源：表 4 –6 和表 4 –7 的数据。

表4－8将两家企业的罚款金额进行了对比。虽然两家企业各自确定罚款金额且互不影响，但显而易见的是，1905～1907年两家企业的罚款总额都明显下降，这不是因为单次罚款的金额下降了，而是因为罚款次数减少了。随着国内形势逐渐稳定，罚款次数和总额再次出现了增长趋势，这个过程一直持续到工人运动再次高涨和第一次世界大战，然后罚款次数和总额再次出现下降。

将这两家企业和莫斯科省所有棉纺织加工企业的罚款指标进行比较可以得出很有趣的结果（见表4－9）。全省的综合数据来自И. М. 科兹明内赫－兰宁。

表4－9　1901～1909年莫斯科省所有棉纺织工厂、孔申手工工场、雅罗斯拉夫尔大手工工场的平均罚款金额

单位：戈比

年份	莫斯科省所有棉纺织工厂	孔申手工工场	雅罗斯拉夫尔大手工工场
1901	32.2		
1902	31.7	21.9	
1903	33.4	23.1	
1904	35.6	25.7	
1905	21.4	12.0	15.4
1906	16.8	10.8	13.7
1907	19.6	9.5	
1908	24.1		
1909	28.4		

资料来源：Козьминых－Ланин И. М. Девятилетний период（с 1 января 1901 г. по 1 января 1910 г.）фабрично－заводской промышленности Московской губернии. М.，1911. С. 65。

И. М. 科兹明内赫－兰宁指出，通常企业的规模越大，罚款的金额就会越高。而根据表中数据，孔申手工工场的平均罚款金额与全省相比要低一些，在这方面我们看不出孔申手工工场作为大型企业的特点。如果只选择那些拥有超过1000名工人的大型企业进行研究，那么1908年的平均罚款金额甚至会更高一些，将达到 27.1 戈比①。

从 1905 年开始，雅罗斯拉夫尔大手工工场的平均罚款金额比孔申手工工场更高，但是比全省大部分企业的平均罚款金额低。总体上来讲，即使个别企业的数据和平均指标有所偏差，也还是可以说，20 世纪初，特别是 1905 年之后，罚款金额并不高。

工厂主收缴罚款不是为了补偿自己的损失，而是为了惩罚工人。例如，根据规定，损坏机器的工人会被罚款 20 戈比，这与因扯断纱线而罚款的金额相当②。在个人档案中没有对造成的损失进行具体评估，而这种情况可能会带来或大或小的后果。显而易见的是，机床的损坏很有可能导致长期停机，工厂需要因此付给维修机械师不菲的维修费用。而扯断纱线与不太严重的机器损坏所造成的损失相差不大，只会导致生产出不合格的布匹。但无论是上述哪种情况，造成的损失都远远超过了 20 戈比。

对该问题有一定研究的人都很清楚，即使在 19 世纪 70～80 年代，工厂因为工人生产出废品而对其进行罚款也不是为了弥补损失。M. Г. 梅耶洛维奇特别注意到，无论是在 1886 年《规定》实行之前还是之后，罚款的主要目的都是"培养资本主义劳动的纪律"③。列宁对此在《对工厂工人罚款法的解释》中进行过阐释："人们通常认为，罚款就是工人因使工厂主受到损失而付给工厂主的钱。这是不对的。罚款和赔偿损失是两件不同的事情。对平等的人是要求赔偿损失，只有对下属才能处以罚款。因此赔偿损失要经过法院审判，罚款则不经法院而是由工厂主规定。有时还有这样的情形，工厂主并没有遭受任何损失，也规定了要罚款，例如吸烟罚款。罚款是一种处分，而不是赔偿损失。罚款法就是这么说的：罚款是'工厂经理为维护制

① Козьминых－Ланин И. М. Девятилетний период（с 1 января 1901 г. по 1 января 1910 г.）фабрично－заводской промышленности Московской губернии. М.，1911. С. 65.

② ГА ЯО. Ф. 674. Оп. 1. Д. 21465. Л. 28－37.

③ Мейерович М. Г. Штрафы и их место в характеристике положения рабочих в начале XX в.（по материалам Центрального промышленного района）// Рабочие России в эпоху капитализма：сравнительный порайонный анализ. Материалы к научной сессии по истории рабочего класса. Ростов－на－Дону，1972. С. 133.

度而以私人权力所施加的现金处分’。因此罚款的多少不是由损失的大小，而是由工人工作草率的程度决定的：工作越草率，对工厂主越不服从，对工厂主的要求违抗得越厉害，罚款也就越多。”①

尽管我们已经厘清了赔偿损失和罚款之间的关系，但到目前为止，还存在一个未引起学者关注的问题，那就是二者在金额上的不一致性。于是我们试图在微观分析的基础上研究赔偿损失和罚款之间的差别。前文已经提过，1905～1910 年，孔申手工工场的罚款总额约为每年 1000～2000 卢布（见表 4－6），后来甚至增加到了每年 5000～6000 卢布，与雅罗斯拉夫尔大手工工场的罚款金额相当。虽然因生产出废品而进行罚款在这种增长中的作用不是很大，但是孔申手工工场的废品率在 1909～1912 年是 2.6%～2.7%，1908～1909 年甚至达到了 3.3%。工场每年的最大布匹生产量为 60 万匹（布匹的规格为 60 俄尺长），每匹平均售价约为 11～12 卢布，利润约为 20～30戈比②。由此可见，废品造成的损失与罚款金额之间的差别非常大。

工人违反劳动纪律的主要行为是旷工，也就是超过半天没有上班。因为旷工而收缴的罚款金额取决于工人的工资及其旷工的时间。在雅罗斯拉夫尔大手工工场的个人档案中没有明确说明，这些罚款对整顿劳动纪律有多大作用，不过无论男工还是女工，熟练工人还是非熟练工人，每年都有人因为旷工而被罚款，但是他们的旷工次数没有因被罚款而减少③。

如我们之前讲过的，1886 年《规定》中写明了工厂可因旷工、生产出废品和违反纪律而对工人进行罚款。无论是在工人的个人档案还是工资簿中，都记录了属于“违反纪律”这一类的各种各样的罚款原因，如“工作笨拙而散漫”、“在厂内吸烟”、“未经许可擅自离岗”、“不服从上级指挥”、“打架斗殴”、“有粗鲁行为”、“大声喧哗”（“吵闹”、“骂人”或者“唱歌”）、“把酒带入工厂”和“酒后上班”等。罚款金额直接取决于工人所犯错误的性质，

① Ленин В. И. Объяснение закона о штрафах. С. 19－20.

② 废品规格：ЦИАМ. Ф. 673. Оп. 8. Д. 667. Л. 11；布匹价格：ЦИАМ. Ф. 673. Оп. 8. Д. 667. Л. 14。

③ ГА ЯО. Ф. 674. Оп. 5 «Б». Д. 3；Оп. 5 «В». Д. 522 и др.

通常在5戈比（迟到或遗失工作牌）至2卢布（酒后上班、用言语和行为侮辱企业管理部门）之间波动[①]，我们可以在19世纪80~90年代雅罗斯拉夫尔大手工工场工人的个人档案中找到上述罚款金额的范围。但是1903年的工资簿显示，因为工人违反纪律而收缴的罚款金额不得超过1卢布[②]，从统计数据和个人档案来看，20世纪初工场方面的确是这样执行的。

在研究罚款多样性和相对金额问题时，对个人统计数据进行分析就显得非常重要。表4-10提供了1902年10月孔申印染厂收缴罚款的数据。

表4-10　1902年10月孔申印染厂收缴罚款的完整统计数据

罚款原因	罚款次数（次）	单次罚款金额	罚款总额（戈比）	平均罚款金额（戈比）
不服从指挥	35	有9次每次5戈比，有16次每次10戈比，单次最高75戈比	495	14.1
迟到	34	取决于迟到时间：有21次每次5戈比，有10次每次10戈比，单次最高25戈比	255	7.5
旷工半天	25	罚半天工资	590	23.6
损坏产品	19	有6次每次10戈比，有3次每次15戈比，有7次每次20戈比，最多5卢布	625	32.9
全天旷工	10	罚全天工资	541	54.1
丢失工牌	7	每次15戈比	105	15.0
辱骂他人	5	每次5~15戈比	50	10.0
在厂内吸烟	4	每次30戈比到1卢布	210	52.5
打碎玻璃	3	每次10戈比	30	10.0
酒后上班	1	50戈比	50	50.0
工作期间饮酒	1	30戈比	30	30.0

① ГА ЯО. Ф. 674. Оп. 5 «Б». Д. 346, 363, 438, 516 и др.; ЦИАМ. Ф. 673. Оп. 2. Д. 184 - 189 и др.

② ГА ЯО. Ф. 674. Оп. 3. Д. 343. Л. 12.

续表

罚款原因	罚款次数（次）	单次罚款金额	罚款总额（戈比）	平均罚款金额（戈比）
损坏染料	1	15 戈比	15	15.0
大声喧嚣	1	10 戈比	10	10.0
擅自离岗	1	10 戈比	10	10.0
产品破裂	1	10 戈比	10	10.0
产品低劣	1	5 戈比	5	5.0

资料来源：ЦИАМ. Ф. 673. Оп. 2. Д. 184 - 189。

我们可以看到，其中普遍的罚款原因是旷工和迟到。除此之外，“不服从指挥”也很常见，但罚款金额并不高。工厂对在厂内吸烟（易引起火灾）和酒后上班的惩罚很严厉。损坏产品的罚款也很常见，大部分情况下罚款的金额不高，但金额最多的几次罚款都是因为损坏产品：比如有一次，一名印花工被罚款 5 卢布（其月薪 60 卢布），还有一名工人因为“损坏了十匹布”而被一次性罚了 1.25 卢布（其日薪为 50 戈比）。

如我们在前文中所讲过的，第一次世界大战使工业企业中的劳动关系发生了巨大改变。战争首先带来的影响就是政府通过了《禁酒法令》，以及工人的劳动纪律性得到提高。随着劳动纪律性的提高（表现为工人旷工次数减少和产品废品率下降），罚款总额相应减少了，特别是因旷工而收缴的罚款明显减少。雅罗斯拉夫尔大手工工场的档案文件保存了《关于禁止售卖酒精饮料对莫斯科工业区劳动生产率影响的调查表》（以下简称《调查表》），其中对 1913 年 8 月、9 月、10 月和 1914 年前 3 个月雅罗斯拉夫尔大手工工场的一系列工作指标进行了比较，根据这些数据，雅罗斯拉夫尔大手工工场成年男工的旷工次数在 1914 年下降了 41.1%，而如果只看纺织部门情况的话，则下降了 49.4%。

罚款总额下降的幅度更大。整个雅罗斯拉夫尔大手工工场因旷工和迟到而收缴的罚款总额下降了约 80%，对于织造行业而言，这一数字是 92%。纺织行业中的女工比例较大，因此实行《禁酒法令》后这一数字的降低没有那么明显，为 66.6%。至少有两点可以用来解释旷工次数和罚款总额在下降过程中的差别：第一，不仅是有记载的旷工次数减少了，工人长期旷工和全天旷工的次数也减少了；第二，熟练工人的旷工次数可能减少得相对更多，因此工场方面可能更多的是向低收入工人收缴罚款，因为单次罚款的金额取决于日工资额，所以罚款总额所减少的比例就比旷工次数减少的比例更高。

根据《调查表》，因为“不认真工作”而收缴的罚款总额也在降低：整个雅罗斯拉夫尔大手工工场下降了 19.4%，纺织部门中该指标几乎不变，而在织造部门中下降了约 29%。根据雅罗斯拉夫尔大手工工场管理部门的资料，废品率在所有部门都呈下降趋势。因违反纪律而被罚款的情况在工场中几乎未发生变化[①]。

19 世纪 90 年代到 20 世纪初，虽然罚款占工资的比例不高，但这不意味着罚款对工人而言不重要。对于大多数工人来说，他们习惯性地认为即使是很少的罚款，哪怕只有一戈比，对自己也是沉重的打击，更不用说大额的罚款了。所以，当工厂没有解释清楚某些罚款的原因，或者突然提高了罚款金额时，就可能导致工人罢工。虽然罢工的根源往往更加严重，但总体上来说，大多数工人都非常看重与纪律有关的罚款。

根据临时政府在 1917 年 10 月 11 日发布的法令，工业企业中的罚款以立法的形式被完全废除了[②]。

第二节　其他惩罚措施

直接罚款当然是很有效的惩罚方式，但其他惩罚方式同样发挥着重要作用。比如，将工人调到低收入岗位，在极端情况下甚至将其开除。类似的惩罚造成的物质方面的影响比一次性的罚款更大，但只被用于惩罚那些经常违反纪律或在工作中经常犯错的工人身上。

---

① ГА ЯО. Ф. 674. Оп. 1. Д. 8222. Л. 14 – 16, 20 – 21.

② «Об изменении порядка наложения штрафов и взысканий на рабочих». Собр. Узак. 1917. № 273. Ст. 2004.

雅罗斯拉夫尔大手工工场保存的1903年、1908年和1909年的《开除工人名单》显示，随着岗位的减少，工人的工资也减少了。

可以看出，“工资下降”的情况通常出现在工人调换岗位之后，而且这不是单纯地降低工资那么简单，这两种惩罚方式并不相同。如果工人还留在以前的岗位上，那么他完全有理由相信，只要自己能够改正，并更好地工作，那么不久之后工资就可以恢复了。但如果他被调到其他岗位，那么要想再回到以前的岗位就比较困难了，因为那个岗位不会一直空着：要知道如果一名工人被撤职，那么他的岗位很快就会安排给别人。除此之外，来到新岗位的工人还要被迫学习全新的工作方式所需的技能，而新调入的岗位往往需要从事很累、很脏的工作。所以将工人调往其他岗位常常会引起工人抗议，而如果将工人依旧保留在原有的岗位上但暂时降低其工资，则不会引发矛盾和罢工。

调换岗位既有临时性的，也有永久性的。也就是说，如果是临时调换的话，工人可以提前知道他的工资将在一段时间内降低一些，但到期后就会恢复到原来的工资水平。根据雅罗斯拉夫尔大手工工场工人的个人档案，这段时间通常为1~6个月，在极少的情况下是1年。比如，1886年粗纺女工П. У. 阿布拉莫娃就曾因“没有放进规定数目的线轴”而被罚调任为“备用粗纺女工”，为期1个月[①]。

工人在调岗期间通常不会违反劳动纪律，但是当他们回到原来的岗位时，违反纪律的次数通常也会回到原来的水平。例如，И. И. 巴拉诺夫从1890年起开始在雅罗斯拉夫尔大手工工场工作，他旷工的次数非常多（1900年旷工10.25天，1901年旷工6.25天，1902年旷工8.25天，1903年旷工10天）。1904年8月15日，他因为旷工连续7个工作日，被工场由一级捻接工调任为二级捻接工，为期3个月。但他在10月16日就回到了原来的岗位工作，因为在过去的两个月里他一次也没有旷工过。但这显然并没有维持多久：1905年他再次旷工14.25天，1906年旷工8.5天，1907年旷

① ГА ЯО. Ф. 674. Оп. 5 «А». Д. 29. Л. 1 - 2.

工 13 天。1908 年因为旷工，他再次被罚调任为二级捻接工，这一次工场方面没有指定期限，而他再也没能回到过去的岗位上[①]。

二级捻接工 П. П. 瓦西里耶夫从 1881 年开始在雅罗斯拉夫尔大手工工场工作，他在 1893～1906 年每年旷工 3～16 天不等。1907 年 2 月 5 日，他得到了工龄奖金，在随后的 4 个月中，他的旷工时间超过了 10 天。1907 年 6 月 16 日根据管理部门的命令，他被调任为备用工人。1908 年，虽然他中间有过一些旷工行为，但还是回到了以前的岗位。1911 年 8 月 23 日，因为连续旷工 6 天，瓦西里耶夫被调任为换筒工，期限为 6 个月。但是因为遵守纪律的良好表现（他很高的劳动效率可能也起了一定辅助作用），仅一个月后他就再次成为二级捻接工，此后在他的个人档案中再次出现了旷工记录：1911 年 10～11 月旷工 3 次，1912 年旷工 14 次[②]。

И. Я. 瓦西利奇科夫于 1865 年进入雅罗斯拉夫尔大手工工场工作并在 19 世纪末成为精纺工。1898 年 10 月 1 日，他因 9 次旷工而被工场处罚，调任为一级捻接工，期限为 2 个月。调岗期间他没有违反纪律的行为，因此于 12 月 1 日回到了原来的岗位。但此后他的旷工次数再次增加：1899 年和 1900 年各有 7 次旷工。因此，1901 年 1 月 2 日他又被派去做了两个月的一级捻接工，在此期间他表现良好，很守纪律，所以惩罚期限得到了缩短，2 月 12 日他就重返精纺工的岗位了。在此之后，在他的个人档案中还是有旷工的记录，但次数减少了一些（一年不超过 4 次）[③]。

М. Н. 巴济列夫从 1886 年开始在雅罗斯拉夫尔大手工工场当一级捻接工，因为数次旷工，于 1903 年 12 月 16 日被工场处罚，调任为二级捻接工，为期 2 个月。调岗期间巴济列夫很守纪律，因此从 1904 年起重返之前的工作岗位。但类似情况此后再次出现：1904 年 8 月 20 日，他因为相同的原因再次被调任为二级捻接工，这次工场没有规定期限。随后在 9 月和 10 月他又各旷工 5 次。在 11 月和 12 月没有被处罚的情况下，1905 年 1 月 1 日巴济

① ГА ЯО. Ф. 674. Оп. 5 «Б». Д. 325. Л. 1 – 2.
② ГА ЯО. Ф. 674. Оп. 5 «В». Д. 148. Л. 1 – 2.
③ ГА ЯО. Ф. 674. Оп. 5 «В». Д. 202. Л. 1 – 2.

列夫重返一级捻接工的岗位，但在2月和3月又各旷工6次。3月21日，他重新被罚调任为二级捻接工，在他的个人档案中有这样的记录："不允许他再回到一级捻接工的岗位。"①

类似的惩罚有时达到了预想的长期效果。比如，浆纱工人 И. А. 沃尔科夫"因为醉酒去上班和胡作非为"而被罚调任为一级捻接工，为期半个月。期满后他回到了原来的岗位，在此之后，直到1912年他结束在雅罗斯拉夫尔大手工工场的工作为止，再也没有犯过类似的错误②。不过，也存在调岗对工人完全不起作用的时候，调岗之后，工人继续旷工或者继续犯其他错误。在这种情况下，可以延长其调任期限。比如，А. А. 巴拉诺夫于1869～1899年在雅罗斯拉夫尔大手工工场从事精纺工的工作，有一次因为旷工次数较多而被罚调任为二级捻接工，期限原本为3周，但因为他在调岗期间还是不时旷工，所以工场方面将期限延长为3个月③。有时调任期限也会被延长至1年或数年，之后工人会回到原来的岗位。Н. Г. 瓦西里耶夫从1877年开始在雅罗斯拉夫尔手工工场工作，他经常旷工，不过从1893年起，旷工次数明显减少。但在1900年，他的旷工次数（超过20天）多到让管理部门不仅决定对其罚款，还决定暂时将他从二级捻接工调任为换筒工。直到1909年，类似的情况每年会发生好几次，但是他旷工的次数并未减少④。

还有一种情况，有时工人会被调到低收入的岗位或者工资被降到很低的水平，并且工场方面并没有规定具体期限（有时会标注"长期"）⑤。比如，П. Т. 沃尔科夫在雅罗斯拉夫尔大手工工场担任推卷工，1875年10月，他因为旷工而被罚调任为抖丝工，负责操作粗纱头开松机，而在这几年中他还像过去一样时常犯下各种错误⑥。织布工 П. Ф. 巴拉绍夫在1906年8月因为多次旷工而被罚调任为备用工人，且没有说明具体期限。这对他没有产生应

① ГА ЯО. Ф. 674. Оп. 5 «Б». Д. 143. Л. 1 – 2.

② ГА ЯО. Ф. 674. Оп. 5 «В». Д. 475. Л. 1 – 2.

③ ГА ЯО. Ф. 674. Оп. 5 «Б». Д. 96. Л. 1 – 2.

④ ГА ЯО. Ф. 674. Оп. 5 «В». Д. 136. Л. 1 – 2.

⑤ ГА ЯО. Ф. 674. Оп. 5 «Б». Д. 226, 271, 302, 347; Оп. 5 «В». Д. 63, 136, 148 и др.

⑥ ГА ЯО. Ф. 674. Оп. 5 «В». Д. 522. Л. 1.

有的效果（1907 年他又旷工了 13.5 天），所以他在备用工人的岗位上工作了一年多。1908 年 1～3 月，他没有被处罚过，因此从 4 月起重新成为主要（与备用相对）织布工[①]。抄车工 M. И. 巴巴耶夫在 1902 年 8 月因为旷工而被罚调任为清理工，只过了不到一个月他就回到了原来的岗位，而且之后在他的个人档案中关于被罚款的记录就很少了[②]。

应该指出的是，工长同样会受到类似的惩罚措施，并且我们可以看出，像他们这样的熟练工人很少被调到其他工作岗位，对他们主要的惩罚方式是降低工资。比如，工长 M. B. 阿列克谢耶夫在 1908 年"多次醉酒"，因此他的日薪从 95 戈比降到了 75 戈比[③]。在 H. A. 阿列克谢耶夫的个人档案中，在 1905 年处有这样的记录："这名工长应该'因为其对工作漫不经心的态度'而被开除，但'由于他是工长，他可以继续留在自己的岗位上，但要降低工资'。"这种情况在 1913 年再次发生：H. A. 阿列克谢耶夫"因为长期对工人缺乏监督"（机器内部肮脏，精纺女工旷工，机器润滑做得不好且不及时等方面）而被处罚，日薪降为 80 戈比（当时像他这种职位的工长日薪约为 1 卢布），并被警告，如若再犯将被开除[④]。

工人也有可能因为某些非工作原因而被罚调岗或降低工资。比如，雅罗斯拉夫尔大手工工场的泥芯工 M. H. 阿加福诺夫在 1904 年因为"对女性的不体面行为"而被罚调任为制带工人，工资也随之降低了[⑤]。1903 年 12 月，守卫 И. H. 沃尔科夫因为"在宿舍内大声喧哗"而被降低工资[⑥]。

工人被调岗且被降低工资经常会引发矛盾：工人拒绝工作并要求调回到原来的岗位。有时矛盾会以工人"自愿辞职"或在管理部门拒绝其要求的情况下选择不去上班而结束[⑦]。比如，清理工 И. A. 瓦西里耶夫在 1898 年曾

① ГА ЯО. Ф. 674. Оп. 5 «Б». Д. 226. Л. 1 – 2.
② ГА ЯО. Ф. 674. Д. 3. Л. 1 – 2.
③ ГА ЯО. Ф. 674. Оп. 5 «А». Д. 297. Л. 1 – 2.
④ ГА ЯО. Ф. 674. Оп. 5 «А». Д. 299. Л. 1 – 2.
⑤ ГА ЯО. Ф. 674. Оп. 5 «А». Д. 116. Л. 1 – 2.
⑥ ГА ЯО. Ф. 674. Оп. 5 «В». Д. 484. Л. 1.
⑦ ГА ЯО. Ф. 674. Оп. 5 «Б». Д. 300, 319 и др.

因为经常旷工而被罚去“操作粗纱头开松机”，但他不想被调入新岗位，所以选择不去上班[①]。

***

雅罗斯拉夫尔大手工工场董事会为了维持纪律，还会使用要求工人搬离集体宿舍的惩罚方式。这种惩罚通常在工人违反了住宿规定的情况才会使用，但是当工人不认真工作或违反生产纪律的时候，有时也会对其进行这样的惩罚。例如在1889年，工人 Н. С. 亚佐夫因为犯了许多错误（损坏了机床等）而被要求搬离集体宿舍[②]。1908年，工人 Н. П. 巴尔金曾连续旷工9天，之后他虽然被允许重返工作岗位，但是根据雅罗斯拉夫尔大手工工场经理 А. Ф. 格里亚兹诺夫的命令，他必须搬离集体宿舍[③]。工人 П. Е. 阿斯塔菲耶夫曾多次在工厂居住区内与他人争吵和斗殴，但是他被要求搬离集体宿舍是因为醉酒上工[④]。清洁工 А. Л. 巴拉诺夫曾多次旷工，1909年8月根据旧工厂经理的命令，“被罚搬离集体宿舍，并被调任为操作粗纱头开松机的分拣工”[⑤]。

无论是调任到低收入岗位还是搬离集体宿舍，想要研究明白这些惩罚方式在作用上的差别，仅利用工人的个人档案还远远不够。因为个人档案只记录了惩罚的结果，而没有记录工厂方面使用某种惩罚方式的原则。但可以推测的是，像 П. Е. 阿斯塔菲耶夫那样的工人，他们应该因为经常违反住宿规定而已经被工厂重点关注了，所以他们一旦在别的地方违反纪律，同样会被罚搬离集体宿舍。

① ГА ЯО. Ф. 674. Оп. 5 «В». Д. 120. Л. 1.
② ГА ЯО. Ф. 674. Оп. 5 «А». Д. 156. Л. 1.
③ ГА ЯО. Ф. 674. Оп. 5 «Б». Д. 239. Л. 1 – 2.
④ ГА ЯО. Ф. 674. Оп. 5 «А». Д. 821. Л. 1 – 2.
⑤ ГА ЯО. Ф. 674. Оп. 5 «Б». Д. 302. Л. 1.

***

开除对于工人而言是最极端的惩罚方式。因此在很多情况下，工厂方面借开除来威胁工人也可以取得良好的效果。最常见的开除原因是经常旷工[①]和醉酒[②]，其他违反劳动和生产纪律的行为（如打架、与工厂管理部门发生矛盾、损坏机器等）也可能导致工人被开除。有趣的是，我们可以看到，有些工人因为上述行为被开除之后，经过一段时间又重新回到了工厂工作，然后再次因违反纪律而被开除，之后又回到工厂，如此反复。有时这个过程会重复三四次，因为将酒带到工厂而遭受的惩罚比在工作中醉酒轻不了多少。

开除工人是“执行工长或工厂管理部门的命令”。通常，开除工人需要有工厂相关生产部门的工长或经理的记录作为证据，记录中必须写明将某名工人开除的必要性（如因为违反纪律、能力不足以胜任工作等），最终开除与否须由工厂厂长定夺。有时厂长会选择对工人从轻处罚，再给他一次机会，将其调任到其他岗位[③]。如果该名工人在新岗位上的表现依旧没什么改观的话，那么工厂会将其开除。

工人对工厂的规定都很熟悉，因此他们会尽量不给管理部门明显的理由开除自己（当然，前提是工人自己并不想离开工厂）。比如，根据1886年的《规定》，厂长可以在工人连续3天未去上班的情况下将其开除[④]。但非常常见的情况是，工人会连续旷工2～2.5天，尽量不去越线，有时会在第三天中间交班的时候到工厂上班。

在大部分情况下，工厂开除工人的原因是工人盗窃工厂财产。雅罗斯

---

① ГА ЯО. Ф. 674. Оп. 5 «Б». Д. 63, 225, 267, 276; Оп. 5 «В». Д. 16, 30, 71, 124, 139, 158, 168, 480; Оп. 5 «З». Д. 111 и др.

② ГА ЯО. Ф. 674. Оп. 5 «В». Д. 136, 151, 184, 231 и др.

③ ГА ЯО. Ф. 674. Оп. 5 «Б». Д. 256, 261; Оп. 5 «В». Д. 36, 71 и др.

④ 1917年10月11日，临时政府将这一规定修改得更加严格，如果工人在一个月内累计旷工3天就会被开除。

拉夫尔大手工工场的政策是，如果某男工因为盗窃被开除，那么他的妻子也会被一同开除。在该厂女工的个人档案中能看到如下字样：“应该承担丈夫被开除所连带的后果。”这种情况时常发生。相反，丈夫随妻子被一同开除的情况却从未发生过（这种惩罚方式对其他家庭成员来说不适用）。在孔申手工工场，对偷窃的工人也有类似的惩罚方式。比如，孔申印染厂在向工人解释关于实行出厂二次搜查制度时解释道：“一旦有工人拒绝接受搜查或检查，抑或被查出有盗窃行为的话，将立刻连同家人一起被开除。”[①]

如果盗窃事件上诉到法院，那么在此期间工厂管理部门会将工人停职。如果最终法院宣判工人无罪，那他将完全有可能重返原来的岗位，工资照旧。比如，雅罗斯拉夫尔大手工工场的换筒工 M. B. 瓦西里耶夫在 1909 年 8 月 11 日因为“偷了工场的东西”而被解雇，但是在他被宣判无罪后，8 月 21 日便回到了之前的工作岗位[②]。

如果被盗物品价值不高且工人将赃物悉数归还，工人也有可能不被惩罚，或者仅被警告或罚款。比如，抄车工 П. Т. 沃尔科夫从 1862 年开始在雅罗斯拉夫尔大手工工场工作，在他的个人档案中可以看到一条 1868 年的记录：“因为盗窃被罚款 1 卢布。”[③] 1875 年，织布女工 П. А. 巴拉诺娃被罚款 2 卢布，因为“在出厂搜查时在她的鞋中找到了纱头”[④]。缫丝女工 К. В. 瓦妮娜在 1905 年也被指控盗窃了工厂的物品，并在法院立案，但因为所有物品被悉数归还，事件最终以工厂向其罚款而告终[⑤]。А. К. 沃尔科夫从 1861 年开始在雅罗斯拉夫尔大手工工场工作，1897 年曾得到过工龄奖金。1900 年 11 月 25 日，他被指控“盗窃了皮带”。档案中并没有写明此事有没有在法庭上澄清，但是 А. К. 沃尔科夫在 1901 年 1 月 3 日重新回到了原来

① ЦИАМ. Ф. 673. Оп. 8. Д. 6. Л. 456.

② ГА ЯО. Ф. 674. Оп. 5 «В». Д. 130. Л. 2.

③ ГА ЯО. Ф. 674. Оп. 5 «В». Д. 522. Л. 1.

④ ГА ЯО. Ф. 674. Оп. 5 «Б». Д. 334. Л. 1.

⑤ ГА ЯО. Ф. 674. Оп. 5 «В». Д. 54. Л. 1 – 2.

的岗位，甚至还在 1908 年得到了额外奖金①。

在第一次世界大战期间从工厂盗窃物品的行为明显增加，被盗频率最高的是工厂的细平布。A. Ф. 格里亚兹诺夫指出，虽然对离开工厂的工人例行检查，但无法遏制工人的偷窃行为。他主要是指那些总能想出办法将布料带走的女工们，她们“通常一次就可以带走 10 俄尺的布料”②。在“正常生活状态”下（也就是战前时期），工厂管理部门认为“工人将布料带走是正常的现象，并在实际操作中放纵着这种行为，只去惩罚那些非常明显的盗窃者”。1914～1916 年，“因为盗窃细平布的现象日益增多”，雅罗斯拉夫尔大手工工场的管理部门“为了更有效地整治盗窃行为，在工人中建立了告密网络”。必须指出的是，董事会其实很少会去严厉追究盗窃和非法占有者的责任，通常只是“没收找到的细平布，或是要求工人支付与布料价值相等的罚金，最坏的结果是将其从工人队伍中清除出去”③。

需要指出的是，所有盗窃者都是成年人。在雅罗斯拉夫尔大手工工场的个人档案中，所有盗窃者都是 27～41 岁的工人，完全没有少年工。这也许是因为少年工和童工所从事的工作使他们接触不到什么值钱的东西，或是他们“擅长”其他形式的偷窃。例如在 1914 年初，两个少年工被工场开除，因为他们试图通过欺骗领取双份工资。他们将自己的工资簿偷了出来，于是工长不得不为他们开具工资簿遗失的证明，并需写明应该付给他们多少工资。等到发工资的那一天，他们二人试图同时利用工资簿和这份证明获得双份工资。但他们的“行动”失败了，因为出纳员想起来自己已经在几个小时前向这两个少年工发过工资了。二人被开除并且永不录用。成年工人往往不会用这样的方式去冒险，因为他们明白，修改工资簿的做法太明显了，而且工场对发放工资的监管非常严格，他们宁可通过修改伙食账簿或转卖洗浴票等方式获利。

---

① ГА ЯО. Ф. 674. Д. 32. Л. 1 – 2.

② ГА РФ. Ф. 7952. Оп. 8. Д. 63. Л. 103 – 104.

③ ГА РФ. Ф. 7952. Оп. 8. Д. 63. Л. 104.

***

工厂中最严厉的惩罚方式是在开除工人时加注“永不录用”或“不愿继续录用”的评语[①]。管理部门往往会选择故意忽略这些工人为重新工作所做的努力，但也有例外，有时工厂对那些急需的熟练工人也有可能会网开一面。资料显示，开除并“永不录用”的通常是工龄较短（通常为1~3年）的工人。在绝大多数情况下，工厂开除工人并“永不录用”，是因为他们在生产或生活中故意违反工厂纪律，特别是那些酒鬼和故意旷工的工人，无论管理部门做什么，在他们身上都不起任何作用。雅罗斯拉夫尔大手工工场也会因为工人参与了地方革命组织的活动，以及教唆他人引发混乱而对其采用这样的惩罚方式。

对于工人的个人档案中有无“黑名单”的问题，目前学界还存在争议。虽然在雅罗斯拉夫尔大手工工场和孔申手工工场的档案资料中我们都没有找到专门的“黑名单”，但是在档案资料中找不到，并不意味着“黑名单”不存在，因为我们所利用的这些档案资料并未穷尽全部资料。相反，如果确实存在将工人无限期开除的事实，那么“黑名单”就一定存在。

俄国史学界对“黑名单”的观点各不相同。在苏联时期非常流行的观点是，资本家利用这种方式惩罚那些不合他们心意的、有革命思想倾向的工人，并将他们中的大部分人都记入了“黑名单”中[②]。《俄国工人阶级：从诞生到20世纪初》一书将“黑名单”看作“俄国工人无权利、无地位的体现”[③]。根据三山手工工场“黑名单”的记载，1882~1899年，名单中28%的工人因为自愿参加罢工或者支持罢工而被开除，几乎有一半的人自行放弃了自己的工作。这里还要指出的是，莫斯科钦德尔印染厂的“黑名单”显示，在该厂35年内被开除的工人中有60%的工人是因为“社会政治”原因

① ГА ЯО. Ф. 674. Оп. 5 «Б». Д. 271, 329; Оп. 5 «В». Д. 59 и др.

② 参见 Лапицкая С. Быт рабочих Трехгорной мануфактуры. М., 1935. С. 41–43。

③ Рабочий класс России от зарождения до начала XX в. М., 1989. С. 315.

而被开除。其结论都是以《黑名单》为基础而得出的，只有该书详细分析了相关文件。《黑名单》的作者是 B. B. 洛日金，他研究了钦德尔印染厂 1876～1910 年的"黑名单"，然后形成了在各地都存在类似文件的概念①。可惜的是，作者的具体分析很快就因相关资料的不完整而露出了破绽。我们可以通过那些资料将被永久开除的工人按居住地、性别和年龄进行分类，但这样还并不够。相反，对于"永远开除的原因"这一问题，那些资料中大多完全没有记录，即使有记录也不足以让我们完全了解被开除的真正原因。在这种情况下，作者将"黑名单"中的所有记录都归类为"社会政治"原因，这种归纳就很牵强了。我们认为，证据更为充分的结论应该是：工人被永远开除的主要原因应该是严重违反了工厂内部纪律，且工人的行为不可饶恕。

最新的文件证明了上述结论。И. В. 波特金娜对 1882～1906 年尼科利斯科耶手工工场将工人开除并列入"黑名单"的原因进行了分析。根据她的计算，"黑名单"中有超过 40% 的人是因为盗窃，仅有 2.8% 的人是因为政治原因。管理部门没有将"（政治思想上）不可靠分子"一词用在反对帝国主义制度的人身上，而是用来形容那些恶意违反工厂纪律的人②。当然，工厂管理部门的确一直在努力摆脱工厂里的造反者，以及那些被警察认定属于革命小组成员的工人，但这些工人绝没有占到被永久开除的工人中的大多数。工人的名字被写入"黑名单"，通常是因为其在生产和生活中犯了不可饶恕的错误。

***

雅罗斯拉夫尔大手工工场所采用的另一种惩罚方式同样非常严厉，那就

① Ложкин В. В. К методике изучения «черных книг» капиталистических предприятий конца XIX – начала XX в. // Источниковедение отечественной истории. Вып. 47（1979 год）. М.，1980. С. 80 – 111.

② Поткина И. В. На Олимпе делового успеха：Никольская мануфактура Морозовых，1717 – 1917. М.，2004. С. 231 – 232.

是剥夺工人的工龄奖金（关于该奖金的具体信息请见本书第三章）。虽然严格来讲，这在当时并不是一种惩罚，因为工厂并非必须发放工龄奖金，如果某个工人因为经常违反纪律而没有得到工龄奖金，那么对他精神上的影响其实要更大一些。这种情况很少见。所以这种惩罚方式在原则上与罚款不同：罚款是针对具体的违反纪律的行为所做的惩罚，并且是不可改变的；而剥夺工龄奖金可以被看作多次违反纪律而导致的结果，但是通常工厂方面都会给予工人恢复名誉的机会，如果之后表现良好，工人还是可以获得这笔奖金的。

***

通过对大型纺织企业的惩罚进行系统研究我们发现，首先，罚款作为史学界最常提及的工人生活困难的原因之一，从19世纪90年代起在评价工人物质条件时，已不再具有重要意义。1886年后各工厂的罚款总额在工人工资总额中的平均占比低于1%，并且这一比例仍在递减。在我们所研究的企业中，20世纪初，罚款总额占工人工资总额的0.1%，但这并不意味着罚款对于受罚的工人而言不再重要。罚款对于工人而言是一种潜在的威胁，并不是从工资里扣除几戈比（甚至几卢布）那么简单，而是事关工人的职业声誉、提高自己工资的可能性、经济行情不景气时的失业风险等。如此看来，罚款在劳动激励机制中起到了强制作用。整体来看，罚款对于大部分工人遵守纪律的影响还是很大的。

工厂采取的惩罚方式不限于直接的金钱处罚。有时，将工人调到低收入岗位的惩罚效果会更好。在极端情况下，工厂方面会将经常违反纪律或在工作中犯错的工人开除。为了维持纪律，管理部门有时还会要求工人搬离工厂的集体宿舍，而这往往是因为工人违反了宿舍规定。在通常情况下，开除作为一种威胁可以对工人的言行起到很好的警示作用。开除的理由中最常见的是经常旷工和醉酒。大多数被发现盗窃工厂财物的人都会被开除。对工人来说最严厉的惩罚是开除并加注“永不录用”或“不愿继续录用”的评语。

绝大多数受罚者是因为恶意违反生产和生活纪律，我们发现在被开除的工人中仅有一小部分是因为参加了地方革命组织的活动或“教唆煽动他人在工厂制造混乱”。

显而易见的是，十月革命前工厂建立惩罚体系的目的在于维持生产纪律和保证生产质量，而并不像大部分研究者过去所认为的那样，是工厂主为了补偿亏损、克扣工人工资和谋取更大经济利益。

第三部分

本部分将详细分析大型纺织企业为工人提供的各类社会基础设施，如工人集体宿舍、食品商店、医院、学校等。在这些基础设施当中，有的是用于满足工人在住宿和饮食等方面的基本需求，有的是工厂应法律的要求而建造运营的。有时大型企业的基础设施建设水平会远远超过法律所要求的最低标准。各工厂兴建基础设施的动因在于留住熟练工人，激励他们更好地劳动，而普通工人也憧憬能够在基础设施水平较高的工厂工作。

第五章探讨了与工人居住条件有关的各类问题，比如工人住房的建设、工人集体宿舍的建筑质量、工厂向不住宿舍的工人发放的住房补贴等，并且介绍了工厂为工人修建的公共浴室。第六章研究了工厂如何保证工人得到足够的食品和生活必需品，详细分析了工厂食品商店里商品的质量和价格。第七章对工人的医疗服务进行了研究。第八章研究了工人的医疗保险、补助金、抚恤金和退休金等问题。第九章对工厂的教育机构及休闲场所进行了研究。

第五章
居住条件

随着俄国工业化和城市化的发展，十月革命前俄国工人的居住问题日益突出，这对工厂主来说越发成为亟待解决的问题[①]。在工业化开始之前，各手工工场的规模普遍不大，劳动力安置还不成问题。工人一般来自周边的乡村，因此手工工场通常会采取包干的方式，这样工人就可以在家完成工作（比如织造生产等）。如果工人不回家的话，也可以直接在作坊或车间里过夜（不过那里的卫生条件很差，但工厂主对此完全不在意）[②]。但随着企业规模的不断扩大，有些问题日益凸显。首先，工人在车间居住会干扰生产，特别是对于那些24小时开工的工厂来说。其次，即使将工厂建设在若干村庄的道路交叉点上，有时也无法从当地居民中招到足够数量的工人[③]。这些问题在大城市同样尖锐，因为在当时的俄国还没有建立起有组织的、带有廉价房屋的工人社区系统。当时极少有工人能以便宜的价格租到合适的房子，

---

① 参见：Положение пролетариата в России. Указатель литературы. Вып. Ⅱ. М.，1972. Гл. Ⅷ（«Жилищно－бытовые условия»）；См. также подробный анализ проблемы в работах：Кирьянов Ю. И. Жизненный уровень рабочих России（конец XIX－начало XX в.）. М.，1979. С. 213－268；*Семанов С. Н.* Петербургские рабочие в 1912－1914 годах. М.；Л.，1961. С. 144－170。

② Кирьянов Ю. И. Жизненный уровень рабочих России（конец XIX－начало XX в.）. М.，1979. С. 216－219.

③ 参见 Дементьев Е. М. Фабрика，что она дает населению и что она у него берет. М.，1897. М.，1897. С. 39－43。

他们往往是很多人挤在同一间公寓内，有时甚至是几个家庭居住在同一个房间中，还有很多人住在地下室，卫生状况非常糟糕[①]。随着上述问题的日益尖锐，工厂主不得不着手解决工人家庭的居住问题。

在我们主要研究的两家企业中，工人的居住问题主要通过以下三种方式解决：第一，住在工厂提供的集体宿舍里[②]；第二，向工人发放租房所需的“住房补贴”；第三，住在工人新村里。

第一节 工人集体宿舍

文学作品总是将十月革命前工人集体宿舍的环境描写得非常艰苦。工厂区域的人口确实很密集，因此工人集体宿舍经常爆满，环境脏，通风差。但我们不能就此断言所有企业的情况都是如此，也不能认为从 19 世纪 70 年代到 20 世纪初，工人集体宿舍的情况是一成不变的。

应当指出的是，工人集体宿舍中的住房总体上可以分为两种类型：大屋和小屋。大屋类似于军队营房那样的大通铺，通常可以容纳数十名工人居住。小屋，顾名思义房间要小一些，主要提供给那些有家庭的工人居住，但这并不意味着每间小屋里只安排着一个家庭。不同的文献资料对房屋的命名也不尽相同，这取决于在宿舍中有哪些类型的房间。比如，有时可以见到将工人集体宿舍直接称为“大屋”的情况，不过这通常是在没有“小屋”这种房间类型的时候才会这样命名。

让我们来看一下 19 世纪末 20 世纪初，孔申手工工场的工人集体宿舍是什么样子。1884 年，E. M. 杰缅季耶夫在考察谢尔普霍夫县的工厂时发现，孔申纺织厂当时有 5 幢宿舍楼（工厂共有 1891 名工人），印染厂有 4 幢宿舍楼（工厂共有 1070 名工人），染整厂有 2 幢宿舍楼（工厂共有 284 名工

---

① Вернер И. Жилища беднейшего населения Москвы // Известия Московской Городской Думы. 1902. № 19（октябрь）. С. 2 – 3.

② Гарин Г. Ф. и др. Серпухов. С. 121. *Кирьянов Ю. И.* Жизненный уровень рабочих России（конец XIX – начало XX в.）. М., 1979. С. 229 – 233.

人），共计 11 幢宿舍楼[①]。在表 5－1 中可以看到当时孔申手工工场各工厂集体宿舍的房间规模情况。

显而易见，当时的工人宿舍处于爆满状态，平均每名工人所占有的居住空间甚至不到 1 立方俄丈[②]（9.7 立方米）。在汇总了全县的数据之后，E. M. 杰缅季耶夫指出，在纺织厂的大屋中，每名工人的居住空间约为 0.28～1.81 立方俄丈，在小屋中，则为 0.47～0.98 立方俄丈。印染厂和染整厂的这两项指标分别为 0.57～2.51 立方俄丈和 0.84～2.23 立方俄丈[③]。由此可见，孔申手工工场印染厂和染整厂的居住空间的平均指标在全县来讲是最低的，这或许可以佐证工厂要解决众多工人的居住问题的确存在客观困难。

表 5－1　1884 年孔申手工工场各工厂集体宿舍的平均居住空间情况

工厂	孔申手工工场各工厂的工人平均居住空间（立方俄丈/人）				每间小屋的工人数量（人）
	大屋		小屋		
	范围	平均	范围	平均	
纺织厂	0.53～1.02	0.64	0.39～1.79	0.75	4.9
印染厂	0.31～1.94	0.83	0.32～1.72	0.85	3.6
染整厂	0.50～0.72	0.57	0.57～1.13	0.84	4.0

资料来源：Дементьев Е. М. Санитарное исследование фабрик и заводов Серпуховского уезда.（Сборник статистических сведений по Московской губернии. Отдел санитарной статистики. Т. Ⅲ. Вып. XV.）Ч. I. М.，1888. С. 50－51，56－57。

总而言之，对于工人们来说，兴建宿舍和其他很多问题一样是一项重要议题。而在当时，法律和行政调节还为时尚早。虽然法律从未要求工厂主必

① Дементьев Е. М. Санитарное исследование фабрик и заводов Серпуховского уезда.（Сборник статистических сведений по Московской губернии. Отдел санитарной статистики. Т. III. Вып. XV.）Ч. I. М.，1888. С. 10－11，16－17.

② 1 俄丈为 2.134 米。——译者注

③ Дементьев Е. М. Санитарное исследование фабрик и заводов Серпуховского уезда.（Сборник статистических сведений по Московской губернии. Отдел санитарной статистики. Т. III. Вып. XV.）Ч. I. М.，1888. С. 65.

须保障工人的居住问题[①]，但立法机关在1879年宣布，工厂必须执行卫生法令[②]，该法令第1条第1款中特别要求轻重工厂及其他工业企业的建设及规章制度“都必须符合卫生条件”。19世纪80年代，有很多县级地方自治机关在此基础上制定了卫生条例，这些卫生条例虽然由不同的自治机关制定，但内容实际上完全相同。比如，将莫斯科和谢尔普霍夫出台的卫生条例进行比较会发现，100条中仅有1条不同[③]。卫生条例主要是对工人居住场所的规模标准进行规范，要求人均居住空间不得低于1立方俄丈，举架高度不得低于4俄尺，小屋的最低规格为4俄尺长、3.5俄尺宽，还要求房间必须带窗。此外，卫生条例对大屋的建筑面积也有明确规定[④]。之后卫生条例在省级层面也得到了实施，并且增加了一些新要求。比如，莫斯科省的卫生条例要求男女分开居住，不可以居住在同一间大屋中，这也就意味着不可以再将工人一家安置到大屋居住[⑤]。

我们发现，如果不从平均规格而是从房间的最大规格来看，那么小屋的人均居住空间不仅达到了1立方俄丈的要求，而且已经明显超过了这一要求。E. M. 杰缅季耶夫认为工厂对熟练工人更加重视和关心：“管理部门将那些工资高的工人（如雕花工、印花工、工长）单独安置，尽量使他们居住得更宽敞一些。普通工人通常是两个家庭（七人以下）住在一间小屋中，而上述那些工人则是每个家庭住一间小屋，即使一家只有两口人，也可以住

---

① ПСЗ - Ⅲ. Т. Ⅵ. № 3769. Ст. 27.（Она же - ст. 140 Уст. Пром.）

② ПСЗ - Ⅱ. Т. LIV. Отд. I. № 59399.

③ 参见：Обязательные санитарные постановления для населения Московского уезда всех сословий, изданные Московским Уездным Земским Собранием 18 апреля 1885 г. на основании Временных правил, Высочайше утвержденных 9 марта 1879 г.［М.，1885］; Обязательные санитарные постановления для населения Серпуховского уезда всех сословий, изданные Серпуховским Уездным Земским Собранием 18 апреля 1885 г. на основании Временных правил, Высочайше утвержденных 9 марта 1879 г.，утвержденные Московским губернатором 22 января 1887 г. М.，1889。

④ В указанных изданиях это записано в § § 72 - 75.

⑤ Это § 52 «Обязательных санитарных постановлений». См.，например：ЦИАМ. Ф. 673. Оп. 1. Д. 469. Л. 132.

单独的小屋。”①

1884 年，E. M. 杰缅季耶夫考察孔申手工工场时发现，部分工人被安置在了不适宜居住的地方：印染厂 989 名男工中有 486 人（几乎占总数的一半）居住在工厂车间中，只有 287 人居住在大屋（工人集体宿舍）中②。因此在夏季，一些工人“搬到了临时木板房中居住。这种自建的、窄小简陋的住处是用包装箱上拆下来的旧木板钉起来的，其居住空间小于 1 立方俄丈。这些木板房密集且杂乱无序地分布在院中，如同一个小城寨一般，存在非常大的火灾隐患。而且这些木板房的卫生条件很差，狭窄的通道中满是恶臭的垃圾和废物”③。

上述情况在 20 世纪初就已经不复存在了，但是工人集体宿舍的居住条件依旧十分艰苦，这在表 5－2 中可以体现出来。

总之，当时超过一半的工人居住在集体宿舍中（具体来看，1904～1907 年占比达 74%～77%），其中很多工人都携家带口。虽然与 1884 年相比，工人宿舍的数量有了明显增加，但 20 世纪初，工人宿舍的居住条件与当时的卫生标准相比仍有较大差距：小屋的平均居住人数在 7 人以上，非常拥挤，人均居住空间仅为 0.8 立方俄丈。1900 年 7 月，纺织厂的 3 号宿舍中居住着 426 名工人，平均每间小屋的居住人数超过 12 人，人均居住空间为 0.59 立方俄丈；而在纺织厂的 2 号宿舍中，人均居住空间还不到 0.55 立方俄丈。甚至在条件更好一些的印染厂中，基本居住条件仍没有得到满足。到了 1900 年，在最大的谢利科夫宿舍（位于孔申手工工场印染厂）中，在 116 间小屋中生活了 630 名工人，人均居住空间为 1.28 立方俄丈，也就是说符合了最低卫生标准。

---

① Дементьев Е. М. Санитарное исследование фабрик и заводов Серпуховского уезда. (Сборник статистических сведений по Московской губернии. Отдел санитарной статистики. Т. Ⅲ. Вып. XV.) Ч. I. М., 1888. С. 180.

② Дементьев Е. М. Санитарное исследование фабрик и заводов Серпуховского уезда. (Сборник статистических сведений по Московской губернии. Отдел санитарной статистики. Т. Ⅲ. Вып. XV.) Ч. I. М., 1888. С. 178.

③ Дементьев Е. М. Санитарное исследование фабрик и заводов Серпуховского уезда. (Сборник статистических сведений по Московской губернии. Отдел санитарной статистики. Т. Ⅲ. Вып. XV.) Ч. I. М., 1888. С. 149.

表5－2　1900年和1905年孔申手工工场工人集体宿舍的容量统计

工厂	工人宿舍居住人数(人)		每间小屋居住人数(人)		平均容量（立方俄丈/人）	
	1900年	1905年	1900年	1905年	1900年	1905年
纺织厂	4216	4154	7.76	7.64	0.68	0.69
新纺织厂	3140	3894	8.95	9.36	0.79	0.75
印染厂	1974	2195	5.14	5.60	1.11	1.01
总计	9330	10243	7.30	7.58	0.81	0.78

医生A.Э.克梅利赫和B.И.弗列杰里克斯在《1907年8月24日、25日新农场卫生检查报告》中描述了非生产用房的状况①。比如，检查报告的第一部分就提到脏水坑在医院、产房、简易木房、学校、医院工作人员的住所、马厩几乎随处可见。此外，“工人的住所则是这样的：老宿舍楼内部极其肮脏，床铺都是非常陈旧的板床。每个房间里住着20～23人。工人们在这里晾晒内衣、内裤，洗脸，因为没有其他地方可以摆放洗脸池”。除此之外，报告还重申了宿舍非常拥挤：“放眼望去，房间中都是人，在这种情况下根本不可能满足卫生条件……值得注意的是，即使在如此拥挤的情况下，小屋的住户还是保持了相对的清洁……新宿舍楼每间房的空间为20立方俄丈，这里居住着27名工人，工人彼此的床位挨得很近，没有多余过道，仅在墙边有一条很窄的过道，连2个人都很难同时通过……‘艾尔米塔什’宿舍的底层有着明亮宽敞的走廊和高高的天花板，而在上层则是那样的小屋，一旦发生火灾，人根本逃不出去。”

档案资料显示，雅罗斯拉夫尔大手工工场在19世纪末20世纪初为工人提供的住所在很多方面都要好于雅罗斯拉夫尔省乃至全俄的大部分企业。在不同时期的集体宿舍中居住的工人数量占全厂的40%～60%不等（超过同时期全省的平均值）。雅罗斯拉夫尔大手工工场的第一批居住区出现在19世纪70年代，到20世纪初，工场已经拥有了10幢石制宿舍楼（2幢4层楼，7幢3

① ЦИАМ. Ф. 673. Оп. 1. Д. 472. Л. 177－184.

层楼，1 幢 2 层楼），并带有中央供暖系统（热风和热水）。在表 5 - 3 中可以看到 1905 年集体宿舍的外部规模、房间数量和居住密度情况。

表 5 - 3　1905 年雅罗斯拉夫尔大手工工场集体宿舍外部规模、房间数量和居住密度情况

楼号	长度（俄丈）	宽度（俄丈）	高度（俄丈）	住房数量（间）	每间小屋居住人数（人）
3	41	10	6	121	6.8
4	51	10	6	124	7.0
5	51	10	6	160	7.3
6	40.5	10	6	160	7.3
7	40	10	6	124	7.0
8	51	10	6	160	7.3
9	51	7.75	7.5	170	6.0
10	40	7.75	7.5	184	4.4
16	24	6	6	55	5.6
41	31	7	4	68	5.2

注：楼号即为当时的编号。

资料来源：ЦДНИ ЯО. Ф. 394. Оп. 1. Д. 19. Л. 166（последний столбец подсчитан нами с использованием сведений о количестве жильцов в корпусах）。

从表中数据可以看出，各楼的居住密度各不相同。其中居住最舒适的要数最晚建造的 9 号楼和 10 号楼。这两幢楼“使用了最新的建筑技术”，并且在 1900 年的巴黎世博会上获得了银奖①。雅罗斯拉夫尔大手工工场的统计簿显示，在这两幢楼中居住的大部分是熟练工人。这样看来，孔申手工工场和雅罗斯拉夫尔大手工工场都将为工人分配住房作为吸引工人的重要手段之一。

雅罗斯拉夫尔大手工工场在分配住房的过程中努力遵守法令中的卫生标准。其总医师在报告中指出，20 世纪初，每间小屋的人均居住空间必须在 1.25 ~ 1.5 立方俄丈。而对于工厂附近的居住区而言，这一标准明显没有达

① ГА ЯО. Ф. 674. Оп. 1. Д. 6151. Л. 8. См.：Россия на Всемирной выставке в Париже в 1900 году. СПб.，1900. Ч. 2. С. 112.

到——“偶尔能达到人均1立方俄丈（0.36立方米）”①。1908年《北方通报》写道，雅罗斯拉夫尔大手工工场的居住区“因其清洁度和整洁度而给人留下非常好的印象”②。雅罗斯拉夫尔省高级工厂检查官在1910年8～9月曾不止一次地到访过雅罗斯拉夫尔大手工工场，确认工人集体宿舍的居住条件符合标准，大屋小屋都“宽敞而明亮”③。

雅罗斯拉夫尔大手工工场的管理部门密切关注居住区的各类设备是否完善，并努力维持居住区的清洁有序。工场定期对集体宿舍进行维修，因此工人有时要暂住在走廊里。工人宿舍最初依靠煤油灯照明，从1901年起开始使用电力，当时电力在俄国许多工厂中都得到了普及。从那时开始，以前可以免费住在小屋的工人开始缴纳用于照明的费用。即使如此，工厂并未实现收支相抵，每年仍需要为照明投入一定的资金。宿舍的每个房间除了有通风窗之外，还安装了人造通风系统，用于“排气和抽气”。工厂只向工人提供床铺，其余生活物品需要工人自费购买④。“在厨房中安放了巨大的、带有四层滚烫联箱的炉子，以便蒸煮饭菜。”⑤ 工人集体宿舍的用水来自工厂的自来水管道。无论是主任医师还是管理部门都承认，这些水“在从科托罗斯利河引来的过程中经过一片地势较高的城市垃圾场”⑥，“虽然谁都知道这样的水源对于日常生活来讲并不理想，却不得不这样做，因为除此之外没有更好的水源可供使用了”。19世纪末，雅罗斯拉夫尔大手工工场尝试解决这一问题，为此花费了3万卢布打自流井，但打出来的井水却因太咸而无法饮用⑦。为了预防饮用不洁水源而引发各种胃肠疾病，管理部门在生产区域和集体宿舍中都放置了烧水炉，并且专门聘请了烧水工，保证随时能够有开水供应。雅罗斯拉夫尔大手工工场里还有医师候诊，除此之外，还聘请了一些

---

① ГА РФ. Ф. 7952. Оп. 8. Д. 56. Л. 100, 102.

② Северный вестник. 1908. 20 июля.

③ ГА ЯО. Ф. 674. Оп. 1. Д. 6345. Л. 8 – 9.

④ ГА ЯО. Ф. 674. Оп. 3. Д. 254. Л. 108; Д. 258. Л. 115.

⑤ ГА РФ. Ф. 7952. Оп. 8. Д. 56. Л. 100.

⑥ ГА РФ. Ф. 7952. Оп. 8. Д. 56. Л. 101.

⑦ Ярославская Большая мануфактура. М., 1900. С. 78 – 79.

专业人员，如女厨师、守卫、“除虫工”。为了让大家遵守住宿规定，保持住宿秩序，宿舍每层都设有巡视员，并且在每个区域都有宿舍管理员。对宿舍区的秩序进行总体监督的人是高级宿舍管理员。雅罗斯拉夫尔大手工工场建立了24小时运转的垃圾和污水清运系统，这使得厂区在整体上达到了法定卫生标准。由工厂医师和管理部门成员组成的卫生委员会对集体宿舍和其他建筑进行例行巡查，若发现问题，则立即采取措施解决。综上可知，为工人营造正常的居住条件对于雅罗斯拉夫尔大手工工场的管理部门而言绝不是被忽视的问题。

应当指出的是，雅罗斯拉夫尔大手工工场对于是否向工人分配住宿房屋有一定的原则，而这些原则对工人的劳动状态也产生了一定影响。如果想要住进宿舍，并在日后改善居住条件，那么工人在生产中的表现就要达到一定要求。比如，在个人档案中可以看到，那些经常违反纪律规定的工人住进宿舍或者改善居住条件的可能性就比较低。

住进宿舍的工人有责任遵守工场的住宿规定。孔申手工工场和雅罗斯拉夫尔大手工工场都有严格的规定：卡尔津金家族时期（20世纪10年代）的雅罗斯拉夫尔大手工工场宿舍的关门时间是夏季晚10点和冬季晚8点，孔申手工工场从19世纪80年代起开始采用同样的关门时间。晚归者因违反规定将被处以罚款[①]。除此之外，在雅罗斯拉夫尔大手工工场集体宿舍居住的工人还必须保持宿舍清洁有序，在节日前夕和周末必须打扫走廊和居室。为保持空气清新，工人只能在厨房吸烟，这也有防火方面的考虑。工人应使用专门的地窖保存食物，禁止在居室里洗衣和晾衣，须小心用火，保持安静，禁止骂人和打斗[②]。外人只有在得到宿舍管理员或工场管理部门的特别许可后才能进入宿舍。当然，那些在外居住的工人享有更大的自由，但是工场提供的居住条件从客观上讲要更好一些，对工人也更有吸引力。除此之外，免费住宿也为工人节省了不少开支。雅罗斯拉夫尔大手工工场将所有希望住进

① *Шульце - Геверниц Г.* Крупное производство в России （Московско - Владимирская промышленность）. М. , 1899. С. 91.

② ГА ЯО. Ф. 674. Оп. 3. Д. 258. Л. 114 - 115.

宿舍的工人进行登记，并按顺序对他们进行安置。

必须特别强调的是，无论是在孔申手工工场，还是在卡尔津金家族控制的雅罗斯拉夫尔大手工工场，住在集体宿舍的不仅有工人，还有他们的家属。在1909年的一份详细统计中，记录了1904～1909年孔申手工工场集体宿舍居住人员的构成情况（见表5－4）。

表5－4　1904～1909年孔申手工工场集体宿舍居住人员构成情况

单位：立方俄丈，人

年份	人均居住空间	所有居住者							总人数
		工人			工人家属（非工人）				
					成人		儿童	总计	
		男	女	总计	男	女			
1904	0.77	4732	3913	8645	65	903	2863	3831	12476
1905	0.78	4719	3943	8662	64	901	3049	4014	12676
1906	0.78	4839	3894	8733	74	946	3017	4037	12770
1907	0.78	4726	3723	8449	75	934	3100	4109	12558
1908	0.83	4786	3793	8579	69	1004	3462	4535	13114
1909	0.83	4661	3791	8452	46	962	3716	4724	13176

资料来源：ЦИАМ. Ф. 673. Оп. 1. Д. 358. Л. 44 об。

从表5－5中可以看到工人及其家人所占比例的变化趋势。

表5－5　1904～1909年孔申手工工场集体宿舍居住者构成比例

单位：%

年份	工人家属（非工人）			工人
	总占比	其中包括		
		儿童	成人	
1904	30.71	22.95	7.76	69.29
1905	31.66	24.05	7.61	68.33
1906	31.62	23.63	7.99	68.39
1907	32.72	24.69	8.03	67.28
1908	34.58	26.40	8.18	65.42
1909	35.85	28.20	7.65	64.15

资料来源：ЦИАМ. Ф. 673. Оп. 1. Д. 358. Л. 45。

这些数据都证明，即使孔申手工工场在1909年已经拥有28幢宿舍楼，但随着时间推移，住宿问题日益尖锐。住宅条件的恶化不是因为集体宿舍中工人数量的增加，而是因为工人家属数量的增加，尤其是儿童。

可以看到，在雅罗斯拉夫尔大手工工场也存在类似的问题。1910年，雅罗斯拉夫尔大手工工场发布的《内部规章》中写道："一个家庭中，只有当工作的人数大于不工作的人数时，才可以住进集体宿舍。只有当得到管理部门允许时才可破例。"表5－6记录了1905年雅罗斯拉夫尔大手工工场集体宿舍中工人的构成情况。

表5－6　1905年雅罗斯拉夫尔大手工工场集体宿舍中工人数量统计

单位：人

楼号	男性		女性		总计
	成人	儿童	成人	儿童	
16	81	52	103	73	309
41	80	51	163	61	355
3	278	124	251	174	827
4	228	161	305	184	878
5	296	194	432	246	1168
6	315	206	435	211	1167
7	228	154	317	172	871
8	304	186	433	242	1165
9	288	186	297	244	1015
10	233	150	236	192	811
总计	2331	1464	2972	1799	8566

资料来源：ЦДНИ ЯО. Ф. 394. Оп. 1. Д. 19. Л. 167。

十月革命前，很多工厂为已成家的工人和单身的工人分别设计了住房，而这些住房与普通宿舍有所区别。孔申手工工场就是如此。在孔申印染厂中就有集体宿舍被命名为"单身公寓"，单身公寓中有5个房间，1900年在这里一共居住着290名男工。在其他所有宿舍中都有妇女和儿童，每个房间的平均人数都没有超过14人。正如我们在表5－3和表5－6中所见，雅罗斯拉夫尔大手工工场并没有实行类似的分配制度：这里没有可以容纳几十个人的房间，单身工人和已成家工人的居住条件没有什么差别（小屋的居住人数不超过8人）。管理部门这样做的用意可能是更希望工人以家庭为单位到工厂工作①。

有趣的是，管理部门与工人达成协议，手工工场方面只有凭借法院的判决才能让工人从集体宿舍中搬走。退休的工人有时仍住在集体宿舍里。虽然1907年的相关规定曾禁止他们住在集体宿舍的小屋中，但即使对于这些退休工人，管理部门在没有足够充分根据的情况下，也不能强迫他们搬走。在文献资料中有一封1906年1月24日孔申纺织厂厂长写给工厂行政事务负责人E. E. 提森豪森的信："请您根据现有法律向法院提出申请，要求退休人员T. A. 塔拉拉津从4号宿舍楼45室中搬走，因为他很不爱干净，并引起室友和邻居的抱怨，大家已经无法继续容忍了。"② 有趣的是，塔拉拉津已于1904年退休，并且根据当时的规定，他不应该继续住在集体宿舍中。孔申纺织厂不得不通过法院强制其搬走的原因仅是他招致了邻居的抱怨。1907年在孔申纺织厂的集体宿舍中有13名退休工人，新纺织厂有3名，而在印染厂中则没有退休工人居住③。

在雅罗斯拉夫尔大手工工场我们观察到另外一种情况：管理部门可以要求工人搬离集体宿舍，通常是因为工人被开除或经常违反住宿规定（如醉酒、打斗、辱骂他人等）④。工人在厂外居住要支付额外费用，这对于那些农民出身的外来打工者而言代价很大，因此他们只能选择离开，告别自己的同伴，去其他城市工作。单身工人很喜欢集体宿舍，因为"在这里他们更开心"⑤。正如前文所述，雅罗斯拉夫尔大手工工场可以因为生产上的处罚而拒绝向工人提供集体宿舍。

管理部门可以利用其他借口让女工搬离宿舍。例如，工厂可以要求未婚

---

① Шестаков П. М. Рабочие на мануфактуре т - ва «Эмиль Циндель» в Москве. М. , 1900. Прил. С. 7, 13.

② ЦИАМ. Ф. 673. Оп. 1. Д. 62. Л. 57.

③ ЦИАМ. Ф. 673. Оп. 1. Д. 62. Л. 46 - 47.

④ ГА ЯО. Ф. 674. Оп. 5 «Б». Д. 284. Л. 1.

⑤ ГА ЯО. Ф. 674. Оп. 5 «А». Д. 141, 165, 246 и др.

女工带着自己的私生子一起搬走。无论男工还是女工，当他们因丧失劳动能力（疾病、年老、工伤）而无法工作的时候，可以在离职后每月得到 5～7 卢布的补助，并在厂外租房居住。有时企业不想再支付补助，于是安排他们去住集体宿舍①，不过工人一般不会答应，因为与此相比，他们更愿意得到更多的补助或是被列入养老院的排队名单中。

第二节　住房补贴

若工人没有得到集体宿舍的床位，工厂会给予他住房补贴，补贴和工资一起按月发放。随着工人数量的增长和集体宿舍的逐渐饱和，20 世纪初，主动要求去厂外租房居住的人数不断增长。相应地，工厂主在住房补贴方面的支出也随之增加。比如在 1900 年 7 月，在孔申纺织厂的 5100 名工人中就有 1538 人领取了住房补贴，领取比例为 30%。1914 年 6 月的工资簿显示，在 4715 名工人中有 1970 人领取了住房补贴，领取比例已经达到了 42%。关于孔申手工工场在住房补贴方面支出的增长情况可以见表 5－8。

住房补贴的金额甚至在同一省份中都有很大差别。除此之外，工厂主对不同工人群体支付的住房补贴金额也有所不同。

在孔申手工工场，根据 1907 年的退休规定，为工人免费提供的集体宿舍的价值相当于工人各自工资的 1/10，但工人得到的住房补贴却彼此相同，并且明显比前者的价值要低。1902 年的工资簿显示，工长每个月可以得到 2～10 卢布的住房补贴，而绝大多数工人每个月只能得到约 1 卢布的补贴②，这个数额明显不能租到合适的房子。毫不意外的是，工人也曾要求提高住房补贴的金额。1905 年 10 月，董事会向工人做出让步：从 1906 年复活节开始，每月住房补贴将提高到 1.5 卢布③。到 1909 年，住房补贴已经提高到了

---

① ГА ЯО. Ф. 674. Оп. 1. Д. 4040.

② ЦИАМ. Ф. 673. Оп. 8. Д. 22. Л. 65.

③ ЦИАМ. Ф. 673. Оп. 1. Д. 201. Л. 75.

每月 2 卢布[1]，但在此之后补贴的金额并未继续提高。1917 年 5 月 1 日，孔申手工工场每月的住房补贴已经从 2 卢布提高到了 6 卢布[2]，而从 1917 年 9 月起，根据莫斯科工业区委员的决定，住房补贴提高到了每月 12 卢布[3]。

雅罗斯拉夫尔大手工工场用另外一种方法来确定不同类别工人的住房补贴。1895 年 10 月 7 日，董事会通过决议，从 1896 年 1 月 1 日开始向所有在雅罗斯拉夫尔大手工工场工作且在厂外居住的工人按月发放住房补贴：男工每月发放 1.75 卢布，女工每月发放 1.25 卢布[4]。厂长 C. A. 费奥多罗夫在董事会上建议将这一政策同样推行到少年工和童工。根据他的建议，董事会在 1895 年 10 月 18 日制定了新的住房补贴标准：男工每月发放 1.50 卢布，女工每月发放 1 卢布，少年工[5]和童工每月发放 0.75 卢布，并且决定此案将于 1895 年 11 月 1 日开始实行，并在那之前向工人进行了专门的说明和解释。20 世纪初，在厂外居住的女工和少年工的住房补贴金额有所提高：女工的每月住房补贴提高到了 1.25 卢布，少年工和童工的每月住房补贴提高到了 1 卢布（对少年工和童工的补贴不分男女）[6]。这些金额比省内很多纺织企业要高一些，但还是明显不够支付房租——这在 20 世纪初罢工时工人提出的要求和城市房租价格中都可以找到证明。1905 年，住房补贴金额比之前提高了 1 倍。根据厂长 A. Ф. 格里亚兹诺夫的提议，董事会在 1905 年 7 月 25 日通过决议，从 8 月开始提高住房补贴金额，男工每月发放 2.25 卢布，女工每月发放 1.50 卢布，少年工和童工每月发放 1.25 卢布[7]。1905 年 10 月底，董事会为了防止已经开始的罢工进一步蔓延，同意满足工人提出的一系列要求，其中就包括“提高所有在厂外居住的工人的住房补贴金额”：男工每月发放 3 卢布，女工每月发放 2 卢布，少年工和童工每月发放

① ЦИАМ. Ф. 673. Оп. 1. Д. 358. Л. 45.
② ЦИАМ. Ф. 673. Оп. 8. Д. 283. Л. 1 - 3.
③ ЦИАМ. Ф. 673. Оп. 1. Д. 1121. Л. 28.
④ ГА ЯО. Ф. 674. Оп. 1. Д. 2739. Л. 71.
⑤ ГА ЯО. Ф. 674. Оп. 1. Д. 2739. Л. 75.
⑥ ЦДНИ ЯО. Ф. 394. Оп. 1. Д. 19. Л. 142.
⑦ ГА ЯО. Ф. 674. Оп. 1. Д. 4911. Л. 12.

1.50 卢布[1]。在之后的十几年间，这一金额都没有再变化过。雅罗斯拉夫尔大手工工场的工人在 1915 年 10 月和 1916 年 4 月曾两次要求提高住房补贴金额（第一次要求每人每月增加 1 卢布；第二次要求所有工人，不分年龄性别，每月的住房补贴均为 5 卢布），但董事会拒绝了这些要求，因为雅罗斯拉夫尔大手工工场已经在战时向工人发放了补贴，并且也已经“稳定了食品商店的价格”[2]。

需要指出的是，相邻的那些规模较小的企业在发放住房补贴上普遍做得不太好。比如，诺尔斯克手工工场就在很晚的时候（1912 年）才开始发放住房补贴，这还是迫于工人的压力，而且补贴的金额也很少：男工为每月 2 卢布，女工为每月 1.50 卢布，少年工和童工为每月 1 卢布[3]。谢尔普霍夫地区的工厂也是如此。1914 年 5 月，谢尔普霍夫棉纺厂的罢工工人要求提高住房补贴，当时的住房补贴为每月 1 卢布（注意，孔申手工工场的工人从 1909 年起每个月已经可以领到 2 卢布的住房补贴了）。罢工工人要求将金额提高到每月 3 卢布，但最终得到的结果是补贴仅提高到了每月 1.50 卢布[4]。这件事发生两周之后，里亚博夫斯基手工工场的工人也发动罢工，他们的诉求之一是将住房补贴提高到每月 2.50 卢布，而科切特科夫工厂的印花工则要求将住房补贴提高到每月 2 卢布（他们的结果我们不得而知）[5]。1916 年 8 月，卡仕达诺夫呢绒手工工场的住房补贴金额达到了每月 1.50 卢布[6]。

有趣的是，如果有工人因为各种原因从雅罗斯拉夫尔大手工工场离职，且没有工作到月底，那么工场方面也会根据工人的实际工作时间，向其发放住房补贴。比如钳工 H. H. 巴津的个人档案中写道，他从 1902 年开始在雅罗斯拉夫尔大手工工场工作，1907 年 10 月 15 日被逮捕（具体逮捕原因在

---

① ГА ЯО. Ф. 674. Оп. 3. Д. 254. Л. 24.

② ГА РФ. Ф. 7952. Оп. 8. Д. 62. Л. 195; ЦДНИ ЯО. Ф. 394. Оп. 5. Д. 80. Л. 191.

③ Правда. 1913. 10 февраля.

④ ЦИАМ. Ф. 17. Оп. 84. Д. 558. Т. 10. Л. 9, 14.

⑤ ЦИАМ. Ф. 17. Оп. 84. Д. 558. Т. 10. Л. 20 об., 25.

⑥ ЦИАМ. Ф. 17. Оп. 84. Д. 831. Т. 12. Л. 77.

档案中未具名），并于1907年12月13日被解雇，“根据报告，因为被逮捕，所以这名工人将长期无法工作”。“应付工资为3.63卢布”，另外将1.50卢布（也就是他在10月份工作的那半个月所应得的）的住房补贴交予其父[①]。

诚然，额外的住房补贴对于工人家庭来讲是有帮助的，但想要仅凭这些钱去租一间合适的房子却并不可能。雅罗斯拉夫尔大手工工场的主任医师П.П.沃斯克列先斯基在20世纪初这样描述那些在工厂附近租房的工人的日常生活条件：“大部分房子没有为房客准备任何日常用品，房间低矮、潮湿、寒冷。冬天屋里更是冻透了，并且有着腐烂的气味。房间里没有任何通风设备，甚至没有可通风的窗户。房间里的床铺通常是简单的板床。房间里的住户过多，导致人均居住空间有时只有1立方俄尺，而且房租对工人来说非常昂贵。”[②] 在一份个人档案中对此也有记录，1897年，一个四口之家每月需要为租房花费4.50卢布[③]。房东曾向雅罗斯拉夫尔大手工工场抱怨，他们的房客，也就是雅罗斯拉夫尔大手工工场的工人已经几个月没有交房租了[④]。在这种情况下，对于那些数名家庭成员都在工厂工作的家庭而言，负担要轻一些，因为他们可以获得多份住房补贴。

类似的租房情况在俄国屡见不鲜。在1909年对圣彼得堡工人进行预算考察的材料中描述了一个“典型的女织工家庭”：45岁的母亲和19岁的女儿都在工厂工作，她们租住的房间长4俄尺、宽2俄尺4俄寸、高3.5俄尺（也就是说房间面积为2.8米×1.7米=4.8平方米；房间容积为1.23立方俄丈），“屋里有床和柜子，中间有一条窄窄的过道”，除此之外再没有其他家具了，也没有能洗衣和煮饭的东西，而她们要为这样的房间每个月交4.5卢布的房租[⑤]。与此相对应的是，她们的住房补贴在10年后才增加到这个

① ГАЯО. Ф. 674. Оп. 5 «Б». Д. 183. Л. 1.

② ГА РФ. Ф. 7952. Оп. 8. Д. 56. Л. 102.

③ ГА ЯО. Ф. 674. Ф. 674. Оп. 5 «В». Д. 49. Л. 3.

④ ГА ЯО. Ф. 674. Ф. 674. Оп. 5 «Б». Д. 84. Л. 3.

⑤ Фросина. Бюджет семей работниц // Труды I - го Всероссийского женского съезда при русском женском обществе в С. - Петербурге 10 - 16 декабря 1908 года. СПб. , 1909. С. 331 - 332.

金额，增速是很慢的。以一套房子举例，在第一间房中有三张床，分别住了三个家庭，包括 3 个女人、3 个男人和 2 个孩子，在第二间房中住了 9 个人，在厨房里住了 11 个人，人均居住空间约为 0.5 立方俄丈，而普通房间的房租（按床位计算）每月为 3.50 ~4 卢布，厨房的房租为 3 卢布①。

在住房补贴问题上，对于工人而言最合适的自然是居住在自己家里，因为工的管理部门并不会登记工人的住房信息，而是直接向工人发放住房补贴。

属于这种情况的工人到底有多少？我们没有找到孔申手工工场和雅罗斯拉夫尔大手工工场在这方面的统计数据。《谢尔普霍夫》一书认为住在自己家的工人占总数的 15%，但是并没有写明具体时间和数据来源②。唯一可信的数据是在 E. M. 杰缅季耶夫那里找到的。1884 年，孔申印染厂共有 989 名男工，其中有 389 人（约 40%）住在自己家或亲戚家③。在评价这一情况时，需要注意到印染厂的“本地工人”数量比较多。首先，这家工厂与其他工厂不同的是，它几乎位于谢尔普霍夫县中心；其次，该工厂大部分工作都需要由熟练工人来完成，他们大多是城市居民。还可以这样认为，因为这家工厂历史悠久，所以工人最初几乎都是谢尔普霍夫县居民。但同样也要注意到这里的工人存在懒惰问题，当时在俄国工厂中普遍存在工人通过关系将亲朋好友安排到自己所在工厂工作的现象，他们还会为新人做担保。

无论如何，40% 的比例确实很高。但在 20 世纪初，这一比例急剧下降了。在 20 年间，工人数量几乎增长了一倍，而在新工人中大部分的工人都是外来者。如上文所提过的，1904 ~1907 年，孔申手工工场大约有 3/4 的工人（共 8500 人）住在工厂的集体宿舍中。数据显示，1902 年在工厂工作的谢尔普霍夫县本地居民约有 1300 人，但这只是对在自家居住的工人最粗

① Покровская М. И. О жилищах петербургских рабочих // Русское богатство. 1897. № 6. Отд. II. С. 21 –22.

② Гарин Г. Ф. и др. Серпухов. С. 98.

③ Дементьев Е. М. Санитарное исследование фабрик и заводов Серпуховского уезда. (Сборник статистических сведений по Московской губернии. Отдел санитарной статистики. Т. Ⅲ. Вып. XV.) Ч. I. М. , 1888. С. 178.

略的估计。我们不知道有多少谢尔普霍夫县的居民没有自己的住房。从另一个方面来讲，还有很多工人是来自斯克雷利亚和格拉杰齐尼亚村以及其他一些附近村子的农民，他们也住在自己家中。而工人新村的居民们居住在零散住房里。

第三节　工人新村

工人新村是十月革命前，工厂解决工人及其家庭成员住宿问题的另一个方式。这种方式因各工厂所处地区的实际情况和工厂主的不同态度而各有特点。

雅罗斯拉夫尔大手工工场在 19 世纪 90 年代中期就开始向工人提供贷款，用于建造、修葺房屋及其他方面。1898 年 7 月，董事会通过决议，工人贷款单次不得超过 1 万卢布[①]，当时贷款年息为 6%[②]。20 世纪的头几年，雅罗斯拉夫尔大手工工场厂长 A. Ф. 格里亚兹诺夫向董事会提议为工人提供无息贷款，帮助工人建造自己的房屋，之后再从工人每个月的工资中扣除先期的借款。他认为虽然管理部门的确付出了很多，但是集体宿舍既无法让工人休息得很好，也不能使工人在工作后很快恢复体力。除此之外，集体宿舍的生活对住在宿舍中的成人和孩子，特别是孩子的道德产生了非常消极的影响[③]。董事会研究了 A. Ф. 格里亚兹诺夫的提议后，决定向工人发放 20 万卢布用于建造房屋，而且收回来的贷款仍作此用途。1907 年，A. Ф. 格里亚兹诺夫亲自从市议会争取到了邻近工厂的位于扎别立茨（在科托罗斯利河岸边）的地皮，用于租给工人建造房屋[④]。当然，在该区域进行建设需要克服

① ГА ЯО. Ф. 674. Оп. 1. Д. 3333. Л. 12.

② Балуева Н. Н. Ярославская Большая мануфактура за время с 1722 по 1856 г. М. , 1910. С. 90.

③ Рукописные воспоминания А. Ф. Грязнова (хранятся в музее комбината «Красный Перекоп») .

④ Рукописные воспоминания А. Ф. Грязнова (хранятся в музее комбината «Красный Перекоп») .

一系列问题，尽管如此，这一举动仍有积极的意义。首先，工人新村离工厂较近，这无论对工人还是管理部门而言都很方便。其次，工场向工人发放的无息贷款，使工人解决家庭住宿问题有了物质基础。

1907 年 5 ~ 6 月，市议会收到了很多关于土地划拨的申请书[①]。到 1907 年 8 月 1 日，扎别立茨地区已经划拨出了 68 块地皮（其中大部分划拨给了雅罗斯拉夫尔大手工工场的工人），总面积达 100 平方俄丈。根据《新北疆》的报道，工场的管理部门很乐意按如下条件为工人提供资金建造住房：工场向工人发放 500 ~ 800 卢布的无息贷款，之后每月从工人的工资中扣款 10 ~ 25 卢布[②]。到 1908 年 1 月 1 日，在扎别立茨已经出现了工人新村，建成了约 70 幢房屋，而市议会还有 750 份关于建设房屋的申请书。在已建成的和未建成的房屋中，雅罗斯拉夫尔大手工工场的工人都占了很大一部分[③]。10 年之后，扎别立茨的工人新村已有约 500 幢房屋，并配有托儿所、菜园、道路、教堂、市场和学校[④]。

孔申手工工场也建设了自己的工人新村。最开始的时候建造了一些房屋（其中一部分是根据管理部门的需要而建造的，也就是说职员可以免费居住在这里），之后工人们可以“购买”这些房屋，“但条件是居住最长不能超过 30 年，之后房屋要么拆除，要么还给孔申手工工场”[⑤]。实际上，工人相当于长期租赁而不是购买了这些房屋。到 1899 年，工人新村已经有约 200 幢房屋[⑥]，1907 年在工人新村共居住着 1024 名工人及 1005 名工人家属，后者不在工厂工作[⑦]。

有时工人新村的居住条件比工人在厂外租住的房子（往往只是房间）和工厂的集体宿舍更好。因为这是工人自己的房子，那些不在工厂工作的工

---

① Северная речь. 1907. 10 июня.

② Новый северный край. 1907. 1 августа.

③ Северный вестник. 1908. 1 января.

④ Паялин Н. П. Волжские ткачи. Т. 1. С. 114.

⑤ ЦИАМ. Ф. 673. Оп. 1. Д. 358. Л. 45 об.

⑥ ЦИАМ. Ф. 673. Оп. 8. Д. 18. Л. 2 об.

⑦ ЦИАМ. Ф. 673. Оп. 1. Д. 469. Л. 74.

人家属也可以在这里搞搞副业。比如居住在工人新村的家属会养牛，孔申手工工场甚至还专门为他们发放工资。在工厂医师的描述中，工人新村是这样一种景象："和工厂大院比邻而建的工人新村，从另外一个方向看，离绵延几俄里的树林很近，这样一来，那些拥有独立小房的人们，在生活环境上，相较于工厂集体宿舍的居民而言更像是农村居民。"医师指出，因为环境好，所以更有利于孩子们的成长，儿童死亡率相对更低（那些住在工厂集体宿舍中的孩子，大约有 54% ~58% 活不到 3 岁，在工人新村这一数字为 46%）[①]。这种在生活条件方面的优劣对比在个人住房方面也体现得很明显，因为工人新村的房子不允许对外出租，因此房主拥有房子的全部空间，不用拥挤地住在厨房。雅罗斯拉夫尔大手工工场的管理部门在这一点上特别强调：发放的贷款必须用于个人楼房的建造和修葺，不可用于集体宿舍。

通过雅罗斯拉夫尔大手工工场保存下来的工资支付单，我们可以确定该厂贷款的还款机制：工场每个月从工人的工资中扣除一定款项，扣除的数额取决于工人的工资。孔申手工工场工人得到的租房贷款也是通过扣除工资的方式进行还款。

考虑到雅罗斯拉夫尔大手工工场发放贷款的条件及其还款方式，可以得出结论：远不是所有等级的纺织工人都盖得起属于自己的房子。要知道每年工人须为此支付 120 ~300 卢布不等的还款。这种巨额贷款将高熟练度的、高收入的工人留在企业工作很多年（也就是直到他们还清所有贷款）。如果工人在工厂旁边建造了自己的房屋，那么再转投其他工厂的可能性就很低了。

孔申手工工场的工人为了能住到自己的房屋中，也要花费不菲的金额。1902 年，在孔申手工工场的 270 间房屋中有 173 间有工人居住，其他房间居住的是工场职员[②]。因为上述那些原因，两家工场出现了同样的情况：工

① Письменный Н. Н. К вопросу о вырождении фабричного населения // Труды первого Всероссийского съезда фабричных врачей и представителей фабрично – заводской промышленности. Т. 2. М., 1910. С. 388 –389.

② ЦИАМ. Ф. 673. Оп. 1. Д. 74. Л. 90.

人都是拖家带口入住工人新村，而很快，这些家庭中就会有新的人去工厂上班。

孔申手工工场的工人很难住得起工人新村中价格昂贵的住房，租金的缴纳情况也不是很好。根据1902年11月的统计，在173名工人租户中，只有6个人支付了全部租金，其余167人都欠着工场的钱①。1909年1月1日，170名租户中仅有18人支付了租金。这170间房屋的总造价为114670卢布，还款总额为59972卢布，仅刚刚过半②。档案资料中也有关于孔申手工工场工人新村中几十名小房租客的记录。他们中大部分人是普通工人，也有副工长（低级管理人员）、机械部门工人、经济事务员工和低级职员。他们的租金为每年5~7卢布③。这点钱与那些要将房子买下的人所要付的钱相比简直不值一提。由此可以看出，随着时间推移，董事会逐渐发现无法通过售卖的方式回收所有资金，于是转变方式，将部分房屋以便宜的价格租给工人，而不是卖给他们。

凭借雅罗斯拉夫尔大手工工场工人的个人档案，我们可以得出结论，这些用于建造、购买和修葺房屋的大笔贷款都是工场发放给作为户主的男工的，而还款的责任也落在他们身上。但是在发放贷款和确定贷款金额的时候（发放的贷款金额有时低于工人申请的金额），工场方面往往也会考虑这名男工的妻子是否也在工场工作。如果男工在得到了巨额贷款之后，由于某些原因（如因为疾病等不幸丧失了劳动能力甚至死亡）而不得不离职，那么还款的责任就自动转移到他的妻子身上。但依据现有的资料还不能判断还款责任是否会转移到家庭其他成员或者近亲（如子女、父母、兄弟姐妹）身上。我们并不打算证明管理部门是否对工人如何使用得到的贷款进行了监督，但是可以看出，这些应该用于建造、购买或修葺房屋的资金有时并没有用在原本用途上。比如，1913年5月16日董事会通过决议，批准了董事会办公室一名职员申请贷款以建造房屋的请求，但“他只有在取得了地块契

---

① ЦИАМ. Ф. 673. Оп. 1. Д. 74. Л. 90.

② ЦИАМ. Ф. 673. Оп. 1. Д. 358. Л. 45 об.

③ ЦИАМ. Ф. 673. Оп. 1. Д. 1629.

据的情况下才可以获得贷款"①。这可以看作工厂对贷款使用方式的一种监督。

两家企业对贷款人的资格都有一定的审核标准。雅罗斯拉夫尔大手工工场管理部门最看重的是贷款人的偿还能力。比如，1902 年，55 位申请者中有 44 人得到了贷款，其他人因为以下原因被拒绝：第一，经常以醉酒状态出现在工作岗位上；第二，在财务部门有欠款（有其他贷款尚未还清）；第三，工人工资和全家收入较低②。如我们所见，在这些情况下工场方面拒绝工人的贷款申请，都是由于工场质疑申请人的贷款偿还能力。

在孔申手工工场，当工人提交申请时，管理部门不仅看重其还款能力，还要确定其是否具有入住资格。比如，孔申印染厂厂长给一名工人做出批示："我很荣幸地宣布，他，谢维洛夫，是一名很好、很可靠的工人。很希望您能通过该工人的申请。"③ 或者像这样（来自铸造厂经理）："本人证明，瓦西里·加夫里洛夫·沃尔科夫从 1899 年至今在孔申手工工场的铸造厂担任工人，每日工资 60 戈比。他在工作期间未有过不道德的行为。"④ 也可能会有负面的结论："现对您本月 4 日 1803 号来信回复如下：我们不希望您以任何方式向 Г. П. 普龙金提供住房，因为我们正打算将其开除。"⑤

1901 年 9 月，孔申手工工场行政管理事务经理（负责与工人新村有关的一切事务）与纺织工厂厂长（负责工厂集体宿舍事务）之间的往来书信披露了更多有趣的细节，他们对将工人 П. И. 布耶夫从工人新村迁到集体宿舍，并将其空出来的房屋转给工人新村的负责人作为办公室的可行性进行了讨论。"布耶夫拒绝废除他和工厂签订的租赁合同，您给出的条件是在贵厂工人宿舍中为他提供一间小屋，除了这个条件再无其他。除工厂需要占用 177 号房屋外，本来和布耶夫续签合同也是不合时宜的，因为布耶夫家里人

① ГА ЯО. Ф. 674. Оп. 1. Д. 7584. Л. 12.
② ГА ЯО. Ф. 674. Оп. 1. Д. 4040.
③ ЦИАМ. Ф. 673. Оп. 1. Д. 74. Л. 226.
④ ЦИАМ. Ф. 673. Оп. 1. Д. 74. Л. 151.
⑤ ЦИАМ. Ф. 673. Оп. 1. Д. 74. Л. 223.

口很多，无力偿还贷款，根据合同，这间房屋完全应该收回。”但是工厂方面在人满为患的工人宿舍中没有给布耶夫找到位置。问题最终还是以某种方式解决了，因为文件显示，在10月的时候该房屋已经划归办公室所有了。需要着重指出的是，在这些往来书信中有一句关于与工人签订房屋租赁合同的话，“这种合同仅在工人租客从工厂辞职或被工厂开除的情况下”才会被废除。当然，在极端情况下董事会可以通过开除工人达到这样的目的①。其他档案资料也明显地暴露出工人新村的日常问题。

在我们所研究的两家企业中，无论是从最开始就居住在企业建造的小屋中的工人，还是利用孔申手工工场提供的贷款购置房屋的工人，他们都被算作在厂外居住的人。比如，孔申手工工场的守卫И. 叶尔莫拉耶夫已经在工人新村全款购置了房屋，但在1901年还是每个月都会得到住房补贴②。这对于此类工人是非常有利的。例如，在雅罗斯拉夫尔大手工工场，住房补贴被当作工资的一部分在还贷过程中被扣除了。

第四节　工人在住房方面的总支出

正如上文所讲述的那样，住房对于所有工人及为数众多的家庭成员而言都是一笔很大的开销。生产的扩大及工人数量的相应增加、房租的日益增长、卫生要求的日益严格、房屋维修价格的增长、宿舍中孩子数量的持续增加，都使得工人在住房方面的支出有不断增加的趋势。虽然我们没有工人在住房支出方面的长期资料，但我们可以得到关于这一过程的大致概念。

比如，在表5-7中就可以看到关于雅罗斯拉夫尔大手工工场在住房支出方面的一些情况。

① ЦИАМ. Ф. 673. Оп. 1. Д. 74. Л. 18-24, 51, 76.

② ЦИАМ. Ф. 673. Оп. 1. Д. 74. Л. 47, 54.

表 5－7　1895～1915 年雅罗斯拉夫尔大手工工场在工人住房方面的支出情况

单位：卢布

年份	住房补贴	集体宿舍维护费用	总计	平均每位工人
1895	9680.25	32996.09	42676.34	
1907	146000	57900	203900	22.10
1908	165000	59780	224780	24.30
1909	165000	63380	228380	
1912	179000	58160	237160	
1913	190000	61460	251460	26.72
1914	205000	61360	266360	26.68
1915	205000	61360	266360	26.44

注：表中数据不含工场在职员住房方面的支出。

资料来源：ГА РФ. Ф. 7952. Оп. 8. Д. 62. Л. 93, 177；Д. 59. Л. 41－48, 209；Д. 61. Л. 57；ГА ЯО. Ф. 674. Оп. 1. Д. 2743. Л. 8。

1907 年用于集体宿舍维护的费用统计数据也被保留了下来。57900 卢布中有 36800 卢布用于购买燃料（木柴和泥煤），15500 卢布用于宿舍照明。宿舍所有工作人员的工资总计为 10600 卢布，建筑物和资产险为 3850 卢布，其他支出为 5100 卢布①。

孔申手工工场 1902～1907 年在工人住房方面的支出如表 5－8 所示。

表 5－8　1902～1907 年孔申手工工场在工人住房方面的支出情况

单位：卢布

年份	住房补贴	宿舍维护	宿舍修葺	工人新村的修葺和维护	总计	平均每位工人
1902	30635	118664	21618	8000	178917	16.13
1903	31743	130741	19594	3875	185953	16.57
1904	33475	135158	9559	5458	183650	16.11
1905	51767	162070	13331	8078	235246	20.22
1906	111684	134079	18779	11849	276391	24.33
1907	109583	151771	18426	12802	292582	25.49

资料来源：ЦИАМ. Ф. 673. Оп. 1. Д. 358. Л. 45 об。

① ГА РФ. Ф. 7952. Оп. 8. Д. 59. Л. 45.

从图 5－1、图 5－2 和表 5－8 的数据中可以看出，在上述时期内管理部门在工人住房方面的支出增长要提前于工人数量的增长，但这两种发展进程之间的差别主要发生在 1905～1906 年，并且从图 5－2 中可以很明显地看出，这种质变主要与住房补贴的增长有关。1906 年的住房补贴是 1904 年的 3 倍。这样看来，有两种因素在这里发挥作用——罢工导致的住房补贴金额提高和得到住房补贴的工人数量的增加。1907 年，虽然工人数量仍在持续增加，但住房补贴支出减少了。

即使董事会尝试解决住房保障问题，但这一问题仍然非常严重。1909～1910 年，新纺织厂管理部门在呈交给董事会的报告中谈到了工厂的各种问题，并对住房问题给予了特别关注。报告提到在旧宿舍旁建造了很多新宿舍，并不止一次地写道，无论是新宿舍还是旧宿舍都已经人满为患到不可思议的地步，环境差到无法忍受。上文已经讲过，市场提供的房屋是远远不够用的，所以出租房的居住条件比宿舍更差，而提高住房补贴的行为被评价为是没有意义的——“所有增加的住房补贴都进了房东的口袋，而工人的生活条件没有得到丝毫改善”。

在了解了问题之后，董事会划拨资金用于建造新的集体宿舍。大规模建设就此展开，1894～1899 年，孔申手工工场修建了 5 幢新宿舍楼，花费了 60 万卢布[①]。1900～1904 年，又新建了另外 2 幢宿舍楼[②]。其实，如果不考虑人满为患的情况，这几幢新宿舍楼还是非常现代的。工厂医师这样形容它们：“高大的三层和四层宿舍楼，带有中央供暖和通风系统，各种设施相当完善。”[③] 但通过董事会会议记录可以看到，至少从 1902 年开始，大规模建设受到金额上的限制：1905 年 6 月董事会通过预算，要在 3 年内花费 191500 卢布为纺织厂 800 名工人建造集体宿舍。1908 年 3 月再次通过预算，

① ЦИАМ. Ф. 673. Оп. 8. Д. 18. Л. 2 об.

② ЦИАМ. Ф. 673. Оп. 1. Д. 358. Л. 44 об.

③ Письменный Н. Н. К вопросу о вырождении фабричного населения // Труды первого Всероссийского съезда фабричных врачей и представителей фабрично－заводской промышленности. Т. 2. М.，1910. С. 389.

要在2年内为染整厂250名工人建造四层楼的集体宿舍（费用不得超过55000卢布）①。直到第一次世界大战前，董事会的会议记录中再也没有出现过关于拨款建造集体宿舍的内容，这几乎可以说明，之后再没有进行过相关的建设活动。

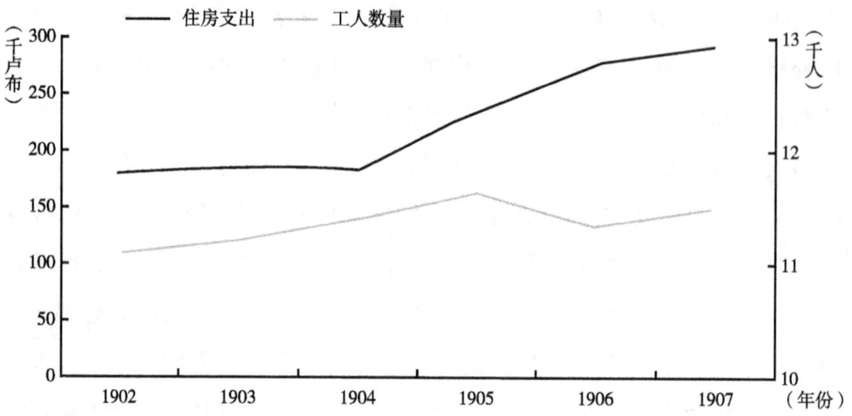

图5-1 1902~1907年孔申手工工场工人住房支出和工人数量的变化

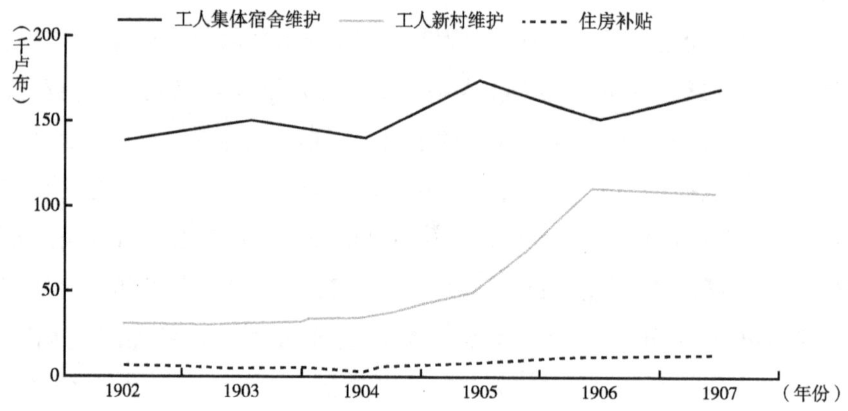

图5-2 1902~1907年孔申手工工场工人集体宿舍维护、工人新村维护和住房补贴方面的支出

① ЦИАМ. Ф. 673. Оп. 8. Д. 22. Л. 66；Д. 36. Л. 12 об.

在与工人进行直接交流后，报告的作者得出的主要结论是：很快着手并经常性地建造集体宿舍，这是安抚工人最好的方法，并且提高了纪律性和劳动生产效率。但如我们所见，董事会没有继续修建。显而易见，董事会并不打算在建造集体宿舍方面投入过多资金，而是希望通过更廉价的方式在短期内解决工人的住房问题。我们可以来算一算。假定能容纳 800 名工人的集体宿舍的实际造价为 19 万卢布。1908 年集体宿舍的入住率是 70%，也就是说在能容纳 800 名工人的宿舍中实际居住了 560 人（事实上，在 1908 年建成这幢宿舍楼时，所有集体宿舍中实际增加的居住工人数没达到 800 人，连 500 人都不到）。如果他们中每人每月领取住房补贴 1.5 卢布，那么工厂一年的住房补贴支出就要 10100 卢布左右，所以说建造一幢宿舍楼的预算已经足够发放 18 年的住房补贴了。如果再考虑到其他情况，如建造过程中可能会超预算，还需要大量资金用于维修、供暖、照明、发放守卫和保洁等工资（根据工资簿的记录，1914 年 6 月仅纺织厂就支付了 401 卢布给守卫和宿舍管理员，94.30 卢布给了擦洗地板的女工）。也就是说，从短期来看，从工厂的角度出发，让工人自己去外面租房住，远比为他们建造新宿舍楼要划算得多，而工人拿着工厂给的住房补贴能在外面租到怎样的房子，这就是他们自己的问题了。对于报告的作者而言，这样的“安抚”方法确实做到了节俭，但在这种情况下，“关心工人”的事情显然已经不复存在了。

第五节　浴室

除住房外，企业还为工人提供了其他与居住有关的附属设施，其中最重要的是浴室和洗衣房。

实际上法律从来没有对此进行过要求。诚然，根据 1861 年相关法令的要求，当皇室和政府雇用工人时，有责任为工人提供每周去浴室洗一次澡的条件，甚至如果必要的话，应在工作地点周边建造浴室[①]。但是该要求没有在私营企业中得到普及。

1886 年的《工业企业监督法令》曾提及工厂须保障工人可以使用浴室，但是和该法令其他条款一样，该法令并没有引起特别的关注。该法令仅规定，如果工厂为工人建造浴室，那么工人“在为这项特殊收费交税时必须符合工厂检查的规定”[②]。由此可见，这部法律同样没有强制工厂主为工人建造浴室，其主要目的是避免工人在为此交费时遭遇不公。

但是各省实行了一些涉及浴室和洗衣房的强制性卫生法令。比如，莫斯科省自 1886 年开始实行省级地方自治机关强制法令，要求工人数量超过 25 人的工厂必须建造浴室[③]。20 世纪初，浴室和住房问题开始捆绑在一起：“在有工人居住的轻工厂和重工厂中，必须为工人建造洗衣房，当工厂与最近的商业浴室距离超过一俄里时，工厂还必须为工人建造浴室。”[④]

但 19 世纪 80 年代初浴室的建设情况并不理想：在对莫斯科省的几个县进行调查之后发现，335 家企业一共只有 62 家浴室（也是说低于 20%）。当时的人写道：“在很多染织厂，染色工在干燥车间或者染色车间的大桶里洗澡。而在那些建有浴室的工厂中，工人也要用自己的工资支付洗澡的费用。此外，在很多情况下，工厂主收取的费用比城里的商业浴室更高。”[⑤] E. M. 杰缅季耶夫的材料也可以证明：“1884 年在谢尔普霍夫县的 44 家工厂（工人数量超过 25 人的）中仅有 16 家建有浴室，其中 14 家

① «Высочайше утвержденные временные Правила о найме рабочих». ПСЗ – Ⅱ. Т. XXXVI. Отд. 1. № 36793. § 54.

② «Правила о надзоре за заведениями фабричной промышленности и о взаимных отношениях фабрикантов и рабочих». ПСЗ – Ⅲ. Т. VI. № 3769. Ст. 27. (Она же – ст. 140 Уст. Пром.)

③ Дементьев Е. М. Санитарное исследование фабрик и заводов Серпуховского уезда. (Сборник статистических сведений по Московской губернии. Отдел санитарной статистики. Т. Ⅲ. Вып. XV.) Ч. I. М., 1888. С. 45.

④ § 75 «Обязательных санитарных правил для жителей всех местностей Московской губернии»: ЦИАМ. Ф. 673. Оп. 1. Д. 469. Л. 136.

⑤ Перфильев М. О. Очерки фабрично – заводского быта в России. СПб., 1887. С. 60.

是免费的。浴室大多空间狭小脏乱，使用的是农村用的生火和烧水设备，但有两家企业比较特别：特列季亚科夫棉纺厂和印染厂，以及孔申手工工场棉纺厂和纺织厂。这些工厂的浴室非常宽敞而且维护得很好，除此之外还都为工人建造了完全独立的洗衣房。相对而言，孔申手工工场棉纺厂的浴室还要更好一些①。这间浴室每周营业 3 天：其中 2 天对工人开放，1 天对职员开放。洗衣房每周营业 6 天，其中 1 天对医院开放，2 天对职员开放，3 天对工人开放。”②

在孔申手工工场 20 世纪初的公文中也可以找到这方面的材料。工人及其家庭成员每周都可以免费洗澡。工人在入职时会得到“澡票簿”，里面的澡票就是进入浴室的凭证，其颜色各异，各工厂所对应的颜色也不同，在每周的指定日期才能进入浴室③。根据 1905 年 3～11 月的统计，孔申手工工场的浴室每月服务的人数超过 5 万人（具体数字是 50732 人，而如果去除 4 月份复活节假期和 10 月份罢工所导致的浴室不对纺织厂和印染厂工人开放等因素的影响，那么每月去浴室的人数甚至可以达到 56349 人）④。

雅罗斯拉夫尔大手工工场也实行同样的制度。工人在入职之后，便有权带家人一起去浴室洗澡⑤。和孔申手工工场一样，雅罗斯拉夫尔大手工工场也会发给工人一种特别的小本子，里面有澡票，并且指定了使用月份和日期，必须严格按照指定的时间使用。可以看出，这么做不仅仅是为了防止外人使用孔申手工工场的免费服务，也是为了让洗澡的人流能更加平均：管理部门指出，很多人都想在星期六午饭后去浴室洗澡，结果导致热水不够用

① Дементьев Е. М. Санитарное исследование фабрик и заводов Серпуховского уезда. (Сборник статистических сведений по Московской губернии. Отдел санитарной статистики. Т. Ⅲ. Вып. XV.) Ч. I. М., 1888. С. 45.

② Дементьев Е. М. Санитарное исследование фабрик и заводов Серпуховского уезда. (Сборник статистических сведений по Московской губернии. Отдел санитарной статистики. Т. Ⅲ. Вып. XV.) Ч. I. М., 1888. С. 152.

③ ЦИАМ. Ф. 673. Оп. 1. Д. 345. Л. 113 об., 121. Образцы книжек – Л. 25 – 98.

④ ЦИАМ. Ф. 673. Оп. 1. Д. 345. Л. 9, 109, 132, 162, 173, 194, 209, 224, 241.

⑤ Ярославская Большая мануфактура. М., 1900. С. 80.

了。此外，工场方面还向工人发放了用于洗衣服的小本子[①]。浴室每周有5天对外开放，工作时间是从6：00～20：00。其余2天浴室被当作洗衣房使用（周五：12：00～20：00；周六：6：00～20：00）[②]，董事会禁止工人在其他地方浣洗衣物。20世纪初，为满足工人的请求，洗衣房的开放时间增加到3天。

雅罗斯拉夫尔大手工工场的第一座浴室和第一批集体宿舍是同时建成的。19世纪末，由于工人数量显著增长，工场不得不对其进行扩建。1900年，浴室搬迁到新楼中，共有四个独立浴区：男职员浴区、女职员浴区、男工浴区、女工浴区。洗澡的流程都是一样的：脱衣服、打肥皂、冲热水。所有浴区的装饰都是一样的："天花板都采用了莫式拱结构，地上铺的是美特拉赫瓷砖，墙壁上砌的也都是瓷砖。"[③]

19世纪80年代孔申手工工场的纺织厂就已经有很好的浴室，附近的染整厂和新纺织厂的工人也都来这里洗澡。印染厂的浴室几乎位于市中心，离工厂很远，因此对于该厂的工人来讲，很长时间都没有自己的专属浴室。1898年，工场买下了位于旧集市广场的商业浴室，但只对职员开放[④]，对于工人而言，情况并没有多少改变，他们可以去纺织厂的浴室洗澡，但非常不方便。根据工人的回忆，1902年之前，有工人在染色大桶里洗澡，但从1902年开始被厂长禁止了[⑤]。1902年3月，印染厂发生大罢工，工人的主要要求之一就是建造浴室，"因为他们需要步行2.5俄里才能走到另一家工厂去洗澡"[⑥]。

其实在1901年秋季，也就是罢工发生的半年前，董事会已经决定拨款

---

① ГА ЯО. Ф. 674. Оп. 3. Д. 258; Д. 254. Л. 68.

② ГА ЯО. Ф. 674. Оп. 3. Д. 258. Л. 115.

③ Ярославская Большая мануфактура. М., 1900. С. 79.

④ ЦИАМ. Ф. 673. Оп. 8. Д. 8. Л. 42.

⑤ 1905-й год в Серпухове. Сборник воспоминаний о рабочем движении в Серпуховском уезде. Серпухов, 1925. С. 47.

⑥ ЦИАМ. Ф. 17. Оп. 77. Д. 1107. Л. 11, 26 об. и др.

1 万卢布为印染厂的工人在旧集市上改造浴室[①]。可能是罢工迫使浴室改造加速了，1905 年初，旧集市上的浴室每周有 2 天对工人开放，职员则使用另外一间浴室，1905 年夏，这两间浴室合并到了一幢建筑中[②]。1904 ~ 1905 年，纺织厂在用新浴室替代旧浴室的过程中花费了 2 万卢布[③]。

有趣的是，在合并过程中，出现了下面这封写给行政事务经理的信（1905 年 8 月 23 日），在信中写出了对于工人和职员的不同条件：

> 旧集市上的浴室即将开始共同使用，根据您的要求，浴室每周对职员开放一天，应该在原有设施上进行一些补充，具体如下。
>
> 第一，挂 2 面镜子。
>
> 第二，放置 3 个小柜用于摆放盛水的水瓶。
>
> 第三，制造 3 块木制条板，在上面固定衣帽架用来挂衣服。在职员们洗澡的日子将条板挂在墙上，之后收起，直到下次职员们洗澡时再拿出来。
>
> 第四，放 4 把木凳子。
>
> 希望得到您的批准[④]。

当时还制定了一份名单，名单中的人有权和职员一起在周四使用浴室。

从整体上来看，表 5 - 9 中明显的差别是由于各部门车间工作熟练度的不同。允许 1 ~ 2 人使用的浴室，其目标人群很明显已经不是工人，而是工长了。但在其他部门，比如雕花部门，能与职员同去洗澡的都是熟练工人。由此可以看出，熟练度高可以使工人得到与工长和职员同等的地位，这对于工人而言也是劳动激励因素的一种（即使不是最重要的）。

---

① ЦИАМ. Ф. 673. Оп. 8. Д. 8. Л. 90.

② 参见 ЦИАМ. Ф. 673. Оп. 1. Д. 345. Л. 124 - 125。

③ ЦИАМ. Ф. 673. Оп. 8. Д. 22. Л. 46.

④ ЦИАМ. Ф. 673. Оп. 1. Д. 345. Л. 178 - 179.

表 5-9　1905 年孔申印染厂各部门有权在周四使用浴室的工人数量统计

部门	允许使用浴室的人数(人)	占该部门工人总数的比例(%)
仓库	34	89.5
雕花部门	101	67.3
样品部门	2	18.2
包装车间	2	14.3
换筒车间	33	12.4
实验室	6	8.6
清洁室	7	8.3
钳工车间	7	6.8
蒸化机车间	1	6.3
锅炉房	2	5.4
铸造间	2	4.7
梳棉车间	2	4.5
烧毛车间	1	4.2
折布车间	4	3.9
蒸汽车间	1	3.6
热压车间	6	2.7
丝光处理车间	1	2.0
漂白车间	1	1.3
染色车间	3	1.3
印花车间	1	1.1

资料来源：ЦИАМ. Ф. 673. Оп. 1. Д. 345. Л. 182－185。

在中部工业区大型企业大多数会为工人免费提供浴室服务。1885 年，工厂检查官 П. А. 佩斯科夫考察了弗拉基米尔工厂区 14 家大型（工人数量超过 1500 人）棉纺织和亚麻加工企业（其中就有雅罗斯拉夫尔大手工工场）。其中只有新科斯特罗马手工工场、沃尔科夫麻纺和亚麻手工工场、伊万诺沃沃兹涅先斯克纺织厂和扎多维麻纺厂四家企业没有为工人建造浴室①。在诺尔斯

① Песков П. А. Владимирский фабричный округ. Отчет за 1885 г. фабричного инспектора Владимирского округа д－ра П. А. Пескова. СПб., 1886. Приложения. С. 56－68.

克手工工场[①]、普罗赫罗夫的三山手工工场[②]、A. 久布涅尔手工工场[③]等企业的纪念刊物中都记载了浴室是免费向工人开放的。但是，甚至到1917年1月，库瓦耶夫斯克手工工场的工人在罢工时仍旧要求企业为其建造浴室，并且要对工人家属开放[④]。

如我们上文所讲，通常工人被允许在浴室中清洗内衣，或者有些工厂会在浴室中设置独立的洗衣房。但实际上，这明显不够用，管理部门也试图解决工人洗衣服的问题。比如，孔申手工工场董事会在1901年决定在纳拉河岸上建造带顶棚的木埠头，"让纺织厂的工人可以在这里洗内衣"。工场为此花费了400卢布[⑤]。

浴室的维护费用不菲，照明费，建筑、锅炉和其他设备的维修费，以及服务人员的工资等开支，都需要工厂出资。我们没有找到工厂在这方面的系统数据，但是表5-10和表5-11的数据可以证明，无论是在雅罗斯拉夫尔大手工工场还是孔申手工工场，该项支出在一战前的十年间每年都在1万卢布左右。

表5-10 1895~1915年雅罗斯拉夫尔大手工工场在浴室维护方面的支出情况

单位：卢布，卢布/人

年份	总计	平均值	年份	总计	平均值
1895	5731.06	0.8	1912	10960	1.2
1907	10350	1.1	1913	10960	1.2
1908	11475	1.2	1914	9960	1.0
1909	12000	1.2	1915	10800	1.1

资料来源：ГА РФ. Ф. 7952. Оп. 8. Д. 62. Л. 93, 177; Д. 59. Л. 44 об., 209; Д. 61. Л. 57。

① 参见 Норская мануфактура в ее прошлом и настоящем. М., 1900. С. 10-11。

② 参见 Терентьев П. Н. Прохоровы: Материалы к истории Прохоровской Трехгорной мануфактуры и торгово-промышленной деятельности семьи Прохоровых. 1799-1915 гг. М., 1996 (переиздание выпуска 1915 г.) С. 251。

③ Товарищество ситцевой мануфактуры Альберта Гюбнера в Москве. 50-й год с основания фабрики. 25-й год с учреждения Товарищества. М., 1896. С. 14.

④ Глебов Ю. Ф., Соколов В. М. История фабрики Большой Ивановской мануфактуры. Иваново, 1952. С. 65.

⑤ ЦИАМ. Ф. 673. Оп. 8. Д. 22. Л. 90.

表 5-11　1904～1908 年孔申手工工场在浴室维护方面的支出情况

单位：卢布，卢布/人

年份	总计	平均值
1904～1905	4724.99	0.4
1905～1906	11448.35	1.0
1906～1907	14974.44	1.3
1907～1908	17013.05	1.5

资料来源：ЦИАМ. Ф. 673. Оп. 1. Д. 358. Л. 48。

***

从整体上我们可以看到，大型纺织企业都需要解决工人住房问题。工厂为解决这一问题往往耗资巨大。工厂主为工人修建住房，之后还要进行维护，为住房提供维修、照明和供暖等方面的服务。我们可以看到，20 世纪初，此项花销每年平均到每位工人身上超过 25 卢布，这对于工人家庭的预算而言，增加额已相当可观，但距离圆满解决住房问题仍很遥远。

有没有必要在劳动激励的背景下去研究这方面的支出问题呢？很显然，工厂建造住房的主要原因是不得不满足工人的居住条件，因为如果不这样做的话，企业根本不可能招到足够的工人。但是住房分配本身也可以被视作留住优秀工人、激励工人努力工作的方法。工作质量高、态度勤勉、不会引发冲突的工人，以及熟练工人更有可能住进条件较好的房间。工人往往会将自己在农村的家庭搬到工厂来，和自己一起生活。有时工人甚至会在工人新村里建造自己的小房，这实际上将工人与企业的关系变得更加紧密。与此相对的是，犯错的工人可能会被迫搬离集体宿舍，去厂外租房居住，而他们领到的住房补贴数额很低，无法租到较好的房子（尤其是当他要为整个家庭考虑的时候）。可见，管理人员很清楚，必须高度重视工人的住房问题，而且还可以将其作为一种劳动激励手段。

另外一个问题是，整体而言工人的住房情况到底有多复杂？因为工厂主并不打算在住房问题上投入太多资金，所以大多数工厂对这一问题解决得都不是很好。我们看到，雅罗斯拉夫尔大手工工场的住房问题解决得要好一些，而孔申手工工场则解决得较差。两家工场的住房问题都很尖锐，工人普遍对居住条件不满意，这使得住房作为一种劳动激励方式在很大程度上失去了意义，并没有起到应有的作用。

第六章
食品供应

19 世纪至 20 世纪初工业企业中的食品供应问题，直到现在仍有待研究。食品供应与工人的工资、住房等问题一样，都是劳动合同中的重要组成部分，所以很有必要从劳动激励的角度进行研究。

大型企业不可能对这一问题置之不理。因为对于大城市中的工厂而言，这个问题并不算多么棘手，毕竟它们可以将压力全部转移到工人身上。但是中央工业区大部分的大型纺织企业位于农村或小城市，那里的基础设施比较落后，无法满足工厂食品供应的需要。即使是像雅罗斯拉夫尔那样的城市，若想保障一家工厂数千名工人的食品供应也很困难。解决食品供应的问题对于孔申手工工场而言更加迫切，因为其下属的部分工厂位于谢尔普霍夫县以外的地方。

这种情况迫使工厂主着手建立自己的食品供应系统，这样才能防止工人流失。事实上政府也注意到了这一问题。1861 年 3 月 31 日颁布的法令中就曾提及皇室和政府所雇用的工人，这些工人的工资由国家财政拨款，工厂主必须为工人供应“大量新鲜健康的食品以及清洁用水”。除此之外，工厂主还必须在工人的集体宿舍旁建造独立的房屋“作为厨房、面包房和格瓦斯酿造作坊”。当食品供应不足或食品质量低劣时，工人有权通过警察局或法院要求工厂做出改进。除此之外，警察局甚至有权独立解决这些问题，“可以越过工厂主去调查账目情况”①。但在19世纪60年代，对私营企业的食品供应问题还没有任何监管。

工人的用餐形式在19世纪初到20世纪初这段时间内发生了很大变化。最早是由“工厂主提供伙食”，这种形式在19世纪初非常普及，而在1861年改革前，这种形式在大型手工工场中已经不太常见了。比如，三山手工工场的情况是：“只有单身工人、学徒或者工资较低的工人才会觉得这样的用餐形式比较方便，而印花工和织布工早在二三十年代就已经开始结伴用餐了。”② И. И. 杨茹在19世纪80年代中期写道：“最初几乎所有工厂都采用工厂主提供伙食的形式，但现在已经明显减少。这一食品供应形式经常会引发工厂主和工人之间的矛盾，并且随着工厂规模的迅速扩张和工人数量的急剧增加，工厂在这方面逐渐不堪重负，于是很快便放弃了这一形式。此外，因为工种和熟练度不同，工人的工资也有高低之分，所以工厂在准备不同质量和价格的食品时，工作异常烦琐。因此如今只有手工作坊和规模较小的工厂还在使用‘工厂主提供伙食’这种用餐形式了。”③ 大致在同一时期，Ф. Ф. 埃里斯曼指出，在莫斯科州还有两家工人数量在千人左右的工厂仍由工厂主为居住在集体宿舍中的工人提供伙食④，但这已经是个别情况，并且随着时间的推移最终会完全消失⑤。

应当附带说明的是，工厂主提供的伙食与工厂食堂提供的伙食之间并没有多少共同点。对于后者，工人可以用金钱或粮票在食堂买到高质量的伙

① «Высочайше утвержденные временные Правила о найме рабочих». ПСЗ – Ⅱ. Т. XXXVI. Отд. I. № 36793. § § 53 –57.

② Терентьев П. Н. Прохоровы: Материалы к истории Прохоровской Трехгорной мануфактуры и торгово – промышленной деятельности семьи Прохоровых. 1799 –1915 гг. М., 1996 (переиздание выпуска 1915 г.). С. 252.

③ Янжул И. И. Фабричный быт Московской губернии. Отчет за 1882 –1883 гг. фабричного инспектора над занятиями малолетних рабочих Московского округа И. И. Янжула. СПб., 1884. С. 93.

④ Эрисман Ф. Ф. Пищевое довольствие рабочих на фабриках Московской губернии. М., 1893. С. 2.

⑤ 参见 Кирьянов Ю. И. Жизненный уровень рабочих России (конец XIX – начало XX в.). М., 1979. С. 160。

食。在十月革命前的俄国，在工厂有食堂还是一件非常罕见的事情，通常只有国有兵工厂和海军工厂才有食堂。而对这些食堂的调查显示，工人们认为食堂里的伙食太贵，所以很少前往就餐①。

不过，在雅罗斯拉夫尔大手工工场的官方叙述中曾说，那里的食堂在19世纪90年代（还有可能更早）“对日工和单身工人出售的午餐价格较为低廉”②。虽然关于这家食堂的资料非常少，但我们现在知道的是，1898～1899年该食堂的午餐“由两种饭菜组成：在非斋戒日是菜汤或肉汤配粥（几乎都是用黄米做的，因为荞麦米还没成熟），而斋戒日是汤、豌豆配鱼或胡瓜鱼配粥”。这样一份午餐在1898年的价格是2戈比，而在1899年6月是5戈比。如果工人不想购买这样的套餐，也可以单独购买，每道菜3戈比。食堂里的面包与工场食品商店里的面包价格相同③。通过售卖食品得到的收入抵不过工场在食堂运营方面的开支。例如，1898年，雅罗斯拉夫尔大手工工场在这方面的开支达到了646.34卢布④。

与工厂主提供伙食这一形式相比，结伴用餐这一用餐形式更加普遍。1882～1883年，И.И.杨茹在报告中对其进行了详细讲述⑤。选择结伴用餐的工人通常来自同一工种，也就是说他们的工资基本相同。一起结伴的工人通常会先选出一名组长，组长负责所有与食品供应相关的事宜。大型工厂中

---

① Труды Высочайше утвержденной комиссии по улучшению быта рабочих военного ведомства. СПб., 1905: Общий обзор современного положения вольнонаемных рабочих и служащих военного министерства и сравнение их положения с таковым же рабочих казенных заводов других министерств, с. 40–41 и Журнал № 23 «Трудов Высочайше утвержденной комиссии по улучшению быта рабочих военного ведомства.» СПб., 1905. с. 2. См. также: Лисовский Н. М. Рабочие в военном ведомстве. По поводу трудов Высочайше утвержденной комиссии по улучшению быта рабочих военного ведомства. СПб., 1906. С. 138.

② Ярославская Большая мануфактура. М., 1900. С. 81.

③ ГА РФ. Ф. 7952. Оп. 8. Д. 56. Л. 172.

④ ГА ЯО. Ф. 674. Оп. 1. Д. 3336. Л. 215.

⑤ Янжул И. И. Фабричный быт Московской губернии. Отчет за 1882–1883 гг. фабричного инспектора над занятиями малолетних рабочих Московского округа И. И. Янжула. СПб., 1884. С. 94–101.

的结伴小组需要通过工厂的食品商店才能采购食品，组长负责与工厂办公室联系。通过结伴用餐的形式可以马上组织起一大批工人进行“团购”，从而节省开销。除此之外，结伴小组通常会雇女厨师掌勺，所以他们的食品质量在单身工人中是最高的。И. И. 杨茹写道：“结伴用餐是工人最喜欢的用餐形式，在工资能按时发放且工厂食品商店价格适中的情况下，毫无疑问，工人在自己的消费能力内根据自己的口味可以获得相当丰富的伙食。”

随着工厂中成家的工人越来越多，以及工人工资结算方式的调整，工人独自用餐逐渐成为更流行的用餐形式。И. И. 杨茹甚至在19世纪80年代就曾写道：“结伴用餐越来越少见，以孔申手工工场为例，最早结伴用餐的形式还比较流行，而现在工人基本都是以家庭为单位用餐或单身工人独自用餐了。在莫斯科附近的一些工厂，工厂主直接告诉我，现在的工人经常脱离结伴用餐的小组或是不愿意加入这样的小组，甚至连工厂主劝他们继续结伴用餐都没有用。对于工厂主而言，他们倒很希望这种用餐形式继续存在，因为其他形式都会使结算变得更复杂，届时工厂会需要更多的办事人员，还要为准备食物而采购更多的炉灶。”① 但是结伴用餐作为工人食品供应的一种方式还是存在了很长时间，甚至在1915年，在专门研究这一问题的专著中还有这样的记述：“直到今日，结伴用餐这一形式已不像19世纪80年代那么流行，但在工人食品供应方面仍有很大的影响力。”②

无论工人选择何种形式用餐，大型工厂往往都会为保障食品供应而开设食品商店。

有些工厂并不开设自己的食品商店，而是选择与距离最近的食品商店签订协议，前提是商店老板在工厂的担保下同意向工人赊卖食品，在工人领到工资后，再向商店老板还钱。从本质上来讲，这样的供应形式与工厂商店直

① Янжул И. И. Фабричный быт Московской губернии. Отчет за 1882 – 1883 гг. фабричного инспектора над занятиями малолетних рабочих Московского округа И. И. Янжула. СПб., 1884. С. 95.

② Вихляев П. А. Предисловие для книги: Козьминых – Ланин И. М. Артельное харчевание фабрично – заводских рабочих Московской губернии. М., 1915. С. 5.

接供应区别不大，但是工厂商店由管理部门直接监管，管理部门最关心工人们的安定，而店主们希望的则是使自己的利润最大化，因此他们时常会做出各种舞弊行为，就这样，大型工厂与食品商店签约这种形式渐渐消失了。例如，莫斯科的三山手工工场在 19 世纪 60 年代以前有自己的工厂商店，负责向结伴用餐小组提供食品批发服务。但后来，在 19 世纪 80 年代之前，用餐小组开始“在工场提供担保的情况下从商店老板那里采购食品”。在这之后成立了消费合作社，负责在工场中开设自己的食品商店。资料记载这是“在董事会授意之下，为了使工人不再遭受商店老板的盘剥和用餐小组组长的各种徇私舞弊行为”①。

孔申手工工场旗下的各家工厂，除印染厂外，都位于城市郊区，所以工厂商店比较普及。孔申纺织厂的食品商店至少从 19 世纪 60 年代起就已经开设了，在这之后，其余的工厂也都陆续开设了自己的食品商店。孔申印染厂的食品商店和三山手工工场的一样，都是在 1891 年才刚刚出现。而在消费合作社出现之前，工人用餐小组的食品要么通过遥远的、位于纺织厂内的食品商店采购，要么在工厂财务的担保下从城里的食品商店中购买。

这种食品供应方式在雅罗斯拉夫尔大手工工场依然存在。除了在工厂中开设食品商店外，19 世纪 70 年代末，工人还可以在与工厂签订协议的城市食品商店中购买食物。每年年初，想要与工厂合作的商人需要向工厂办公室提交规定格式的申请。在工厂与商店店主签订协议后，工人每月可以得到这家商店固定数额的伙食票。为了让工厂办公室支付其工人赊买的所有商品的金额，商店店主在每个月结束之后不仅需要提供加了记号的粮票，还要提供写有“统计数据”的表格，表格中包含以下 6 项信息：工人工号、粮票票号、工人的姓名及父称、粮票金额、工人领走的伙食金额、从工人处扣除了多少金额。档案记载了雅罗斯拉夫尔商人 H. A. 科列林于 1879 年 1 月记录的统计数据。这份统计数据记载了该月雅罗斯拉夫尔大手工工场的工人共向

① Терентьев П. Н. Прохоровы: Материалы к истории Прохоровской Трехгорной мануфактуры и торгово – промышленной деятельности семьи Прохоровых. 1799 – 1915 гг. М., 1996 (переиздание выпуска 1915 г.). С. 252.

商店交付了 266 张粮票，总金额为 1242.03 卢布。工人拿走的食品金额共计 1183.91 卢布（也就是说工人实际拿走的食品数量比可以拿走的食品数量要少），而工场办公室仅支付给店主 1165.97 卢布[①]，也就是说商店店主该月少收到 18 卢布。工场方面对此也有声明。雅罗斯拉夫尔大手工工场办公室在 1878 年 1 月 5 日的声明中通知商店店主，“工场不保证按照粮票的票面金额全额付款，而只会对可以得到当月工资的工人实际赊买的食品进行支付。若有工人拿着粮票从商店支走了整月的食物，但其工作实际并不足月，且在没有得到工厂批准的情况下抛下工作不管，那么在这种情况下，办公室有权不支付粮票的票面金额，而仅在扣除工人因擅离职守或其他违反工厂规定的行为所导致的罚款后，将其剩余工资交予商店店主。而其他未收金额，商店店主可通过法律程序向工人本人索要，工场对此不承担任何责任”。在得到“统计数据”表格时，商店店主需要亲笔签字确认同意这些条件[②]。让店主自己向工人追讨债务非常不切实际，不过，对店主的行为同样缺乏监管。个体商人“经常欺骗工人，肆无忌惮地缺斤少两或故意算错金额，少给工人食品”[③]，这已经是苏联史学界的共识了。虽然在面对类似这样不加区分的声明时，我们应当非常谨慎，但很显然，店主在获得向工人赊卖食物的权利后，对工人和工厂管理部门之间的关系并不在意，反而继续自己的欺骗行为。所以雅罗斯拉夫尔大手工工场董事会渐渐终止与个体商人合作，转而运营自己的食品商店。

20 世纪初，A. Ф. 格里亚兹诺夫指出，当前俄国存在 3 种“向工人提供食品”的形式：第一，“工厂完全不参与食品供应事务，完全不关心本厂职员和工人在哪里购买食物、怎样够买食物”；第二，“工厂为本厂职员和工人成立消费合作社，之后将工人的食品供应事务完全转交合作社处理”；第三，“工厂建立和运营自己的食品商店，以便向工人和职员供应食品”。

在评价这几种供餐形式的利用效率时，他认为：“如果从因向工人供应食

---

① ГА РФ. Ф. 7952. Оп. 8. Д. 56. Л. 9.

② ГА РФ. Ф. 7952. Оп. 8. Д. 56. Л. 4 об.

③ 例如可参见 Паялин Н. П. Волжские ткачи. 1722－1917. М.，1936. Т. 1. С. 111。

品而导致工厂管理复杂化的角度来看，第一种形式最好，第三种形式最差，因为采用第三种形式会给管理部门带来很多麻烦，比如食品质量和价格的确定和监管、与不可避免的舞弊行为做斗争等。但如果从帮助工人联合起来并培养其独立性这个角度进行评价的话，那么最好的食品供应形式就是在工厂中成立消费合作社，因为要讨论合作社的日常事务，所以工厂的职员和工人经常聚在一起，他们就这样一点一点地联合起来，并走向更全面的任务：自治。但是如果从重视工人群体的稳定这个角度出发，那么毫无疑问，第三种形式最好，而这也正是雅罗斯拉夫尔大手工工场所采用的食品供应形式。”①

许多研究将工厂食品商店的形象描述得非常负面。比如，有学者在谈到三山手工工场的食品商店时写道，“食品采购问题令普罗赫罗夫家族十分头疼：食品被没收，犯罪的人被处以罚款”，“普罗赫罗夫家族将食品商店的商品价格定得很高”，“食品商店经常缺斤少两”，“卖给工人各种腐烂的东西”②。С. И. 阿里斯托夫在描述孔申手工工场工人的黑暗生活时，同样没有忽视这个问题：“谢尔普霍夫的工厂里有食品商店，工人在预支了工资后从办公室得到粮票，并被迫在工厂食品商店中高价购买食品，而且这些食品往往质量很差。工厂主在这个过程中赚了很多钱。工人非常憎恨这些食品商店，在罢工的时候他们经常会要求工场方面将其关闭。”③ 雅罗斯拉夫尔大手工工场同样没能躲过谴责：“工场欺骗工人的方式多种多样。既然可以先赊买后偿还，那么低工资的工人自然会经常利用这种‘信贷’方式购买食品。结果在发工资的时候，工人有时连 1 戈比也得不到，因为所有钱都用于偿还商店了，而就算这样店主还卖给工人最差的食品。”④ 负责运营食品商店的工厂主总是习惯性地欺骗工人，经常卖给他们价高质劣的食品，而工人却只能在这里购买（或者，如我们之前讲过的，在那些与工厂有专门协议的商店购买）。

---

① ГА РФ. Ф. 7952. Оп. 8. Д. 63. Л. 130 – 131.

② Лапицкая С. Быт рабочих Трехгорной мануфактуры. М. , 1935. С. 17, 64.

③ Аристов С. Город Серпухов. С. 49.

④ Паялин Н. П. Волжские ткачи. 1722 – 1917. М. , 1936. Т. 1. С. 178.

非常重要的一点是，以上关于食品商店的负面例子，实际上往往都是一些发生在19世纪80年代以前的小事，而发生在80年代以后的具体事例事实上非常少，毕竟食品商店在20世纪几乎已经完全没有负面评价了。

需要指出的是，政府并未忽视这一问题[①]。而这其中最有意义的事件是1869年6月孔申手工工场旗下纺织厂发生的罢工，在莫斯科省省长办公室的档案文献中有关于这件事的记载[②]。当时有632名纺织工拒绝上工，他们的主要要求是提高计件工资或者在得到全部工资的条件下离开工厂（根据工厂当时执行的内部规定，想要在合同期满前离职的工人，会被扣除14天的工资）。在当时来讲这次罢工是一次大规模事件，所以莫斯科省省长B. M. 斯科罗杜莫夫派高级官员前往处理，后者成功说服了工人，告诉他们这种在雇佣期限结束前修改计件工资的要求是不合法的。在罢工两天后，几乎所有纺织工都回到了工作岗位上，24名工人在原有条件下离职。这次罢工在关于工人运动历史的各种汇编中都被认为没有任何成果[③]。但实际情况并非如此。

纺织工人对必须在工厂商店购买食品很有怨言，因为工厂商店的食品价格比市价还高。工人还抱怨道，工厂商店在卖给他们面包的时候，“不是按实际重量计算，而是按每4个面包合1普特（16.38千克）这样的方式来计算，因此每个面包都不够分量，每个都至少少了1俄磅（409.5克）”。工人还抱怨工厂主卖给他们的腌肉是腐烂的。警察在调查之后发现：工人确实只能在孔申手工工场的工厂商店里购买食品，而且商店的价格确实比市价更高；无论是有意的还是无意的，在售卖面包的过程中确实存在缺斤少两的行为；不过商店售卖的腌肉没有问题，工人拿出来的肉块实际上早在5月就已

---

① ЦИАМ. Ф. 17. Оп. 42. Д. 144.

② ЦИАМ. Ф. 17. Оп. 42. Д. 144.

③ 参见 Из истории фабрик и заводов Москвы и Московской губернии（конец XVⅢ – начало XX в.）. Обзор документов / Под ред. В. А. Кондратьева и В. И. Невзорова. ЦГАМ. М.，1968. С. 124 – 125。

经变质了[①]。无论如何，工人的抱怨被证实大部分是有根据的，谢尔普霍夫县的警察局局长要求工厂对此进行整改。最终 H. H. 孔申在文件中签字，表示从即日起工厂商店不再强制向工人供应食品，上述那种售卖面包的方式也被取消了。

这一问题引起了时任莫斯科省省长 B. И. 冯维津的密切关注，他向全省发布通报，要求重视在轻工厂和重工厂发生的类似事件。不过得到的反馈报告（在案卷中保留着）令他很不满意。11 月，B. И. 冯维津再次向各地发布了新命令，要求各地政府加强对工业企业管理者在食品供应中的舞弊行为的监管。

关于政府可以对私营工厂商店的工作干涉到什么程度，目前有待研究，不过在工人和工厂主的关系如此变化的背景下，后者已经不太可能继续为所欲为了。

终于，1886 年，俄国首次就工厂食品商店颁布了法律法规。《工业企业监管条例》第 28 条写道："商店向工厂职员和工人供应的食品价格不能过高，食品质量必须合格。在工厂中开设其他同类商店时，必须事先得到工厂检查机关的许可。商店所售卖的商品统计数据须经过工厂检查机关批准。"工厂检查机关从 1893 年开始负责对商品定价。工厂检查机关在实施该条例之前曾经进行过调查，调查结果显示，"工人只能从工厂商店获得食品，而且这些食品价格很高，这是很普遍的现象"[②]。

工厂检查机关认为，在该条例实施以后，工厂商店中的舞弊行为会大量减少[③]。工厂档案资料也证实了这一点。

我们看到，在孔申手工工场，至少从 19 世纪 60 年代开始就开设了食品商

① 参见 Из истории фабрик и заводов Москвы и Московской губернии（конец XVⅢ – начало XX в.）. Обзор документов / Под ред. В. А. Кондратьева и В. И. Невзорова. ЦГАМ. М., 1968. С. 124 – 125; Гарин Г. Ф. и др. Серпухов. С. 99。

② Литвинов – Фалинский В. П. Фабричное законодательство и фабричная инспекция. М., 1904. С. 48.

③ Литвинов – Фалинский В. П. Фабричное законодательство и фабричная инспекция. М., 1904. С. 48.

店。20世纪初，商店中可以赊买的和可以用现金购买的商品有食品、煤油、蜡烛、火柴、肥皂、黄花烟、便宜的烟卷、烟草（从1903年开始售卖）以及制皮靴工场生产的鞋（从1906年开始售卖）。而关于雅罗斯拉夫尔大手工工场食品商店的最初记载也出现在19世纪60年代。20世纪初，该厂食品商店由以下几个部门组成：面包部、面粉部、粮油部、纺织品部、日用小百货部、茶和香料部以及鞋部等。在粮油部中有不同规格和种类的米、香肠、肉、鱼、油、糖果、蜂蜜等。我们发现有一些食品（比如新鲜的肉）只供应给职员，极少供应给工人①。1885年2月，弗拉基米尔区工厂检查官П. А. 佩斯科夫在造访雅罗斯拉夫尔大手工工场后，在报告中写道，该厂没有开办食品商店②。但这与19世纪60~70年代的档案资料相悖，而且在这些资料中我们也没有找到该厂食品商店曾经关闭过的记录。

接下来我们将借助档案资料来研究孔申手工工场和雅罗斯拉夫尔大手工工场的食品商店，主要关注工厂商店被历史著作所诟病的那些问题。

第一节　工厂商店供应食品对工人的必要性

在调查资料中多次提到工人必须在工厂食品商店购买食品，而那些食品往往价高质低。我们看到，这样的要求在孔申手工工场直到1869年才被正式废止。1891年，孔申手工工场内部规章的第15条写明，不强制要求工人在食品商店购买食品。雅罗斯拉夫尔大手工工场最晚在20世纪初也在内部规章中加入了“工人可以自由选择是否在工厂食品商店购买食品”的条款。

另外还有一点，也是多次在文献中被提及的，工人之所以不得不在工厂食品商店里购买食品，是因为只有这里才允许他们赊账。当工厂未发工资或者停发工资的时候，工人，特别是那些没有参加结伴用餐小组的工人，与工厂商店的联系就更加紧密，因为他们实在是太缺少现金了。Ф. Ф. 埃里斯曼

---

① ГА ЯО. Ф. 674. Оп. 3. Д. 264.

② Песков П. А. Владимирский фабричный округ. Отчет за 1885 г. фабричного инспектора Владимирского округа д－ра П. А. Пескова. СПб. , 1886. Приложения, табл. V.

这样形容 19 世纪 80 年代初的情况：“大部分工厂并未正式要求工人在工厂食品商店购买食品，但实际上这样的商店对于工人而言是不可或缺的，因为工人无法用现金支付，只能在那里赊账。在瓦乌林手工工场经常出现这样的情况，工人以每俄磅 25 戈比的价格在商店赊买白糖，然后以每俄磅 17 戈比的价格转卖给他人，这种行为被称为‘打秋风’。沃斯克列先手工工场的情况同样如此，但是这样的赊买在本质上是强制性的，因为工厂每 1.5 ~ 2 个月才发一次工资。”①

事实上，虽然工人工资不高，但食品支出在工厂预算中所占的比重相当大。然而，在我们所研究的工厂中，工人工资仍主要是现金，而不是用下个月工资抵扣的食品。比如，孔申纺织厂 1876 年 10 月的工资支付单显示，工资总额为 23721 卢布，而赊买的食品总额为 6709 卢布（也就是说占比为 28.3%）②。这种比例始终没有发生太大变化。1901 ~ 1907 年孔申手工工场工人在商店中赊买的食品总额约占工资的 30%（25% ~ 36% 不等）③。

在个别情况下，赊买食品的金额所占工资的比重远高于平均水平，而工人对此抱怨道：“我们根本见不到现钱，工作只是为了还欠商店的债。”可是也不能一味听信这样的抱怨，不能无根据地指责工厂主蓄意盘剥工人。首先应该说明的是，赊买的额度是有限的。比如，雅罗斯拉夫尔大手工工场在 19 世纪 80 年代就出台了相关规定。根据规定，工人最多只能在商店赊买相当于自己工资半数的食品。这就排除了一种情况，即工人在商店赊买的食品金额与其全部工资相当，这样他不仅不会挣到什么钱，而且还会因此负债（上述例子中的工人，1881 ~ 1882 年都在工作，最后却欠了工厂主的钱，此处援引 И. И. 杨茹的话来说，“工厂主通过这样的方式收回了向工人支付的

---

① Эрисман Ф. Ф. Пищевое довольствие рабочих на фабриках Московской губернии. М., 1893. С. 8.

② ЦИАМ. Ф. 673. Оп. 1. Д. 1. Л. 32 – 34. Из этой суммы 6239, 87 руб. (93 %) пришлось на фабричную лавку, а 468, 87 руб. — на лавки двух местных торговцев.

③ ЦИАМ. Ф. 673. Оп. 1. Д. 358. Л. 42.

所有薪水，当然了，他们售出的商品也有很高的利润”[①])。

工人一旦开始从商店赊买食物，那么他就陷入了一种永远欠工厂主钱的循环状态中。监管机构（工厂和采矿事务的主管机构）认识到了工人和工厂主之间的这种关系，因此发出通报，对可从工厂商店中赊买的商品种类进行了严格规定。这份统计数据中包含了所有主要食品（面包、面粉、米、新鲜的肉和鱼、油、糖等），以及煤油、蜡烛、火柴、肥皂、黄花烟等。价格更高的商品，如蜂蜜或香烟等，在工厂商店只能用现金进行交易。

渐渐地，工人认为自己在赊买普通商品时过于受限，而商店也相应地对允许工人赊买的商品清单进行了多次补充。比如，在清单中加入了火腿和便宜的烟纸等商品。但如果想对赊买商品清单进行补充，必须得到省级政府的批准，而且这种决定对于省内所有工厂都具有同样的法律效力，也就是说这不只关系到一家工厂的工厂商店，而且在全省范围内都有约束。除此之外，1903 年 5 月，孔申手工工场的管理部门还向负责工场事务的省级政府提交申请，希望允许其在工厂商店售卖便宜的香烟，但最初遭到了回绝，“我们注意到，与黄花烟相比，售卖更贵种类的烟草对于工人而言并不十分迫切”，但是董事会可以证明，这种禁令对工人而言是吃亏的。1907 年工人提出，以前他们可以在工场赊买食物，现在却被禁止了，而这一问题甚至都没有被提上政府的议事日程。

为了不让外界责备是自己逼迫工人在工厂赊买商品，孔申手工工场的工厂商店从 1903 年 4 月起开始以现金方式售卖商品。1903 ~ 1904 年，工厂商店以现金方式卖出的商品总价为 1.8 万卢布（占销售总额的 3.2%），1906 ~ 1907 年，这一数字已经达到了 10.4 万卢布（占销售总额的 11%）[②]。

以现金方式售卖的商品种类非常多。虽然远不是所有商品都可以赊买，

① Янжул И. И. Фабричный быт Московской губернии. Отчет за 1882 – 1883 гг. фабричного инспектора над занятиями малолетних рабочих Московского округа И. И. Янжула. СПб., 1884. С. 91 – 92.

② ЦИАМ. Ф. 673. Оп. 1. Д. 358. Л. 42 об.

但在孔申手工工场的工厂商店可以赊买的也有 10 种肉、5 种鱼，还有蔬菜和葡萄干等商品。有意思的是，工人对 H. H. 孔申抱怨的并不是商店如何不好，而是商店“过于好”，以至于对工人产生了极大的诱惑，因此他们希望工厂对商店的商品种类加以限制。当然，在“商店应该为工人提供大量商品种类”和“仅提供法律所要求的最基本商品”之间存在明显矛盾，但是既然 19 世纪 80 年代后工厂检查机关已经专门关注工厂商店，而后者赊卖给工人的商品种类又非常有限，并且大部分商品只能用现金购买，那么就不能说“工人成为工厂主的债务人”这一危险是工人过量赊买导致超过自己的偿还能力而造成的。

雅罗斯拉夫尔大手工工场没有现金交易方式。管理部门认为，对于工厂商店的价格水平而言，“现金交易方式并不适用，因为当时每个来商店的人，即便他不是本厂工人，都可以要求商店以比市价更低的价格赊卖给自己各种商品”。因此，商店只采用赊买的方式，“商店的‘赊账簿’中有购买记录，发工资时会将当月所赊商品金额从工资中扣除”①。这样的规定并不影响工人用工资去其他商店购买商品。雅罗斯拉夫尔大手工工场根据工人的请求，从 1909 年开始每周六发放一次工资。“得益于此，每名工人都可以将工厂商店的价格与厂外商店进行对比，如果厂外商店卖得便宜，也可以在那里购买，所以工人更喜欢每周发工资的这种形式。”②

的确，当按时支付工资的问题顺利解决之后（20 世纪初在我们所研究的工厂和其他大部分的大型工厂中，这一问题都已经完全解决了），赊买商品就由沉重的负担变成了非常方便的购物方式。雅罗斯拉夫尔大手工工场经理对此这样解释：“刚刚进厂的工人往往没有现金储蓄，如果从工作的第一天就可以赊买的话，无论如何也不会挨饿。而工龄较长的工人则不必如此，他们可以用现金购买食品。由此带来的一大便利之处就是工人可以随意派人去领取食物，哪怕是小孩子，因为故意算错，少给商品或丢失大额金钱等危

① ГА РФ. Ф. 7952. Оп. 8. Д. 63. Л. 129.

② ГА РФ. Ф. 7952. Оп. 8. Д. 63. Л. 129.

险是不存在的。”[①]

这种方式对工人来讲确实是看不出有什么不好的地方。不仅如此，在1905年11月雅罗斯拉夫尔大手工工场发生罢工期间，工厂主宣布停工，又宣布从11月24日起关闭工厂商店，还专门为此张贴了公告[②]。第二天，工人们找到一名董事会的成员，向他表示，“工人已经选出了代表，请求工场开放工厂商店及允许我们赊买食品”，用他们的话来讲，关闭工厂商店并不是他们所希望看到的。最终工场决定“向工人开放工厂商店，但赊买额度是平时的1/3，工人赊买商品的金额要从工资中扣除”[③]。12月的最后几天，在罢工依然持续的情况下，工人希望商店可以在新的一年继续开放，但遭到了董事会的断然拒绝：“从1906年1月1日起，直到工场复工之前，商店都将处于关闭状态。”[④] 1906年1月初，大部分（付清工资）被解雇的工人同意在董事会于1905年10月25日提出的条件下重返工作岗位。在董事会给工人的公告中写道，“雅罗斯拉夫尔大手工工场将于1月7日星期六4：00复工”，另外提醒道，“工厂商店也将于1月7日星期六按正常时间营业，而商店的兑换券将在工人出勤统计结束后由工厂记工员发放”[⑤]。

毫无疑问，我们可以将工厂的这些做法看作在工人最需要的食品供应方面施加的压力，这种压力是非常实际的，而且双方都可以接受。在罢工的情况下，雅罗斯拉夫尔大手工工场管理部门将“工人从商店赊买”变成了劳动激励措施的一部分，并且成功利用这一点终止了罢工。

我们注意到孔申手工工场也曾将工厂商店作为影响工人行为的工具，虽然我们没有找到像内部文件那样可信的资料，但是我们找到了为纪念1905年革命20周年而汇编的工人回忆录。这些工人遵循着阶级斗争的观念，比

---

① ГА РФ. Ф. 7952. Оп. 8. Д. 63. Л. 129.
② ГА ЯО. Ф. 674. Оп. 3. Д. 254. Л. 39.
③ ГА ЯО. Ф. 674. Оп. 3. Д. 254. Л. 7.
④ ГА ЯО. Ф. 674. Оп. 3. Д. 254. Л. 59.
⑤ ГА ЯО. Ф. 674. Оп. 3. Д. 254. Л. 62.

如，对于印染厂的罢工他们这样写道："职员合作商店（也就是消费合作社管理的工厂商店）在罢工的时候立刻就关闭了。食品供应的中断将我们逼到了走投无路的境地，毕竟家人们需要食物。当时大部分工人决定对商店搞一场大破坏，迫使工厂主重新售卖商品。"该汇编在谈到1905年发生在纺织厂的罢工时写道，工人成功地和厂长 M. П. 洛塔列夫达成一致，后者同意工厂商店向工人供应两周食品。但是在10月17日的公告（当时两周的期限刚好结束了）发布之后，厂长又下令将工厂商店关闭，而这之后罢工也没能坚持太久。最终，汇编得出的结论是："1897年之后，工人又数次试图罢工，但工厂主每次稍一察觉到罢工的迹象就下令关闭供应食品的工厂商店，以此迫使工人放弃参与罢工。"[①] 有趣的是，这些证据可以被拿来与上文提到过的 C. И. 阿里斯托夫的声明做比较，毕竟是他曾声称罢工期间工人经常要求关闭工厂商店。

"在工厂商店进行赊买"这一制度对于工人而言非常方便，以至于他们希望能将其推广到城市商店中去。比如，1909年2月初雅罗斯拉夫尔大手工工场的工人请求董事会，希望"工场办公室可以去和当地商人协商一下，让工人可以在他们的商店中赊买商品，然后商人可以从工场办公室那里得到从工人工资中扣除的金额"。工场领导对此表示拒绝，他们认为在实行了周工资制度后，工人手里有钱了，"他们完全可以用现金去城里的商人那里购买商品"[②]。当然了，赊买还会造成工场管理的分散，并丧失对工人的监管，这对管理部门而言非常不利。

虽然"可以赊买"是工厂商店最重要的特性之一，但并不是所有工人都有资格这样做。雅罗斯拉夫尔大手工工场在这个问题上就做出了限制。在1899年之前，在办公室工作的工长和日工（也就是不直接参与生产的人）无权享受工厂商店服务，而作为替代，工厂食堂向他们开放（详见前文）。1899年1月27日，雅罗斯拉夫尔大手工工场管理委员会会议通过决议，决

---

① 1905 – й год в Серпухове. Сборник воспоминаний о рабочем движении в Серпуховском уезде. Серпухов, 1925. С. 35, 47, 104 – 105.

② ГА РФ. Ф. 7952. Оп. 8. Д. 60. Л. 44.

定“允许工厂商店向工长开放，而对于日工而言，关于何时开放这个问题还要在日后详细研究”①。很有可能的是，对日工的这种限制与他们的流动性太大有关，而且经常会出现这样的情况：“日工在还没有计算工资、没有得到证件的情况下就随意离开了自己的工作岗位”②。在这些情况下，管理部门做出不向日工赊卖商品的决定是有充分理由的。

第二节　食品价格

我们可以看到，1869 年，孔申手工工场商店的食品价格较高，这样商店的利润会更高一些。随着“工人必须在工厂商店购买食品”的规定被取消，工厂主不会再让工厂商店的价格比邻近的商店更高。诚然，正如我们在表 6－1 中看到的那样，19 世纪 80 年代初，谢尔普霍夫地区工厂商店的价格已经与城市商店大致相当了。

表 6－1　1880 年 9 月和 1883 年 7 月谢尔普霍夫工厂商店和城市商店的食品价格

商品	单位	1880 年 9 月		1883 年 7 月			
		工厂商店	城市商店	孔申手工工场商店	三山手工工场商店	Д. 胡塔列夫手工工场商店	城市商店
黑麦粉	戈比/普特	125	125	90	90	90	87～90
烤黑麦面包	戈比/普特	100	120	76	76	80	70
荞麦米	戈比/俄斗	180	180	165	166	175	
豌豆	戈比/俄斗	130	120				
牛肉	戈比/俄磅	12	11	13	13		12.5
炼脂	戈比/俄磅			20.5	24	25	23～24
大麻子油	戈比/俄磅	12	12	18	18	20	17

① ГА РФ. Ф. 7952. Оп. 8. Д. 56. Л. 226 об.

② ГА РФ. Ф. 7952. Оп. 8. Д. 56. Л. 226.

续表

商品	单位	1880 年 9 月		1883 年 7 月			
		工厂商店	城市商店	孔申手工工场商店	三山手工工场商店	Д. 胡塔列夫手工工场商店	城市商店
葵花子油	戈比/俄磅	17	15				
盐	戈比/普特	80	80	50	60	80	47～55
糖	戈比/俄磅	20	18	24	24	26	
烟草	戈比/俄磅	16	18				

资料来源：1880 年数据来源于 ЦИАМ. Ф. 17. Оп. 50. Д. 1108. Л. 4；1883 年数据来源于 Янжул И. И. Фабричный быт Московской губернии. Отчет за 1882 – 1883 гг. фабричного инспектора над занятиями малолетних рабочих Московского округа И. И. Янжула. СПб. , 1884. С. 107。

有时不同商店之间商品的价格差别非常大，不过通常都是对工厂主有利的价格。而自从 1886 年规定开始实施之后，其他的姑且不谈，单是那些要求工厂以不高的价格供应给工人的食品，情况就已经发生了很大的变化。

可以确信的是，该规定在处于工厂检查机关监管下的工业企业中执行得很好，因为那些工厂商店的商品定价受到工厂检查官的严格监督。检查员每个月会向各工厂发送要求其遵循的主要食品的限价，之后检查员会对工厂商店的价格表进行检查和确认，并且有权降低价格（他们经常会行使这一权力）①。

在档案资料中可以看到，20 世纪初，孔申手工工场管理部门在没有工厂检查官监督的情况下依然遵循这一原则，没有商品设定高价，主要商品的价格与谢尔普霍夫的市价保持一致②。早在 1884 年 E. M. 杰缅季耶夫就曾指

① ЦИАМ. Ф. 2005. Оп. 1. Д. 12.

② 例如可参见 ЦИАМ. Ф. 673. Оп. 1. Д. 117. Л. 1 – 24。

出："工厂商店的价格总是与市价保持一致，但也不会更便宜。"[①] 在大多数情况下，孔申手工工场董事会的价格政策是"接近当地市价"。

不过即便在这种政策下，孔申手工工场工厂商店的价格有时也会下降。例如在1901年，工厂商店的经理向上级提出申请："现在集市上小牛肉的价格比我们商店更便宜，因此申请将出售给就餐小组的一等小牛肉价格从12戈比降到11戈比。我们值得对工人做出如此让步，因为就餐小组会从我们这里以普特为单位批发小牛肉。"[②] 不过我们也找到了一封写有相反内容的信（写于1907年8月），信中写道，城里的米价太高，每普特2.20卢布，而工厂商店仅售每普特1.58卢布，其余所有食品的价格则与市场价相同。孔申手工工场行政管理事务经理E. E. 提森豪森对此做出的反应是：从9月1日起，商店的米价将对标市价，也就是说，提高工厂商店的米价[③]。

在这里需要强调的是，孔申手工工场在食品保障方面已经安排得非常周到了。孔申手工工场建立了一套完整的供应商网络。20世纪初，工厂商店已经拥有了自己的供应保障体系，并开设了面粉厂、面包房和屠宰场。商店的营业额连年增长，甚至在工人不再快速增加的情况下亦是如此。我们可以孔申手工工场的屠宰场为商店购买的牲畜数量为例证明这一点（见表6-2）。

表6-2　1901~1907年孔申手工工场董事会向莫斯科省管理委员会申请购买的牲畜数目统计

单位：头

年份	牛	羊
1901	300	500
1902	500	1000
1903	500	2000

① Дементьев Е. М. Санитарное исследование фабрик и заводов Серпуховского уезда.（Сборник статистических сведений по Московской губернии. Отдел санитарной статистики. Т. Ⅲ. Вып. XV.）Ч. I. М.，1888. С. 149.

② ЦИАМ. Ф. 673. Оп. 1. Д. 69. Л. 12.

③ ЦИАМ. Ф. 673. Оп. 1. Д. 520. Л. 79.

续表

年份	牛	羊
1904	500	2000
1905	1000	2000
1906	1500	2000
1907	超过 1500	2000

资料来源：ЦИАМ. Ф. 673. Оп. 1. Д. 69. Л. 1，2，39，41，72，97，98，109，120，140。

雅罗斯拉夫尔大手工工场也在这方面给予了大力支持。资料证明，工厂商店的大部分食品是从集市上打折批发而来，肉类主要从雅罗斯拉夫尔和莫斯科的商人手中购得。雅罗斯拉夫尔大手工工场在 19 世纪末扩大乳牛场规模，达到 90 头母牛的规模。20 世纪初，董事会下令要求“扩大乳牛场的规模，以保障所有工厂居民都可以喝到质量好的、不掺假的牛奶，并且价格要比牛奶商卖得便宜”①。但是情况并没有发生很明显的改变，1905 年乳牛场共拥有 100 头母牛②。1907 年工人再次请求工场管理部门扩大乳牛场的规模，“使所有工人都能喝上牛奶”，但是这次董事会表示，“不可能继续扩大乳牛场的规模”③。雅罗斯拉夫尔大手工工场还有自己的面包房，以保障工厂商店的面包供应。

值得一提的是，大型工厂在农业生产方面投入很大，并且安排得很妥当，从而保障了千余名工人家庭的吃饭问题，这对于正确评价其价格政策而言非常重要。很高的营业额当然可以使大型工厂的商店比地方商店和小型工厂的商店拥有更好的条件，但是绝大部分的工厂主更希望将其变成自己的利润，而不是工人的。对工人伙食问题进行过大量研究的 Ф. Ф. 埃里斯曼教授早在 19 世纪 80 年代初就曾写道：“那么工厂主在价格不过分（也就是说其价格不超过地方商店的价格）的情况下，能够得到多大的利润呢？这可以从以下事实中得到结论：19 世纪 80 年代初，一些大型工厂商店的年营业额

① Ярославская Большая мануфактура. М.，1900. С. 83.

② ГА ЯО. Ф. 674. Оп. 1. Д. 2357. Л. 2.

③ ГА ЯО. Ф. 674. Оп. 3. Д. 254. Л. 76.

可以达到 10 万 ~16 万卢布（孔申手工工场 12 万卢布，丹尼洛夫手工工场不少于 15 万卢布，波克罗夫斯科耶手工工场 16 万卢布，博戈罗茨克格鲁霍夫手工工场甚至达到了 40 万卢布）……如果按照每年净利润 10% 来计算，那么工厂主可以得到 1 万 ~1.5 万卢布，这已经不是他们作为工厂主的所得，而是作为食品供应商所得到的。”①

虽然孔申手工工场的商店在大多数情况下不会降价销售商品，但还是会利用其农业生产方面的优势为工人谋求一些好处，这么做是为了让自己与其他竞争者相比显得更有吸引力。例如，商店会在销售某些商品时免费提供包装，1906 年甚至出现了关于在赠送包装方面花费过多的信件：“商店开始为那些以前不提供包装的商品（米、通心粉、盐、麦芽）提供包装了。”包装支出在 1904 年约为 975 卢布，而在 1905 年的 8 个月中这一数字就达到了 1090 卢布（重量分别为 418 普特 22 俄磅和 466 普特 23 俄磅，每个能装 1 普特商品的袋子价值 2.5 卢布）②。孔申手工工场的商店规定在工人购买面粉的时候赠送酵母，整个谢尔普霍夫县只有孔申手工工场这样做。通过表 6－3 可以看出，大型工厂的商店，特别是孔申手工工场的工厂商店，拥有比谢尔普霍夫县其他工厂商店更多种类的商品和更低廉的价格（而表格最后一行的数据可以证明，大型工厂从一开始就设定了更低的价格，所以工厂检查官很少对其进行修改）。

很自然地，工厂商店的价格与市场价相比，涨幅非常明显，特别是在 1905 ~1909 年（见图 6－1）。

这里我们要补充一下，Ф. Ф. 埃里斯曼在 19 世纪 80 年代初得出结论认为工厂主从外面大量批发商品，然后以零售方式卖给工人，从中赚取了很高的利润，虽然这个结论在很长一段时间里对孔申手工工场的工厂商店而言是比较真实的，但其利润一直在下降，到 1905 年已经开始出现亏损。表 6－4

① Эрисман Ф. Ф. Пища рабочих на фабриках Московского уезда // Труды VI губернского съезда врачей Московского земства. М. , 1882. С. 177; Он же. Пищевое довольствие рабочих на фабриках Московской губернии. М. , 1893. С. 10.

② ЦИАМ. Ф. 673. Оп. 1. Д. 65. Л. 112.

表 6－3　1902 年 9 月谢尔普霍夫县各工厂商店的食品定价

	单位	孔申手工工场	里亚博夫斯基手工工场的纺织厂	一等商人 A. B. 马拉耶娃的工厂	“Д. 胡塔列夫和他的儿子们”商行的戈罗坚卡呢绒厂	卡什塔诺夫兄弟商行的呢绒厂	里亚博夫斯基手工工场的纺织厂	Г. И. 梅德韦杰夫自动纺织厂	科切特科夫兄弟工厂	托洛孔尼科夫兄弟印染厂	为 C. 科切特科夫工厂供应食物的 B. M. 古洛夫商店	C. 科切特科夫工厂	M. T. 叶廖明	A. C. 约诺夫织锦厂	“B. O. 克拉萨温和他的兄弟们”化工厂
黑麦粉	戈比/普特	80	83	85		85	85	85		85	90	85	90	85	85
一等小麦粉	戈比/俄磅	5.5	6	5.5	6		5.5	5	6	6			6		6
干荞麦米	戈比/普特	150	150	150	149	153.125	150	155	160	160	160	165	170	160	180
葵花子油	戈比/俄磅	12.5	13	13	14		13	13	14	14	14	14	14	14	14
新鲜牛肉	戈比/俄磅	10～12		12		10	10～11	10～12	10～11	8～12	10～11	9～12	10～12	11	10
牛炼乳	戈比/俄磅	20	20		22	18	20	18	19	18	20	18.5	20		19
鲱鱼	戈比/俄磅	13	13		13		13	13	13	13	15				13
胡瓜鱼	戈比/俄磅	10	12		11			12	11	13	12				12
黑麦麦芽	戈比/普特	140	140	140	140	140	140	140	160	140	160	140			
煤油	戈比/俄磅	3.5	4	3.5	33.5		3.5	3.5	4	3.5	4			4	4
方糖	戈比/俄磅	16	16.5	16	16	16	16	16	16	16	16	16	16.5	16	16
工人数量	人	10516	1520	1143	983	723	682	579	238	108	93	91	64	15	12
在售商品数量		92	32	20	41	9	37	31	27	42	24	21	10	7	19
被工厂检查官修改过的价格表中的条数	条	0	0	6	2	0	4	3	3	5	4	4	2	4	2

资料来源：ЦИАМ. Ф. 2005. Оп. 1. Д. 12。

中的数据可以从整体上显示出孔申手工工场工厂商店的状况（但需要注意的是 1916 年出现了通货膨胀，所以实际亏损的增速并没有那么快）。

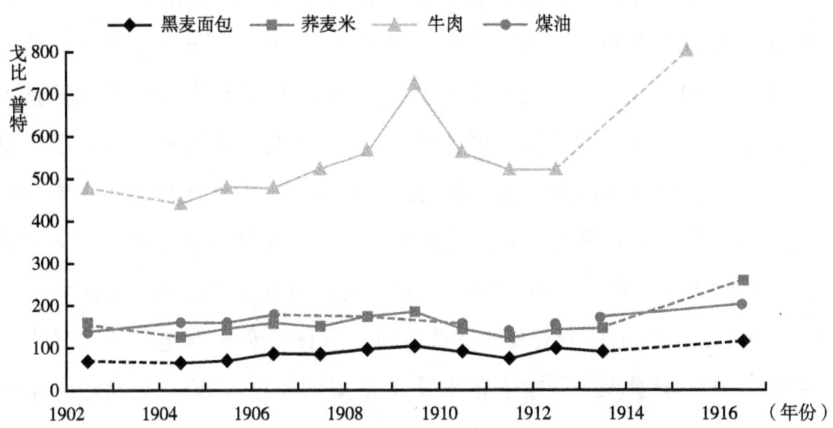

图 6-1　孔申手工工场工厂商店的价格变化（以 1902 年为单位）

表 6-4　1901～1916 年孔申手工工场工厂商店的贸易额和收支平衡

单位：卢布

时期	各工厂商店贸易平衡	总贸易额
1901 年 2 月	+27263	543460
1903 年 4 月	+20541	687352
1904 年 5 月	+8226	846577
1905 年 6 月	-11761	848369
1906 年 7 月	-26905	1152435
1907 年 8 月	-33651	1465082
1916 年 7 月	-97757	
1916 年 8 月	-97165	
1916 年 9 月	-113826	
1916 年 10 月	-118266	
1916 年 11 月	-128002	
1916 年 12 月	-162032	

资料来源：ЦИАМ. Ф. 673. Оп. 1. Д. 69. Л. 68；Д. 358. Л. 43 об.；Оп. 8. Д. 283. Л. 12 об.，17。

相关文献对1903～1907年贸易平衡和亏损是这样解释的："可以这样认为，孔申手工工场工厂商店的食品涨价不是由于市场价格上涨引起的，而是另有其他原因。实际上工厂商店售卖的商品价格的上涨幅度并不大，只是为了让商店维持贸易平衡，不至于出现亏损而已。"工厂商店已经将商品售价维持在了市场价的水平上，因此从这个角度看来，类似下面那样的解释就不能令人满意了：如果价格"上涨幅度不够大"，城里的商人们就要破产了。既然这样无法解释，那么我们就将视线转向其他方面。在商店支出中可以看到用于工厂医院和厂长住房方面的开销。很显然，工厂主始终没想通过向工人售卖商品的方式发财致富。除此之外，1899年的一份报告在描述孔申手工工场的经济问题时认为，工厂商店的所有利润都被转到"退休金和补助金"中去了①。

我们现在来看看雅罗斯拉夫尔大手工工场的价格政策。19世纪下半叶工厂商店的价格按如下方式确定：将商品的市场价与运费相加，再另加10%作为工厂利润②。在这种情况下，雅罗斯拉夫尔大手工工场利用自己是大批发买家及拥有自己的农业部门等优势，将自家工厂商店中一些商品的价格设定得比市场价更低③。19世纪末，孔申手工工场的工厂商店每年都会赢利。1892年赢利25195.18卢布④，1895年赢利26008.31卢布⑤，1898年赢利28107.97卢布⑥。商店持续赢利，虽然后来利润下降，但赢利的局面一直延续到1905年。在这种情况下，工场管理部门在公告中强调，"工厂商店所有利润都被转到专项慈善资金里，用于向工人发放补助以及改善工厂生活环境"⑦。

在歉收年份工厂商店对于工人而言是非常重要的。雅罗斯拉夫尔省省长在写给内务大臣的关于1883年雅罗斯拉夫尔大手工工场罢工事件的陈述书中说道："近年来工场在保障食品供应方面所做的努力具有非常积极的意

① ЦИАМ. Ф. 673. Оп. 8. Д. 18. Л. 1 об.

② ГА ЯО. Ф. 674. Оп. 3. Д. 264. Л. 13.

③ ГА ЯО. Ф. 674. Оп. 1. Д. 773, 779, 780, 781.

④ ГА ЯО. Ф. 674. Оп. 1. Д. 2221. Л. 50.

⑤ ГА ЯО. Ф. 674. Оп. 1. Д. 2744. Л. 72.

⑥ ГА ЯО. Ф. 674. Оп. 1. Д. 3336. Л. 82.

⑦ ЦДНИ ЯО. Ф. 394. Оп. 1. Д. 19. Л. 153.

义。”他特别关注到歉收年份：“当面包价格急剧上涨而使其他工厂的工人不得不忍饥挨饿时，雅罗斯拉夫尔大手工工场的工人却能以较低的价格买到面包，这得益于工场及时采购了足够多的面包并低价卖给工人。”① 同样的情况也出现在1891～1892年，以及19世纪90年代末期（都是歉收年份），当时雅罗斯拉夫尔大手工工场卖给工人的面包和面粉的价格“都明显低于市场价格”②。同样的做法延续到了20世纪初。

20世纪10年代食品价格上涨的幅度比19世纪80～90年代更为明显。根据雅罗斯拉夫尔大手工工场经理A. Ф. 格里亚兹诺夫的结论，工厂商店的每一次涨价都会引起工人的担忧，进而要求涨工资。因此他仔细制定了稳定工厂商店价格的一系列措施。他建议将售卖的食品分为两类：主要食品和次要食品。主要食品包括面包、面粉、土豆、卷心菜、肉、糖、牛奶等，此类食品的价格应尽可能常年保持在同一水平，不计较盈亏。次要食品包括茶、蔬菜、火腿、香肠等，A. Ф. 格里亚兹诺夫建议将此类食品的价格提高一些，这样会增加部分利润，以便在发生意外的情况下稳定商品价格。工厂商店的价格在某些年份比市场价低20%～25%。当时工厂商店没有赢利，甚至还出现了亏损。董事会的资料显示，1905年商店的利润“约占营业额的2.5%”③，1906年商店的亏损约为9000卢布，1907年亏损43053.01卢布，1908年亏损80966.37卢布④。

雅罗斯拉夫尔大手工工场董事会不止一次地发布公告强调将工厂商店的商品价格定得比市场价低的良苦用心，甚至在讨论工人提出的与工厂商店毫无关系的问题时也是如此。

在档案资料中可以找到雅罗斯拉夫尔大手工工场办公室编制的《1906年工厂商店商品价格与1897年、1904年、1907年10月商品价格的对比

---

① ГА РФ. Ф. 7952. Оп. 8. Д. 56. Л. 30. Ближайшие к 1883 г. неурожайные годы – это 1879 – 1880 гг. См. : Струмилин С. Г. Очерки экономической истории России. М. , 1960. С. 108.

② Ярославская Большая мануфактура. М. , 1900. С. 80.

③ ГА ЯО. Ф. 674. Оп. 3. Д. 254. Л. 37.

④ ГА РФ. Ф. 7952. Оп. 8. Д. 60. Л. 47, 68.

表》，该表还统计了1910年7月的商品价格。这是一份独一无二的文件，可以从中看出，工场管理部门希望对商品价格的上涨动态进行评估，同时还要考虑主要商品类别的采购规模。从本质上来讲，这里谈到的是关于19世纪末20世纪初“雅罗斯拉夫尔大手工工场指数”动态计算的问题。确实，当我们对表格的数据进行观察和分析时可以看到，表格的编制者对1906年商店所采购的主要商品及每种商品的采购规模进行了综合统计。这就是工厂的“一揽子”计划。在确定了采购商品种类和年采购规模后，可以计算出一揽子计划在当年价格情况下的总价值。而这些结果是管理部门在15年间4个年份的数据基础上计算出来的。可以看到4个年份一揽子计划的总价值：1897年559493卢布，1904年596635卢布，1907年701155卢布，1910年709707卢布。我们以1907年一揽子计划的总额为100%，就可以得出1897～1910年的“雅罗斯拉夫尔大手工工场指数”变化（见图6－2）。

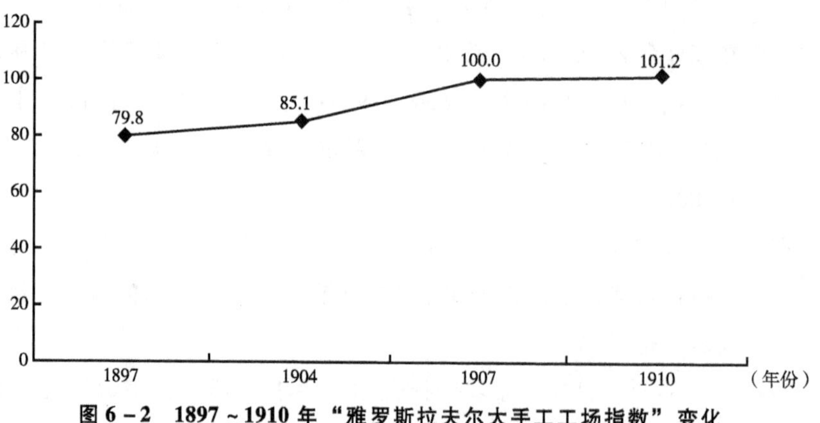

图6－2　1897～1910年“雅罗斯拉夫尔大手工工场指数”变化

正如我们所见，“雅罗斯拉夫尔大手工工场指数”在这段时期上升了21.4%，而同时期莫斯科和圣彼得堡的价格指数变化分别为23.0%和22.0%[①]。所以我们可以说，雅罗斯拉夫尔大手工工场工厂商店的价格变化

① 这里使用的是莫斯科和圣彼得堡在1907年的物价指数。

与莫斯科和圣彼得堡处于同一水平。

图 6－3 和图 6－4 分别是雅罗斯拉夫尔大手工工场工厂商店主要商品的价格动态。

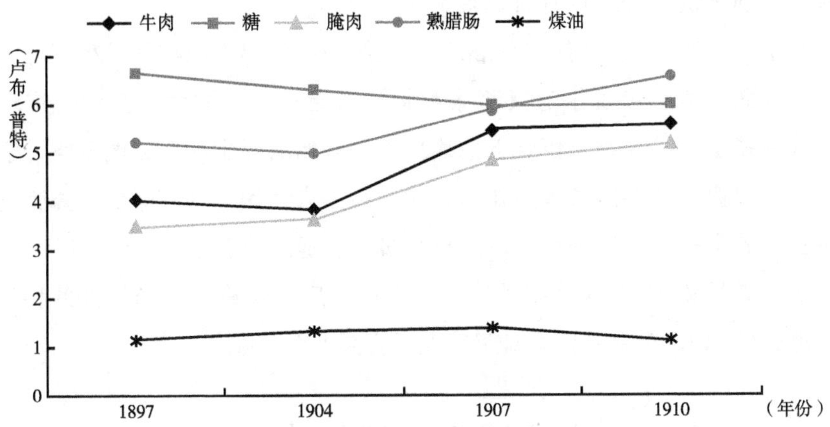

图 6－3　1897～1910 年雅罗斯拉夫尔大手工工场工厂商店部分商品的价格变化（一）

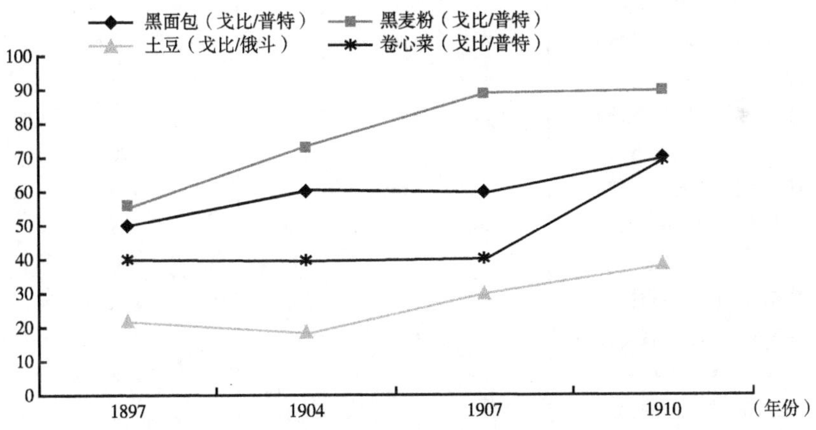

图 6－4　1897～1910 年雅罗斯拉夫尔大手工工场工厂商店部分商品的价格变化（二）

从图中我们可以看到，有些商品的价格出现了明显的上涨，糖和煤油的价格却出现了下降，而有些商品的价格可以长时间保持在大致相同的水平。管理部门在确定商品价格时采取了更灵活的方式，并不是只为了“让工厂主赚得盆满钵满”而一味地提高商品价格。

孔申手工工场工厂商店的价格政策在第一次世界大战期间发生了巨大变化。一方面，战时出现了通货膨胀和物资匮乏；另一方面，劳动力市场缩减，许多熟练工被征召入伍走上前线。工厂开始面对由此造成的困难，它将工厂内部农业生产部门的潜力作为劳动激励因素使用，将商品价格降到比市场价更低的水平，在这种情况下亏损增多了。通过比较表6－5和表6－6可以看出，如果说1905年孔申手工工场工厂商店的价格与市场价大致相当的话，那么到1915年商品价格对于工人而言是非常优惠的。

表6－5　1905年2月孔申手工工场工厂商店的价格与市场价的比较

商品	孔申手工工场工厂商店价格	市场价
一等面粉(戈比/俄磅)	5.25	5~5.5
上等面粉(戈比/俄磅)	4.25	4~4.5
黑麦全面粉(戈比/普特)	85	90
普通面包圈(戈比/俄磅)	6	6
奶油面包圈(戈比/俄磅)	7	7
黑麦酸面包(戈比/普特)	70	70~75
荞麦米粒(戈比/普特)	165	150~155
燕麦(戈比/普特)	60	55~60
大米(戈比/俄磅)	10	8~12
黑麦麦芽(戈比/俄磅)	3.5	3.5
一等牛肉(戈比/俄磅)	14	13~15
牛炼乳(戈比/俄磅)	18	18~19
胡瓜鱼(戈比/俄磅)	11	10~12
葵花子油(戈比/俄磅)	13	13
奶油(戈比/俄磅)	40	35~40
肥皂(戈比/俄磅)	11	10
葡萄干(戈比/俄磅)	12	11~12

续表

商品	孔申手工工场工厂商店价格	市场价
盐(戈比/俄磅)	1	1
精制方糖(戈比/俄磅)	16	16
砂糖(戈比/俄磅)	13	13
煤油(戈比/俄磅)	4	4

资料来源：Городские цены：ЦИАМ. Ф. 673. Оп. 1. Д. 117. Л. 7－8；коншинские：ЦИАМ. Ф. 673. Оп. 1. Д. 67. Л. 16。

到了1917年，食品供应成为工厂最重要的劳动激励因素之一，建立了食品供应标准，很显然，商店在努力用尽可能低价的食品保障自家工人的生活。在1917年6月28日的公文中可以找到例子，“董事会决定用以下方式向工人和职员售卖脂油：100普特的脂油按照每俄磅78戈比的价格售卖，而其他部分，由于市场上没有卖脂油的，所以采购价格达到了每普特47卢布或每俄磅1卢布”①。

表6－6　1915年10月孔申手工工场工厂商店的价格与市场价的比较

商品	孔申手工工场工厂商店价格	市场价
一等面粉(戈比/俄磅)	7.5	9.5
上等面粉(戈比/俄磅)	6.5	8.25
黑麦全面粉(戈比/普特)	150	190
筛面粗面包(戈比/俄磅)	7	9.5
黑麦甜面包(戈比/普特)	130	170
酸面面包(戈比/普特)	115	150
荞麦米粒(戈比/普特)	260	350
黄米米粒(戈比/普特)	220	280
碎麦米粒(戈比/俄磅)	7	10

① ЦИАМ. Ф. 673. Оп. 1. Д. 1113. Л. 8.

续表

商品	孔申手工工场 工厂商店价格	市场价
酸白菜（戈比/普特）	50	70
一等牛肉（戈比/俄磅）	23	26
牛炼乳（戈比/俄磅）	25	35
胡瓜鱼（戈比/俄磅）	11.25	16
葵花子油（戈比/俄磅）	13	22
奶油（戈比/俄磅）	50	64
牛奶（戈比/瓶）	6	8
鸡蛋（戈比/10个）	25	50
盐（戈比/俄磅）	1	2
精制方糖（戈比/俄磅）	17	21
砂糖（戈比/俄磅）	14	17.5
煤油（戈比/俄磅）	5	6

资料来源：ЦИАМ. Ф. 673. Оп. 1. Д. 577. Л. 25。

但随着通货膨胀的加速，工场已经不可能继续维持先前确定的价格，故而转为用发放额外的现金补助来取代差价保障。在1917年5月15日发布的关于提高工资的公告中这样写道："根据调解委员会的命令，从1917年6月1日起，由于工厂商店的价格将与市场价持平，作为差价补偿，将提高工人工资，成年男女工的日工资增加76戈比，少年工的日工资增加75戈比。"① 由此可见工厂在差价方面的政策变化经历了以下的过程：战前，工厂商店的价格和市场价是相同的，无论工人在市场商店还是工厂商店购买商品都没有任何差别；1915～1916年，工厂尽可能地将工厂商店的价格定得低一点；而当差价变得很多时，例如在1917年，工场取消了差价限制，但是作为补偿，开始对工人发放新形式的补助。根据表6－7的数据可以看到，取消差价限制实际上不是从6月1日开始生效的，而是9月19日。9月1日发布了

① ЦИАМ. Ф. 673. Оп. 8. Д. 283. Л. 4.

新公告，但当时价格还没有上涨，正如表 6－7 所显示的，商品价格上涨从 9 月 19 日才开始。2 天后的 9 月 21 日调解委员会又召开了一次会议，在会上通过了关于“对工厂商店食品和其他日用必需品涨价进行补偿”的决定，虽然我们找到了关于该决定的证据，但可惜的是，其中没有补助规模的具体数据①。

我们没有找到 1917 年夏天是否发放上述现金补助的相关资料，但是从刚才提到的公告可以看出，当时是没有发放的。根据工资报表来看，平均每人每个工作日的补助如下：1917 年复活节前约 40 戈比，1917 年 6 月 1 日前约 75 戈比，1917 年 8 月 1 日约 1.25 卢布②。我们在计算后得出结果，1917 年 9 月底每人每月的口粮价值约为 44 卢布，按每月 25 个工作日计算，每天 1.76 卢布。

表 6－7　孔申手工工场工厂商店的商品价格变化及其与市场价的比较

商品	1917 年 9 月 18 日	1917 年 9 月 19 日	地方合作社的价格	市场价
黑麦粉（戈比/俄磅）	4	27	27	27
小麦粉（戈比/俄磅）	6.5	40	40	40
大麻油（戈比/俄磅）	30	120	100	100～120
鲱鱼（戈比/俄磅）	16	100	90～100	90～100
牛肉（戈比/俄磅）	35	120～160		140～175
方糖或砂糖（戈比/俄磅）	28	40	40	40
盐（戈比/俄磅）	1	6	5～6	6
肥皂（戈比/俄磅）	35	95	90	90～100
煤油（戈比/俄磅）	6.5	18	22	22
火柴（戈比/包）	42	50	50	50～55

资料来源：ЦИАМ. Ф. 673. Оп. 1. Д. 1041. Л. 24。

① ЦИАМ. Ф. 673. Оп. 1. Д. 1041. Л. 20.

② ЦИАМ. Ф. 673. Оп. 1. Д. 1041. Л. 3.

我们将表 6－7 和表 6－6 进行对比后发现，部分商品的价格直到 1917 年 9 月仍与 1915 年 10 月保持大致相同的水平（见表 6－8）。

表 6－8　孔申手工工场工厂商店部分商品价格汇总

商品	孔申手工工场工厂商店的售价（1915 年 10 月）	孔申手工工场工厂商店的售价（1917 年 9 月）	市场价（1915 年）
小麦粉（戈比/俄磅）	6.5	6.5	8.25
黑麦粉（戈比/普特）	150	160	190
筛面面包（戈比/俄磅）	7	7	9.5
黑麦酸面包（戈比/普特）	115	120	150
荞麦米粒（戈比/普特）	260	260	350
酸白菜（戈比/普特）	50	50	70
一等牛肉（戈比/俄磅）	23	35	26
盐（戈比/俄磅）	1	1	2
精制方糖（戈比/俄磅）	17	28	21
砂糖（戈比/俄磅）	14	24	17.5
煤油（戈比/俄磅）	5	6.5	6

在战时物资匮乏的情况下实物口粮对于工人而言比补偿差价更重要，而实物口粮是由工厂农业生产部门进行保障的。1917 年 9 月每位工人及其家庭成员得到的当月口粮为：14 俄磅黑麦粉、5 俄磅小麦粉、2 俄磅米、2 俄磅大麻子油、10 俄磅咸鱼、2 俄磅脂油、2 俄磅牛肉（非劳动者为 1 俄磅）、1 俄磅糖（在糖不够的情况下可以用葡萄干代替）、0.5 俄磅茶叶，以及每日 0.5 俄磅的黑面包①。顺便说一句，上文提到 1917 年 9 月工厂商店的价格急剧上涨，但当时已经严格规定要保障工人的食品供应，工厂商店其实不是在交易食品，而是在保障口粮。1916～1917 年工人的食品供应按照相关政府部门的决定进行了相应调整。比如，1917 年 8 月 30 日，谢尔普霍夫粮食委员会通过决议，从 9 月 16 日起“停止向当地工人居住在图拉州和卡卢加

① ЦИАМ. Ф. 673. Оп. 1. Д. 1041. Л. 24.

州的家属发放粮食"[①]。这项措施很可能触及了孔申手工工场的部分工人。

雅罗斯拉夫尔大手工工场在战时同样对自己的工人和职员进行支持，即使这导致工厂商店的亏损进一步增加了：1916 年每月亏损达到了 25000 ~ 42000 卢布[②]。商店的部分商品价格有时比市场价便宜一半还多。例如，1916 年 3 月工厂商店的奶油价格为每俄磅 49 戈比，而当时市场价高于每俄磅 1 卢布[③]。

可以用低廉的价格买到商品，这使得工厂对于附近区域的居民是很有吸引力的。有时他们成功避开所有的法律规定而得到工厂的食物，当然，这需要雅罗斯拉夫尔大手工工场工人和职员的帮助。有这样一个例子，1915 年 12 月 16 日，当住在工厂附近的女居民 E. O. 科库什基娜从工厂商店走出来时，被年纪大的商店屠夫 A. П. 沃尔科夫扣住并送到附近的警察局，E. O. 科库什基娜平时以为工人缝制衣服为生。警察审讯之后查明了真相。1915 年 12 月 8 日，雅罗斯拉夫尔大手工工场工人 E. T. 梅利尼科夫因为没钱付给女裁缝，所以将自己的粮票簿交与后者，E. O. 科库什基娜利用粮票簿在 12 月 9 日这天从工厂商店领取了 10 俄磅面粉。因为她与工厂商店负责卖肉的店员 C. И. 沙波什尼科夫比较熟悉，所以后者在当天免费给她 6 俄磅肉，并且没有在粮票簿中做任何记录，E. O. 科库什基娜在第二天为这些肉支付了 1 卢布。因为她抱怨说与工厂商店相比，城里的商品太贵了，于是沙波什尼科夫建议她暂时不要归还粮票簿，因为可以此作为进出工厂商店的通行证，这样他就可以继续用这种方式给她食物了。最终在 12 月 16 日这天 E. O. 科库什基娜被逮捕，并被指控从工厂商店中非法获得 5 俄磅肉和 3 俄磅鱼。警察在雅罗斯拉夫尔大手工工场进行的调查显示，共有 3 人参与了这场盗窃行为，他们于 1916 年 1 月"被押往雅罗斯拉夫尔市第三城市法庭"[④]。涉事工人和店员很快被开除了（工厂有相关规定：如果有人被牵涉进法院的案件

---

① ЦИАМ. Ф. 673. Оп. 1. Д. 1113. Л. 88.

② ГА РФ. Ф. 7952. Оп. 8. Д. 62. Л. 196.

③ ГА РФ. Ф. 7952. Оп. 8. Д. 63. Л. 160.

④ ГА РФ. Ф. 7952. Оп. 8. Д. 62. Л. 168 – 171.

中，那么他将被开除直到案件审结；如果法院宣告其无罪，那么他可以回到原来的岗位继续工作）。

理所当然地，在战时条件下，工厂必须更努力地从实质上保障工人生活。孔申手工工场在1916～1917年收到很多拨款请求，类似于下面这种："希望您能从谢尔普霍夫粮食委员会处得到大麻子油并发放给我们，这是我们向工人供应食品所需要的东西，这样才能够证明我们是为国防服务的。"[①] 雅罗斯拉夫尔大手工工场同样经历了食品供应方面的困难。这里的工人在1916年春季和夏季多次抱怨："工厂商店中某些商品现在没有了，牛奶不够满足所有人的需要，二等面粉的质量不好。"雅罗斯拉夫尔大手工工场董事会在回应这些抱怨时解释道："工厂商店缺少某些商品……有时是因为工人大量采购便宜的商品……有时是因为该商品在售罄后找不到补货的渠道。"之后还说道："这种对工厂商店食品的大量采购，从我们最近的观察结果来看不得不假定有这样一种可能，有的工人采购食品不仅仅是因为个人需要，他还想转卖给其他人，这样做就损害了工人自己的利益……"类似这样的现象只有当工厂商店在价格和品种上都持续给予买家非常优惠的条件时才能出现。董事会在回应售出面粉质量问题时称："工厂商店售卖的各种面粉都与外面磨坊主售卖的一样。"董事会希望工人能有思想准备，那就是今后如果战争导致工厂商店的商品种类出现短缺，那么这与工厂是没有关系的[②]。

工厂商店的低价政策得到了雅罗斯拉夫尔省省长的表扬，他在1916年1月说道："雅罗斯拉夫尔大手工工场在物价正常的年份里是工厂商店内商品价格的制定者和调节者，但工场并没有利用这一点而随意提高价格，同时完全没有因为低价售卖而降低质量。在物价高昂的年份里，雅罗斯拉夫尔大手工工场的工厂商店是高水平的、有益的辅助机构。一是帮助工人挺过了物价高企的困难时期，二是帮助工厂管理部门维持了工厂的安定，工人没有因为要求涨工资而发起'演说'和罢工。在当前的战争时期，第二点显得尤

① ЦИАМ. Ф. 673. Оп. 1. Д. 1113. Л. 30.

② ГА РФ. Ф. 7952. Оп. 8. Д. 63. Л. 160.

为突出和重要。”①

雅罗斯拉夫尔大手工工场在“解决工人问题”方面的经验甚至引起了内务大臣 A. H. 赫沃斯托夫的兴趣，后者于 1915 年 9 月上任后很快造访了雅罗斯拉夫尔。根据他的请求，省政府于 1916 年 1 月在 A. Φ. 格里亚兹诺夫的报告的基础上编制了关于工厂领导在缓和与工人之间的紧张关系以及在战争背景下预防工人罢工等方面所起到的作用的详细报告，该报告将主要注意力放在了工厂建立的食品供应机制上。报告没有让内务大臣失望。档案资料可以证明雅罗斯拉夫尔大手工工场努力解决粮食问题。雅罗斯拉夫尔省宪兵署署长在 1917 年 1 月呈交给城市法院的报告中指出：“在雅罗斯拉夫尔地区，像雅罗斯拉夫尔大手工工场等大型企业的工人，其所享受的食品保障比其他城市居民的更好……食品可以赊买，而且每名工人都可以得到食品。”②

对于政府来讲最重要的自然是避免混乱和骚动，但同时工厂还要解决自己的主要任务：将认真负责的工人和熟练工留在工厂并保证他们持续工作。在这种情况下，完全可以将工厂商店对工人的食品供应看作劳动激励机制的一部分，而我们所研究的两家企业在利用这种因素的过程中采用了不同的方式：孔申手工工场只有在战时及劳动力市场复杂化的时候才会将其看作十分重要的因素，而雅罗斯拉夫尔大手工工场从 20 世纪初就开始将工厂商店实行优惠的价格政策作为保持工厂安定的因素之一。

第三节　食品质量

“十月革命前俄国工厂商店的食品质量很差”，这已经是苏联史学界的老生常谈了，但这一论断的根据并不充分。在任何一本关于十月革命前工厂历史的出版物中都可以找到关于食品质量很差的描述。其中苏联史学界在 1930 ~ 1950 年塑造了工厂主剥削者的形象：工厂主总是试图用各种办法从

① ГА РФ. Ф. 7952. Оп. 8. Д. 63. Л. 130.

② ГА ЯО. Ф. 906. Оп. 4. Д. 1057. Л. 205.

工人那里榨取每一个戈比，并且专门向工人提供变质的食品。如果能更加全面地考虑这个问题，就可以明显看出工厂主这样做对自己其实很不利。如果工人食用了腐败变质的食物，就会因此生病、变得孱弱，进而无法工作或者无法全力工作。除此之外，将有针对性地欺骗工人和缺斤少两说成当时普遍的现象也是令人怀疑的：如果类似的行为那么明显，必然会招致工人的不满，如此一来，工厂主缺斤少两所得的利益与可能出现的问题相比，实在是得不偿失。

值得注意的是，政府对工厂商店销售不合格食品或缺斤少两行为的处理是不留情面的。我们确实找到了很多关于政府这样做的证据资料。上文中我们已经提到过，19 世纪 60 年代政府认为保障工人食品安全是工厂主的主要任务之一，而从 1886 年开始（根据《工业条例》第 141 页），工厂主必须对其工厂商店所售食品承担法律责任。

从这个观点来看，有一起对孔申手工工场提起诉讼的官司就显得很有意义①。1908 年 9 月 17 日，一名工人在孔申手工工场工厂商店里买到了腐败的鲱鱼，他很气愤，直接拿着鲱鱼去了警察局。在案卷中特别指出，“工人并不想因购买到质量不好的食品而追究工厂的法律责任，而是希望以后不再发生类似事件”。但是警察局还是将该案执行了法律程序，其将鲱鱼交给了县里的医生，后者出具了官方结论，认为该鲱鱼不适宜食用，警察对此进行了记录。一年之后，孔申手工工场工厂商店的经理 C. M. 谢里科夫不得不出庭证明自己无罪，他在法庭上为自己申辩道：“第一，没有证据能证明这条鲱鱼就是在本厂商店购买的。第二，在医生的结论中只写明这条鲱鱼不适宜食用，但并没有明确指出其质量不好。”在这起案件中有几点非常重要：第一，工人直接去警察局，警察局甚至都没有关注受害人的诉求就直接将该案走了法律程序；第二，如果孔申手工工场工厂商店经常售卖劣质食物，那么或许经理并不会在法庭上做出他们与此事无关的样子；第三，在案件资料中没有提及工人多次告发工厂商店的情况。即使他只用 5 戈比在工厂商店中买

① ЦИАМ. Ф. 673. Оп. 1. Д. 539.

到了腐败的鲱鱼，而该工厂商店每日的营业额超过1000卢布，他也可以去警察局进行控告。

从这一例子中可以看出苏联史学界对待工厂商店食品质量问题时的态度，援引莫斯科中央历史档案馆文献概述的评论："几乎在所有工厂商店中都有各种各样的舞弊行为，而在孔申手工工场则特别明显。"①

但事实上几乎没有工人对工厂商店的食品质量进行抱怨。1869年的调查显示，所售食品的质量是很好的。E. M. 杰缅季耶夫在1884年曾对工厂的卫生情况进行过调查，他在调查工厂商店时没有发现质量低劣的食品，也没有听到工人对食品的抱怨②。在这两种情况下有一点很重要，那就是这个时期工厂检查机关还没有建立，当时还没有任何人以官方身份去监督类似问题。

19世纪80年代出现的工厂检查官与地方卫生监督员一起积极干涉工厂商店的活动并揭发了后者很多舞弊行为。我们并不排除有这样的可能，因为在对工厂商店食品质量的投诉中，很多都是有根据的，甚至在大型工厂中也存在问题。比如，我们没有理由怀疑同时期的人说的如下这番话："亚尔采沃工厂是本地规模最大的工厂之一，工人人数达到了3000人。1884年夏天，工人吃掉的腐败了的腌肉重量超过了2500普特，而从医院得到的对这批肉的检测结论是不适宜食用，这对于工厂主而言是很不利的证据。"③ 但是我们认为更近乎情理的事实应该是，类似的违法行为不是工厂主为了从工人那里赚取更多的利润而有意为之的，而是由于工厂主在那些年没有认真对待工人食品供应问题，没有担负起相应的责任。而且在我们所研究的工厂的档案资料中再也没有遇到过类似的极端情况。

---

① Из истории фабрик и заводов Москвы и Московской губернии（конец XVⅢ – начало XX в.）. Обзор документов / Под ред. В. А. Кондратьева и В. И. Невзорова. ЦГАМ. М.，1968. С. 151.

② Дементьев Е. М. Санитарное исследование фабрик и заводов Серпуховского уезда.（Сборник статистических сведений по Московской губернии. Отдел санитарной статистики. Т. Ⅲ. Вып. XV.）Ч. I. М.，1888. С. 149.

③ Перфильев М. О. Очерки фабрично – заводского быта в России. СПб.，1887. С. 58.

当然，在监管不健全的情况下，职员出现严重的舞弊行为还是有可能的。比如在1902年，孔申手工工场工厂商店的财务经理就“因为贪污”而被工场开除且永不复用①。虽然在这件事中主要讲的是职员如何从工场中偷窃，但是事件的受害一方往往是工人。

在各级政府的监管之下，19世纪80～90年代，情况有了根本性好转。20世纪10年代的人在描述工厂商店的舞弊行为时主要使用的是过去式，所援引的事例也发生在19世纪80年代。

20世纪初发生的一些偶然事件能够证实在当时工厂商店的食品质量还是很不错的。比如，孔申手工工场的工人向工厂检查官投诉，在1897年1月的风潮之后，腌肉的质量变得很不好，但是根据调查结果来看，这一说法“无法被证实，即使确实发生了，那也仅仅是偶然的疏忽大意”②。雅罗斯拉夫尔省高级工厂检查官曾在1910年8～9月多次造访雅罗斯拉夫尔大手工工场，他对工厂商店食品的高质量提出了表扬，只对黑面包有些责备：“黑面包含水量比较多，而且用手挤压过度了。”③

之后管理部门对工厂商店的情况进行了专门的监督。1901年通过了关于孔申手工工场工厂商店粮仓的条例，当中写道：“粮仓的管家需要对粮仓中的食品和包装按规定进行妥善保存，不得出现损坏和丢失。”此外还规定，每月必须对工厂商店进行例行检查，突击抽查也可以进行④。该条例执行一年后，工厂行政事务部门经理根据检查结果向工厂经理呈交了一份通报，其中写道：“希望您能将注意力放到工厂商店环境不够整洁这一问题上来。高级管家有足够的资金和能力使得商店保持整洁，而看看现在这些商店的卫生状况，可以证明这些管家没有担负起自己的责任。请各位工厂商店的经理对商店的卫生环境给予特别重视并唤起高级管家的意识，让他们明白，

① ЦИАМ. Ф. 673. Оп. 1. Д. 25. Л. 68.

② Рабочее движение в России в XIX веке. Сборник документов и материалов. Т. IV. 1895 - 1900. Ч. 1. 1895 - 1897. М., 1961. С. 627, 631.

③ ГА ЯО. Ф. 674. Оп. 1. Д. 6345. Л. 3 - 4.

④ ЦИАМ. Ф. 673. Оп. 1. Д. 25. Л. 34 - 34 об.

从他们的角度来讲，这种对商店环境的经常性的、认真的关注，是他们最主要的职责之一。”①

而且，只有当工厂商店售卖的食品质量很高时，才会吸引外来人员也来购买食品。

从保障食品质量的角度出发，很重要的一点是，从19世纪90年代，甚至从19世纪80年代末开始，大型工厂开始陆续开设消费合作社。

比如，我们在前文提到过，三山手工工场董事会在1887年或1888年成立了消费合作社。如П. Н. 捷连季耶夫（三山手工工场附属学校的校长）所说，只有这家企业的工人和工长才能进入消费合作社，而在1890年，消费合作社改制为消费者协会，职员也可以参与其中。协会的股份每股价格为5卢布，而协会会员在商店中享有很高的赊买额度（额度为工资的60%）。特廖赫戈尔卡手工工场消费者协会在开张第一年的营业额就达到了271409卢布，10年之后营业额增加了一倍，1915年增加到700000卢布②。

1890年在孔申手工工场旗下印染厂也成立了消费者协会，并在第二年开设了有权向工人进行赊卖的商店。为了能够有资格从工人工资中将其赊买的款项扣除，该商店将自己的性质转变为工厂商店，在质量和价格方面接受董事会和厂长的监督，而其利润与亏损照旧，与工场账户无关，无论是供应还是贸易活动都与工场财务独立核算③。

如同任何一家工厂商店一样，这家商店也受到工厂检查官的监督，工厂检查官会对食品定价进行确认，还对食品质量进行跟踪，1905年他甚至给厂长写了一封非正式信件，在信中他指出，印染厂消费者协会的商店的商品价格比纺织厂工厂商店的价格高很多，请求工厂采取措施调整这一情况。从

① ЦИАМ. Ф. 673. Оп. 1. Д. 25. Л. 71.

② Терентьев П. Н. Прохоровы: Материалы к истории Прохоровской Трехгорной мануфактуры и торгово – промышленной деятельности семьи Прохоровых. 1799 – 1915 гг. М., 1996 (переиздание выпуска 1915 г.). С. 252.

③ 参见ЦИАМ. Ф. 673. Оп. 8. Д. 18; Оп. 1. Д. 72。

之后的往来信函中可以看出，这家商店的食品供应问题处于检查员、董事会（在董事会中由行政管理方面的经理去解决这样的问题）和厂长的实际监督下。

印染厂消费者协会的股票价格定为每股 10 卢布，1909 年的营业额为 204199 卢布。商店的售卖分配很有意思：1909 年在销售总额中赊卖给协会股东的金额为 64591 卢布（32%），孔申手工工场其他工人为 116014 卢布（57%），其他人等为 8891 卢布（4%），现金交易为 14703 卢布（7%）①。最后一项之所以有这么大金额，大概是因为有些商品（比如碗碟或闹铃等）不允许在工厂商店进行赊买。

孔申手工工场旗下纺织厂在很长时间里都没有成立消费合作社，只开设了规模很大的工厂商店。但是关于成立消费合作社的要求最早从 1905 年起就开始出现了。因为这里的情况与印染厂不同，即使没有消费合作社也还有比较不错的工厂商店，而董事会对于成立消费合作社的兴趣也不是很大，所以直到 1910 年才成立了名为"谢尔普霍夫孔申手工工场工厂消费者经济联盟"这样的消费合作社（其商店在 1911 年开始营业），股东不限于职员和工人，也可以是谢尔普霍夫和附近两个乡的任何居民，股价同样定为每股 10 卢布②。

成立消费合作社的想法在雅罗斯拉夫尔大手工工场也反复多次出现。1905 年 11 月 18 日，工人向董事会提出请求，希望将工厂商店转交给他们，得到的回复是："工场通知大家，工场不仅不会阻拦工人成立消费合作社和自己的商店，而且对此持完全支持的态度。"③ 但在此之后，工场方面没有采取任何行动。1909 年 5 月，工人再次提出同样的请求，并且向管理部门的代表请求工场为成立消费合作社提供场所，并向每名想参加合作社的工人发放不高于其月薪的贷款。董事会认为这两项要求"不应当被满足"，并在消费合作社场所的问题上向工人提出建议："工场愿意为你们成立消费合作

---

① ЦИАМ. Ф. 673. Оп. 1. Д. 621. Л. 33.

② ЦИАМ. Ф. 673. Оп. 1. Д. 621. Л. 16 – 20.

③ ГА ЯО. Ф. 674. Оп. 3. Д. 254. Л. 37.

社提供尽可能的帮助，建议你们去找当地的房东，看看有没有适合开设消费合作社的场所可供租赁，如果房费在每年 1500～2000 卢布，工场将承担这笔费用。”[①] 但是我们没有找到在雅罗斯拉夫尔大手工工场存在过消费合作社的证据。工厂商店很有可能是工场范围内保障工人食品供应的唯一方式。虽然无论是雅罗斯拉夫尔大手工工场还是孔申手工工场旗下纺织厂对于成立消费合作社都非常拖沓（这往往是由于启动资金方面的问题），但同时也证明了，工厂商店的工作整体上还是让工人感到满意的。

史学界在传统上一直对消费合作社和属于工厂主的商店评价很低：“在新的招牌下暗藏着旧式的商店：店主不仅对买家缺斤少两，还出售劣质食品。”[②] 但是同时期其他人对此持不同态度。非常熟悉工厂立法实施情况的 В. П. 利特维诺夫－法林斯基指出，1886 年法律提出要求工厂商店的成立必须经过工厂检查官的许可，这并不偶然，而成立消费合作社则没有那些限制。“因为这些合作社最开始是互助性质的，没有追求商业目的。”[③] 在 1893 年芝加哥世界博览会上，总工厂检查官 Я. Т. 米哈伊洛夫斯基在自己的报告中对消费合作社非常称赞。虽然他的说法明显过誉，但仍很有价值：“工人在消费合作社的仓库和商店中不仅可以按市价得到很棒的食品，还可以从商店收入的每一个卢布中得到股息。可惜的是，这么好的机构在俄国实在是太少了……”[④] 列宁甚至在总结第一次俄国革命成果的文章中写道，整体而言，工人“还在为让自由的消费合作社取代工厂商店而斗争”[⑤]。著名经济学家 И. Х. 奥泽罗夫对消费合作社的评价同样很友善：“希望能以更低的价格买到所有日用必需品，且质量优良，这样的愿望促使职员和工人成立消费合作社。重工厂或轻工厂的所有者经常会为工人提供帮助，为刚成立的合作社提供贷款……甚至直接参与

---

① ГА РФ. Ф. 7952. Оп. 8. Д. 60. Л. 46.

② Лапицкая С. Быт рабочих Трехгорной мануфактуры. М. , 1935. С. 65.

③ Литвинов－Фалинский В. П. Фабричное законодательство и фабричная инспекция. М. , 1904. С. 140－141.

④ Михайловский Я. Т. Заработная плата и продолжительность рабочего времени на фабриках и заводах // Фабрично－заводская промышленность и торговля России. СПб. , 1893. С. 277.

⑤ Ленин В. И. Язык цифр. С. 432.

到合作社的建设中去。特别是当我们的工厂检查机关揭穿了工厂商店的舞弊行为之后，后者声誉败坏，那么好一些的工厂主在社会舆论的压力之下就开始关闭工厂商店，而且其中一些人甚至还会在这些商店的位置上自行成立消费合作社。”笔者进行了一些估算，1909 年俄国大概有 2000 家消费合作社，年营业额达到 1 亿卢布①。

1925 年的工人回忆录汇编中对孔申手工工场旗下印染厂的消费合作社进行了批判：“当时由职员成立的消费合作社取代了工厂商店，每股定价 10 卢布，这对于工人来说太高了。但工人也得到了一些好处，可以从商店中赊买一些自己需要的商品。而职员们因此赚了很多利润。”②

工厂检查官曾写道，由于股价实在太高，所以大部分工人不可能参与到利润分配中去。除此之外，我们已经看到了，在食品供应和设定低价等方面，消费合作社都败给了工厂商店。但是如果从商品质量监督的角度出发，消费合作社无疑在供应优质食品方面迈出了很重要的一步。还有人怀疑消费合作社为了追求利润，尝试将价格定得比工厂商店还高，但是想在 1/3 的顾客都是自家股东的情况下，蓄意交易不合格食品，这显然是不可能的。

工人代表会定期监督消费合作社管委会的各项活动，也会监督食品质量。通过 1907 年 2 月工人代表对纺织厂进行监察的案例，可以看出工人参与监督食品质量的意愿。1907 年，当第一次俄国革命余波未平之时，董事会不得不允许工人代表对商店进行监察，就如同对印染厂的消费合作社所进行的那样。但是工人监督这一方式并未坚持很久：1909 年 12 月，纺织厂工人请求董事会允许工人代表对工厂商店进行调查，但是遭到了断然回绝，理由是：“这样的调查会干涉工厂的管理活动，而且没有任何法律依据。”③

---

① Озеров И. Х. Что такое общество потребителей, как его основать и вести. 3 – е. изд. М., 1909. С. 41, 45.

② 1905 – й год в Серпухове. Сборник воспоминаний о рабочем движении в Серпуховском уезде. Серпухов, 1925. С. 47.

③ ЦИАМ. Ф. 673. Оп. 8. Д. 36. Л. 41.

***

正如我们所见，从19世纪下半叶到20世纪初，大型企业向工人供应食品的方式经历了很大的变化，政府对该问题的干涉、工厂主自身的创新以及来自工人的压力都使这种变化朝好的方向发展。我们可以确信，工厂主将工厂商店看作劳动激励机制的一部分。资料显示，最初工厂因为想要获得更多利润，而将工厂商店的价格设定得与市场价持平，有时甚至更高。随着时间推移，情况发生了变化，这与苏联史学界根深蒂固的观点相反。从19世纪90年代开始，无论从工人还是工厂主的角度来说，工厂商店都已经成为大型工厂的社会基础设施。20世纪初，无论是孔申手工工场旗下的工厂商店，还是雅罗斯拉夫尔大手工工场旗下的工厂商店都得到了积极评价，而且毫无疑问的是，这两家企业的管理部门在工厂商店的发展过程中都提供了很多条件和帮助。工厂商店的商品质优价廉，而且还可以将工人最需要的食品赊卖给他们，因而逐渐成为促使工人选择该工厂工作的因素之一。除此之外，20世纪初，工厂管理部门将工厂商店当作调节工人行为的工具。工厂在遭遇罢工时期会关闭工厂商店，以此逼迫工人，特别是有家庭的工人，重返工作岗位。各工厂对工厂商店的价格政策也渐渐发生了变化：工厂主从最开始以从自家工人身上获得利润为目的，转变为改善工人的食品供应，不过这一问题解决得越好，反而意味着工厂商店的亏损越严重。在这之后，工厂将价格政策的目标转变为保障工厂的安定，特别是在危机和战争时期。我们在很多大型企业中都观察到了这样的变化，所以可以得出结论：从工厂主的角度来看，这些亏损是值得的。

第七章

医疗服务

十月革命前的俄国，国家于1866年通过立法的形式，委托工厂主向工人提供医疗服务，当时劳动立法还没有被提上议程。1866年8月26日，沙皇下令，工厂需以每100名工人拥有1张病床的比例建立医院①。当时霍乱正在流行，因此当代的研究者认为这项制度完全是一项“临时措施”②。尽管这一规定起初的确只是一项临时措施，但实际上在俄罗斯帝国的大部分地区这项规定一直延续到了1917年。

然而，1866年的法令在很大程度上还不完善。首先，它完全没有对门诊、药房以及急救急诊等方面做出任何规定。其次，这项法令后来甚至与许多城市地方政府的法规相抵牾。根据地方法规，所有雇工已经缴纳了强制性的“医疗费”，这使他们有权在城市医院免费治疗。通过收缴这种特殊的费用，治疗的费用就从工厂主转移到了工人自己身上，特别是在圣彼得堡（自1889年起）、莫斯科（自1890年起）、华沙（自1894年起）、伊万诺沃－

① «Об устройстве при фабриках и заводах в Московской губернии больничных помещений». ПСЗ－Ⅲ. Т. IV. № 43594а.（Дополнение к т. XLI ПСЗ－Ⅱ）. Хотя в его названии фигурирует только Московская губерния, это положение уже в 1867 г. решением Государственного Совета былораспространено на всю территорию Российской империи. 参见 Чистяков И. К вопросу о нормативном положении врачебной помощи фабрично－заводским рабочим. М.，1909. С. 6。

② Литвинов－Фалинский В. П. Фабричное законодательство… С. 240.

沃兹涅先斯克（自1860年起）、哈尔科夫（自1869年起）等城市，医疗费从50戈比到1卢布25戈比不等①。这种模糊性很容易引起混乱，事实上，工人有权在工厂医院和城市医院中的任意一处接受医疗服务，但有时工厂医院和城市医院会互相推诿，最终导致工人在两处都无法获得医疗服务②。最后，1895年7月24日，财政部与内务部达成一致，两部门共同发布通告对工人就医问题加以明确，这种模糊性才消除。该通告指出，工厂主没有义务在所在城市内建立医院，只需要为工人提供急救和门诊服务③。再次，1886年的法律授权工厂，如果工人持续患病超过两个星期，则工厂有权中止与该工人的劳动契约关系。因此在这段时间内，患病的工人可能会被开除，这样便立即失去了住院治疗的机会④。最后，1866年的法令没有对违反规定的行为设置任何形式的惩罚措施，这是规定常常与现实背道而驰（特别是在建立工厂检查制度之前的20年内）的主要原因。例如，1866年法令规定，工厂主必须为工人免费提供医疗服务，但是在某些工厂，至少直到1886年才为工人的医疗费用做出了各项减免，有时减免的数额甚至超过了实际治疗的费用。还有的工厂是从所有工人的收入中强制抽取一定费用，这看起来可以弥补工厂为工人治疗所花费的费用，但事实上，这些资金的实际流向仍无法控制⑤。

毫无疑问，从1880年到1910年这30年间，工厂的医疗服务有了一定的发展。这不仅体现在各地陆续建立了工厂检查机关，还体现在工厂检查机关开始监督各工厂1866年法令的执行情况，以及地方政府对工厂医疗服务的辅助情况。在这里，地方自治机关派任的医生起到了相当大的作用。

19世纪80年代初，在莫斯科省地方自治机关的倡议下，对省内工厂进行了大面积的卫生检查（E. M. 杰缅季耶夫负责谢尔普霍夫县的情况），并

① Дементьев Е. М. Врачебная помощь фабричным рабочим. СПб., 1899. С. 11, 12, 14, 17.

② Литвинов - Фалинский В. П. Фабричное законодательство… С. 242.

③ Дементьев Е. М. Врачебная помощь фабричным рабочим. СПб., 1899. С. 26.

④ Литвинов - Фалинский В. П. Фабричное законодательство… С. 241.

⑤ 同上。

将检查结果公开发表。经检查，各厂的总体情况令人难以接受。各个工厂的各级主管部门都很关注预防流行病的问题，开始采取措施改善各厂的卫生条件。在1909年召开的第一届工厂医生代表大会上，与会代表将1884年莫斯科省的卫生检查评价为该省工厂医学事业的“转折点”：“有序组织的工厂医院已经取代了普通医院，各工厂医院里都有医生常驻。工厂主开始与自治机关建立联系，为工人提供医疗援助，这些成果都有赖于自治机关法令的推动，该法令的执行情况一直由自治机关的医生代表卫生监督部门予以监督，并且迫于1892～1893年流行的霍乱，该法令也得到了莫斯科省政府的支持。”同时，发言者也指出了当前尚存的问题、具体操作中不规范以及不尽如人意的地方：“但是，随着自治机关和卫生监督部门的权力被收回，二者不再有权对工厂发布具有约束力的法令，工厂的医疗事业再次陷入寸步难行的窘境。此外，自治机关和工业部门对工厂的医疗事业并没有足够重视。从全国范围来看，这种情况只会更为严重。”① 尽管与19世纪80年代初相比，俄国工厂的医疗卫生领域总体上已经有了巨大进步，但医务人员对此仍不满意，甚至早在20世纪初期，医务人员对工厂医疗组织水平的批评就已经很不客气了。毕竟在当时几乎没有工厂主遵守法令，为工人提供医疗服务，并且也不愿意配合医务人员的工作，工厂检查官经常面临的情况是“工厂主常常对医务人员的工作指手画脚，有时为了诊断需要，医务人员甚至需把他们轰走”②。

19世纪80年代初，除对各厂的法律执行情况进行监督之外，法律自身也得到了加强，一些地方政府的强制性命令得以补充到法律之中，这一现象并不仅仅存在于莫斯科省。1866年的法律和一些地方性法规相结合，这样既使法律变得更具可行性，也使地方性法规更有强制力。顺便说一句，根据1909年第一届工厂医生代表大会的报告，应特维尔省一家工厂的要求，大会向枢密院申请取消工厂医院。枢密院指出，1866年法令已经通过很久了，

① Орлов Д. И. Проблемы фабричной медицины // Труды первого Всероссийского съезда фабричных врачей… Т. 2. М., 1910. С. 4–5.

② Янжул И. И. Фабричный быт Московской губернии… С. 136.

现在“已经失效”，但是“特维尔地方自治机关的决议在内容上与该法相同，对工厂仍具有约束力”。枢密院的这一决定实际上废除了 1866 年法令，而报告人虽然对此表示关切，却并不认为此事有多严重，也没有强调该决定违背客观实际，反而认为废除该法不会造成什么严重的后果①。从报告人对废除 1866 年法令的冷漠态度可以看出，在这段时间内，该法令的地位实际上已相当稳固：19 世纪 70 ~ 80 年代，只有这一部法律可以约束工厂主的行为。如果在那个时候取消该法，将会产生非常严重的负面影响，而现在，这种情况已经一去不复返了。

直到 19 世纪 90 年代，工厂对工人的医疗援助还有很多不足之处。弗拉基米尔地区的工厂检查官 П. А. 佩斯科夫写道，在他 1883 年检查的 71 家工业企业中，“只有 6 家工厂的情况（为患病工人提供医疗服务）还算差强人意，其余的工厂都差得太多太多，无论怎样都说不过去”②。И. И. 杨茹对当时莫斯科省的 174 家工厂进行了检查，他的说法也大致相同：“满打满算全省只有 36 家工厂医院，这当中还有很多根本不够格，只能勉勉强强地称其为‘医院’。”③

正如 Е. М. 杰缅季耶夫详细指出的，1884 年在谢尔普霍夫县应该有 22 家工厂有附属医院，但实际上只有 14 家医院，并且“其中一半以上的医院都只是走走形式，根本没有接收过病人”④。放眼俄国所有的工业部门，即使是 1899 年的数据也能够证明许多工厂医院都只是徒有其名：“总的来说，在所有的工厂医院中有 1/3 都只是形式上使用‘医院’这一名称，实际上根本没有一点医院该有的样子。”⑤

不过重要的是，在医疗服务方面，大、中、小型企业之间存在着很大差异。只拥有几百人的中型企业达不到建立医院的要求，财务预算中也没有预留出这部分的资金，因此有的时候原本就有名无实的工厂医院还会另作他

① Орлов Д. И. Указ. соч. С. 18 – 19.

② Песков П. А. Фабричный быт Владимирской губернии… С. 125.

③ Янжул И. И. Фабричный быт Московской губернии… С. 136.

④ Дементьев Е. М. Санитарное исследование… С. 46.

⑤ Литвинов – Фалинский В. П. Фабричное законодательство… С. 245.

用，而工人人数较少的小企业就更不可能照顾到工人的医疗问题了。对这一问题，现存有一整套关于工厂卫生检查的数据。在全俄罗斯帝国的工厂向检查机关提交的报告中，各工厂向工人提供的各类医疗服务情况如表 7 – 1 所示。

表 7 – 1　1897 年、1907 年俄国工厂向检查机关提交的工人医疗服务情况

医疗服务类型	工厂			工人		
	50 人及以下	501 ~ 1000 人	1000 人以上	50 人及以下	501 ~ 1000 人	1000 人以上
1897 年						
于独立或联合医院医治(%)	0.8	47.2	65.5	1.3	47.4	74.1
接受独立或联合急诊、门诊(%)	3.1	34.9	24.2	6.3	34.5	18.2
经地方自治机关、城市杜马及其他机关同意(%)	0.7	4.8	5.2	1.2	4.7	4.1
自行医治(%)	2.1	0.9	0.5	3.6	1.0	0.4
未接受医治(%)	93.4	12.2	4.6	87.6	12.5	3.2
总计(%)	100.0	100.0	100.0	100.0	100.0	100.0
总量(家或人)	14973	352	194	240465	242185	414172
1907 年						
于独立或联合医院医治(%)	1.6	49.9	69.2	2.3	50.0	78.0
接受独立或联合急诊、门诊(%)	11.6	40.1	20.4	16.0	40.2	15.5
经地方自治机关、城市杜马及其他机关同意(%)	2.0	6.8	4.7	2.6	6.5	3.2
自行医治(%)	4.0	0.0	0.3	5.3	0.0	0.2
未接受医治(%)	80.7	3.3	5.4	73.9	3.3	3.1
总计(%)	100.0	100.0	100.0	100.0	100.0	100.0
总量(家或人)	9497	429	299	204017	306039	691180

注：表中数据仅包含小型和大型工厂，规模在 51 ~ 500 人的中型工厂未参与统计。

资料来源：Дементьев Е. М. Врачебная помощь фабрично – заводским рабочим в 1907 году. СПб. , 1909. С. 8 – 9, 20 – 21。

这些统计数据清楚地表明了大型和小型工厂在提供医疗服务方面的差异：多数小型企业的工人根本没有得到任何医疗服务，而在大型企业中，从未接受过工厂医疗服务的工人数量较少。大型企业有时会在工人的医疗上投入大量资金，其数值远远超过了官方的要求："一些大型企业在建设医疗设施上的开销达到了数十万卢布，如位于奥列霍夫－祖耶夫的萨瓦·莫罗佐夫的工厂在这上面投入了近百万卢布的资金。"①

此外，不同地区的企业在医疗服务方面的差异同样很大，因此我们最好以中央工业区工厂的情况为例说明。1907 年，在弗拉基米尔省的工厂中有 98.2% 的工人获得了各种形式的医疗援助，莫斯科省为 97.1%，雅罗斯拉夫尔省为 90.6%。在两座首都，由于存在医疗费，这一比例明显更低：圣彼得堡为 79.8%，莫斯科为 82.3%②。如果仅研究莫斯科省及谢尔普霍夫县各工厂的医疗情况（对于莫斯科省的工厂我们仅研究其中的大型工厂，而谢尔普霍夫县的工厂则无论规模如何全部予以讨论）我们会发现，尽管大量的工厂将应接受医疗救助的工人转给了地方自治局、城市医院甚至私立医院，但事实上它们都向工人提供了不同程度的医疗救助。

对工厂医疗机构的活动及其向工人提供医疗援助的做法，传统上苏联史学对此的评价几乎是完全负面的。无论是关于十月革命前的俄国工人概况，还是关于某些特定企业发展史的著作、期刊（至少个别期刊），都充斥着对工厂主的控诉。这些控诉通常围绕着工厂医院面积狭小、卫生状况极差，以及缺乏医务人员或医务人员极不专业等几方面。此外，在这些研究成果中，我们经常能够遇到这样的情况：当作者在描述了 19 世纪七八十年代的情况后，就直接开始写起了 20 世纪初（随之而来的就是第一次世界大战）的情况来，而中间的内容就这样被跳过了。这样的论述既不连贯，也扭曲了事实。

因此，20 世纪 40 年代 С. И. 阿里斯托夫根据 Е. М. 杰缅季耶夫的调查

① Орлов Д. И. Указ. соч. С. 17.

② Дементьев Е. М. Врачебная помощь фабрично－заводским рабочим в 1907 году. С. 10.

结果，毫不客气地描述了孔申手工工场医院的情况："医院药店的药物供应极为稀缺，药房的环境也脏得很。包扎用的敷料简直就是肮脏的破布和发霉的垃圾，可以说毫无用处。负责管理药房的是个退伍军人，医学知识非常匮乏。医院守卫住在一间小病房里，有时他也负责为病人包扎，包扎的地点就在他自己的床上。诊断病人由一名助理医师负责，各种医学名词张口就来，但基本上是胡说八道。"① 谢尔普霍夫的布尔什维克千方百计地想抹黑县里最大的工厂主，这种做法我们可以理解。除此之外，这段描述还把 Н. Н. 孔申的手工工场和他兄弟 И. Н. 孔申的纺织厂的情况混为一谈了，后者的规模并不大，而且管理得也很不用心（Е. М. 杰缅季耶夫还指出，1871 年 И. Н. 孔申的纺织厂里有 1950 名工人，而到了 1884 年就只剩 525 人了）。1859 年，在分割完其父 Н. М. 孔申的遗产后，这两家工厂就再没有任何实际上的业务联系了。С. И. 阿里斯托夫的这段描述主要是基于 И. Н. 孔申手工工场的情况②。相反，Е. М. 杰缅季耶夫写道：Н. Н. 孔申手工工场的医院"在一座建于 1877 年的华丽建筑里，医院拥有 51 张病床……病服、敷料、药品、手术器械等一应俱全，这说明工场的管理部门完全不吝惜在这上面投入资金"③。但是，"只有一个地方不尽如人意——医院配套的医护人员还不太充足。Н. Н. 孔申手工工场医院的医生是自主营业的，除了工厂医院的工作之外还有自己的营生，所以每周医生只来医院两次，而大多数时间他是不在的。医生只是不定期地来一次医院，而且他本人也从不接诊"。因此，接诊等事宜一般是由助理医师负责。С. И. 阿里斯托夫对此故意歪曲解读为："助理医师经常胡扯各种医学术语吓唬人，目的是不让病人住院治疗，只在门诊稍微收拾一下就好了。"④ 除此之外，С. И. 阿里斯托夫没有举出其他任何有关孔申手工工场医院的信息，反而将种种很晚才出现的负面特征全部安

---

① Аристов С. Город Серпухов. С. 51.

② Дементьев Е. М. Санитарное исследование… С. 129.

③ 显然，1877 年，孔申手工工场在工场附近为医院建造了一座独栋建筑。在医院的资产清单中，精确列出了 1877 年以来购置的床铺及其他家具。清单中最古老的物品是一个 1869 年的"护理工具包"，参见 ЦИАМ. Ф. 673. Оп. 1. Д. 3. Л. 3 об。

④ Дементьев Е. М. Санитарное исследование… С. 150 – 151, 153.

到了孔申手工工场的医院上。必须说，E. M. 杰缅季耶夫在1884年注意到了孔申手工工场的工人对工厂医院的不信任[1]，但是资料显示，到20世纪初，随着医疗服务业水平和规模的显著提升，孔申手工工场的医院医务人员不足的问题已经得到了解决。

类似情况在雅罗斯拉夫尔大手工工场也有发生。Н. П. 帕亚林在其1936年出版的《伏尔加纺织工人》一书中描述了19世纪70年代雅罗斯拉夫尔大手工工场医院的情况："医院拥挤不堪，病人都需要在街上排队候诊；医院的床位也不足，病人们都被安置在走廊地板上。"[2] 另一条记录涉及19世纪90年代初流行的霍乱。霍乱在工厂中肆虐了三年，工厂医生对此束手无策，这主要是由于工人的生活条件太过恶劣[3]。在《伏尔加纺织工人》一书成书近40年之后，1972年出版了一部名为《红渠》的著作，这本书是红渠联合工厂的厂史。在书中作者强调，红渠联合工厂为工人建造的医院无法"为所有患者提供服务，医院里既没有足够的医生和医护人员，也没有足够的病床"[4]。这段话没有限定时间，也就是说，这段话描述的情况在1870～1910年都适用。不过这很值得怀疑，因为在该书出版的11年前，也就是1961年，在В. И. 别利亚耶夫所著《雅罗斯拉夫尔的医疗卫生事业》一书中的一章"工厂中的医疗设施"指出，雅罗斯拉夫尔大手工工场的医院组织严密，各个方面都比较优秀[5]。

现在我们以特定企业为例，对其医疗服务的实际状况进行研究。对于这一问题，微观分析与干巴巴的统计数据可以相互补充，这样我们就可以从"工厂里有医院"这样语焉不详的记载中见微知著，了解只言片语背后的真实情况，进而考量苏联史学家对这一问题的研究是否客观。

---

① 同上，С. 152。

② Паялин Н. П. Волжские ткачи. Т. 1. С. 113.

③ 同上，С. 130。

④ Герасимов Н. В. и др. Красный Перекоп… С. 34.

⑤ Беляев В. И. Здравоохранение Ярославля… С. 41.

第一节　工厂医院的建筑和设施

19 世纪初，一些工厂已经开始聘请医生为病人治疗。1802 年，雅罗斯拉夫尔大手工工场（当时由雅科夫列夫所有）向该厂雇用的医生支付了 550 卢布作为治疗工人的报酬。同年，向实习医生和医院工作人员支付了 235 卢布的酬劳①。或许在当时，并非所有工人都能享受到工厂的医疗服务，一般来说，当时工厂的医疗服务主要针对的是厂内资历较老的工人，尽管如此，工厂主还是自掏腰包为工人雇用医生、建设医院（虽然在当时还不太可能有固定的床位，但至少要有一个能容纳病人的房间）。

19 世纪上半叶，在当时的工厂中已经出现了有固定床位的医院。在 19 世纪 30 年代的三山手工工场，出现了有 4 张床位的医院，同时有一名常驻医师坐诊，每周为病人进行 2 ~ 3 次门诊。这种情况一直持续到 19 世纪 80 年代，当时在其中一幢公寓楼里建立了一家拥有 12 张床位的医院，“医务人员也足够充足”②。19 世纪 50 ~ 60 年代，T. C. 莫罗佐夫在尼科利斯科耶建造了当地第一家医院，到了 70 年代，它已经发展到拥有 100 张床位，下设三个部门的规模了③。

1861 年，一些工厂主在被誉为“俄国的曼彻斯特”的伊万诺沃 - 沃兹涅先斯克组织建成了一家工人医院。根据这家医院的章程，工人必须每年支付 70 戈比的医疗费，这笔钱将从他们的收入中扣除，工厂主则利用这笔资金来建设医院。顺便说一下，以这种方式建设医疗服务事业在西欧国家比较典型，但根据 1866 年法令，俄国逐渐走上了另一条道路：工厂主必须完全为工厂的医疗服务提供资金。尽管 19 世纪 60 年代伊万诺沃 - 沃兹涅先斯克

---

① Грязнов А. Ф. Ярославская Большая мануфактура за время с 1722 по 1856 г. С. 235. Грязнов приводит текст ведомости расходов предприятия помимо «платы мануфактурным мастеровым и работным людям».

② Терентьев П. Н. Прохоровы… С. 253.

③ Поткина И. В. На Олимпе делового успеха… С. 162.

的医疗事业发展很快，但实际上与全国普遍实行的办法相去甚远，直到1905 年革命之后，伊万诺沃－沃兹涅先斯克的工人才设法争取到了不支付医疗费的合法权利①。

尽管我们没有在此讨论国营工厂的情况，但是应当指出，在改革之前国营工厂对工人的医疗服务问题还是比较关注的。政府在这方面颁布了特别法令，此外还有官员专门负责监督执行情况。特别是根据 1861 年《国营工厂雇工准则》的规定，如果参与工程的人数少于 1000，则工程承包人有义务自费将工人送入最近的医院治疗；如果“施工地点远离医院，或者施工人数超过 1000，则工程承包人须自费将工人安置于温暖的医务室，向他们提供必要的药品、生活用品以及病服；医务室需配有良医，医护人员也要人手齐全”②。

19 世纪下半叶的工厂主在建设完工厂的厂房之后，通常会立即拨出资金用于建设医疗设施，当然，医疗设施的规模通常不大。1860 年开始运营的诺尔斯克手工工场于开业的同一年建设了一家拥有 15 张床位的医院③。考虑到该厂工人数量相对较少，以及当时整个省的总体医疗状况，虽然医院的床位并不是很多，但这个规模已经很不错了。

19 世纪 70 年代，当雅罗斯拉夫尔大手工工场的旧工厂和中工厂投入运营时，纺织厂建设了一家附属医院。1883 年医院建设完工后，工厂检查官П. А. 佩斯科夫对其进行了检查。佩斯科夫虽不认为其“设施极为完善”，但他还是写道：“雅罗斯拉夫尔大手工工场附属医院坐落于一幢独栋建筑之中，配备了各类必要的急救设施。医院常驻有两名医护人员，执业医师维尔塔乌每周出诊 3 次。该医院拥有 40 张床位，1884 年共有 716 人在此得到了治疗，医院为 3534 名前来就诊的病人给予了救治。”④ 到 1885 年，该院仅

① Алявдин П. А. Заболеваемость рабочих и организация медицинской помощи на фабриках и заводах города Иваново – Вознесенска // Труды первого Всероссийского съезда фабричных врачей… Т. 2. С. 36.

② «Высочайше утвержденные временные Правила о найме рабочих». § § 58 – 59.

③ Норская мануфактура в ее прошлом и настоящем. С. 11.

④ Песков П. А. Владимирский фабричный округ… С. 70.

有一名医生和一名医护人员常驻，因此还无法满足全体工人的需求。

到1884年，孔申手工工场的医院已经运营多年了。该医院规划有51张床位，即使在缺少医务人员的情况下（这种情况在大多数工厂中都存在），这样的规模已经是一个进步了。总的来看，孔申手工工场医院的医疗水平还是比较高的。杰缅季耶夫指出，在整个谢尔普霍夫地区只有4家工厂医院，这些医院的医疗水平都很差。他认为在这些医院中医疗水平还算可以的，只有特列季亚科夫织染厂的附属医院和孔申手工工场的医院。他绘制了表7-2。

表7-2 1884年谢尔普霍夫地区的工厂医院

工厂	工厂人数（人）		床位（张）	开销（卢布）
特列季亚科夫织染厂	2500		25	9259
米哈伊尔·谢利科夫及其子的织染厂	800		8	1500
孔申纺织厂	3750	合并计算	51	3935
孔申印染厂	1300			
孔申精染厂	316			
孔辛纺纱厂	600		14	1380

资料来源：*Дементьев Е. М.* Санитарное исследование… С. 47。

随着社会各界对工厂医疗设施越发关注，工厂主也意识到有必要扩大工厂医院的规模。1890~1910年，大批大型企业逐步扩大了自家工厂医院的规模。出现这种结果，有可能是受地方政府政策的刺激，也有可能是受工业生产中日益严重的外伤事故（尤其是在1900年）的刺激。根据现有的统计，外伤事故的数量一直在增长：从1901年的2.7万起增长到1910年的7.1万起，到1913年，事故数量已经达到了9.8万起①。

① Свод отчетов фабричных инспекторов за 1901 г. СПб., 1903. С. 145; Свод отчетов фабричных инспекторов за 1910 г. СПб., 1911. С. 80; Свод отчетов фабричных инспекторов за 1912 г. СПб., 1913. С. 217.

大型企业在财务上相对较为宽裕，因此更容易为工人提供相对较高水平的医疗服务。20 世纪初，工厂医院通常已经解决了先前人员短缺的问题，此时的工厂医院通常由几个部门组成，床位通常也有 100 张以上。此外，在这一时期“助产院”开始作为工厂医院的独立部门出现。在特定情况下，可以像尼科利斯科耶手工工场、三山手工工场等城市的工厂以及孔申手工工场那样，将各个医疗部门集中在同一幢建筑内。三山手工工场和孔申手工工场在不同的工厂都有门诊室，但医院只有一所。这些工厂将各类医疗设施分别安置在不同的厂区之中，为此还特意翻新了之前建造的楼宇。

1894 年，三山手工工场的医院开始扩建。新批下来的地皮距离工厂大楼不远，工厂主普罗赫罗夫在这上边建造了一座有 33 张床位的石制建筑。但由于该建筑很快变得拥挤不堪，原计划设置在这里的门诊部不得不另谋他处。1906 年，医院大楼再次得到了大规模扩建，这次“所有医疗设施和辅助设施都统一集中在同一幢大楼中”：位于一楼的是“门诊部，附有宽敞的患者候诊室”，还有一个挂号处、两间医生办公室、一间病房、一间浴室，二楼有 14 间病房，共有 66 张床位。自 1898 年以来，三山手工工场附属医院也有了自己的助产院，最初仅有 6 张床位，但在很短的时间内便扩大到了 12 张床位的规模。1906 年，三山手工工场为助产院建造了一座两层建筑，共有 22 张病床，距离医院主楼并不远①。

1895 年，诺尔斯克手工工场附属医院新建造了一座医院大楼，新楼配有 24 张病床（每张病床所占空间为 3.48 立方俄丈），有一间女病房和两间男病房、三间用于治疗传染病患者的独立病房、一间带消毒病房的手术室、两间浴室、一间药房、一间门诊室、一间公共食堂、一间厨房以及两间供男女仆人使用的房间。在医院里还有一个妇产科（有四张床位）和一间助产士的公寓。原来的医院大楼则变成了传染病科②。

19 世纪 90 年代，尼科利斯科耶手工工场附属医院的床位数量已经达到

① Терентьев П. Н. Прохоровы… С. 253 – 254.

② Норская мануфактура в ее прошлом и настоящем. С. 11 – 12.

160 张。1906 年，该院又建造了一座可容纳 300 张床位的新主楼。除了当时常见的内科、外科和产科部门外，药房、门诊、放射、水疗、电疗等部门一应俱全[①]。

同时，雅罗斯拉夫尔大手工工场也很关注工人的医疗服务结构问题。1900 年，医院共有 160 张病床[②]。1905 年，医院的床位总数增加到 200 张：妇产科 20 张、内科外科共 80 张、传染病科 100 张[③]。到了 1910 年，内科和外科的床位已经达到 100 张，占医院各部门床位总数（共 842 张）的 11.9%。通常来说，当某种疾病流行时，各个科室的患者数量也会增加。到 1900 年，医院已经达到了四座大楼的规模，这些楼宇都位于工厂的花园中，远离生产车间和工人宿舍[④]。医院主楼是一幢巨大的两层石制建筑，里面设有门诊部（占据了四个房间：一间候诊室、一间接诊室、一间医生办公室和一间更衣室）、外科诊室（附有一间手术室）、一间内科诊室、一间产科诊室、一间药房（为工人提供免费的处方药、绷带和冲洗伤口用的喷雾器，以及供儿童使用的奶嘴等医疗器材[⑤]）、一间药品仓库、一间厨房以及医生和护士的公寓。内科、外科和产科诊室是“一间间宽敞、明亮的房间，还有一条宽敞的走廊”。而且每个诊室都有浴缸[⑥]。医院的第二座楼是木质结构的，里面为慢性病和传染病患者有序划分了“四个独立的部分”。阁楼部分是专为传染病护理人员准备的公寓。第三座建筑同样是木制的，即所谓的“卫生隔离楼”，里面是传染病人及其家人的公寓。最后，如果发生传染病，雅罗斯拉夫尔大手工工场附属医院还有另外一个备用的木制隔离病房[⑦]。除了医院之外，工厂院内还建造了一座小礼拜堂、一间地窖和一幢两层的蒸汽机械洗衣房，洗衣房用于处理医院的病服。洗衣房里有两个消毒室，分别用

---

① Поткина И. В. На Олимпе делового успеха… С. 163.

② Ярославская Большая мануфактура. М. , 1900. С. 63.

③ ЦДНИ ЯО. Ф. 394. Оп. 1. Д. 19. Л. 143.

④ ГА ЯО. Ф. 509. Оп. 1. Д. 1362. Л. 40.

⑤ ЦДНИ ЯО. Ф. 394. Оп. 1. Д. 19. Л. 147.

⑥ Ярославская Большая мануфактура. М. , 1900. С. 63.

⑦ Ярославская Большая мануфактура. М. , 1900. С. 64.

蒸汽和氯水消毒。洗衣房的二楼是洗衣工和医院工作人员的房间[①]。在工厂主任医师的倡议下，医院通过电话与医生的公寓以及“厂内许多地方”相连[②]。此外，还为医务人员订购了许多“最重要的医学期刊和报纸”。医院甚至拥有自己的“医学图书馆，里边收藏了众多最新的专业手册和期刊”，此外，图书馆内还有许多“宗教、历史以及日常生活方面的书籍，供康复期患者阅读”[③]。

1907 年孔申手工工场的医院下设 9 个科室：外科（20 张床位）、两个治疗科（分别有 28 张和 25 张床位）、传染科（15 张床位）、妇产科（12 张床位）、猩红热科（12 张床位）、白喉科（6 张床位）、梅毒科（6 张床位）和慢性病防治科（6 张床位）。孔申手工工场的医院发展得非常成功。1904 年医院负责人在报告中写道：“必须考虑到，工厂只能为那些需要卧床治疗的人提供入院治疗的机会。因为我们别无选择，我们有 100 张床位，每天平均要用掉 65.19 张……工厂共有 1602 人入院治疗，其中 675 人为工人，811 人是他们的亲戚、孩子，还有其他各种闲杂人等。而这 675 名工人，只占工人总数（11652 人）的 5.8%。”[④]

正如 1902 年对莫斯科省工厂医院考察结果显示的那样，孔申手工工场医院的外科部是该省最好的医院之一。1902 年，这里进行了 140 例普通手术（不包括产科手术），占全莫斯科省所有工厂医院手术总数（792 例）的 17.7%。在莫斯科全省范围内，我们只统计设有医院的工厂，在这些工厂共有工人 167140 人，而孔申手工工场内共有工人 18130 人，占比还不到 11%[⑤]。

随着工人就诊数量的增加，医院每年需要应付的工人越来越多。孔申手工工场医院的负责人多次申请，要求增加门诊、手术室、传染病房的空间，

① 同上。

② 同上，С. 63。

③ 同上，С. 65。

④ ЦИАМ. Ф. 673. Оп. 1. Д. 176. Лл. 15в – 15в об.

⑤ Красюк Н. А. 55 фабричных больниц Московской губернии и их деятельность за 1902 г. // Сведения о заразных болезнях и санитарно – врачебной организации в Московской губернии. 1904. № 1. С. 43.

但建设情况长期以来不能满足需求。不过，应该指出的是，整体上医院建设速度比工人宿舍的建设速度要更快（见表7－3）。

表7－3　1893～1908年孔申手工工场医院附属建筑（包括医生公寓）的总体积与工人宿舍（不包括经济工人的卧室）的总体积对比

年份	总体积(立方俄丈)	
	工厂医院	工人宿舍
1893	259.5	
1903	1408.0	8088.66
1904	1506.9	8149.55
1905	1611.2	8149.55
1906	1650.3	8048.16
1907	1650.3	8917.23
1908	1998.7	8982.63

资料来源：ЦИАМ. Ф. 673. Оп. 1. Д. 358. Л. 43. 47 об。

20世纪初，所有本章涉及的工厂医院都已经配备了电灯以及完善的采暖、通风和污水处理系统，房间也会定期消毒。一般来说，工厂医院并不只为本厂工人及其家庭成员提供免费的医疗服务[①]。例如，雅罗斯拉夫尔大手工工场的医生就也会为附近的居民接诊，费用完全由工厂医院承担，“市参议会、自治局基本上没有管过”[②]。药品也是由工厂医院的药房免费发放。如果旁人想要住院接受治疗，则需要得到工厂管理部门的许可。但如果能找一名工厂工人，让他把自己写到该工人的固定号码里，就可以直接住院治

① 工人家庭的成员，特别是那些与他们一起住在宿舍中的人，在雅罗斯拉夫尔大手工工场医院和孔申手工工场医院享有与工人本人平等的接受医疗援助的权利。中央工业区的其他企业亦是如此。因此，Е. М. 杰缅季耶夫在总结1907年的情况时写道：“一般而言，在中央工业区以及北部和东部各省，工人本人及其家庭成员接受工厂的医疗服务是一种普遍现象，仅在极少数情况下才会受到限制，只能在门诊接受治疗，而不可住院。相反，在波罗的海地区和西部，工人的家庭成员通常只能在门诊或家中接受治疗，想住院是不可能的。”参见 Дементьев Е. М. Врачебная помощь фабрично－заводским рабочим в 1907 году. С. 37。

② Беляев В. И. Здравоохранение Ярославля… С. 41.

疗，不用再去找工厂管理部门了。可以在档案中找到这种做法[①]。只是，这种违规行为一旦被发现，工人将会被解雇。例如，在雅罗斯拉夫尔大手工工场清棉部工作的 М. И. 瓦利亚谢夫的个人档案中有这样一条记录："由于该工人违规私带熟人到工厂医院住院，已于 1904 年复活节被解雇。该违规治疗者不是本厂工人，其夫在瓦赫拉梅耶夫工厂工作。"[②] М. И. 瓦利亚谢夫确实很有心机，被解雇之后他重新申请在之前的部门继续工作，如此重返工作岗位。如有必要，患者可以到省城的自治局医院接受住院治疗，并由工场承担费用。这通常由工场的医生做决定，工人本人也可以根据自己的意愿，而不是工场的意思，选择到底是去省城的哪一家自治局医院接受治疗（根据档案判断，这种情况最常发生在得了梅毒或需要手术的情况下）。1911 年，雅罗斯拉夫尔大手工工场的 83 名工人在自治局医院进行了为期 1855 天的"卧床治疗"。为此工场向自治局医院支付了 2641. 89 卢布（平均每天约 1. 42 卢布）。1912 年，共有 48 名工人在自治局医院接受了 898 天的治疗，共花费工场 1879. 36 卢布（每天 2. 09 卢布）[③]。如情况允许，工场显然也能够出资，支持工人在专业诊所进行治疗。例如，1914 年 7 月，工场就向一名被诊断为"需接受肝癌手术"的工人提供了 50 卢布，帮助其在莫斯科癌症研究所接受治疗[④]。

通过图 7－1 中的数据可以看出，1896～1907 年孔申手工工场的单位医疗成本呈增加的趋势。1900～1901 年孔申手工工场医院的发展动态表明，病人的住院时间和工厂医院的总支出都在持续而显著地增加。医院的一份报告指出了："之所以增加有很多原因，其中主要原因有以下四点。第一，工人对工厂医院医疗服务的信心得到了增强。第二，工场新建的医院不仅允许工人前来就诊，工人的家人同样也有就医的机会。1906 年，工人的亲属

① Ярославская Большая мануфактура. М. , 1900. С. 66.

② ГА ЯО. Ф. 674. Оп. 5 «В». Д. 44. Л. 1。这里的"瓦赫拉梅耶夫工厂"最有可能指的是由瓦赫拉梅耶夫开设的一家小型烟草厂（1900 年该厂共有工人 245 人），并且很显然，这家工厂没有自己的医院。

③ ГА РФ. Ф. 7952. Оп. 8. Д. 61. Л. 186－187.

④ ГА ЯО. Ф. 674. Оп. 1. Д. 8116.

（本身并不在工厂工作）已经占到工厂医院患者总数的35.72%。第三，工厂医院的医疗水平有进步。第四，生活消费品价格上涨。”①

与市医院和自治局医院的绩效相比，工厂医院非但没有什么损失，并且在许多指标上更受欢迎。特别是，有证据表明，在1892年霍乱流行之前，整个谢尔普霍夫地区只有两家医院不是由工厂开办的：一家坐落在城市，另一家离洛帕斯尼亚不远。一直到20世纪初，这种情况都没有太大改变。直到1906年，市医院才开设了外科（有16张床位）和传染科（8张床位），而产科还要再等上若干年。而且，治疗也不是免费的，自治局医院每天要收取30戈比的费用②。

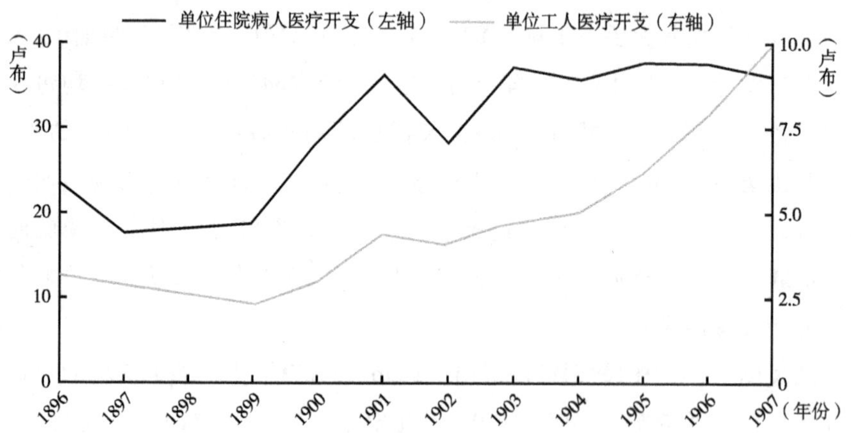

图7-1　1896~1907年孔申手工工场单位工人及单位住院病人医疗开支变化

第二节　门诊

维护工人健康的效果，在很大程度上取决于工厂如何组织门诊以及采取

① ЦИАМ. Ф. 673. Оп. 1. Д. 358. Л. 46-47.

② Гарин Г. Ф. и др. Серпухов. С. 107, 120.

怎样的预防措施。自19世纪80年代以来，三山手工工场每年都会为工人进行体检，以了解工人是否患有梅毒。随着时间的推移，这项措施逐渐变成了定期的常规预防性检查①。以雅罗斯拉夫尔大手工工场为例，20世纪初这项措施还没有实行，当时只有新雇用的工人及其刚刚从私人公寓搬到工人宿舍的家人才会被要求接受强制性体检②。

工厂医生一般对工厂主为工人体检的做法表示认同。第一届工厂医生代表大会上的一份报告强调指出，这一做法与要求工厂主为工人支付事故赔偿金的法律一起传到了企业，因为“为残疾工人支付赔偿的问题会给工厂主带来严重的经济损失”，因此工厂主会尽量不雇用病弱的工人。同时该报告表示遗憾的是，工厂主对工人进行定期体检并不在于预防疾病和治疗，而只是检查此人是否适合劳动。本书中涉及的工厂大多如此③。例如，自1917年6月起，进入雅罗斯拉夫尔大手工工场的工人必须按照工厂管理委员会的要求进行体检，其中规定：“鉴于病人和残疾人有可能因工作加剧病患以至于完全残疾，本厂不招收有白内障、独眼、驼背或有其他身体缺陷的人入厂做工。”④

雅罗斯拉夫尔大手工工场医院的门诊通常在专门的房间中进行，医院安排了两次门诊轮班：上午（9：00～12：30在三山手工工场，10：00～12：00在纺织厂）和下午（14：00～16：30在三山手工工场，14：00～16：00在纺织厂）。节假日和周末只有上午接诊⑤。由于病人非常多，因此纺织厂医院通常每个班次都有两名医生坐诊，而接诊人数“比市里的四个门诊和省城医院的门诊加在一起还要多”⑥。

---

① Поткина И. В. На Олимпе делового успеха… С. 169.

② ЦДНИ ЯО. Ф. 394. Оп. 1. Д. 19. Л. 149.

③ Владимирский В. В. Медицинский осмотр рабочих при поступлении их на заводы ифабрики // Труды первого съезда фабричных врачей… Т. 1. М., 1910. С. 191－192.

④ ГА РФ. Ф. 7952. Оп. 8. Д. 64. Л. 107.

⑤ 同上，Д. 60. Л. 38；Терентьев П. Н. Прохоровы… С. 254。

⑥ Беляев В. И. Здравоохранение Ярославля… С. 41.

第三节　医务人员

在革命前俄国工厂中，工人医疗的组织情况取决于工厂医疗机构的医生数量是否充足以及医务人员的专业水平如何。这是很自然的，因为仅凭医院的建筑物和设施并不能保证工厂可以向工人提供专业的医疗服务。

常务医师制度对于建设工厂医疗事业来说极为重要和迫切。И. И. 杨茹认为，如果做不到这一点，那么医院就没有必要存在了："在所有接受检查的工厂医院中，只有 10 家驻有医生，因此，医疗资源总是不够用。此外还有 8 家医院，医生虽然不常驻，但常来医院，每周至少接待两次患者。除了这 18 家医院外，工人几乎再没有地方看病了，况且这些医院的存在仅仅是为了在形式上满足法律的要求。"①

这种情况在 19 世纪 80 年代是相当真实的，当时医院的各种物质条件基本上还算令人满意，但医生极其缺乏。例如文献中描述了莫斯科省克林县的一家医院，该医院的设计接待人数为 250 人："医院布置合理，干净整洁，为病人配发病服，药房也令人满意……名义上，该医院由当地一名医生管理，但实际上该医生每年仅来院接诊两三次；医院里没有医务人员，开药由工厂主之子负责。"② 在这种情况下，医疗质量自然不言而喻了："很明显，工人没有得到应有的治疗：轻微不适者卧床休息；重病患者需要回家；梅毒患者，一旦被工厂办公室知道，马上解雇。"然而，各种研究资料证实，"在大多数情况下，工厂医院的常务医生还是认真工作的"③。

1885 年，权威专家 Ф. Ф. 埃里斯曼认为工厂医院在人事方面的问题比医院硬件更为迫切："尽管工厂主已经投入了大量的资金，现有的工厂医疗系统仍然不能令人满意，部分是由于医院和诊室的布置不佳，但主要原因在于医生少而护士多……请医生定期来工厂接诊只能在一定程度上缓解这种矛

① Янжул И. И. Фабричный быт Московской губернии… С. 136.

② Перфильев М. О. Очерки фабрично – заводского быта… С. 90 – 91.

③ 例如可参见 Красюк Н. А. 55 фабричных больниц… С. 51。

盾，医生每周至少应来工厂医院接诊两次。”①

到了20世纪初，工厂医院究竟能不能没有常驻医生已经由不得工厂主本人了。不晚于1899年，莫斯科省工业和矿业工程局就颁布了一项强制性法令，规定如果工厂中的工人超过500人，那么工厂医院里至少应该有1名医生及若干医护人员；如果工人超过3000人，那么至少应该为工厂医院配2名医生②。

从19世纪80年代到20世纪初，工厂医院中的医务人员数量显著增加。首先是专职医生人数有所增加。同期的护理员、助产士、药剂师等医院工作人员的人数都相应有所增加。例如，1915年雅罗斯拉夫尔大手工工场医院中有74名职工③；1916年10月1日，孔申手工工场医院的工作人员为76人，到1917年8月，人数已显著增加④。

医生会为门诊病人和住院病人接诊。在纺织厂，他们的工作“按当地自治局医院的要求：门诊部由一名医生全权负责，而住院部，为了保证治疗效果，不设立专职医生，需要医生彼此轮换接诊”⑤。

如有必要，工厂也可以邀请眼科、牙科等专科疾病专家来医院接诊，在莫罗佐夫的工厂中就曾有这种先例⑥。雅罗斯拉夫尔大手工工场的工人在20世纪初曾多次要求“增加一名眼科医生”。工人们在1905年12月的罢工期间首次要求，被拒绝⑦，7年后，在1912年6月，工人们再次提出了相同的要求，这次工场董事会给予了不同的答复：“对于聘请眼科医生到工厂医院接诊，董事会将予以考虑，如有必要，将考虑聘请。”⑧ 遗憾的是，目前尚不清楚在这7年的间隔内工厂医院是否聘请了眼科医生，但有证据表明，

---

① 引文见 Орлов Д. И. Проблемы фабричной медицины… С. 3。

② Обязательные санитарные постановления Московского Губернского Земского Собрания. М., 1905. С. 73。内容参见 ЦИАМ. Ф. 673. Оп. 1. Д. 469. Л. 161。

③ ГА ЯО. Ф. 674. Оп. 2. Д. 285. Л. 18–19.

④ ЦИАМ. Ф. 673. Оп. 1. Д. 1046. Л. 45.

⑤ Беляев В. И. Здравоохранение Ярославля… С. 42.

⑥ Поткина И. В. На Олимпе делового успеха… С. 167.

⑦ ГА ЯО. Ф. 674. Оп. 3. Д. 254. Л. 55.

⑧ 同上，Л. 82；ГА РФ. Ф. 7952. Оп. 8. Д. 61. Л. 13。

20世纪初，确有眼科疾病专家在纺织厂医院担任编外医生，并在每周的固定时间接诊①。1913年，眼科医生接诊已成定制，为方便接待患者，医院为他分配了医院大楼中的单独办公室②。

1910年，孔申手工工场医院开设了牙科部。1917年7月，在医院理事会的会议上，牙医提出，当前牙科部每年的门诊病人已经达到了13000人，如果每周接诊3次的话，平均每天就会有100人前来就诊。针对这种超负荷，医生要求将接诊次数增加到每周5次。医院理事会对此表示支持，当然，医生的工资也随之增加了③。

通常，在工厂医院中，特别是在那些没有坐落在大城市的工厂中，需要支付给医生更高的费用，因为他们通过行医获得收入的机会通常更少。根据1909年第一届工厂医生代表大会莫斯科省医生状况调查表的结果，在莫斯科，大约75%的工厂医生每年从工厂获得300～1000卢布，当然，除此之外他们还可以通过自己行医接诊来获得收入。在莫斯科省各县，工厂医生主要是依附于工厂，83%的工厂医生每年的收入为1500～3000卢布不等，年收入少于1500卢布的只有12%④。在这方面，工厂医生比在市医院和自治局医院工作的同行们领取的薪水高是很自然的。在1912年的莫斯科，亚历山大医院的主任医师的年收入为1800卢布，其他医生的年收入为300～1200卢布⑤。相比之下，孔申手工工场医院为医生支付的薪酬更多。例如，1901年医院的新外科大楼启用，高级医生的年收入为2500卢布，另外两人分别为每年2400卢布和1800卢布。此外，还为所有医生提供带暖气和照明设备的成品公寓⑥。

---

① Беляев В. И. Здравоохранение Ярославля… С. 42.

② ГА РФ. Ф. 7952. Оп. 8. Д. 62. Л. 89.

③ ЦИАМ. Ф. 673. Оп. 1. Д. 1046. Л. 26－27.

④ Экк В. В. Положение фабричного врача в бытовом, экономическом и правовом отношениях в связи с организацией фабричной медицины // Труды первого съезда фабричных врачей… Т. 2. М., 1910. С. 452.

⑤ История Московского купеческого общества. Т. 5. Вып. 1. М., 1913. С. 213.

⑥ ЦИАМ. Ф. 673. Оп. 8. Д. 8. Л. 83 об.

20 世纪初，雅罗斯拉夫尔大手工工场医院主任医师的年薪为 4000 卢布，而自治局医院的高级医生为每年 2325 卢布，城市医院的部门负责人为每年 1500 卢布，自治局医院的普通医生为每年 1725 卢布，纺织厂医院的医生从 2100 到 2520 卢布不等（和孔申手工工场医院一样，纺织厂医院为医生提供成品公寓）①。工厂医生解释说，自己的工资较高是因为无法通过私人执业来获得额外收入②。在雅罗斯拉夫尔或谢尔普霍夫等城市，医生当然可以在工厂之外找到病患，但大型工厂医院的医生根本没有时间从事其他兼职工作：早上他们在门诊，下午他们在医院里工作，有时还会有诸如上门问诊、对工厂进行卫生检查之类的工作，还要汇报工伤情况（尤其是在有争议的情况下，档案中有近 12 页的报告），等等。

工厂医生经常进行科学研究，对工人的状况进行调查，提出各种应出台的法案以改善工人健康，并积极讨论。因此，孔申手工工场医院的负责人尼古拉·尼古拉耶维奇·皮西梅内在其任职的 8 年间致力于将各类研究结果发表在专业期刊上。他特别指出："工人的伤害在很大程度上是由于车间内空间和光线不足，因此，为预防事故，有必要建立有关机器摆放以及车间光线的立法规范。"③

通常是由医生发起对整个工厂基础设施卫生状况的定期监控的。在雅罗斯拉夫尔大手工工场主任医师 П. П. 沃斯克列先斯基的倡议下，1892 年 6 月 24 日召开了卫生委员会的第一次全体会议，这是厂长领导下的一个咨询机构，并帮助工厂弥补卫生方面的种种不足。卫生委员会成员对工人的宿舍、医院、洗衣房等进行了检查，并向厂长提交了一份报告，其中包含改善卫生条件的一系列措施。为了使工厂能迅速、切实地执行这些改进措施，卫生委员会在人员构成上除医生外，还包含了工厂的管理人员（包括财务部

---

① Беляев В. И. Здравоохранение Ярославля… С. 21. Там же. С. 43.

② 同上，С. 43。

③ Письменный Н. Н. Некоторые статистические данные о травматизме рабочих в обработке хлопка вообще, а в ткачестве и прядении в частности // Медицинское обозрение. 1909. № 5.

门和设施维修部门的主管）。卫生委员会通常每月召开一次例会，时疫流行期间则“按实际需要召开会议”①。

第四节 遏制传染病和流行病

除了通常的疾病、伤害和其他需要医疗的情况外，大多数工厂医生还需要制订预防方案以应对传染病、流行病，这些疾病在工人中并不罕见。例如，在三山手工工场，感染传染病的人会被“送往市医院治疗”②，而在孔申手工工场、雅罗斯拉夫尔大手工工场以及其他工厂的医院设有专门的传染病和传染病患者部门。各工厂都会想方设法避免此类患者与其他科室的病人接触。

与苏联时代历史学界的主流观点相反，我们认为工人集体宿舍超员并不是这类疾病广泛传播的主要原因之一。在第一届全俄罗斯工厂医生代表大会上，有人提出，根据维也纳克列济教授的研究，麻疹的死亡率是衡量生活密集程度的最佳指标。他进一步指出，“尽管在一些省份的工厂中通常提供住所，但工厂幼童的麻疹死亡率要比农村孩子的高得多”，而在首都莫斯科，麻疹的死亡率更高，“那里的居住条件很恶劣，几乎没有工人宿舍”③。

根据工厂医生的报告，H. H. 巴卢耶娃在其著作中为我们提供了雅罗斯拉夫尔大手工工场工人的发病率和死亡率表，根据表 7－4 我们可以了解 19 世纪 90 年代初以及霍乱流行期间住在工人宿舍和私人住所中工人的发病情况④。当时居住在工人宿舍和私人住所中的人数差异并不大（截至 1895 年，大约有 44% 的工人居住在工人宿舍中⑤，到了 1910 年，约为 46%⑥），以至于有时无法解释为什么后者中的工人发病率更高，我们认为，工人的居住状

① ГА ЯО. Ф. 674. Оп. 1. Д. 2353. Л. 16.

② Терентьев П. Н. Прохоровы… С. 254.

③ Орлов Д. И. Проблемы фабричной медицины… С. 16.

④ Балуева Н. Н. Ярославская Большая мануфактура… С. 93.

⑤ Ярославская Большая мануфактура. М. , 1896. С. 26.

⑥ ГА ЯО. Ф. 674. Оп. 3. Д. 126. Л. 230.

况的确是十月革命前俄国企业中流行病广布的原因之一，但显然这并不是主要原因。表7－4显示，从患病人数看，总体而言，居住在私人住所的工人死于霍乱的百分比较高。

表7－4　1892～1909年雅罗斯拉夫尔大手工工场的霍乱发病率和死亡率

单位：人，%

年份	居住在工人宿舍中的工人			居住在私人住所中的工人		
	患病人数	死亡人数	死亡率	患病人数	死亡人数	死亡率
1892	52	23	44.2	201	120	59.7
1893	36	17	47.2	193	107	55.4
1894	9	5	55.6	87	44	50.6
1904	—	—	—	3	—	—
1908	2	1	50.0	28	17	60.7
1909	9	7	77.8	52	27	51.9
共计	108	53	49.1	564	315	55.9

通过比较在城市中租住公寓的人和住在工厂宿舍中的工人的发病情况，雅罗斯拉夫尔大手工工场的主任医师指出："宿舍的布置较好，更方便对病毒进行监测，病人会与健康人隔离，处所和衣服都会消毒，在这里病人会得到更及时的救治，最后但最重要的是，工场内未受污染的环境可防止其中的霍乱病毒滋生，这使宿舍相对于个人住宅而言更有利于抵御霍乱病毒。"①而且我们了解到，自由居住的病人是按自己的意愿被送入医院，而在工场居住的病人则是被强制收容入院。

早在19世纪80年代，工厂主就会采取控制传染病传播的措施。因此1880～1884年，雅罗斯拉夫尔大手工工场的医生在关于本工场梅毒得病率的报告中首先指出这类病例很少，其次列出了在工场内实施的预防措施：第一，新来的工人需要到工厂医院进行"医学检查"；第二，临时与工人同住的人同样需要接受工厂医生的检查（例如工厂为照顾住在工厂的工人子女

① ГА РФ. Ф. 7952. Оп. 8. Д. 56. Л. 96.

而雇来的保姆，必须强制接受检查）；第三，如果发现某人染病，工人及其家庭成员必须在医院的专门科室隔离；第四，病人出院恢复工作后，必须定期去医生处进行检查。

有趣的是，报告还指出："为获得理想的治疗效果，所有工人都必须住在工场专门为他们建造的宿舍中，不允许自行选择住所。"[①] 在工场范围还组建了一支专门的卫生小队，成员有一名护理人员、一名助手和两名妇女。卫生小队从事的工作并不需要任何医学知识，主要负责消毒[②]，这一举措也降低了传染性疾病的风险。

1910 年 9 月，雅罗斯拉夫尔大手工工场的厂长 A. Ф. 格里亚兹诺夫响应当地经济部应对霍乱的要求，指出"如果发生霍乱及任何其他流行病，则无须重新组织和批准，直接扩大现有机构的组成和活动即可"[③]。通过研究有关此问题的计划及实施的详细报告，我们可以得出结论，工场管理人员和主任医师对此非常重视认真并采取了一致行动。

1910 年的夏季，霍乱病情来势汹汹，并且很有可能继续蔓延，在这一背景下，雅罗斯拉夫尔大手工工场管理部门和工厂医生于当年 5 月召开会议，制定了一系列措施来预防、降低霍乱在工人及其家庭中传播的风险，并为已感染者提供医疗帮助。为接待患者，医院设置了有 40 张床位的"传染科"。"如果感染霍乱的人数超过了 40 人，还计划在医院主楼为病人再腾出一片可容纳 80 人的分散式区域，如果仍有需求，医院将征用养老院（养老院里面的人将被暂时安置在工场的一幢住宅楼中）。"[④] 在此之前，工场已经提前为"各部门（主要是工程部）、住宅楼、浴室、养老院等购买了一定数量的必需药品，并连同纸质使用说明"一齐分发给各单位的管理人员，并且还分情况为病人规划了从工人宿舍或私人住所送往医院的流程。此外，工场还决定增加"常驻医务人员：4 名医生、4 名药剂师、7 名医护人

① ГА ЯО. Ф. 674. Оп. 1. Д. 2353. Л. 16.

② 同上，Оп. 3. Д. 126. Л. 231。

③ 同上，Л. 234。

④ 同上，Л. 230 – 231。

员、4名助产士、1名护士和同等规模的助手"①。在流行病可能蔓延的时间内，医务人员的薪酬情况如下："两名医护人员每人每月80卢布，两名护士每人每月35卢布，两名助手每人每月18卢布，两名护理员和一名清洁工每人每月12卢布，一名负责宗教事务的妇人每月6卢布，为死者祷告每次可得50戈比。"②在流行病期间，董事会将所有救治霍乱病人的医务人员的薪水提高了一倍，将"其余医务人员，不包括底层勤务人员"的工资提高了一倍半。"按照前几年的例子"，工场为全体医务人员上了这一年的保险，为此工场投入了相当多的资金③。正如报告指出的："1910年9月10日用于遏制霍乱的总支出约为8000卢布，其中不包括维护卫生设施的费用及常年需要投入巨大资金的卫生活动。"④报告的另一段指出："工场关于霍乱的所有措施都是独立制定和执行的，没有当地自治局和市政府的参与。"⑤

有的工厂医院采取了一些预防传染病的措施，例如接种疫苗。1903～1904年雅罗斯拉夫尔大手工工场为工人免费接种了天花疫苗。1903年，"为4008名工人接种了天花疫苗"，1904年，又为4119名儿童接种了疫苗⑥。1909年2月初，在纺织厂的三号住宅楼中又发现了几例天花病例，2月10日，格里亚兹诺夫指令在工场和住宅楼间贴出公告，敦促"所有工人、未接种的儿童以及接种时间超过8年的成人尽快接种天花疫苗"⑦。在工场暴发斑疹伤寒后，工场又对所有的学徒进行了疫苗接种，这些措施都避免了流行病蔓延⑧。疫苗通常每天由当天值班的护理人员在固定的门诊时间进行接种。

---

① 同上，Л. 232－233。
② 同上，Л. 234。
③ 同上。
④ 同上，Л. 235。
⑤ 同上。
⑥ ЦДНИ ЯО. Ф. 394. Оп. 1. Д. 19. Л. 147; ГА РФ. Ф. 7952. Оп. 8. Д. 69. Л. 156.
⑦ ГА РФ. Ф. 7952. Оп. 8. Д. 60. Л. 38.
⑧ Балуева Н. Н. Ярославская Большая мануфактура… С. 94.

根据 И. В. 波特金娜对尼科利斯科耶手工工场的研究，我们还可以了解到该手工工场医院的医生为遏制流行病和预防疾病而进行的各项行动。19 世纪 80 年代初，尼科利斯科耶手工工场为儿童和成年工人进行了大规模的天花疫苗接种①。

孔申手工工场医院没有为工人定期进行疫苗接种，我们查遍了工场医院理事会的会议记录，没有任何一件档案对此有所记录。唯一的事例可以追溯到 1917 年 5 月，当时为给工人接种疫苗，工场专门聘请了两个人，每个人每天的薪酬为 3 卢布②。1902 年有关部门对莫斯科省内工厂医院的活动进行了评估，直接指出孔申手工工场医院没有为工人接种疫苗③。但在特定情况下，若某些疾病暴发的危险性很强，也的确有人提出过接种相关疫苗的问题④。

第五节　工厂的妇产工作

工厂医院的医生一直非常注重为产妇提供合格的医疗援助。1905 年，孔申手工工场禁止住在工人宿舍中的女工在家分娩，但工人的定居点、工人租住的公寓以及工人自己的房屋则不受此限制。该禁令不适用于工人的定居点，甚至不适用于租用的公寓及其房屋，医生担心“尽管医院产房的条件已经得到了改善，但工人会继续在家中分娩”⑤。在 1904 年工厂医院负责人关于“产科病房”的报告中，我们可以读到以下内容：“只有 368 名女工在产房分娩，这个数目占全厂工人总数的 7.8%。同时，在整个莫斯科省设有分娩室的工厂中，占比为 12.3%。如果将比较对象继续扩大，数值可以上升到 19%，甚至 20% 以上。尽管工厂医院的妇产工作正在逐步发展，但仍

① Поткина И. В. На Олимпе делового успеха… С. 168 – 169.

② ЦИАМ. Ф. 673. Оп. 1. Д. 1046. Л. 24.

③ Красюк Н. А. 55 фабричных больниц… С. 47.

④ ЦИАМ. Ф. 673. Оп. 1. Д. 1046. Л. 36.

⑤ ЦИАМ. Ф. 673. Оп. 1. Д. 176. Л. 17 – 17 об.

然远远没有达到正常水平。”①

随着工厂医院医疗水平的提高，越来越多的工人选择在工厂医院接受治疗。这一点在1909年孔申手工工场医院产科病房的工作总结中得到了充分证明：“毫无疑问，当前工人对医疗人员越发信任，这体现在居住在工厂中的女性（15岁以上）的人数略有变化，也就是说，选择来医院产科分娩的妇女正显著增加……毕竟同期的出生率并没有上升。”② 相关内容见表7-5。

表7-5　1903~1097年孔申手工工场医院产科数据

单位：人，%

年份	住在工人宿舍中的女工数量(15岁以上)	在产科病房分娩的产妇数量	占比
1903	4865	431	8.86
1904	4816	543	11.27
1905	4844	674	13.91
1906	4840	808	16.69
1907	4657	939	20.16

资料来源：ЦИАМ. Ф. 673. Оп. 1. Д. 358. Л. 47。

从以上数据可以看出，1903~1907年，选择在孔申手工工场医院产科病房分娩的产妇比例上升到了20%，这对于具有完善的妇产护理条件的工厂来说很典型（顺便说一句，表中列出的占比是根据居住在工人宿舍中的女工人数计算得出的，而不是全体女工人数，这样计算更为准确）。但这导致了医院产科病房供应紧张。1907年，在医院关于产科病房的报告中指出：“当前产科病房供应极度紧张的局面不仅会对女工的健康产生负面影响，而且如果不将这些女工妥善安置，还很可能会导致工人与警察的冲突。”③ 如果把目光放得更广，着眼于大多数工厂的情况，我们可以了解到，“在过去的几年里，工厂医院产科病房的数目一直在增加：医院的床位数量4~25不

① 同上，Л. 15в об. -15г。

② 同上，Д. 358. Л. 47。

③ 同上，Д. 471. Л. 9-10。

等，平均有十二三张[①]，这说明医院的门诊也不太充足”[②]。

我们在雅罗斯拉夫尔大手工工场也观察到了类似的情况。一方面，1910年，该手工工场产科有 20 张床位，几乎占床位总数的 30%[③]；另一方面，这一数量明显不能满足工人日益增长的实际需求。1913 年，А. Ф. 格里亚兹诺夫在报告中指出，有必要使用“额外资金”来扩建医院，“产科病房非常拥挤：产妇分娩的房间只有一个，而且面积还非常小，只能容纳 4 张床。在这样狭小的空间内常常有大量产妇待产，经常能达到六七人，甚至更多。因此当所有的床位都占满后，剩下的两三名产妇只能安置在走廊里，她们的哭号声整个科室都能听到。产妇生产之后，病房里通常还是没有足够的空间，因此还是必须将她们放置在走廊”[④]。雅罗斯拉夫尔大手工工场的负责人指出，必须扩大医院的内科、外科以及“人满为患的门诊部”，因为其“设计最大容纳人数只有 90 人，而实际接纳人数每天有 600 ~ 650 人。特别是当秋冬季节天气寒冷的时候，人们都挤在门诊部里，摩肩接踵，几乎无法穿过人群”[⑤]。结果，在 1913 年 12 月 21 日举行的雅罗斯拉夫尔大手工工场全体股东大会上，决定工场将于 1914 年拨款 10 万卢布用于扩建医院大楼，以扩大医院产科病房和门诊部的面积[⑥]。

第六节　工厂在医疗项目上的开支情况

大型企业在医疗项目上投入的资金逐年剧增，总的来说，病人治疗的条件也在改善。因此在 1906 年，孔申手工工场董事会在报告中指出：“医院在食品项目上的消费量与往年相比有显著且持续的增长……这一方面是因为食品价格大幅上涨和病人人数增加，另一方面是因为和之前

① 同上，Д. 358. Л. 47。
② 同上，Д. 176. Л. 15г об。
③ ГА ЯО. Ф. 509. Оп. 1. Д. 1362. Л. 40.
④ ГА РФ. Ф. 7952. Оп. 8. Д. 62. Л. 89.
⑤ 同上。
⑥ 同上，Л. 87。

相比，现在医院里牛奶、鸡蛋、肉饼等食品的消耗更多了。在这一点上，本厂病人的饮食条件之高，连莫斯科的医院也比不上。”① 这一说法不是空穴来风，如果将孔申手工工场医院及莫斯科市医院的许多指标进行比较，我们可以发现，尽管孔申手工工场医院的规模较小，医务人员的素质也相对较差，但平均到每个病人身上的开销（包括金钱和食品）更多（见表7-6）。

表7-6 1906年孔申手工工场医院与莫斯科市医院的工作指标比较

指标	医院					
	孔申手工工场医院	旧叶卡捷林医院	索克利尼奇医院	巴斯曼医院	亚乌兹医院	莫斯科市第一医院
床位数量(张)	130	755	520	409	572	537
住院时间(天)	36417	346359	182444	144781	199035	259181
每天每人的食物开支(戈比)	29.80	20.82	21.76	19.31	21.04	19.92
单位病人的总开支(戈比)	716.29	415.16	558.45	454.50	456.87	—
每天每百人牛奶开支(桶)	7.4	5.1	5.7	3.6	4.6	2.4
每天每百人鸡蛋开支(枚)	91.0②	67.7	—	45.7	65.4	—
平均每名医生接诊数量(人次)	3343.62	1868.62	440.35	1790.47	3057.14	—
平均每名医护人员服务数量(人次)	696.6	563	292.69	357.25	341	640.25

资料来源：ЦИАМ. Ф. 673. Оп. 1. Д. 471. Л. 50, 93-94。

① ЦИАМ. Ф. 673. Оп. 1. Д. 471. Л. 47 об.

② 这里的数据存在计算错误或笔误，原写作81.0，实际应为91.0。可以通过1906年全年消耗的鸡蛋总量(33154)推知。

我们还注意到，作为莫斯科省的第二大企业，孔申手工工场的附属医院无论是在医院的总成本上，还是在住院病人和门诊病人的数量上，在多项绝对指标的评比中均名列第一。

为病人提供的食物，费用由企业承担，食物来自企业的食品商店。除此之外，企业还承担了病人药品的费用。孔申手工工场医院负责人的年度报告中记录了医院各项支出的动态变化（见表7-7）。

表7-7　1906～1911年孔申手工工场医院各项支出动态情况

单位：卢布

年份	支出情况				
	医生薪酬支出	房屋支出	病人食品支出	药品支出	总支出
1906	27652.80	18864.98	14937.81	11833.18	89006.99
1907	38011.38	19463.56	16352.88	20071.36	114390.30
1908	40296.91	24857.50	18052.95	20428.61	118687.10
1909～1910	40427.38	17602.16	13618.37	12843.95	94307.84
1910～1911	41564	19616	13800	13760	约94000

注：表中数据不包括医院的建造和维修支出。在“病人食品支出”一列中，不仅计算了食品的成本，还计入了该项目下的其他支出，如医院厨房的维护支出等。

资料来源：ЦИАМ. Ф. 673. Оп. 1. Д. 176. Л. 31-32, 41; Д. 471. Л. 52 об., 54 об., 55, 57, 58, 96, 98, 98 об., 101 об., 103, 118, 120, 121, 124, 125 об., 151, 151 об。

雅罗斯拉夫尔大手工工场的资料可以证明，与其他许多企业一样，如果工厂的工人与厂务人员同时患病住院，二者的食品供应有所区别。1904年的食品清单中有牛肉、精麦面包、小米、荞麦、黑面包、谷物（碎麦米、燕麦）、酵母、黄油、牛犊肉、羊肉、糖、奶渣、复活节面包、蘑菇。根据医嘱，还供应了牛奶（用于调粥或直接饮用）、葡萄酒（共91瓶）、伏特加、鸡蛋、红莓苔子、鱼、柠檬。在员工专享的食品清单上，还有黑李干、动物肾脏以及野味等食品。1904年，在每年用于医疗事务的5万卢布中，有4443卢布（约占总数的9%）用于病人的饮食①。

① ГА ЯО. Ф. 674. Оп. 3. Д. 208 (а).

住院病人的食品和药品支出并不是工厂医疗支出的主要部分，也不是工厂患病职工福利的主要部分，尤其是自 1905 年以来，孔申手工工场开始定期向工人发放各类补助（详见本书第八章）。但是我们仍然要讨论这部分支出，毕竟大型企业在原则上没有义务来承担这笔费用，但事实上孔申手工工场每年都要在这上面投入数万卢布，这足以说明工场对这方面的看重程度。无论是工厂医院的医生还是工场董事会的成员，他们的眼光都很长远。无论如何，这些都是相当重要的证据，表明这些企业的管理部门对工人的健康是负责任的，工厂愿意出资为工人提供食品、药品，而不只是做做样子。

第七节　工厂的育儿机构

为女工提供带薪产假的问题与照顾婴幼儿的问题密切相关。19 世纪末至 20 世纪初，医生已经开始关注这些问题，开始讨论婴儿死亡率和工人发病率过高的问题。但是，该地区的劳资关系一直改善得极其缓慢。直到 1912 年，法律才注意到有必要在今后的一段时间内减轻产妇的工作负担（详见本书第八章）：法律开始允许女性在分娩后的四个星期内从保险处领取津贴，但没有涉及照看孩子的问题。在这方面，就像为产妇提供带薪产假的情况一样，一些大型企业所采取的措施明显在时间上早于法律的规定。总的来说，我们必须看到，尽管这个问题非常迫切，但实际上当时大多数工厂都没有解决这一问题。例如，雅罗斯拉夫尔大手工工场的董事会承认“工场生活的总体结构，对工人生活的各个方面几乎都有影响，其中也包含父母对孩子照料的质量”①。

就像在农村里一样，工人必须长时间做工，因此在照看婴儿上，他们通常只有两个选择，而这两个选择都不令人满意。首先，工人可以将孩子留在家里，由年龄较长的孩子予以照顾。有时工人也会选择雇一个保姆来照顾孩子（雅罗斯拉夫尔大手工工场特别允许他们住在工场的宿舍里，这里原本

① Ярославская Большая мануфактура. М. , 1900. С. 53.

不允许外来者居住），但在大多数情况下，保姆要么是“年迈老妇”，要么是“年轻姑娘”①，而这类保姆通常看护得很差，这对婴儿尤其危险，因为他们只在晚上、清晨和午餐时才给婴儿喂奶（尽管医生指出需要定期在三个小时内喂奶），其余时间则是喂给婴儿嚼碎的面包，这有可能传播多种疾病②。此外，即使是这样的保姆，通常也需要工人支付相当可观的费用。大城市里自行居住的工人当然可以雇一个无家可归的老妇照顾孩子，只需要给她一个落脚的地方和一小块面包就可以了；但如果想让保姆住在工人宿舍里，那么每月至少要支付 2 卢布③。我们以 1907 年、1908 年冬季圣彼得堡纺织工人的情况为例，先不说这些保姆“看护”的质量如何，仅费用就在每月 8 ~9 卢布④。在中央工业区同样如此，考虑到 20 世纪初雅罗斯拉夫尔大手工工场工人每个月的收入仅在 3 卢布左右⑤，这样高的费用并非每个工人家庭都能负担得起。

另一种选择是将婴儿带到工厂。至少这样可以及时给孩子喂奶、方便及时照顾孩子。在 1910 年的工厂医生大会上，有人对此这样评价：“工人将孩子带到工厂，这非常好，而且也不是什么新鲜事了，但当前工厂内几乎没有任何场所能满足这一需求。”报告人随即提议为哺乳期妇女提供单独的哺乳室和暖阁，以便能够哺乳、照看婴儿⑥。但是，很难说哪家工厂会采取这样的措施，专门为婴儿的保育创造条件。而且，鉴于纺织品的生产会带来很大的噪声，工厂的环境也是尘土飞扬，因此很难说这种保育方法是健康的。

---

① 同上。

② 例如可参见：Альтгаузен Н. Ф. Попечение о грудных детях фабричных работниц //Труды Второго Всероссийского съезда фабричных врачей и представителей фабрично – заводской промышленности. М. , 1911. Вып. 3；Покровская М. И. Моя думская практика（Очерк из быта рабочего населения в Петербурге）// Мир Божий. 1898. № Ⅲ. Отд. 2。

③ Покровская М. И. Моя думская практика… С. 22 –25.

④ Давидович М. Петербургский текстильный рабочий // Антология социально-экономической мысли в России. Дореволюционный период. СПб. , 2000. С. 143 – 144；Он же. Хозяйственное значение женщины в рабочей семье. С. 123.

⑤ ГА ЯО. Ф. 674. Оп. 5 «Б». Д. 246, 323 и др.

⑥ Альтгаузен Н. Ф. Попечение о грудных детях… С. 2.

雅罗斯拉夫尔大手工工场所有带婴儿的女工均有权自由离开工场进行母乳喂养。1900年初，孔申手工工场还决定让女工在特定时间回家喂养婴儿。尽管这种措施并未被普遍接受，但仍被许多工业企业所采用。正如有医生在1910年工厂医生大会上指出的那样，在接受调查的22家莫斯科工厂中，“8家工厂在照顾婴儿的问题上给予了工人一些帮助”[①]。但这并没有解决大型工厂工人的育儿问题。雅罗斯拉夫尔大手工工场的负责人解释称，工人子女的高死亡率是因为“发育不良”、“先天性疾病”和“恶劣的生活条件”[②]，其中也包含缺乏适当的照料[③]。H. H. 皮西梅内在分析儿童死亡率问题时指出，照料婴儿的年轻保姆通常不能提供正常的照顾。他认为：“不合理的照顾会引发婴儿的胃肠道疾病，有时这会很危险，如果照顾不当，婴儿很有可能会有生命危险。”他进一步指出，对没有人照料的幼儿来说，最危险的时候是在他们刚开始学习走路的时期。根据孔申手工工场的资料，53.9%的工人子女没能活到3岁，而在非工人的子女中，这一比例仅为38.8%[④]。

解决这一难题的唯一办法是建立学前教育机构，在该机构中，父母可以在工作期间放心地（在适当的专业监护下）离开婴幼儿。

然而，即使对于拥有相当发达的社会基础设施的大型企业来说，在工厂里开办托儿所也是件新鲜事。1902年在一项针对莫斯科工厂的调查中，人们发现，在全莫斯科的622家工厂中，只有3家工厂拥有托儿所：第一家工厂附属的托儿所有50名儿童，第二家有23名儿童，第三家工厂只有一个供5名儿童使用的儿童房，共有12名妇女在此工作[⑤]（原文未注明这3家工厂的名称，但第一家最有可能是普罗赫罗夫的三山手工工场，该手工工场于

---

① 同上。

② 1895年，雅罗斯拉夫尔大手工工场共出生婴儿533人，其中有285名男孩，248名女孩。这些婴儿中第一年死亡348人，其中有172名男孩，176名女孩，死亡率为65.29%，参见Ярославская Большая мануфактура. М., 1896. С. 33。

③ Ярославская Большая мануфактура. М., 1896. С. 33.

④ Письменный Н. Н. К вопросу о вырождении фабричного населения // Труды первого съезда фабричных врачей… Т. 2. М., 1910. С. 387 – 388.

⑤ Астрахан И. Д. Врачебная помощь на фабриках г. Москвы… С. 82.

1900 年开办了可容纳 50 人的托儿所[①]；第二家可能是钦德尔工厂，该厂在此之前就已经建立了托儿所[②]）。1904 年，在整个莫斯科省（莫斯科市除外），只有 6 家工厂设有托儿所（分别是：Л. 拉别涅克工厂，该厂共有 2900 名工人，托儿所可容纳 130 名儿童；沃兹涅斯先斯克工厂，该厂有 1900 名工人，托儿所可容纳 70 名儿童；Ф. 拉别涅克工厂，该厂共有 550 名工人，托儿所可容纳 40 名儿童；波波夫工厂，该厂共有 750 名工人，托儿所可容纳 28 名儿童；拉缅斯基手工工场，该厂托儿所可容纳儿童数量不明；最后是孔申印染厂，该厂的具体情况我们将在后面详细讨论[③]）。在过去的几十年里，在工厂中为儿童提供休憩之所的做法一直都很少见。据工厂检查官 П. А. 佩斯科夫观察，19 世纪 80 年代初，弗拉基米尔省只有 Т. С. 莫罗佐夫的尼科利斯科耶手工工场（该手工工场规模最大且具有高度发达的社会基础设施）有设施齐全的托儿所[④]（当时该手工工场已经建成了拥有 80 张床位的托儿所，而在 20 世纪初，莫罗佐夫的托儿所已经可以同时容纳 200 名工人的子女了[⑤]）。同时，在莫斯科省，工厂检查官 И. И. 杨茹在 174 家工厂中，只找到 4 个摇篮[⑥]，只有谢尔普霍夫的特列季亚科夫工厂和丹尼洛夫手工工场的托儿所才"或多或少有了些舒适感"[⑦]。Е. М. 杰缅季耶夫特别留意到了特列季亚科夫工厂"布置完善的托儿所"，1884 年，作为对谢尔普霍夫的工厂进行卫生检查的一部分，他称赞特列季亚科夫工厂医院是全县唯一一家成熟的医院[⑧]。综上所述，当时只有大型企业开办了托儿所。

19 世纪 70 年代，雅罗斯拉夫尔大手工工场首次开办了免费的托儿所，

---

① Терентьев П. Н. Прохоровы… С. 259.

② Курахтанов В. Первая ситценабивная. М., 1960. С. 13.

③ Борисов М. М. К вопросу об устройстве яслей на фабриках // Сведения о заразных болезнях и санитарно – врачебной организации Московской губернии. 1904. № 8. С. 2（页码为档案中的页码，因此可能与原文页码有所出入，参见 ЦИАМ. Ф. 673. Оп. 1. Д. 80）。

④ Песков П. А. Фабричный быт Владимирской губернии… С. 57 – 58.

⑤ Поткина И. В. На Олимпе делового успеха… С. 182.

⑥ Янжул И. И. Фабричный быт Московской губернии… С. 31.

⑦ Перфильев П. О. Очерки фабрично – заводского быта… С. 60.

⑧ Дементьев Е. М. Санитарное исследование… С. 47.

该托儿所可容纳 100 名儿童[①]。但这一数量显然不能使所有有意将子女安排进托儿所的工人满意，1905 年每个月都有儿童入所，共计 926 人（其中有 565 名女孩和 361 名男孩）[②]，而工厂中需要照看的儿童约为 3000 人。工场管理部门承认“该机构还未达到足够规模，无法为所有需要照料的儿童提供照料”[③]。

孔申手工工场几乎没有过照料儿童的专门机构。唯一的例外是孔申印染厂，该厂最晚自 1899 年起有一家可容纳 25 名儿童的托儿所（尽管每年仅孔申手工工场医院的产科病房中就有数百名婴儿出生）。起初托儿所是依靠 Н. Н. 孔申的女儿卡皮托利娜·尼古拉耶夫娜·巴尔舍娃的慈善资金建立起来的。1901 年 4 月，董事会讨论了巴尔舍娃不再出资运营托儿所的问题，认为有必要决定“如何处理托儿所，是将其关闭，还是由工场出资进行运营”，最终董事会决定保留托儿所[④]。但是，有关该厂托儿所的记录非常少。即使我们根据工场的年度报告，也无法确定到底有多少工人如愿以偿地将自己的子女送进了托儿所，以及托儿所筛选儿童入所的标准究竟是什么。

关于建立孔申手工工场附属托儿所的内部规定于 1902 年 9 月 6 日获得批准。根据规定，托儿所只招收“印染厂工人的子女”，并且“年龄不能超过 3 岁”。而且，当工人的子女年龄较小或父母双方只有一人在工厂做工时应该优先选择：“单身母亲的子女有权优先入所。”[⑤] 但是，筛选入所儿童的实际操作似乎并不完全符合这一规则。例如在 1907 年，托儿所里有 30 名儿童，年龄在 2 个月至 6 岁不等；到了 1914 年，托儿所里甚至出现了 9 岁的儿童（19 世纪 90 年代末，雅罗斯拉夫尔大手工工场的托儿所也出现了类似情况，因此他们为年龄较大的儿童另外开设了托儿所[⑥]）。在这些儿童中，半数儿童的父母均在工厂工作，6 名儿童只有单身母亲一个人在工厂工作。

---

① ЦДНИ ЯО. Ф. 394. Оп. 1. Д. 19. Л. 151.

② Балуева Н. Н. Ярославская Большая мануфактура… С. 79.

③ ГА ЯО. Ф. 674. Оп. 1. Д. 5243. Л. 17.

④ ЦИАМ. Ф. 673. Оп. 8. Д. 8. Л. 80.

⑤ 此处及后文的规则引自《托儿所内部规定》，参见 ЦИАМ. Ф. 673. Оп. 8. Д. 22. Л. 15。

⑥ ЦДНИ ЯО. Ф. 394. Оп. 1. Д. 19. Л. 83.

父母双方的收入从每天 29 戈比到每月 18 卢布不等[1]。工厂中符合所有这些条件的儿童应该有数百人，但很明显，托儿所违反了自己规定的选择标准。但是我们也应该在这里再补充一点，因为印染厂的女工数量不超过 300 人（这一数量比孔申手工工场其他的工厂要少），照看儿童的问题就显得不那么严重了，因此对于印染厂来说，这样规模的托儿所可能已经足够了，但是如果将范围扩大到手工工场旗下全体工厂，在这样的规模下，工人在照看儿童方面实际上得不到工厂多少帮助。

我们没有在雅罗斯拉夫尔大手工工场找到任何有关入所规则的资料。但一些相关资料我们可以在工人的个人档案中获取，那里除了无关信息外，还记录了托儿所接收儿童的案例和情况。首先，管理部门对工人的家庭状况做出了限定，限定了什么样的家庭情况属于“困难”，如双亲之一去世、工作收入低微、家庭成员无法照看子女等。如果工场需要在工作表现良好的工人与经常犯错的工人之间选择其中之一的子女入所的话，前者通常会是首选。因此，我们也可以认为托儿所选择儿童入所照看，对工人来说也是一种额外的激励。

考虑到托儿所里保育员的条件，工人希望将他们的子女安排进托儿所是完全可以理解的。儿童可以全天待在托儿所里（例如孔申印染厂的托儿所的工作时间是 5：00～20：00），并且工人对子女在托儿所过夜也“完全放心”。在雅罗斯拉夫尔大手工工场的托儿所里有保育员、保姆、日工和门卫等人工作。在我们主要讨论的两家工场中，托儿所里的孩子，特别是婴儿，时刻处在医生的照看之下。此外，孩子的衣食住行也有保证：工厂为他们提供免费的食物、内外衣；每逢节日，工厂会为他们购买玩具和零食。从雅罗斯拉夫尔大手工工场附属托儿所的资料中可以看出，儿童日常的营养十分充足：黄油、牛奶、肉、鱼、糖应有尽有[2]。当然，按照现代标准来看，这样的托儿所似乎没有什么特别之处，但考虑到那个年代工人的物质生活条件，

① 1907 年的情况参见 ЦИАМ. Ф. 673. Оп. 1. Д. 476. Л. 4－8，1914 年的情况参见 ЦИАМ. Ф. 673. Оп. 1. Д. 889. Л. 4－6。

② Балуева Н. Н. Ярославская Большая мануфактура… С. 79.

毫无疑问，如果自己的子女能够进入托儿所，显然会对一个工人家庭（或单亲父母）有很大的帮助。

雅罗斯拉夫尔大手工工场的管理部门指出，托儿所的好处在于“有利于儿童的健康，更重要的是，对于那些将子女送进托儿所的母亲来说，这形成了一个良好的开端，可以帮助她们更好地照顾自己的子女”①。

历史学专著《谢尔普霍夫》中称，第一批托儿所是1917年孔申印染厂创办的，而后续的托儿所则直到1920年才由红捷克斯季利希克工厂即之前的纺织厂和诺金工厂即之前的里亚博夫手工工场创办②。也就是说，在十月革命前，在谢尔普霍夫根本没有托儿所。我们并不完全同意这种说法：早在19世纪80年代，特列季亚科夫工厂里就已经有一个托儿所（尽管该工厂在19世纪90年代已经不复存在了），而孔申印染厂的托儿所早在1917年前就已经建立了。但是，如果我们强调的不是当时是否存在这样的托儿所，而是强调工人如何解决工作日期间子女的照料问题，那么我们要承认当时的确没有这类公共机构。

不过，我们认为工场的管理部门并没有将开办托儿所视作一种慈善活动。一定要注意到，孔申手工工场还出资为身患不治之症的工人建了一家有40张床位的医院，在斯克雷利亚村还建有养老院和教堂。这些机构与工场没有任何关系，工场本没有必要去建。根据亚历山德拉·尼古拉耶夫娜·孔申娜的遗愿，以上这些场所作为慈善机构才得以建立③。与这些机构不同，工场每年都会把托儿所的情况记录到整个孔申手工工场的收支账目表中，也就是说，工场方面理所当然地把托儿所的收支看作工场财务的一部分（如同工人宿舍等）。

表7－8和表7－9给出了孔申手工工场和雅罗斯拉夫尔大手工工场在托儿所维护等方面的开支情况，我们借此可以了解到工场在这一方面的负担情况。

---

① Ярославская Большая мануфактура. М.，1900. С. 53.

② Гарин Г. Ф. и др. Серпухов. С. 162.

③ ЦИАМ. Ф. 673. Оп. 8. Д. 93. Л. 111－123.

表 7－8　1902～1908 年孔申手工工场对附属托儿所的支出

单位：卢布

年份	金额
1902	1930.98
1903	2126.54
1904	2479.12
1905	3233.16
1906	3804.99
1907	3218.05
1908	2537.60

资料来源：ЦИАМ. Ф. 673. Оп. 1. Д. 358. Л. 50 об。

表 7－9　1892 年、1895 年、1898 年雅罗斯拉夫尔大手工工场附属育儿机构开支情况

年份	维护育儿机构的总开支（卢布）	日均儿童数量（人）	儿童入所总天数（天）	每个儿童每天的食物开支（戈比）	每个儿童每天的总开支（戈比）
1892	1271.85	50	5827	6.6	21.8
1895	1801.60	70	7084.5	7.1	25.3
1898	3436.90	120	12934	5.2	17.9

注：1892 年和 1895 年的数据仅为托儿所这一个育儿机构的情况，1898 年的数据包括托儿所和幼儿园两个育儿机构。

资料来源：ГА ЯО. Ф. 674. Оп. 1. Д. 2221. Л. 115－116；Д. 2744. Л. 155，157；Д. 3336. Л. 206，208。

最初，雅罗斯拉夫尔大手工工场以及孔申手工工场的托儿所招收年龄在 1 个月到 10 岁的儿童，这种情况在 19 世纪 90 年代后期发生了变化，那时工场为 5～10 岁的工人子女又开设了一个托儿所。到了 20 世纪初，托儿所内的儿童总数约有 800 人。所有入园的儿童都按年龄分在大班和小班两个班里。托儿所为每个班都安排了与儿童年龄发展相对应的课程。例如，大班里会有专业教师（托儿所内共有六位教师）。教师会教授孩子们祈祷、阅读、算术和写作。资料中托儿所通常也被称为“扫盲学校”，因为它为儿童进一步接受教育奠定了基础。

1906年，三山手工工场为5～8岁的儿童建立了一座托儿所[①]。最初，托儿所位于工人宿舍里，预计可容纳40～60名儿童。两年后，托儿所搬到了一座特别建造的木结构建筑中，可容纳150～170名儿童，有“宽敞明亮的厅堂和两个大教室”，还配有一个绿树成荫的庭院。托儿所的开放时间为每天9：00～17：00，每逢周日、节假日和6月、7月、8月三个月不开放。和雅罗斯拉夫尔大手工工场的托儿所一样，除游戏之外，三山手工工场的托儿所还教给孩子一些手工（如剪纸、针织等）、绘画、歌唱、体操和泛读等课程，年龄较大的儿童还会学习写作和阅读的知识。为此，托儿所中有5名女教师和1名体操教师。显然，在这两种情况下，管理部门认为托儿所可以为儿童提供学前准备。雅罗斯拉夫尔大手工工场在提交给董事会的报告中指出：“在托儿所上过2～3期课程的孩子已经习惯了学校生活的秩序和纪律，他们已经为学校生活做足了准备，因此他们能够在没有上过托儿所的同龄人中脱颖而出。”[②]

* * *

综上所述，我们回顾了大型企业中医疗机构的建设历程。一方面，我们很难对大型企业医疗机构的建设史进行一个理想的全景展示。毕竟连工人自己都对工厂提供给他们的医疗服务不太满意，工人认为工厂医院的医疗水平很差，因此一直在争取这种情况能有所改善。在1905年11月15日开始的罢工期间，雅罗斯拉夫尔大手工工场的工人们在几份请愿书中提出了自己的要求，认为工厂应当“放宽对工人的医疗服务”。

另一方面，我们认为苏联时期各种或学术或通俗的历史著作对此的尖锐批判显然并不公正。俄罗斯帝国时期医疗事业的发展一直伴随着诸多困难，工厂医院以及城市、地方自治局的医疗机构同样如此。此外，一些大型企业

---

① 三山手工工场托儿所的情况可参见 Терентьев П. Н. Прохоровы… С. 258－259。

② ЦДНИ ЯО. Ф. 394. Оп. 1. Д. 19. Л. 152；Ярославская Большая мануфактура. М.，1900. С. 54.

的医院在某些方面能提供的医疗服务比周边任何医院都要好得多。因此，对于1905年罢工期间雅罗斯拉夫尔大手工工场工人的要求，董事会予以拒绝，并强调："当前工厂医院已经为厂内居民提供了医疗援助，而且本厂医院所提供的医疗援助的范围比法律要求工厂所提供的要广得多。"① 直到20世纪初，医院的一切开销全部由雅罗斯拉夫尔大手工工场负责，而且工人（及其家人）可以免费获得相对合格的医疗服务。这种情况在外面的医院通常是没有的，绝对不能对此视而不见。

不可否认，俄国工厂的医疗事业在革命前的30～40年内经历了重大发展。首先，这种演变得益于政府在医疗卫生方面的立法，以及对各厂执行情况的强化监管。此外，工厂医疗事业的发展还得益于一批工厂医生的不懈努力，他们为此投入了大量的精力。医生们不仅在企业中进行医疗实践，而且还积极讨论全国范围内的各种医学问题。

同时我们也不应忘记工厂主的作用，事实上，工厂医院是由他们出资建立的。但苏联时代的历史学家，甚至某些当代的历史学者对工厂主在医疗事业上的贡献完全不屑一顾。比如，我们在某位当代历史学者关于三山手工工场医院的著作中就看到了这样的描述：

> 医生……在工厂主母亲的支持下在工厂很受欢迎。在她各个方面的过问下，工厂的医疗事业进行得非常令人满意。但这种令人满意的境况并没有持续太久。直到最近，医院的床位数量还远远没有赶上工厂的工人数量，医院门诊人满为患，医院里没有实验室、没有显微镜。1905年，工厂主开始扩大医院的规模，到这时工厂医院才算是真正步入了正轨，工厂主本人也对此置以很高的评价。但这时医生病重，离开了医院。尽管新任命的医生也和工厂主的母亲过从甚密，但他没有得到过工厂主母亲什么特殊的支出。就这样，工厂医院的地位开始下降了。一年半以后，到了1909年7月，由于没有得到什么像样的医疗救助，病人的病情开始

① ГА ЯО. Ф. 674. Оп. 3. Д. 254. Л. 37.

越发恶化，天花等数十种流行病在很短的时间内在工厂里流行开来。在工厂主的母亲去世后，三山手工工场医院如同大厦将倾：既没有了来自工厂主母亲的支持，也没有了医生的救治。我们进而可以得出一个明确的结论：没有工厂主会具备什么超前的观念，他们不会在生产成本中抽出一定比例的资金为工人提供医疗救助，他们根本不在意工人的健康问题，他们不会在医疗方面投入资金，他们都认为在工人的医疗上投入资金是一种不令人愉快的义务①。

上述观点当然非常引人注意。但是在我们看来，作者得出的结论过于主观，因为这一观点只是单方面从工厂主和管理部门的角度展开叙述。在1880～1910年特定工厂的资料中，我们可以找到各种各样的案例，其中自然也包括管理部门对组织医疗援助很不负责的例子。当然，确实存在许多完全不在乎工人健康状况的工厂主，但是对于他们来说，同样存在着来自地方政府和法律的严厉监督，敦促他们为工人提供医疗援助。这一过程虽然比较缓慢（如同其他许多国家一样），但在俄国，却是一直在稳步发展的。

同时，在与一些工厂的档案中（尤其是在分析公文档案时），我们发现了相反的例子。我们发现，工厂管理部门主动提出了旨在改善工人健康状况的新规则；管理部门拨款数十万卢布兴建新的医院，并且医院无论新旧都要遵守法律规定；除此之外，管理部门还会对医院进行定期的卫生检查；工厂医院也在逐渐扩展规模，比如新增加了牙医的编制。从本章引用的资料中可以看出，至少大型企业的管理部门并不总认为“在工人的医疗上投入资金是一种不令人愉快的义务”。因此，这种评价的逻辑完全无法解释为什么许多大型企业向工人提供医疗援助的活动有时大大超越了法律以及中央、地方政府所要求的范围。

---

① Вегер И. С. Фабричная медицина и земство // Труды первого съезда фабричных врачей… Т. 2. С. 109.

相反，在我们看来，在整个大型企业中一直存在一种想法，即需要创建某种相对完善的社会基础设施，以吸引并留住工厂中有能力、有干劲的工人，而工厂里的医疗设施就属于这类社会基础设施。我们认为这一假设是切合实际的。毕竟工厂的首要任务在于赢利，因此工厂的医疗事业虽然注定会发展缓慢，有时还会遇到较大的困难，但是总体的发展方向无疑是向前的，当然事实上这在很大程度上也取决于工厂主本人的意愿。

第八章
社会保障

工厂中是否存在与劳动没有直接关系的社会保障，对工人的劳动积极性至关重要。工厂的社会保障体系首先包括工厂向那些努力在厂中工作，但最终部分或完全丧失劳动能力的工人所发放的退休金，此外还包括由工厂（或政府）出资，向因紧急情况而处于困难境地的工人提供的资金支持，如疾病、创伤、火灾等原因造成的财产损失等。

要讨论工厂主在革命前的俄国工厂中实施的这些社会保障措施的重要性，或评估这些社会保障措施对工人劳动激励的效果，我们还是要首先回顾苏联史学界对这些措施的评价。

1989 年出版的概述性著作《自诞生至 20 世纪初的俄国工人阶级》为我们提供了 1904 年前俄国工人阶级状况的相关资料。就社会保障问题而言，该书认为俄国工人“缺乏社会保障，这也加剧了工人在生病、伤残以及年老时的困境。一旦工人丧失了劳动能力，工厂主就会将他们轰出工厂，或者最多如同打发叫花子一样，给他们一点极其微薄的金钱，之后就打发他们返回家乡，完全不考虑工人今后的处境”[①]。在 1903 年春季的一份新闻报道中，也描述了一例典型现象：“残疾工人被遗弃在工厂外边，身上没有任何可供维持生计的钱。一些工厂的工人事实上有权领取保险金，但是保险金落

① Рабочий класс России от зарождения до начала XX в. М. , 1989. С. 330.

入了贪婪的工厂主的腰包。”不过，关于工人的退休金在书中则完全没有提及。

“丧失劳动能力的工人领不到抚恤金。充其量他们只能得到一点点钱，靠这点钱维持不了多久，之后等待他的就是乞讨，最终贫困地死去。”① 尽管这段话反映的仅仅是雅罗斯拉夫尔大手工工场的情况，不过这段话在苏联时代众多研究工人史的著作中都能找到。当然，这样的评价需要进行修正。在十月革命以前，为失去工作能力的工人提供保障是一项非常复杂的工作。毫无疑问的是，如果以现在的标准来看，无论是在整个俄罗斯帝国范围内，还是将目光局限在俄国工业界，当时所实行的社会保障制度的层次都非常低，许多现在被认为理所当然的措施在当时都没有。当然，以当下的标准评价史实并不客观。上述评价对于个体企业，特别是小型企业来说，在工业发展的初期阶段是可以接受的，毕竟当时国家还没有出面对社会保障问题做出规定。而在大型企业中，情况则有所不同，在这里我们往往看不到大多数历史学家所描绘的那种惨相。毫无疑问，在革命前几十年的工业化进程中，工厂的社会保障领域同其他领域一样，发生了重大的进步，而这往往是苏联史学界所忽略的。

需要特别强调的是，工人社会保障制度的发展状况取决于工厂所采取的解决方式，因此对社会保障制度我们同样需要分类讨论。例如，如果工厂向老年工人发放的养老金增长相对缓慢，那么工厂将投入大量资金用于支付因工伤事故而致残的工人的养老金和保障金，而政府方面（至少在 1903 年之后）则花费了大量精力对此进行控制。在这两种情况下，如果还有人认为工人从未领取过养老金的话，只能说他们对工厂方面向工人发放各种养老金的事实视而不见了。

如果我们关注一下革命前各工厂自己编纂的出版物，特别是为工业博览会发行的材料，就会看到完全不同的景象。例如，在雅罗斯拉夫尔大手工工

① Герасимов Н. В., Карасев С. М., Тарасов Е. П. Красный Перекоп: Очерки истории ордена Ленина комбината «Красный Перекоп». Ярославль, 1972. С. 29.

场为1900年巴黎世界博览会准备的资料中，有以下描述："那些患病的工人以及注意到自己所从事的工作对健康有害的工人，可以转到对他们而言更轻松或更适合的工作岗位上。在那里工人可以一直工作到自己身体状况改善为止，也可以在这些岗位上一直干下去，这完全取决于工人自己的意愿。此外，这些工人还会有假期（通常是长假），有补助金，他们也可以从食品商店领取食品，最后，实在无法工作的人可以自行选择住在养老院里或领取养老金。"① 这显然与《自诞生至20世纪初的俄国工人阶级》中的说法相抵牾，虽然二者所描述的是同一家企业的情况。要研究这个问题我们需要检索档案，档案资料显示，19世纪末20世纪初在大型纺织企业中存在面向工人的社会保障制度，并且这一时期工厂为工人提供的社会保障受到立法部门的监管，工厂主个人也对工厂的社会保障建设贡献卓著。尼科利斯科耶手工工场提供了迄今为止最著名的案例②。工厂主莫罗佐夫积极推进了各项社会保障项目，这完全是出于善心，有时他的做法甚至已经超越了法律的硬性要求。而且根据我们所掌握的纺织工厂的档案来看，尼科利斯科耶手工工场的情况并非孤例。

下面我们将详细探讨工厂社会保障和社会保险的确切含义。资料显示，的确存在一些工厂为处于困境的工人支付各种款项，有的工厂一直推行这项措施，对有的工厂来说，这是一种偶尔为之的行为，但无论如何，这种行为是存在的。这些款项有的是一次付清的，有的是长期支付的。我们将在下文讨论这些款项的付款方式以及数额。在这里我们先只列出工人的类别，明确在20世纪初，究竟哪些工人有机会获得工厂的经济援助。通常来说，工厂没有任何义务向工人提供各类援助，因此我们也不认为下文列出的各种付款方式具有何种普遍性，但可以肯定的是，这些方式的确是存在的。

企业对因工业事故而受伤的工人负有一定责任，工厂会出资帮助受伤者在医院接受治疗，直至其康复或被认定为残疾。在工人治疗期间，工厂通常

① Ярославская Большая мануфактура. М.，1900. С. 83－84.

② 参见 Поткина И. В. На Олимпе делового успеха：Никольская мануфактура Морозовых，1717－1917. М.，2004. С. 177－184。

会支付给工人一定数额的补助金。对于被认定为“部分丧失劳动能力”的工人，工厂会为其提供一次性补助金，其数额取决于残疾程度。完全丧失劳动能力的残疾人及已故工人的家庭会定期获得工厂发放的抚恤金。抚恤金有时也可以用一笔数额足够大的一次性发放的款项代替。在这里“丧失劳动能力”不仅指那些遭遇生产事故的工人，因职业病而失去健康的残疾工人也包括在内。

我们还发现了工厂方面向离休工人发放定期养老金的例子。这类养老金有时在离休工人去世之后，仍会继续支付给工人家庭。养老金也可以由一次性补助金或在养老院中对老年工人进行照顾来代替。

即使没有直接从事生产活动的工人，如果其遭遇因病而无法工作的情况，也能获得来自个体企业（在 1912 年以后法律规定由个体企业推广至全国企业）的补助金。这里需要特别注意的是，在孕妇孕期的最后几周和分娩后的前几周内，即使孕妇并未住院，工厂仍需为孕妇发放补助金。

在一些特殊情况下，工厂也会为工人（或其家庭）发放小额补助金。这类补助金主要用于工人或其家庭成员的葬礼，以及弥补火灾等事故所造成的财产损失。但是，工人只能在陷入困境的情况下才能申请这类补助金，并且这类补助金也不是经常发放。

上述各类补助金款项直接受到立法部门的监管，因此以上款项对工业企业来说是强制性的。如前所述，这类补助金的主要目标人群是那些遭受了工业事故的工人。

第一节　“遭受意外事故工人的补偿津贴”

在工厂中引入社会保险制度的原因有很多，其中最显而易见的原因在于工厂主必须直接对因工业事故而受伤的工人负责，而其他原因则较为复杂。比如，工厂是否对老年工人负有责任，在法理上并不明确，并且事实上完全有可能由不成文的，但历史悠久的劳动力市场法律所指导（当工人可以有效地劳动时，工厂主需要这样的工人为自己做工，因此工厂主根据合同为工人支付劳资；但当工人无法继续劳动时，便丧失了工厂主对自己的兴趣，于是工厂主会选择与新工人订立合同，这个过程似乎是双方共同默认的）。但是，如果工人在工厂工作期间失去了健康，无法继续做工，根据上述过程，等待工人的将是辞退，这显然很不公平，因此有必要通过种种形式的补偿来弥补工人受到的伤害。

政府很早就意识到了这种补偿的必要性。1861 年 3 月批准的《国营工厂雇工条例》中规定，“工人如果在生产中遭受严重伤害，变成失去劳动力的残疾人，那么企业要在整个雇佣期限内向其支付双倍工资。如果工人由于意外事故死亡，这笔钱就发给其家人，供他们生活所用”①。早在 19 世纪 60 年代，政府就开始研究制定工厂主对在生产中遭受意外事故的工人承担责任的法案。但进展相当缓慢，直到 1903 年法案在最高立法机关仍未能通过，并且没有最终说法②。

但是也不能因此说工人就没有任何权利。工人可以在民法关于伤害和伤害责任的一般规定的指导下，通过法院要求工厂方面就自己受到的伤害进行赔偿。但这样的话工人将不得不证明工厂主在自己受到的伤害中负有直接责任，而这一点是非常困难的，并且司法系统的不完善也加剧了指认工作的难度，因此受伤工人很难胜诉。所以，“私了”的做法更为普遍，而如果工厂主向受伤工人支付了一定数额（通常数目不大）的赔偿金，那么工厂主将有权拒绝工人进一步的索赔要求③。

随着相关法案陆续颁布，工厂主们就事故保险的问题进行了广泛讨论，并最终提出了解决方案。他们普遍采取的方案是通过商业保险公司的服务，

---

① «Высочайше утвержденные временные Правила о найме рабочих». § § 60 –61.

② 参见：Литвинов – Фалинский В. П. Фабричное законодательство и фабричная инспекция. М. , 1904. С. 94 –95；Шелымагин И. И. Фабрично – трудовое законодательство в России（2 – я половина XIX века）. М. , 1947. С. 37 –53；Куприянова Л. В. «Рабочий вопрос» в России во второй половине XIX – начале XX в. // История предпринимательства в России. Кн. 2. Вторая половина XIX – начало XX века. М. , 1999. С. 345 –349, 351 –354。

③ Литвинов – Фалинский В. П. Фабричное законодательство и фабричная инспекция. М. , 1904. С. 94.

来解决本厂的事故保险问题。19 世纪 90 年代，拥有这种保险的工人数量迅速增长，从 1890 年的 9.3 万人增加到 1900 年的 93.6 万人①。不过，商业保险的效果颇受当代学者质疑。В. П. 利特维诺夫－法林斯基特别指出，工人本人并没有因此得到多少好处，因为“从保险公司领取保险金和从工厂主处领取赔偿同样困难”②。另一位权威证人，В. Е. 瓦尔扎尔也强调，由于保险公司的主要关注点在于赢利，因此向工人提供商业保险对工厂主来说确实没有什么好处；而对于工人而言，与领取商业保险金相比，他们更愿意从工厂主那里领取养老金和补助金。他写道：“此事的主要缺陷在于投保人和被保险人之间的关系不自然：投保人即工厂主的目的在于免去自己的法律责任，而对被保险人即受伤工人的命运毫不关心，甚至有时他们都不知道自己曾给工人投过保险。总之，他们既不了解投保的条件（况且条件也千差万别），也不清楚自己的责任。”③

1903 年 6 月 2 日通过的法律改变了这种模糊状态④。法律要求，工厂主在工人因工业事故而全部或部分丧失劳动能力的情况下，必须按规定的金额向其支付补助金；如若可以证明，事故是由于受伤工人“恶意预谋”或“严重过失”所致，则补助金可以免于发放。工厂应承担受伤工人入院治疗的全部责任。工厂为受伤工人提供的赔偿金分为两种：补助金和抚恤金。如果工人遭受的是暂时性伤残，则工厂必须自事故发生之日起，到工人完全恢复或被确认永久丧失劳动能力（需有医疗鉴定）为止，向工人发放补助金，

① 该文详细介绍了 1888～1904 年的统计数据，参见 Иванов Л. М. К вопросу о страховании рабочих в России // Исследования по социальнополитической истории России. Сб. статей памяти Б. А. Романова. Труды ЛОИИ. Вып. 12. Л., 1971. С. 342。

② Литвинов－Фалинский В. П. Фабричное законодательство и фабричная инспекция. М., 1904. С. 94.

③ Варзар В. Е. О некоторых недостатках условий страхования рабочих в частных страховых обществах //Труды высочайше утвержденного Всероссийского торгово－промышленного съезда 1896 г. в Нижнем Новгороде. Вып. V. Условия быта и работы фабрично－заводских рабочих. СПб., 1896. № 23. С. 3.

④ «Правила о вознаграждении потерпевших вследствие несчастных случаев рабочих и служащих, а равно членов их семейств в предприятиях фабрично－заводской, горной и горнозаводской промышленности». ПСЗ－Ⅲ. Т. ХХⅢ. Отд. I. № 23060.

补助金的数额为工人工资的一半。如果工人永久丧失劳动能力，工厂必须向其发放抚恤金：丧失劳动能力者，抚恤金为其工资的 2/3；部分丧失劳动能力者，抚恤金的数额取决于其所受伤害的严重程度。抚恤金将终身发放，但工厂方面每三年可要求对受伤工人进行重新检查，以确认其残疾程度。如果工人因意外事故死亡，法律规定要向其家庭成员支付抚恤金（抚恤金数额取决于亲疏程度，但不超过工人工资的 2/3。抚恤金发放的时限如下：向身亡工人的父母终身发放；向其遗孀发放至其改嫁；向其子女发放至 15 岁），该法律自 1904 年 1 月 1 日起在全俄罗斯帝国范围内生效。尽管根据该法律的规定，工人能获得的补助金数额与 1861 年的《国营工厂雇工条例》中所提议的数额相比有所降低，但该法律的进步之处在于，从现在开始，工人不必继续证明事故当中工厂主的责任（事实上这本身无法证明），因此对他们来说的好处是实实在在的。

1903 年法律在俄国工业企业中的应用情况，不在本书的研究范围之内，但无论如何，自法律颁布以来，工人的社会保障问题已经提升到了新阶段。

通过对雅罗斯拉夫尔大手工工场和孔申手工工场的资料进行考察发现，在 1903 年法律生效之前，这两家企业的董事会都独立地出台过一些帮助受伤工人的措施。法律生效后，两家企业开始严格依法行事。

根据 1905 年雅罗斯拉夫尔大手工工场的厂长格里亚兹诺夫编写的《雅罗斯拉夫尔大手工工场活动报告》，“在 1903 年 6 月 2 日法律颁布之前，雅罗斯拉夫尔大手工工场对因工伤事故而致残的工人发放补偿款，根据俄国和德国的保险公司所采用的标准，补偿款为一次性发放或按月发放。法律颁布后，则根据该法律的规定向工人发放补偿款”①。在雅罗斯拉夫尔大手工工场 1896 年的文件中也可以看到，雅罗斯拉夫尔大手工工场制定了明确的程序来向事故受害者支付补偿款②。不过，研究工人的个人档案会更加直观。

例如在 1884 年，棉纺工 И. Е. 巴布什金因“机械性损伤”长期住院。

---

① ЦДНИ ЯО. Ф. 394. Оп. 1. Д. 19. Л. 150.

② Ярославская Большая мануфактура. М., 1896. С. 43.

他的个人档案记载："根据雅罗斯拉夫尔大手工工场负责人的指令，住院期间向其发放全薪作为补偿款，共计 50 戈比。"① 1894 年，捻接工巴格罗夫因"机械性损伤"住院，为此雅罗斯拉夫尔大手工工场将其薪酬减半，按 24 天半发放补偿款，金额为每天 20 戈比，住院期间共发放 4 卢布 90 戈比②。1898 年，预备粗纺女工 A. A. 巴扎诺娃因右手机械性损伤住院 40 天，住院期间雅罗斯拉夫尔大手工工场向其发放补偿款 10 卢布 40 戈比，尽管她的正常收入还不到每月 6 卢布③。

与此同时，根据通风工 I. L. 巴格罗夫的档案，1883 年他也因机械性损伤而一段时间没有工作，但在他的个人档案中没有任何记录表明他得到了补偿款④。

因此，根据雅罗斯拉夫尔大手工工场工人的个人档案，无论时间长短，大多数在工作场所受伤的工人确实在医院或家中休养期间得到了补偿款。补偿款的数额各不相同，可能会按全薪发放，也有可能按半薪发放，甚至可能像 A. A. 巴扎诺娃的情况一样，领到的补偿款大大超出了其薪酬数额。但同时企业也完全可以拒绝发放补偿款。显然，企业方面对每个案例都是单独考虑的，并且在补偿款的分配上没有统一的规范。

雅罗斯拉夫尔大手工工场自 1903 年 6 月起，按照法律规定的标准向受伤工人发放了补助金。我们可以说，在雅罗斯拉夫尔大手工工场，法律只是对早已存在的补助制度的一种保证。此外，当工人要求增加"工伤补助的金额"时，工场董事会则会答复称，"根据法律规定，补助金额在全国范围内固定，因此无法私自增加补助款的金额"⑤。

19 世纪末，孔申手工工场对于向受伤的工人支付补助金和抚恤金同样有着明确的程序。在经董事会董事 C. H. 孔申签字同意的《孔申手工工场

① ГА ЯО. Ф. 674. Оп. 5 «Б». Д. 58. Л. 1.

② ГА ЯО. Ф. 674. Оп. 5 «Б». Д. 82. Л. 1.

③ ГА ЯО. Ф. 674. Оп. 5 «Б». Д. 119. Л. 1.

④ ГА ЯО. Ф. 674. Оп. 5 «Б». Д. 84. Л. 1 – 4.

⑤ ГА ЯО. Ф. 674. Оп. 3. Д. 254. Л. 37.

1899 年慈善活动报告》中，我们发现孔申手工工场通过商业保险公司为工人购买了保险。如果工人死亡，其家庭将获得一次性赔偿金，数额为工人日薪的 1200 倍；如果工人致残，抚恤金将终身发放，其数额“与伤残程度对应，且与投保金额相关，大体是受伤工人日薪的 1500 倍”；如果工人暂时性丧失劳动能力，赔偿金最高可达到其日薪的 50%，但不超过每天 1 卢布①。

我们很难确定工厂赔偿制度的建立时间和建立过程。现存的资料尚不足以支撑我们详细研究补助金的情况，但是对各类抚恤金的情况都有详细记录②。1883 年 6 月，孔申手工工场的第一笔抚恤金发放给了印染厂一名已故漂白工的母亲。抚恤金为每月 5 卢布，1895 年降至每月 3 卢布。1889 年、1892 年和 1900 年，分别有 2 名、2 名和 1 名工人于工作场所身亡，孔申手工工场同样向其家庭发放了抚恤金，不过工伤抚恤只在 1897 年 3 月发放过一次。

雅罗斯拉夫尔大手工工场的情况同样如此。1900 年 8 月，在雅罗斯拉夫尔大手工工场工作了 3 年的 H. C. 巴布什金“死于机器碾压”。他与母亲（一名 62 岁的寡妇）相依为命，没有其他的亲人，而母亲当时没有工作。H. C. 巴布什金去世后，雅罗斯拉夫尔大手工工场先为其母发放了为期半年的抚恤金，数额为每月 5 卢布（其中有 3 卢布为食品，2 卢布为现金）。在这之后，抚恤金曾多次补发，数额保持不变，直到 1902 年 9 月在其本人去世后才停止发放。雅罗斯拉夫尔大手工工场还专门划拨了 10 卢布用于安葬 H. C. 巴布什金的母亲③。

孔申手工工场董事会曾就旗下两家纺织厂的意外事故情况展开调查，并将调查表寄给了工商代表大会，我们在孔申手工工场基金会的档案中找到了代表大会的回复稿④。关于 1901 ~ 1903 年孔申手工工场的保险事务，

① ЦИАМ. Ф. 673. Оп. 8. Д. 18. Л. 2 об.

② ЦИАМ. Ф. 673. Оп. 1. Д. 1202.

③ ГА ЯО. Ф. 674. Оп. 5 «Б». Д. 61. Л. 1.

④ ЦИАМ. Ф. 673. Оп. 1. Д. 358. Л. 16 – 17.

回复稿中有这样一条简略的记述："孔申手工工场通过保险公司为工人购买了意外事故保险。"显然，孔申手工工场依旧通过商业保险公司来处理企业内部的保险事务。直到1903年法律颁布后，孔申手工工场的保险事务才开始受到法律的规范指导。

十月革命前，俄国工业企业中伤亡率的总体水平相对较高，与之相比，孔申手工工场发生的事故数量还要少一些①。在1907年3月6日孔申手工工场医疗理事会会议日志中，可以找到以下数据："两年来，孔申手工工场共发生事故868起，平均每天不到1.5起。其中在59.9%的事故中，工人受伤非常轻微，并不耽误工作；在34.3%的事故中，工人表现为暂时丧失劳动能力，孔申手工工场平均为其发放6卢布40戈比的补助金；只有在5.8%的事故中，工人的负伤损害程度较为严重。"② 但是尽管如此，孔申手工工场平均每年仍会有25起严重事故。

表8－1和表8－2提供了更为详细的统计数据：表8－1给出了1901～1906年孔申手工工场两家纺织厂的事故情况；表8－2给出了1906～1907年孔申手工工场旗下各厂的事故情况。

表8－1　1901～1906年孔申手工工场旗下纺织厂、新纺织厂事故情况统计

单位：人

年份	纺织厂					新纺织厂				
	年初工人数量	致死	创伤无法医治并完全丧失劳动能力	创伤无法医治并暂时丧失劳动能力	暂时丧失劳动能力	年初工人数量	致死	创伤无法医治并完全丧失劳动能力	创伤无法医治并暂时丧失劳动能力	暂时丧失劳动能力
1901	5067	—	1	15	150	3257	—	—	3	18
1902	4874	—	2	10	113	3307	—	1	1	33
1903	4986	—	—	2	87	3276	—	—	1	21

① Маркевич А. М., Соколов А. К. «Магнитка близ Садового кольца»: Стимулы к работе на Московском заводе «Серп и молот», 1883－2001 гг. М., 2005. С. 23－24.

② ЦИАМ. Ф. 673. Оп. 1. Д. 473. Л. 108.

续表

年份	纺织厂					新纺织厂				
	年初工人数量	致死	创伤无法医治并完全丧失劳动能力	创伤无法医治并暂时丧失劳动能力	暂时丧失劳动能力	年初工人数量	致死	创伤无法医治并完全丧失劳动能力	创伤无法医治并暂时丧失劳动能力	暂时丧失劳动能力
1904	4799	—	—	4	35	3268	—	—	4	12
1905	4818	—	—	8	45	3261	—	—	1	17
1906	4781		—	4	37	3350	—	—	—	27

资料来源：ЦИАМ. Ф. 673. Оп. 1. Д. 358. Л. 16－17。

表8－2　1906～1907年孔申手工工场旗下各厂事故情况统计

单位：人

	纺织厂	新纺织厂	印染厂	精染厂	铸造厂及总务部	共计
致死	0	0	0	0	0	0
致残（永久丧失劳动能力）	5	3	12	2	—	22
暂时丧失劳动能力	94	33	30	29	3	189
无影响	145	23	67	39	3	277
其他	—	—	1	—	—	1
总计	244	59	110	70	6	489

资料来源：ЦИАМ. Ф. 673. Оп. 1. Д. 453. Л. 61。

表8－1和表8－2中的数据显示，孔申手工工场旗下的工厂遭受严重工业伤害的比例相对较小。表8－3中列出了孔申纺织厂向工人发放福利金的相关情况。

表8－3　1904～1906年孔申手工工场旗下纺织厂、新纺织厂向受伤工人发放福利金情况统计

单位：卢布

年份	纺织厂			新纺织厂		
	一次性赔偿金	重伤抚恤金	临时补助金	一次性赔偿金	重伤抚恤金	临时补助金
1904	258.40	—	176.54	366.30	—	63.89
1905	3113.30	26.21	324.03	21.90	—	66.13
1906	729.85	21.85	191.88	—	—	118.43

资料来源：ЦИАМ. Ф. 673. Оп. 1. Д. 358. Л. 16－17。

孔申手工工场一次性赔偿金的平均数额差异很大，在很大程度上取决于工人受伤的严重程度。而临时补助金指的是工人在医院治疗期间得到的补助金。事实上，临时补助金并不是在事故发生后为工人发放的损害赔偿，并且临时补助金的数额也明显低于一次性赔偿金。

在获得一次性赔偿金时，工人必须提交一份保证书，保证将来不会继续向工厂主或管理部门要求任何赔偿。

1912 年，立法机关对 1903 年法律做出了一些调整。1912 年 6 月 23 日，立法机关在该法中加入了几项新的规定，明确工人不仅可以因事故领取补助金，在生病时同样有领取补助金的权利①。新修订的法律还将工人每年的工作时间从之前的 260 个工作日调整为 280 个工作日，这有利于确定抚恤金和一次性赔偿金的数额。根据新修订的法律，受伤工人入院治疗头 13 周内所耗费用不再完全由医院承担，工厂主也要承担其中的一部分，承担的数额最多达总开销的 2/3；而在治疗 13 周后，工厂方面要向工人发放疾病补助，其数额为工人收入的 2/3，即使是暂时丧失劳动能力的工人也能获得上述补助。为确保事故赔偿顺利开展，新修订的法律还要求建立保险公司。但是，1912 年修订的法律并没有根本改变在工作场所受伤的工人及其家庭的赔偿程序。1912 年法律的主要意义在于保障生病工人的权利，这部分内容将在后文进行讨论②。

---

① «Об учреждении присутствий по делам страхования рабочих», «Об учреждении совета по делам страхования рабочих», «Об обеспечении рабочих на случай болезни», 298 «О страховании рабочих от несчастных случаев». ПСЗ – Ⅲ. Т. XXXⅡ. № 37444 – 37447.

② 关于 1912 年法律的详细内容，可参见：Нолькен А. М. Закон о страховании рабочих от несчастных случаев. Практическое руководство. СПб., 1913；Литвинов – Фалинский В. П。关于工人保险的详细内容，可参见：Полный текст новых законов о страховании рабочих с объяснениями. СПб., 1912；Вигдорчик Н. А. Что должен знать каждый участник больничной кассы. СПб., 1913。从保障工人利益的角度来看，对该法的批判相当严厉，可参见 Данский Б. Г. Дореволюционная страховая кампания. М., 1923，书中转述了大量 1917 年之前发表的文章。有关法律实施的情况，可参见：Маркузон Ф. Д. Статистика социального страхования. М., 1925；*Иванов Л. М.* Страховой закон 1912 г. и его практическое применение // Отечественная история. 1995. № 5。

第二节　养老金

如果说从1903年开始，俄国工厂法给予在生产中遭受意外事故的工人一定的保障，那么从1912年开始，法律也给那些因病临时不能工作的工人提供了保障，但是法律对于其他无劳动能力的情况没有规定。在革命前的俄国，各个社会领域都急需为老年人提供服务。根据1827年通过的《养老金及一次性补助发放条例》，政府方面认为，自己只有义务通过财政向“圆满任职”满25年的政府官员发放养老金，工厂工人的养老金应由本厂的工厂主自行处理[①]。有时工厂会为工人单独创建养老基金，以按固定比例扣除工人工资的方式来筹措资金（例如，工厂经常为工厂教师和医生发放养老金）。工厂主的资产状况越良好，发放养老金的可能性就越大。俄国几个主要城市的城市杜马均为此通过了专门的决议，批准为本市工厂的职员及工人创建养老基金：里加，自1879年起；圣彼得堡，自1888年起；敖德萨，自1890年起。无论是何种类型的工厂，工厂主都有责任为本厂的工人发放养老金[②]。不过事实上，这只能在得到工厂主的首肯之后才能实现。接下来我们将讨论孔申手工工场和雅罗斯拉夫尔大手工工场是如何解决这一问题的。

我们在前文就已提到过，早在1903年法律通过之前，在大型企业就已经有向在工作场合受伤的工人以及为在事故中丧生的工人家庭支付养老金的先例了，并且工厂开始向因年龄或严重慢性疾病而无法工作的工人发放养老金。工厂发放这些养老金并不是受到某种强制性的规定，而是工厂董事会根据每个具体案例自行决定的。

比如在1883年，孔申手工工场首次为已故工人的母亲发放了抚恤金，并于1887年首次发放了养老金，虽然当时发放得并不频繁。在1883年6月

① 根据《军事法规汇编》和《海军法规汇编》，政府有义务向军官发放养老金。

② Борисович Б. Пенсии и инвалидные ренты для городских служащих в Риге // Известия Московской городской Думы. Отдел общий. 1907. № 21（ноябрь）. С. 1－3.

至1893年12月期间，孔申手工工场仅发放过9笔养老金，其中有6笔发放给了因事故身亡的工人的亲属，平均金额为每月5卢布，另外3笔发放给了老年工人①（分别为一名工龄62年的88岁的工人、一名工龄40年的88岁的店员和一名工龄50年的72岁的包装工）。孔申手工工场在分配养老金时，除了考虑工人的工作情况（此项应优先考虑）和工龄之外，还参考了许多其他标准。1908年，孔申手工工场董事会在一份关于纺织厂工人状况的纪要中指出："应向老年职员及老年工人的家庭发放养老金。有权获得养老金的工龄及养老金的数额不予固定。在发放养老金时，应考虑到领取人家庭成员的工作状况和经济状况。对于已去世的工人和患病的工人，同样予以发放养老金。在发放时，不仅要考虑其服务年限，还要考虑其工作的认真程度、婚姻、财产状况、工作能力以及其他方面。"②

雅罗斯拉夫尔大手工工场向工人发放养老金的原则与此相仿（不过"养老金"一词在该企业的文件中并不常见，而一般称为"每月向老年工人发放的补助"）。一般来说，雅罗斯拉夫尔大手工工场需要在医生诊断工人确实丧失了劳动能力之后，才会向工人发放养老金。因此，在工人的个人档案中，除了申请养老金的记录外，还会有工厂医生对他的诊断书，上面写明了该工人无法继续工作的原因。从1903年12月董事会写给孔申手工工场医院院长的一封信中我们可以看出，工厂医院对申请养老金的老年工人进行了检查，以检验其劳动能力。董事会除了希望了解工人的健康状况外，还希望知道疾病产生的原因，弄清楚工人的病患到底是工作导致的，还是工人自身的遗传疾病、年龄等与工作环境无关的原因导致的③。

1894~1900年，孔申手工工场旗下各厂发放的养老金与之前相比在项目数量上有所增加（见表8-4）。随着养老金的名目越来越多，为了填补资金缺口，自1898年以来，孔申手工工场开始从养老保险金的利润中拿出部

① ЦИАМ. Ф. 673. Оп. 1. Д. 1202.
② ЦИАМ. Ф. 673. Оп. 1. Д. 358. Л. 51.
③ ЦИАМ. Ф. 673. Оп. 1. Д. 62. Л. 17.

分金额，并用这些钱向工人发放养老金。当年 7 月，这部分金额就达到了近 3.2 万卢布的规模[①]。

表 8－4　1894～1900 年孔申手工工场旗下各厂向工人发放养老金情况统计

单位：种，卢布/月

年份	向致死工人家庭发放		向受伤工人发放		向老年工人发放		向身亡工人家庭发放	
	养老金项目数量	平均数额	养老金项目数量	平均数额	养老金项目数量	平均数额	养老金项目数量	平均数额
1894	—	—	—	—	3	9.7	—	—
1895	—	—	—	—	1	15	—	—
1896	—	—	—	—	3	3.3	—	—
1897	—	—	1	4	2	6.5	—	—
1898	—	—	3	3	9	5.6	4	6.5
1899	—	—	4	6.5	10	7	2	4
1900	1	4	—	—	6	7	1	3

资料来源：ЦИАМ. Ф. 673. Оп. 1. Д. 1202。

20 世纪初，从孔申手工工场旗下各厂获得养老金的工人数量明显增加。1908 年 12 月 1 日，有 294 人获得了养老金。或许是因为 1907 年各厂退休金领取者人数有所增加，孔申手工工场拟定了一份内含 31 个要点的《退休金计算规则》草案。该草案详细指出了工人在何种条件下有权领取养老金，养老金的数额为几何，但是草案第 2 点依旧认为："对公司来说没有任何义务发放养老金，因此可以随时停止发放。"值得注意的是，尽管之前确实存在过养老金领取者继续住在厂内的先例（例如在 1907 年，就有 13 名养老金领取者继续住在纺织厂中，3 名养老金领取者住在新纺织厂中），但是根据该草案，养老金领取者无权继续住在工厂宿舍中[②]。不过我们没有足够的证据能够证明，草案中这一规定最终是否被采纳（或有所调整）。

① ЦИАМ. Ф. 673. Оп. 8. Д. 18. Л. 2 об.

② ЦИАМ. Ф. 673. Оп. 1. Д. 62. Л. 46－47.

在雅罗斯拉夫尔大手工工场，领取养老金的工人数量同样明显增加。1907 年共有 95 人（包括工人和职员）领取了养老金，1910 年共有 107 人（仅包含工人），到了 1912 年，人数就已经达到 146 人了（仅包含工人）。1907 年和 1912 年雅罗斯拉夫尔大手工工场养老金领取者年龄构成如表 8－5 所示。数据表明，养老金领取者的年龄各不相同，显然，其中许多人被迫辞职并不是由于自身年龄，而是各种疾病导致他们无法继续工作（根据 1903 年法律他们也可以领取养老金）。

表 8－5　1907 年和 1912 年雅罗斯拉夫尔大手工工场养老金领取者年龄构成

单位：人

退休者年龄	1907 年			1912 年		
	男性	女性	总计	男性	女性	总计
55 岁以下	18	21	39	27	18	45
55～60 岁	6	6	12	11	11	22
60～65 岁	5	11	16	10	11	21
65 岁及以上	15	13	28	24	23	47
年龄不详	—	—	—	2	9	11
总计	44	51	95	74	72	146

注：1907 年的数字中包含工人和职员，1912 年的数据中只包含工人。

资料来源：ГА ЯО. Ф. 674. Оп. 2. Д. 97. Л. 4; Оп. 1. Д. 7568. Л. 1－3。

此外，养老金的数额差异很大，不过孔申手工工场和雅罗斯拉夫尔大手工工场绝大多数退休人员领取的养老金数额在每月 3～5 卢布（见表 8－6 和表 8－7，以及图 8－1 和图 8－2）。

表 8－6　1908 年孔申手工工场退休人员（工人和职员）养老金情况

金额（卢布/月）	人数（人）	人数占比（%）
1～2	4	1.4
3	115	39.1
4～5	116	39.5
6～10	37	12.6

续表

金额(卢布/月)	人数(人)	人数占比(%)
12~15	7	2.4
16.5~20	7	2.4
25~35	6	2.0
50~75	2	0.7

资料来源：ЦИАМ. Ф. 673. Оп. 1. Д. 358. Л. 51。

表8-7　1912年雅罗斯拉夫尔大手工工场退休工人养老金情况

金额(卢布/月)	人数(人)	人数占比(%)
1~2	22	15.0
3	47	32.2
4~5	59	40.4
6~10	16	11.0
12~15	2	1.4

资料来源：ГА ЯО. Ф. 674. Оп. 1. Д. 7568. Л. 1-3。

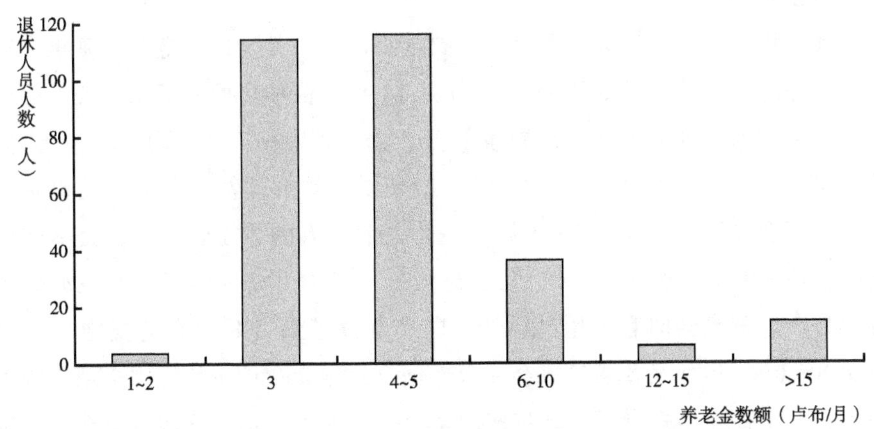

图8-1　1908年孔申手工工场退休人员（工人和职员）养老金情况

此外资料显示，男工的平均养老金要略高于女工。例如在1910年9月，雅罗斯拉夫尔大手工工场的50名男工和57名女工领取了自己当月的养老

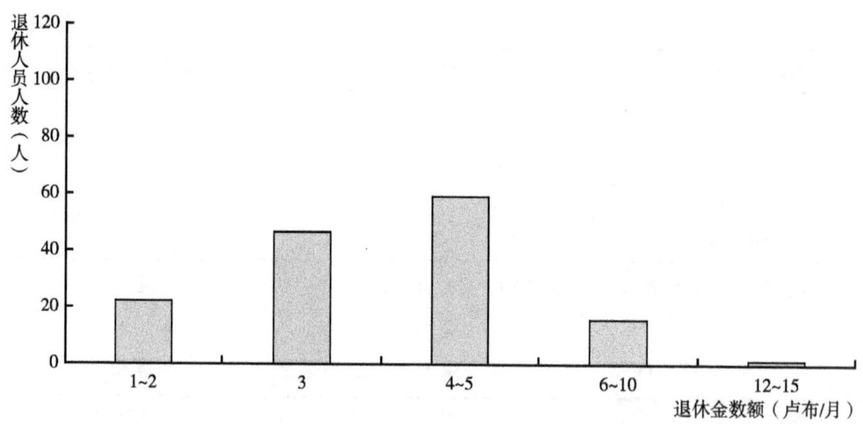

图 8-2　1912 年雅罗斯拉夫尔大手工工场退休工人的养老金情况

金，在男女工人的年龄和工龄（均为 30 年左右）均没有差异的情况下，男工的平均金额为 4.06 卢布，而女工的平均金额为 3.04 卢布[①]。1912 年，男工的平均金额为 4.02 卢布，而女工的平均金额为 3.20 卢布[②]。不过，这种数额上的差异是可以理解的：女工的工资通常较低，而养老金的数额与工资水平直接相关。

孔申手工工场的退休人员有时会要求提前几个月发放养老金，董事会对此通常并不会拒绝。例如在 1907 年 6 月 12 日，董事会批准了几名工人的申请，同意提前向他们发放一定数量的养老金：其中一人为 30 卢布，一人为 15 卢布，另外两人各 10 卢布[③]。但是如果预支的数额特别巨大，孔申手工工场也不会允许。例如在 1907 年，一名去世工人的遗孀 M. Г. 瓦拉金娜向董事会申请发放抚恤金。M. Г. 瓦拉金娜在 1899 年丈夫去世后，和三名幼子相依为命。董事会同意了她的申请，向其发放了每月 8 卢布的抚恤金（每年 96 卢布）。但她又要求董事会一次性预支给她 250 卢布的抚恤金用于购置房屋，并声称在她去世后，会将房屋卖给孔申手工工场。这次董事会认为她

① ГА ЯО. Ф. 674. Оп. 3. Д. 126. Л. 245 - 255.
② ГА ЯО. Ф. 674. Оп. 1. Д. 7568. Л. 1 - 3.
③ ЦИАМ. Ф. 673. Оп. 1. Д. 62. Л. 72.

要求的预付款项金额过高，因此拒绝了她的申请[①]。

接下来我们举几个用一次性补助金代替养老金的例子。根据孔申手工工场的文件，1902 年 10 月孔申织布厂制图部裁员，工厂决定解雇工人 M. B. 阿斯塔波夫，但为了“奖励其长期以来的工作”，工厂向他一次性发放了一年的工资[②]。不过 M. B. 阿斯塔波夫认为，这笔钱还是太少，因此工厂决定再加上 1903 年复活节的津贴。根据雅罗斯拉夫尔大手工工场制带工 B. A. 巴拉绍夫的个人档案，1912 年，在因病被辞退后，B. A. 巴拉绍夫向雅罗斯拉夫尔大手工工场申请 50 卢布的补助金。管理部门同意了这一申请，从工场的罚款金中划出了这笔补助费用[③]。

由于养老金并非强制要求发放，因此也有一些工人在离休后没有得到任何款项。例如 1904 年 1 月，雅罗斯拉夫尔大手工工场的守卫 П. Е. 巴拉诺夫（年龄 70 岁，工龄 16.5 年，工作期间曾受过几次处分）因病被辞退（曾在工厂医院住了一个半月），雅罗斯拉夫尔大手工工场拒绝向其发放补助[④]。此外，还有 1875 年，孔申手工工场的一名工人（年龄 47 岁，工龄 26 年，其中前 18 年是工人，后 8 年为守卫）在一次事故中失去了一只手，但孔申手工工场没有向他发放任何补助（这名工人的妻子没有工作，还有一个 6 岁的女儿）。1900 年孔申手工工场将其辞退，仍旧没有向其发放任何补助。因此这名工人将孔申手工工场告上了法庭，将自己的情况告知了工厂检查官。但经过漫长的诉讼，他只获得了少量的赔偿，并且这笔赔偿还是迫于工厂检查官的压力发放的，并非孔申手工工场董事会主动发放。

1912 年，在孔申手工工场的一次董事会会议上，重新确定了养老金的发放原则。董事会决定，养老金将与工人的生产收益挂钩。其实，对于这个问题，孔申手工工场本来可以通过解雇老年工人、招聘年轻工人的方式

---

① ЦИАМ. Ф. 673. Оп. 1. Д. 62. Л. 66.

② ЦИАМ. Ф. 673. Оп. 8. Д. 22. Л. 17 об., 19.

③ ГА ЯО. Ф. 674. Оп. 5 «Б». Д. 224. Л. 1 – 3.

④ ГА ЯО. Ф. 674. Оп. 5 «Б». Д. 335. Л. 1.

解决。但值得注意的是，董事会此时并不认为自己有权解雇老年工人，反而在考虑是否需要向那些工人终身发放养老金。当然，这当中也包括那些虽未丧失劳动能力，但不愿意继续工作的工人。而对于那些一直以来尽职尽责工作的工人，以及熟练工人，董事会认为必须发放养老金。从中我们可以看到大型企业养老金政策的演变趋势。19 世纪 90 年代，还很少有企业能够做到这一点，等到了 20 世纪初，领取养老金的情况就已经较为普遍了。

当然，在绝大多数情况下，工厂发放的养老金数额过少，显然不足以满足退休工人的日常生活需求。尽管如此，工厂主在养老金方面的投入一直在增长。例如在 1908 年，雅罗斯拉夫尔大手工工场为工人发放了 7016.92 卢布的养老金[①]，而到了 1909 年，发放的养老金已经达到了 17700 卢布[②]。1912 年，莫斯科的三山手工工场为 192 名退休人员（其中包括养老金可达到每年数百卢布的职工）总共发放了 27428.86 卢布的养老金[③]。无论如何，在法律还没有对此做出规定的时候，工厂主就已经开始向退休工人发放养老金，这种行为是值得肯定的。我们可以认为，养老金制度在吸引工人的各类因素中占据着相当重要的位置。不过实际上，在大多数工厂中，特别是在规模较小的工厂中，工厂主为工人发放的养老金绝不会超出法律要求的数额。

第三节　养老院

尽管存在特例，但孔申手工工场一般来说不允许老年工人住在本厂的工人宿舍里（详见本书第五章）。而尼科利斯科耶手工工场的情况是，如果老

① ГА ЯО. Ф. 674. Оп. 1. Д. 5823. Л. 10.

② ГА ЯО. Ф. 674. Оп. 1. Д. 5243. Л. 17.

③ Терентьев П. Н. Прохоровы: Материалы к истории Прохоровской Трехгорной мануфактуры и торгово – промышленной деятельности семьи Прохоровых. 1799 – 1915 гг. М., 1996 (переиздание выпуска 1915 г.). С. 255.

年工人选择住在工人宿舍，那么他们领到的养老金要比那些不住在工人宿舍的老年工人低①。

也有一些工厂出资为残疾工人建立了养老院，允许他们住在养老院里，但这样就不再向他们发放养老金或抚恤金了。自 19 世纪 40 年代起，三山手工工场“出资为尼科利斯科耶和普列德捷切斯克两个教区建造了养老院，并为此投入了补助金及补贴款。在这之后，三山手工工场又建立了自己的养老院②”。1881 年，尼科利斯科耶手工工场也开办了养老院。最初养老院仅可容纳 15 人，但到了 1899 年，尼科利斯科耶手工工场出资为养老院新建了一幢石质大楼，可容纳人数随即提高到了167 人③。

1892 年 11 月，雅罗斯拉夫尔大手工工场为工人开办了养老院。养老院以卡尔津金的名字命名，《养老院章程》指出，开办养老院的目的在于“救济工厂内全体没有谋生手段，以及因年迈或身体残疾而无法继续工作的工人或职员”④。养老院坐落在一幢专门为之建造的大楼中。雅罗斯拉夫尔大手工工场养老院的运转资金为 10 万卢布，这当中有部分是卡尔津金兄弟捐赠的，部分是工场全体股东大会划拨的，也有部分是其他人私人捐赠的⑤。1892 年，养老院的建设资金为 2222.76 卢布⑥。在接下来几年内，养护投入一般在 4200～4700 卢布⑦。

养老院负责人为 С. С. 卡尔津金，工人们通过工厂经理向其提交申请

---

① Поткина И. В. На Олимпе делового успеха: Никольская мануфактура Морозовых, 1717 – 1917. М., 2004. С. 179.

② Терентьев П. Н. Прохоровы: Материалы к истории Прохоровской Трехгорной мануфактуры и торгово – промышленной деятельности семьи Прохоровых. 1799 – 1915 гг. М., 1996 (переиздание выпуска 1915 г.). С. 211.

③ Поткина И. В. На Олимпе делового успеха: Никольская мануфактура Морозовых, 1717 – 1917. М., 2004. С. 181, 182.

④ ЦДНИ ЯО. Ф. 394. Оп. 1. Д. 19. Л. 150.

⑤ Ярославская Большая мануфактура. 1900. С. 52.

⑥ ГА ЯО. Ф. 674. Оп. 1. Д. 2221. Л. 114.

⑦ ГА ЯО. Ф. 674. Оп. 1. Д. 2744. Л. 154; Д. 3336. Л. 205; Д. 21417. Л. 42 – 45.

书，申请“接受救济”[1]。《养老院章程》规定了如何入院，以及被解雇的工人及其家庭成员是否可以入院等方面的细则。养老院按性别分为男女两个部门。雅罗斯拉夫尔大手工工场为居住其间的工人提供了极大的物质保障：如果工人生病，可以在工厂医院里享受免费的医疗服务（如果工人患上了需长期住院的慢性疾病，则可以无限期地住院治疗[2]），如有必要，雅罗斯拉夫尔大手工工场会出资送工人去自治局医院或市医院接受治疗。经负责人许可，养老院里的工人“可以自由活动，但不得影响到养老院的安宁”。工人虽然并未被禁止离开养老院，但若想外出的话，也需要有守卫跟随。在以下情况下，工人可以离开养老院：第一，工人本人自愿离开；第二，工人的个人举动极其不端；第三，工人违反养老院负责人制定的规章制度。对于一次性进入养老院的确切人数，《养老院章程》并未加以规定，而是取决于“养老院的资金和可以容纳的人数”。养老院的名额经常供不应求，以至于招收工作有时不得不暂时中断，等到“希望入院的人数减少”之后，再继续招收[3]。在这种情况下，根据《养老院章程》，养老院在招收工人时，“在相同情况下，负责人要酌情优先考虑招收更需要进入养老院的人。在相同的情况下，还要根据申请人的申请书进行排序，以便遴选出最合适的人进入养老院”[4]。除此之外，管理部门也会考虑到那些无人照顾的单身工人。根据个人档案，我们认为管理部门除了会考虑工人的婚姻状况外，还会考虑工人的工龄（通常不少于15年）以及诚信等方面的情况。

一旦工人住进了养老院，雅罗斯拉夫尔大手工工场便不再向其发放养老金，入住养老院和领取养老金不可兼得。例如，П. И. 巴拉诺娃自1884年以来一直在雅罗斯拉夫尔大手工工场担任制带工，1909年，作为工作25年的奖励，雅罗斯拉夫尔大手工工场将入住养老院的名额奖励给了她。1910

---

① ГА РФ. Ф. 7952. Оп. 8. Д. 68. Л. 97.

② ГА ЯО. Ф. 674. Оп. 3. Д. 138. Л. 1 – 2.

③ ГА ЯО. Ф. 674. Оп. 3. Д. 48. Л. 1.

④ ГА РФ. Ф. 7952. Оп. 8. Д. 68. Л. 97.

年 3 月 26 日，时年 68 岁的她入住养老院。在养老院住了 7 个月之后，П. И. 巴拉诺娃向负责人申请，用自己在养老院中的名额，换取每月补助金。原因是“她的亲家母去世了，她应自己女婿的要求代为照顾孙子孙女”，因此选择离开养老院。从 1910 年 11 月 1 日起，雅罗斯拉夫尔大手工工场每月发放给 П. И. 巴拉诺娃 3 卢布的补助金，并警告她：“如果想再次入住养老院的话，只能按顺序重新排队。”①

显然，有时入住养老院的不仅有老年工人，连同他们的家庭成员都有机会入住养老院②。例如，在 1895 年 1 月雅罗斯拉夫尔大手工工场董事会会议上，董事会决定“招收浆纱工 Г. И. 伊万诺夫及其妻子入住养老院”。在会议记录中还有这样的记载：“打扇工布罗夫已经在雅罗斯拉夫尔大手工工场工作了 21 年，年龄过大，无法继续工作。董事会决定向其每月发放 5 卢布的工钱，为期一年，或将其招入养老院。”③ 在第二个例子中，管理部门其实已经事先决定好了将要实施这两种选择中的哪一种。通常来说，董事会决定的依据一般是养老院中是否还有可供入住的名额。

养老院在孔申手工工场中同样存在。根据 А. Н. 孔申的遗嘱，孔申手工工场在斯克雷利亚村的纺织厂附近建造了一家为重病患者准备的医院、一座养老院和一座教堂。遗嘱中写道：“在安置绝症病人和穷人时，应优先考虑孔申手工工场的工人，以及谢尔普霍夫的居民。”④ 尽管孔申手工工场的工人享有这些设施的优先权，但养老院并不是专门为他们而建的。此外，董事会也没有将工人安置在养老院，并且这些机构的运转资金也并非出自孔申手工工场，而是出自孔申手工工场老板的妻子个人专门用于慈善事业的资金。因此，我们实际上不能将它们作为孔申手工工场保障体系的一部分来讨论。

① ГА ЯО. Ф. 674. Оп. 5 «Б». Д. 346. Л. 1, 3.
② ГА ЯО. Ф. 674. Оп. 1. Д. 2739. Л. 8 об.
③ ГА ЯО. Ф. 674. Оп. 1. Д. 2739. Л. 9.
④ ЦИАМ. Ф. 673. Оп. 8. Д. 93. Л. 111 – 112 об.

第四节 贫困补助

俄国的立法机关很早就开始关注贫困工人的补助问题了，不过与之相比，当时立法机关最关注的还是受伤工人的补助问题。1886 年 6 月 3 日颁布的法规第 39 条规定，工厂的罚金“经工厂检查官允许，应用于贫困工人身上”。显然在工厂中，罚金早已有之，此举的本意在于迫使工厂主少罚款，但是在实际上，中央工业区大多数工厂就此开始向工人发放补助金。当工人遭遇丧葬、孕产，以及因火灾、盗窃等事件造成了财产损失时，工厂就会向工人发放补助金。

孔申手工工场的补助金仅用于支付工人的丧葬费和补偿失火者两个方面。在支付丧葬费时又有两种类型：第一种是发放给死者家属，第二种是发放给家中有人去世的工人。相关信息可见表 8－8。

表 8－8 1904～1908 年孔申纺织厂、孔申新纺织厂补助金情况

年份	两厂中的工人总量（人）	支付丧葬费			补偿失火者		
		发放次数（次）	补助金额（卢布）	每次平均金额（卢布）	发放次数（次）	补助金额（卢布）	每次平均金额（卢布）
1904	8145	392	2249	5.73	32	585	18.28
1905	8137	342	1783	5.21	12	340	28.33
1906	8366	201	1010	5.02	6	130	21.67
1907	8498	97	619	6.38	49	855	17.45
1908	—	195	1115	5.72	2	35	17.50

资料来源：ЦИАМ. Ф. 673. Оп. 1. Д. 358. Л. 41。

应该指出的是，尽管发放的这些补助用的是工厂的罚金，但多数年份发放的补助金总额都超过了罚金的总额（见表 8－9 至表 8－11 和图 8－3）。

表 8－9　1904～1910 年孔申纺织厂罚金和补助金发放情况

单位：次，卢布

年份	补助金				罚金总额	补助金总额
	支付丧葬费		补偿失火者			
	发放次数	补助金额	发放次数	补助金额		
1904	274	1587	32	585	1798.80	2172.00
1905	272	1357	12	340	798.60	1697.00
1906	167	816	6	130	690.35	946.00
1907	67	420	47	825	560.10	1245.00
1910	268	1530	2	40	846.54	1570.00

资料来源：ЦИАМ. Ф. 673. Оп. 1. Д. 202. Л. 108；Д. 259. Л. 47，183；Д. 438. Л. 133；Д. 601. Л. 135。

表 8－10　1904～1910 年孔申印染厂罚金和补助金发放情况

单位：次，卢布

年份	补助金				罚金总额	补助金总额
	支付丧葬费		补偿失火者			
	发放次数	补助金额	发放次数	补助金额		
1904	66	147	1	10	257.58	157.00
1905	55	126	1	10	115.92	136.00
1906	51	130	—	—	165.27	130.00
1907	104	245	—	—	143.53	245.00
1910	129	496	2	30	450.61	526.00

资料来源：ЦИАМ. Ф. 673. Оп. 1. Д. 202. Л. 108；Д. 259. Л. 47，183；Д. 438. Л. 133；Д. 601. Л. 135。

表 8－11　1904～1910 年孔申手工工场各厂罚金和补助金发放情况

单位：次，卢布

年份	补助金				罚金总额	补助金总额
	支付丧葬费		补偿失火者			
	发放次数	补助金额	发放次数	补助金额		
1904	481	2549	33	595	2935.37	3144
1905	427	2027	14	360	1398.48	2387
1906	292	1324	11	260	1229.46	1584
1907	206	877	51	885	1092.67	1762
1910	444	2382	6	130	1933.96	2512

资料来源：ЦИАМ. Ф. 673. Оп. 1. Д. 202. Л. 108；Д. 259. Л. 47，183；Д. 438. Л. 133；Д. 601. Л. 135。

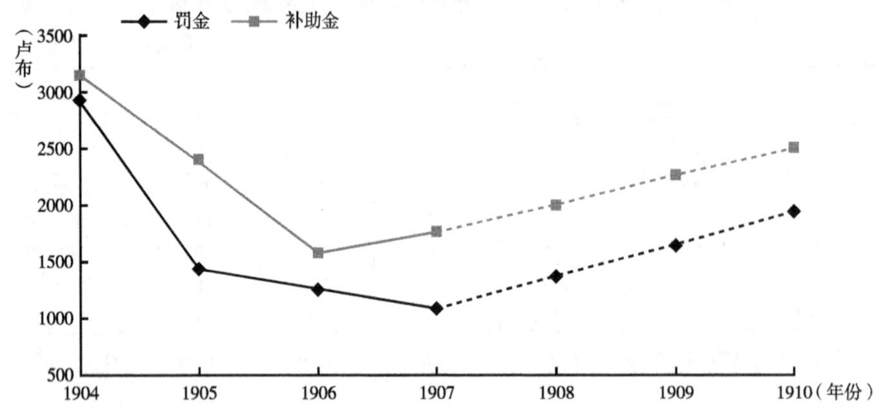

图 8－3　1904～1910 年孔申手工工场各厂罚金和补助金发放情况

注：对于缺乏信息的年份，用虚线尽可能还原了变化趋势。

在 1905 年革命后的最初几年，莫斯科省省内补助金普遍高于罚金，到 1910 年，差距才逐渐缩小。1905 年后，孔申手工工场发放的补助金与罚金的比值低于全省平均水平，但是补助金仍高于罚金。

表 8－12　1901～1909 年莫斯科省各厂及孔申手工工场各厂罚金及补助金情况

单位：戈比/人

年份	莫斯科省各厂			孔申手工工场各厂			孔申纺织厂		
	罚金	补助金	补助金与罚金比值	罚金	补助金	补助金与罚金比值	罚金	补助金	补助金与罚金比值
1901	32.2	26.3	0.82						
1902	31.7	34.3	1.08						
1903	33.4	27.8	0.83						
1904	35.6	34.6	0.97	25.74	27.57	1.07	31.03	34.79	1.12
1905	21.4	38.9	1.82	12.02	20.52	1.71	14.51	26.09	1.80
1906	16.8	38.9	2.32	10.83	13.95	1.29	12.19	13.63	1.12

续表

年份	莫斯科省各厂			孔申手工工场各厂			孔申纺织厂		
	罚金	补助金	补助金与罚金比值	罚金	补助金	补助金与罚金比值	罚金	补助金	补助金与罚金比值
1907	19.6	49.8	2.54	9.52	15.35	1.61	10.26	17.35	1.69
1908	24.1	48.8	2.02				8.19	13.53	1.65
1909	28.4	41.9	1.48						

资料来源：莫斯科省各厂数据来源于 *Козьминых – Ланин И. М.* Девятилетний период（с 1 января 1901 г. по 1 января 1910 г.）фабрично – заводской промышленности Московской губернии. М.，1911. С. 65；孔申手工工场各厂数据来源同表 8 – 9。

补助金比罚金的数额要高，这可能是因为工厂里有专门用于发放补助金的资金储备。不过也有可能是因为在罚金这一项目内除了普通的罚款外，还有由工厂出资发行的债券，而债券作为证券，可以产生利润，凭借这部分赢利，工厂足以发放更多的补助金。1900～1909 年，雅罗斯拉夫尔大手工工场每年的罚金数额大约为 1500～1900 卢布。

表 8 – 13 给出了雅罗斯拉夫尔大手工工场补助金的发放情况。以上补助金均出自罚金，并且都是定期的一次性补助。每年年底，雅罗斯拉夫尔大手工工场的管理部门都会拟定一份清单，以供工厂检查官批准，清单上会列出哪些工人可以获得每月补助金，以及哪些工人的补助金可以继续发放。

1900 年 3 月初，在雅罗斯拉夫尔大手工工场管理委员会的一次会议上，审议了关于从罚金中向工人发放补助金的程序问题。该次会议有一名高级工厂检查官列席参加。经讨论，管理委员会决定，孕产补助金的数额为 3 卢布，而对于其他类型的补助金则具体问题具体分析。此外，管理委员会还决定简化补助金的发放流程：“工人可申请补助金，每次的数额最多不超过 15 卢布。补助金向雅罗斯拉夫尔大手工工场申请即可，不必每次都向高级工厂检查官特别申请。”①

① ГА ЯО. Ф. 674. Оп. 3. Д. 48. Л. 12.

表 8-13　1899～1912 年雅罗斯拉夫尔大手工工场补助金发放情况

单位：人，卢布

年份	永久丧失劳动能力		因病临时丧失劳动能力		怀孕和分娩		葬礼		火灾和丧失财产		其他情况		总额
	人数	金额	人数	金额	人数	金额	人数	金额	人数	金额	人数	金额	
1899	15	148.70	41	256.78	979	2898.27	79	815.76	25	398.00	47	75.28	4592.79
1900	13	132.20	33	247.00	925	2775.00	81	837.50	36	1394.00	50	85.00	5470.70
1901	126	3464.27	116	663.00	1010	3030.00	117	1342.50	14	240.00	57	79.00	8818.77
1903	119	5959.63	0	0	859	1718.00	68	597.00	0	0	82	83.00	8357.63
1907	142	6009.20	н/д	н/д	1063	2131.00	103	1069.00	н/д	н/д	85	85.00	
1908	144	5190.70	н/д	н/д	966	1932.00	102	1029.00	н/д	н/д	70	70.00	
1909	125	4134.90	н/д	н/д	973	1946.00	132	1312.00	н/д	н/д	128	128.00	
1912	91	3125.00	0	0	1026	2052.00	96	980.00	31	1904.00	199	199.00	8260.00

注：н/д 指当时记录时一年未结束，具体统计资料不详。

资料来源：ГА ЯО. Ф. 674. Оп. 1. Д. 6345. Л. 5－6；Д. 8140. Л. 35－36。

但是，1910年8~9月，工厂检查机关注意到雅罗斯拉夫尔大手工工场经常违反决议，而且经最高工厂检查官H. H. 马尔德诺夫证实，情况相当复杂。H. H. 马尔德诺夫分析道："上级机关允许企业自行决定从罚款基金中发放补助金，但数额不应超过15卢布，雅罗斯拉夫尔大手工工场的管理部门在得到允许后，过宽地行使了这一权力，做出了许多依照法律及补充条例来说本不应做出的事。雅罗斯拉夫尔大手工工场认为可以自行拒绝工人的请求，有权一成不变地规定用于安葬工人和工人孕期的补助金数额。而且在个别情况下，雅罗斯拉夫尔大手工工场也没有依照实际需要发放补助金。"①

下列情况引起了工厂检查官的不满。第一，生育补助金在一段时间内被故意降低，检查之前发放的数额为2卢布（而不是1900年管理委员会会议所确定的3卢布），并且无论工人的家庭经济状况如何，葬礼补助金都是10卢布。第二，工厂检查官强调，用于火灾、丧失财产及工人家庭成员葬礼的补助金完全没有发放，按照厂长助理尼基布洛夫的解释，雅罗斯拉夫尔大手工工场有权拒绝此类补助金申请。而实际上，在其他省，大型企业在这方面的支出很多，涉及方面也较广。因为牲畜染病和发生火灾的情况很常见，因此雅罗斯拉夫尔大手工工场不向工人发放补助金的行为是不被允许的。第三，根据最高工厂检查官的意见，从罚款基金中为永久丧失劳动能力的工人支付补助金时，雅罗斯拉夫尔大手工工场减少了补助金的数额。H. H. 马尔德诺夫认为雅罗斯拉夫尔大手工工场的补助金发放制度违反法律要求，并且还会激起工人的愤怒②。

在雅罗斯拉夫尔大手工工场，罚款基金是根据1903年法律使用的。然而法律对资金的来源规定得并不明确，只谈到"工厂主有义务资助工人"。因此依据法律，原则上我们可以认为，意外事故的补助金可以从罚款基金中支付。但实质上，一些贫困和受灾的工人也应该得到补助金。因此，H. H. 马尔德诺夫认为国家在这方面的法律制度并不健全，不过他同时认为工厂主

---

① ГА ЯО. Ф. 674. Оп. 1. Д. 6345. Л. 6 – 7.

② ГА ЯО. Ф. 674. Оп. 1. Д. 6345. Л. 6 – 7.

在道德方面存在缺失。

因此，H. H. 马尔德诺夫要求修改雅罗斯拉夫尔大手工工场的相关制度①。最高工厂检查官建议雅罗斯拉夫尔大手工工场的管理部门尽快向工人下发通告，申请发放补助金的工人可以同雅罗斯拉夫尔大手工工场的相关部门联系，工人不但可以因怀孕、葬礼及永久丧失劳动能力申请补助金，在其他情况（包括牲畜发生疫情及举办家庭成员葬礼）下也可以申请，不过此时要明确申请补助金的数额。随后，雅罗斯拉夫尔大手工工场收到了雅罗斯拉夫尔省统一格式的申请书。如果工人的申请数额不超过 15 卢布，就依据工人的实际情况发放补助金，同时要考虑到工人的家庭状况、家庭收入及雅罗斯拉夫尔大手工工场的自身权限。如果工人申请的金额超过了 15 卢布，需要由工厂检查官与雅罗斯拉夫尔大手工工场协商解决。H. H. 马尔德诺夫警告说，如果短期内工人没有得到答复，他将自行拟定发放补助金的通知，并自己签字将其公布于众②。

如果补助金的分配上存在违法现象，那么工厂检查官将对此负有主要责任。可是罚款基金分配制度的缺失为什么直到 1910 年才被察觉？要知道工厂检查官已经按其职责签署了决议，要求各厂从罚款中支付补助金并按 1903 年法律的标准发放抚恤金和补助金。唯一的理由是 1900 年雅罗斯拉夫尔大手工工场的管理部门得到了许可，摆脱了长期以来受到的监督，因此违法现象在 1910 年新的工厂检查官上任后才暴露。

1904 年前，虽然雅罗斯拉夫尔大手工工场的管理部门的确利用罚款基金为工人支付了部分补偿金和补助金，但实际操作与法律规定的要求相去甚远，同时雅罗斯拉夫尔大手工工场还声称每年都从“自己的资金”中拿出大量奖金用于支付补助金，但这笔奖金其实并不是来自雅罗斯拉夫尔大手工工场，而是来自罚款基金。例如，从罚款基金中为遭受火灾的工人支付补助金的情况在 1902 年就已经终止，但这并不意味着 1902 ~ 1904 年类似的支付

---

① ГА ЯО. Ф. 674. Оп. 1. Д. 6345. Л. 6 – 7.

② ГА ЯО. Ф. 674. Оп. 1. Д. 6345. Л. 7 – 9.

不复存在。但我们确定从 1905 年开始，该补助金不是出自罚款基金，而是出自雅罗斯拉夫尔大手工工场的资金。在 1905 年的雅罗斯拉夫尔大手工工场管理委员会大会上（会上有一名厂长 Н. В. 斯科别耶夫出席）通过决议，从雅罗斯拉夫尔大手工工场的资金中向遭受火灾的工人支付 1/10 的损失金额作为补助金。如果被焚毁的财产曾办理过保险，在保险公司赔偿之后，剩余损失的 10% 将由雅罗斯拉夫尔大手工工场负担。“在没有保险的情况下，雅罗斯拉夫尔大手工工场会发放损失总数的 10% 作为补助金。”①

由此可见，在谈到社会保险时，我们不可忽视这样一个事实，即雅罗斯拉夫尔大手工工场和其他很多大型企业一样，自己每年拿出大量资金用于支付给工人及其家庭成员。

“特别资助基金”及其利息所得用于支付工人及家庭成员的补助金，在雅罗斯拉夫尔大手工工场，这笔基金在 19 世纪 90 年代就已经存在②。有关董事会调整支付机制和利用工场资金支付补助金的决议是否被批准等情况，我们没有找到相关的资料。如果工厂检查官拒绝动用罚款基金提供资金上的资助，且管理部门认为，某个工人或者其家庭确实需要帮助，那么在同董事会成员协商之后，管理部门将从慈善的角度出发，为工人发放补助金，有时这种补助金还会多次发放。当然，在这种情况下，要向董事会提供申请人的家庭状况资料（其中包括家族中有工作者的工资证明和无工作者的原因、健康证书、居住条件等信息）。

雅罗斯拉夫尔大手工工场还有一种特殊补助金，即“额外补助金”，这也是工场对工人的物质援助。能够获得这种补助金的通常是工龄较长，并且获得工场方面认可的男工。他们之中大部分人是因为某些原因才被迫调到收入较低的岗位的，如果因为家族成员较多而经济负担过重的话，他们可以向工场递交申请，在得到肯定答复后，工人会得到一定金额的额外补助金③。例如，“И. А. 扎巴列夫（从 1868 年开始在雅罗斯拉夫尔大手工工场工作）

① ГА ЯО. Ф. 674. Оп. 3. Д. 48. Л. 1.

② ГА РФ. Ф. 7952. Оп. 8. Д. 68. Л. 97.

③ ГА ЯО. Ф. 674. Оп. 5 «Б». Д. 3. Л. 2; Д. 57. Л. 1 – 2.

1913 年 2 月被迫从工作多年的纺纱厂调任为清洁工，工资数额明显减少。从这时起，他开始每月获得 1 卢布的补贴，也就是说他从工场资金中得到补助，作为工资之外的额外补贴”[①]。在同样情况下，“为工人 B. A. 乌多温（工龄较长，1901 年由于健康原因从纺纱工调任为守卫）每月发放 4 卢布补助金，因为他要抚养两个孩子”[②]。这种补助金只有在工人生活极其困难，没有其他出路时才会发给工人。工场方面也可以接收申请人的某个家庭成员到工场工作，而且不需要按顺序排队。例如，“换筒工 H. K. 巴拉诺夫从 1878 年开始在雅罗斯拉夫尔大手工工场工作，1910 年 11 月因疾病和年龄问题不得不去当守卫，导致工资收入明显减少。他向管理部门提出请求：要么安置其 16 岁的女儿到工场工作，要么向他发放额外补助金。两周之后，他的女儿没有排队就直接进入工场工作了”[③]。额外补助金并不向女工发放，原因可能是这种补助金用来帮助的对象不是工人，而是工人的家庭，因此补助金只发放给作为一家之主的男工。

1910 年，雅罗斯拉夫尔大手工工场共有 28 名工人获得额外补助金，平均每人每月 2.20 卢布[④]。1912 年共有 27 人获得额外补助金，平均每人每月 2.06 卢布[⑤]。

导致工人贫困的原因很多，也很复杂。常见原因是家里失去了顶梁柱，要知道靠其他成员的工资抚养孩子或赡养老人几乎是没有可能的。所谓失去顶梁柱，是指主要劳动力死亡、由于意外事故或疾病而丧失劳动能力，家庭主要劳动力酗酒也会使很多带孩子的妇女陷入贫困状态，或者导致其直接抛妻弃子。在这种情况下，企业经常会为这些女工提供经济援助。

1897 年 1 月，雅罗斯拉夫尔大手工工场厂长 C. A. 费奥多罗夫在提交给雅罗斯拉夫尔省省长的报告中阐述了自己对减少雅罗斯拉夫尔省及周边地区工

---

① ГА ЯО. Ф. 674. Оп. 5 «З». Д. 1. Л. 1 – 2.

② ГА ЯО. Ф. 674. Оп. 5 «В». Д. 227. Л. 1 – 2.

③ ГА ЯО. Ф. 674. Оп. 5 «Б». Д. 332. Л. 1. Д. 347. Л. 1.

④ ГА ЯО. Ф. 674. Оп. 3. Д. 126. Л. 249 – 250.

⑤ ГА ЯО. Ф. 674. Оп. 1. Д. 7568. Л. 3 об.

人酗酒问题的见解。他指出："一些工人非但经常不劳动，而且沉浸于酗酒和玩乐之中，一些工人竟然到了抛弃家庭的地步，从此人间消失，再无音信。还有一部分工人丧失了全部人格尊严，成为生活无法保障的流浪汉。变得极度贫困、被抛弃的妇女和孩子请求资助的呼吁已经成为极其普遍的现象。"①

"1897 年 Д. Е. 安德烈耶娃来找董事会，请求为其发放补助金。她于 1884 年成为雅罗斯拉夫尔大手工工场的织布工，其夫嗜酒如命。一段时间她丈夫曾在圣先知施洗约翰教堂的戒酒协会（十月革命前俄国和某些西方国家的戒酒机构）戒酒，但是后来又开始酗酒。安德烈耶娃一个人抚养在工厂学校学习的四个儿子非常困难。1898 年雅罗斯拉夫尔大手工工场发给她一次性补助金 50 卢布。"②

实质上，那些需要赡养无劳动能力的家庭成员的工人的生活状况更为艰难，可是援助的对象往往不是因伤、因病或因年迈丧失劳动能力的那些工人本人，而是那些工人的家属。因此，可以确切地说，我们所研究的这几家企业的做法对于建立现代社会援助制度具有重要作用。对于这一制度而言，工人的价值和不可代替性固然很重要，但更重要的是工人现实的生活需要。社会援助制度意味着企业对工人需要承担一定责任，即使在工人死亡的情况下，这一责任也不应终止。在我们所发现的援助工人家庭的例子中，大部分援助对象是因各种原因而缺少父母（或父母中一人）照顾的孩子们，抚养孩子的补助金不一定只发给在企业工作（或工作过）的工人。

例如，在 Ф. Н. 巴扎列夫的个人档案中记载道："他在 1886 年 4 月（23 岁）进入雅罗斯拉夫尔大手工工场工作，与家人在市区租了房子。从 1910 年 1 月起因眼伤不再工作，从 1910 年 5 月起靠每月 5 卢布的补助金生活，同年 11 月，巴扎列夫死亡。三个年龄较大的孩子在此之前已经进入雅罗斯拉夫尔大手工工场劳动：塔吉娅娜（22 岁）是纺织工，月工资 9 卢布；玛尔法（16 岁）也是纺织工，月工资 8 卢布；瓦西里（13 岁）是搬运工，月

① ГА РФ. Ф. 7952. Оп. 8. Д. 56. Л. 178.

② ГА ЯО. Ф. 674. Оп. 5 «А». Д. 423. Л. 1 – 2.

工资7卢布。尽管巴扎列娃没有在这家工场工作过，但为帮助其抚养10岁的小儿子斯杰潘，工场每月仍为其发放1.5卢布的补助金。”①

在这种情况下，工场方面也不能停止对巴扎列娃进行资金上的资助，首要原因是该家庭中有三名成员在工场工作。不过也有其他例子证明，即使死亡工人的家属不在工场工作，工场也仍然需要为该工人的家庭发放补助金。A. Г. 扎巴鲁耶娃从1888年（时年15岁）开始在雅罗斯拉夫尔大手工工场上班，1908年8月死亡，工作了近20年。其1900年个人档案中记载，“其丈夫已经音讯全无”。扎巴鲁耶娃死后留下了三个孩子，分别是谢尔盖（7岁）、叶卡捷琳娜（5岁）和耶里扎维塔（1岁）。三个孩子由扎巴鲁耶娃的父母抚养，而死者父母与工场毫无关系。可是雅罗斯拉夫尔大手工工场仍然利用罚款基金为他们支付每月6卢布的补助金，用于抚养三个孩子②。

类似的事例还有很多③。我们要指出的是，利用工场资金发放的补助金可以部分或全部采取伙食补助的形式，支付金额通常为每名儿童1~3卢布。通常男孩在12岁前，女孩在15岁前可获得补助金。如果他们在工厂学校学习，那么在达到年龄后，大多数会被工场录用。但是，未来是否在雅罗斯拉夫尔大手工工场劳动并不是获得补助金的必要条件。

别祖诺夫夫妇（M. 伊拉丽奥诺夫娜和M. 阿布拉莫维奇）于19世纪70年代中期进入雅罗斯拉夫尔大手工工场工作，他们工作认真、遵章守纪，多年都没在休息日休息过。妻子由于健康状况不佳于1899年9月被解雇，同年11月起，工场每月为她发放5卢布的补助金，用于抚养三个孩子。1901年12月，大儿子安德烈年满12岁，被工场招去当清洁工，月收入为5卢布。此后补助金从5卢布减少到3卢布，因为现在伊拉丽奥诺夫娜只需抚养两个孩子：彼德（9岁）和塔吉娅娜（15岁）。后来，女孩学习了裁剪，在她成为裁缝之后，补助金完全停发。因为工场方面认为，该家庭现在有三

① ГА ЯО. Ф. 674. Оп. 5 «Б». Д. 144. Л. 1–2.

② ГА ЯО. Ф. 674. Оп. 5 «З». Д. 6. Л. 1.

③ 参见：ГА ЯО. Ф. 674. Оп. 5 «Б». Д. 3, 56, 67, 153, 167, 175, 190, 241, 244, 264, 332, 339, 340 и др.; Оп. 5 «В». Д. 21, 181, 234, 568 и др.; Оп. 5 «З». Д. 5, 19 и др。

名成员有工作，收入已经足以保障家庭正常生活的开销了[①]。

如果工人在企业工作了很多年，那么其家庭成员就可以得到企业的援助，这种情况还是比较常见的。工人的工龄越长，就越有机会获得各种形式的资助，比如可以入住工厂集体宿舍或养老院等。

档案材料还证明，私生子无法获得企业的资助。例如，A. B. 瓦西里耶夫于1872年来到雅罗斯拉夫尔大手工工场工作，后来妻子亡故，在1909年之前他与一名女子一直过着非婚同居的生活，并有了一个2岁的女儿。1909年，在瓦西里耶夫死亡之后，他的同居“妻子”请求董事会为其发放抚养女儿的补助金，但遭到了拒绝[②]。

还有一种情况，如果工人的孩子失去了父母，也没有可委托监护照顾的人，这时企业会为这些孩子支付孤儿院的费用。例如，1902年有两个小女孩（分别是10岁和15岁）无人监护照顾，她们的父母在19世纪80年代曾在雅罗斯拉夫尔大手工工场工作过。根据管理部门的决定，年龄大些的女孩不需排队直接被招到工场工作，而且工场为她在宿舍中安排了床位；而年龄较小的女孩，由工场出资将其安置在了圣先知施洗约翰教堂的孤儿院，1908年前她在孤儿院的费用都由工场承担，之后也被安排在工场工作。

还有其他例子可以说明雅罗斯拉夫尔大手工工场支付工人子弟在孤儿院的抚养费。例如，工人Д. И. 巴拉诺夫于1881年进入雅罗斯拉夫尔大手工工场工作，和家人一起住在集体宿舍。1907年妻子去世后，他带着两个孩子（7岁的玛丽娅和2岁的格里高利）生活。他为孩子们雇了一个保姆，每月支付3卢布。1908年巴拉诺夫去世，两个孩子被孤儿院接收。工场用自己的资金每月为每个孩子支付7.5卢布的抚养费[③]。我们再举一个例子：1914年成为孤儿的安东妮娜也是由雅罗斯拉夫尔大手工工场出资送到孤儿院抚养，1917年安东妮娜被工场招收，并被安排到集体宿舍居住[④]。

---

① ГА ЯО. Ф. 674. Оп. 5 «Б». Д. 138. Л. 1; Д. 139. Л. 1 – 3.

② ГА ЯО. Ф. 674. Оп. 5 «В». Д. 101. Л. 1 – 4.

③ ГА ЯО. Ф. 674. Оп. 5 «Б». Д. 323. Л. 1 – 5.

④ ГА ЯО. Ф. 674. Оп. 5 «Б». Д. 126. Л. 1 – 13.

但是我们不能因此说雅罗斯拉夫尔大手工工场的社会援助制度是完善的，我们只能具体情况具体分析。援助的对象只能是那些相对更加贫困的家庭，只有根据管理部门的意见，这些家庭确实需要帮助，才能得到资助。

例如，工人 H. M. 巴金从 19 世纪 90 年代中期开始在雅罗斯拉夫尔大手工工场工作，从 19 世纪 90 年代到 1912 年他都是纺纱工（从 1903 年起月工资达到 24 卢布）。由于几十年的认真工作，他得到了工场的奖励，后来得到额外的奖赏。1911 年，他患重病住进了医院。他的妻子不在这家企业上班。1912 年 1 月，巴金因自己需要抚养的人太多而申请补助金：家中共有八个孩子，其中三个已在工场上班，两个虽然到了工作年龄，却没有上班，还有三个年龄不到 9 岁。全家居住在私宅内。由此可见，其生活还说得过去。雅罗斯拉夫尔大手工工场的管理部门在研究了所有情况后，拒绝为巴金提供补助金①。

表 8 – 14 和表 8 – 15 为我们提供了 1901 年和 1902 年雅罗斯拉夫尔大手工工场收到的工人援助申请类型及同意和拒绝的统计情况。据此可知，只有在特殊情况（如床位不足）下，工人要求入住养老院的申请才会被拒绝。一般情况下，企业会满足工人对一次性补助金的申请，不过月补助金则是另外一件事了。拒绝比例最高的是解雇补助金的申请。被拒绝的原因通常是申请人的工龄较短。抚养孩子补助金、医疗补助金及养老补助金的申请比较多，且多数得到了批准。

表 8 – 14　1901 年雅罗斯拉夫尔大手工工场管理部门收到的援助申请

单位：次，%

申请内容	申请总数	同意	拒绝	拒绝比例
抚养孩子补助金	31	27	4	12.9
医疗补助金及养老补助金	38	26	12	31.6
解雇补助金	4	2	2	50.0
一次性补助金	20	18	2	10.0
入住养老院和住院申请	8	7	1	12.5
预支几个月补助金的申请	2	2	0	0

资料来源：ГА ЯО. Ф. 674. Оп. 1. Д. 4040。

① ГА ЯО. Ф. 674. Оп. 5 «Б». Д. 184. Л. 1 – 3.

表 8-15　1902 年雅罗斯拉夫尔大手工工场管理部门收到的援助申请

单位：次，%

申请内容	申请总数	同意	拒绝	拒绝比例
抚养孩子补助金	48	35	13	27.1
医疗补助金及养老补助金	17	14	3	17.6
解雇补助金	20	11	9	45.0
一次性补助金	29	27	2	6.9
入住养老院和住院申请	6	5	1	16.7

资料来源：ГА ЯО. Ф. 674. Оп. 1. Д. 4040。

***

在战争年代，劳动关系的要素发生了改变，企业董事会承担起了新的义务。这种义务是针对入伍工人家庭的。1904 年 10 月 11 日，雅罗斯拉夫尔大手工工场董事会研究了动员工场工人和职员入伍的问题。在这之前，工场已经动员了 16 名职员和 250 名工人参军。对这个数字工厂主并不满足，因为有关方面下达给工场的征兵指标为 650 人。考虑到如果没有了主要抚养人，工人家庭的子女将何去何从，以及一旦男工入伍，工人家庭的经济情况将极为困难等情况，董事会规定："现在及以后凡应征入伍的工场职员，工场将一次性为其发放金额为两年工资的补助金，并且保留其工作岗位；为每名应征入伍的工人一次性发放 25 卢布，同时免去其在食品商店及其他地方的小额欠账。"①

在第一次世界大战前夕，国家就已经承担起了为参战的士兵发放现金补助的义务。相应法规在战前的 1912 年 6 月 23 日就已经出台，并于 1913 年 1 月 1 日起正式生效②。根据法规第 63 条关于救济士兵家人的规定，每月每

① ГА ЯО. Ф. 674. Оп. 1. Д. 4664. Л. 29.

② «О призрении нижних воинских чинов и их семейств». ПСЗ－Ⅲ. Т. XXXⅡ. Отд. I. № 37507，还可参见 Устав о воинской повинности со всеми изменениями и дополнениями, внесенными законом 23 июня 1912 г. об изменении Устава о воинской повинности и другими законоположениями, изданными по 20 марта 1913 г.，с очерком основных положений нового закона, разъяснениями, извлеченными из определений Правительствующего Сената, циркуляров министерств, инструкций и т. д.，и с алфавитным предметным указателем / Сост. Я. Ливин и Г. Ранский. СПб.，1913. С. 510－528。

名应召入伍的士兵补助金按价格计算可以购买1普特28俄磅的面粉、10俄磅的米、4俄磅的盐和1俄磅的植物油（1915年10月在谢尔普霍夫这些物品的总价约为4卢布20戈比）。国家发放现金补助的效果如何，我们姑且不论，企业在援助入伍工人的家庭方面确实做出了努力。例如，孔申手工工场就为入伍工人的家人在集体宿舍安排了位置，并每月为他们发放数额为2~8卢布的补助金。因此，在战争期间，管理部门援助入伍工人的家人是其采取的社会保障制度的一部分，当然，这么做也有感化那些没有应征入伍的工人和职员的意思。

第五节　住院病人的补助金

还有一个问题与社会保险问题直接相关，那就是工人在工厂医院接受治疗时的补助金和相关费用问题。

法律只要求工厂主为患病工人提供医疗救助，但如果工人的伤病不是生产意外所导致的，那么在1912年前，根据法律，工厂主不应承担任何保障义务。不过，即使短时没有工资收入也会使许多工人陷入极其贫困的境地，尤其是那些有家室的工人。因此，一些企业逐渐开始为患病工人支付补助金。

孔申手工工场于1905年6月2日通过向患病工人发放补助金的相关规定，该规定于同年6月10日正式生效实施①。根据规定，患病工人不仅可以在工厂医院免费接受治疗，同时在生病的前3个月还会获得相当于工资一半的补助金（按前3个月平均工资计算）。3个月后，即使工人继续在医院治疗，孔申手工工场也会停止向其发放补助金。作为医疗补助金的特殊形式，在家治疗的工人也可获得补助金，但必须有医生的许可，这些患病工人要定期进行检查。表8－16反映了医疗补助金的支付情况。

① ЦИАМ. Ф. 673. Оп. 1. Д. 358. Л. 47 об.；Оп. 8. Д. 22. Л. 64－65.

表 8 - 16　1902 年至 1918 年 6 月孔申手工工场发放给工人的医疗补助金

单位：卢布

时间	根据 1903 年 6 月 2 日法律发放给在生产中意外受伤的工人的补助金	根据 1905 年 6 月 2 日内部规定发放给住院病人的补助金
1902 ~ 1903 年	891.5	—
1903 ~ 1904 年	1464	—
1904 ~ 1905 年	1601	—
1905 ~ 1906 年	3903	8753.5
1906 ~ 1907 年	3194	16116
1907 ~ 1908 年	3923	17950
1909 ~ 1910 年	14500	21500
1910 ~ 1911 年	17500	21500
1911 ~ 1912 年	15000	22000
1912 ~ 1913 年	18000	25000
1913 ~ 1914 年	15000	26000
1914 ~ 1915 年	16000	26000
1915 ~ 1916 年	20714	27298
1916 ~ 1917 年	20000	35000
1917 年至 1918 年 6 月	25000	75000

资料来源：Для 1902/03 - 1907/08 (первыйстолбец)：ЦИАМ. Ф. 673. Оп. 1. Д. 358. Л. 51. Для 1905/06 - 1907/08 (второйстолбец)：ЦИАМ. Ф. 673. Оп. 1. Д. 358. Л. 47 об. -48；с 1909/1910 г. общий источник：ЦИАМ. Ф. 673. Оп. 8. Д. 37，при этом выплаты по закону 2 июня 1903 г. считаются вместе с пенсиями. Курсивом даются сметы，обычным шрифтом - реальные затраты. С 1912/13 г. с принятием нового закона исчезает графа «По положению 5. 6. 1905»，вместо нее появляется «В больничную кассу»。

我们不知道雅罗斯拉夫尔大手工工场是否存在类似的规定。在工场为参加 1896 年和 1900 年工业展览会而准备的出版物中有这样的记载："补助金章程正处在研究阶段，每年扣除工场的部分利润作为该项基金。这一章程应该保证发放补助金的合理性和公平性，使工人在生病和年老以及遭遇不幸时可以得到保障。"① 然而到了 1914 年，最终也没有明确是否存在向那些因其

① Ярославская Большая мануфактура. М.，1896. С. 26；см. также：Ярославская Большая мануфактура. М.，1900. С. 38.

他原因在工厂医院接受治疗的工人发放补助金的条例。不过在1910年3月21日获批的雅罗斯拉夫尔大手工工场内部管理条例中十分明确地说明："如果工人不是因为生产事故受伤，那么工场方面将不支付其住院期间的工资。"① 工人的个人档案也证实了这一点。通常在工人的个人档案中会记载其在企业工作的全部时期内所获得的各类补助金，当写到工人是因疾病（而不是由于意外事故）入院治疗时，档案通常会指出该名工人的治疗期间是非工作时间，但我们还是没能找到发放补助金的记载。而在意外事故导致工人入院治疗时，工人的个人档案却十分详细地记录了工人的住院时间及发放补助金的金额。实际上在家中主要劳动力长期失去劳动能力的情况下，工场可以用现金和食品两种形式向其发放补助金，但管理部门认为这是对经济困难的工人家庭的援助，而不是对工人本人的医疗补助。

有必要单独讲讲孕产妇的状况。孔申手工工场的孕产妇与其他病人一样，只有在住院期间（临近分娩和产后一段时间）才能获得医疗补助。此外，孕产妇可以申请为期4周的产假，在此期间她们每周可以得到1.5卢布的补助金。对于大多数女工来讲，这个金额不到她们工资的一半。例如，精纺女工每天收入约为70戈比，相当于每月15卢布。但对于月收入少于12卢布的孕产妇而言，每周1.5卢布的补助金是比较划算的。产假原则上不可以超过4周。

如果以现代的视角来看，上述条件很不完善，但在当时已经是难得的进步了，因为在当时无论是官方立法还是企业条例，实际上都没有妥善解决孕产妇的问题。下面我们来列举一些有关孕产妇情况的描述："在季米特罗夫县的企业中，孕产妇不享有任何优待政策。怀孕和分娩的织布女工在完全恢复的前一个月内有权保留以前的工作岗位，但在此期间不会得到任何补助；通常孕妇在临产前一天才不用去工作，而分娩7~9天后又要回到工厂。很多孕妇就在自己居住的小房子里分娩，由普通的农村接生婆来接生。"② 上

① ГА ЯО. Ф. 674. Оп. 3. Д. 254. Л. 108.

② Перфильев М. О. Очерки фабрично - заводского быта в России. СПб. , 1887. С. 19.

面提到的制度是19世纪80年代初规定的，但是在25年之后，实际上并没有什么修改："孕妇在临产前几天仍在工厂极其有害的环境下工作，直到现在孕产妇在分娩前后享有带薪休假都是极个别的现象。在1907年罢工运动期间，维堡地区的工人要求在产前2周和产后4周内向孕产妇发放补助金，数额应为其工资额的一半，但是这个要求仍然没有得到满足。"① 孔申手工工场是少数为孕产妇在休产假时发放补助金的企业之一。在莫罗佐夫家族的尼科利纺织厂中，的确为怀孕的女工提供长期休假（产前2周和产后6周），但是，补助金平均为每月5卢布②。这一数额实在太少，以至于休假在大多数情况下已经失去了本身的价值，因为上班收入要比休假高得多。为了养家，多数产妇在分娩后短时间内就要上班，她们中大多数人在产后都努力恢复体力，争取早日复工。一位工厂医生在描述1902年莫斯科省戈罗茨克县工业企业中的产妇状况时指出，这些产妇住院的平均时间仅为4.2天。他接着写道："在一些企业中，孕产妇在分娩前后可以得到一些补助金，但即使如此，她们也不愿意长期住院休养。很显然，与失去的工资相比，补助金实在太少，因此，产妇通常只在家休息8～9天。"残酷事实就是如此，"向所有没有物质保障的孕产妇发放与工资相等的补助金"的合理愿望在当时实在难以实现③。

20世纪初，企业向工人发放医疗补助金已经不是罕见现象。通过研究1902年莫斯科市企业医疗援助状况问题调查表可以得到许多有用的信息④。例如，此时已有151家企业向工人发放了医疗补助金，占企业总数的22%，而且有51家企业在工人生病期间向其全额支付工资，还有15家企业在工人生病的第一个月向其全额支付工资。然而在援助孕产妇方面各企业仍做得很

① Кириллова Н. А. Женщина – работница в крупной промышленности. С. 298.

② Поткина И. В. На Олимпе делового успеха: Никольская мануфактура Морозовых, 1717 – 1917. М., 2004. С. 363.

③ Экк В. В. О состоянии медицинской помощи на фабриках и заводах Богородского уезда за 1902 г. // Сведения о заразных болезнях и санитарно – врачебной организации в Московской губернии. 1904. № 3. С. 288.

④ Астрахан И. Д. Врачебная помощь на фабриках г. Москвы. Б. М., 1903. С. 67 – 89.

不好，只有8家企业向孕产妇发放了补助金，金额从每月1.5卢布到10卢布不等，主要从罚款基金中支出①。

雅罗斯拉夫尔大手工工场中孕产妇的保障制度并不完善。“孕产妇可以享有休假权，而且时间较长，为2～6周。”② 孕产妇的个人档案证实了这一点，但是她们获得的补助金（从罚款基金中支付）实在太少。1899～1901年，每名孕产妇得到的生育补助金为3卢布，而从1902年开始，该项补助金已经减少到2卢布。1910年9月，雅罗斯拉夫尔省最高工厂检查官也对雅罗斯拉夫尔大手工工场仅向孕产妇发放2卢布的补助金表示不满，他强调：“不可能所有孕产妇都事先商定好，请求得到不超过2卢布的补助金……而是管理部门自行规定了这个数额，完全没有考虑到孕产妇的实际需要。”③ 但他的不满和反抗没有起到任何作用，1912年，孕产妇的生育补助金仍为2卢布。20世纪初，工人多次提出向休产假的女工发放为期6周（产前2周，产后4周）补助金的要求，补助金的金额为工资的一半，但是都被董事会拒绝了④。

关于医疗补助金制度，孔申手工工场董事会在决议中谈道：“这个决议不涉及在生产中受外伤的病人，针对他们有专门的法律。”但是实际上，孔申手工工场受外伤的病人面对的状况是这样的：如果他们住院治疗，则跟其他病人一样，得到相当于一半工资的补助金。差别只是在于，在生产中受伤的病人不受3个月治疗期的限制，直到恢复健康前企业都要向其发放补助金。

所有患病工人，包括因外伤临时丧失劳动能力的工人，都会失去一半的工资，因此，他们总是尽可能地将住院时间减到最少。1907年11月医院委员会提出，1903年法律所确定的关于受伤工人的补助金不足（指发放等同于一半工资的补助金太少）。医院主任 Н. М. 科拉申宁尼科夫指出：“出于

---

① Астрахан И. Д. Врачебная помощь на фабриках г. Москвы. Б. М., 1903. С. 82.

② Ярославская Большая мануфактура. М., 1900. С. 83－84; ГА ЯО. Ф. 674. Оп. 5 «Б». Д. 66, 119, 131, 227, 247, 287, 297, 334, 674 и др.

③ ГА ЯО. Ф. 674. Оп. 1. Д. 6345. Л. 5－6.

④ ГА РФ. Ф. 7952. Оп. 8. Д. 61. Л. 13, 16－17; ГАЯО. Ф. 674. Оп. 3. Д. 254. Л. 68, 82.

经济方面的考虑，病人通常会拒绝接受长期治疗，因此，留在医院中的大多数是那些丧失劳动能力的病人。”他建议为这些在生产中遭受灾难的工人支付全额工资，但是委员会主席（同时也是孔申手工工场行政管理处主任）E. E. 提森豪森立刻表示反对。会议日志记载：“主席认为，1903 年 6 月 2 日的法律已经对在生产中受伤的工人做出了保障，我们没有必要修改法律。”该问题稍后被提到董事会上研究，因为在日志上有董事会主席 A. H. 孔申在 1908 年 2 月所做的批注：“有没有其他减少丧失劳动能力的办法?”最终董事会研究认为，只能履行 1903 年 6 月 2 日法律所做出的要求①。这样，即使受伤工人提出了某些微不足道的要求，管理部门也认为是过高的。

直到 1912 年，向患病工人发放补助金的问题才通过立法得到解决。《患病工人保障条例》是对《患病工人保障法》的补充，在条例中确定了向患病工人发放补助金的程序和数额，补助金从患病职员补助会的资金中发放。工厂主有义务保证患病工人第一时间接受医疗救助和门诊治疗，同时还要在工人（包括产妇）恢复健康前为其支付住院治疗和药品的费用，但最长不能超过 4 个月。此时，还应为工人发放补助金（有抚养责任的工人的补助金为其工资的 1/2 ~ 2/3，其他工人的补助金为其工资的 1/4 ~ 1/2），发放补助金的时间从工人生病第四天开始算起直至其恢复健康，但是一次患病时间不可超过 26 周，一年不可超过 30 周。超过期限后，企业将不再支付补助金。女工因为分娩可以得到补助金，数额从工资的一半到全额不等，发放时限从分娩前 2 周到产后 4 周。但是，这些产妇首先必须加入患病职员补助会，其次需要在分娩前有不少于 3 个月的缴费记录。1917 年 7 月，有关方面对 1912 年 6 月 23 日的法律做出了一些修改，主要是针对扩大参加患病职员补助会的工人人数、提高患病职员补助会的资金数额及重新分配工厂主和工人在该资金中的投入，但补助金的数额和支付期限没有变动②。

① ЦИАМ. Ф. 673. Оп. 1. Д. 472. Л. 101 – 102 об.

② «Об изменении правил об обеспечении рабочих на случай болезни»（25. 07. 1917）. Собр. Узак. 1917. № 208. Ст. 1313.

患病职员补助会的资金主要由入股者缴纳的费用（数额为工资的1%～3%）和工厂主补贴（数额为入股者缴纳费用的2/3）两部分组成。根据这一规定，我们大概统计一下就会发现，工厂主只需承担补助金的40%，而工人实际上承担了60%。这引起了工人的不满。1914年2月11日，雅罗斯拉夫尔省宪兵署署长通知该省省长："补助会所缴纳的费用会使得工人要求增加工资收入，因为工人缴纳的费用比工厂主还要多。"①

研究1912年法律的学者指出，大型企业管理部门的代表也在积极讨论这一法律。比如十月党人E. E. 提森豪森男爵，他曾一度担任孔申手工工场行政管理处主任。在1912年法律草案审查期间，他曾担任过工人问题杜马委员会主席②。当法律草案分发到各企业去评定时，雅罗斯拉夫尔大手工工场就对草案进行了质询，在汇编材料中记录了A. Ф. 格里亚兹诺夫对该法律草案的反应③。他认为，将法律草案转交给像他这样的实践者来评审是非常有益的。A. Ф. 格里亚兹诺夫指出了法律方案中一些失策的地方，认为"法律方案的制订者（工商部门官员）不曾深入工业企业，因此不可能了解很多生活方面的细节"④。

对此，A. Ф. 格里亚兹诺夫提出以下建议。

第一，只将部分罚款基金转入患病职员补助会，而剩余的罚款在关于工人残疾和老年保险的法律出台前，仍然按1890年12月4日出台的条例要求进行管理和支配。为了证实自己的提议是正确的，他指出："很多工业企业除了支付生育和葬礼补助金之外，每月还为那些因疾病和年迈导致永久丧失劳动能力的工人发放补助金。"实际上我们重新回到了雅罗斯拉夫尔大手工工场的罚款基金该如何分配的问题上。前文已经谈到，雅罗斯拉夫尔大手工工场对该问题的理解与工厂检查机关的要求有相左之处。A. Ф. 格里亚兹诺夫认为，如果将全部罚款基金转入患病职员补助会，今后在企业遇到经济困

① ГА РФ. Ф. 7952. Оп. 8. Д. 62. Л. 22.

② 参见 Аврех А. Я. П. А. Столыпин и судьбы реформ в России. М., 1991. С. 123。

③ ГА РФ. Ф. 7952. Оп. 8. Д. 61. Л. 132 – 148.

④ ГА РФ. Ф. 7952. Оп. 8. Д. 61. Л. 133.

难时，将无法发放补助金①。类似的想法和见解还有很多，也产生了作用。最终，关于将罚款转入补助会的措施并没有写入法律，只是在 1917 年 9 月罚款被完全取消前的一个月内相关法律才被通过②。

第二，在入股患病职员补助会时，工人是完全平等的，但方案中规定有家室的工人和单身工人所得的补助金数额不同。A. Φ. 格里亚兹诺夫认为这是不公正的，无论是在工人之间，还是在工人与补助会、董事会之间都将引发冲突。此外，他还指出了这种做法的问题："以立法形式规定有家室的工人和单身工人所得补助金数额不同，这是一种新做法，启示企业在发放补助金时，应该考虑每名工人的家庭状况。如今单身工人的补助金少一些，有家室的工人补助金多一些，工人家庭状况的不同决定了补助金的差别，并最终形成了法律，这是非常令人遗憾的。"

此外，该方案还规定，患病的工人和在生产中意外受伤的工人的补助金都由患病职员补助会承担。A. Φ. 格里亚兹诺夫认为，这会给工人造成一种印象，即工厂主的部分义务和费用是由工人自己来负担的。因此企业向工人解释道："在德国，工厂主向补助会缴纳的费用是工人的 1/2，而在俄国，这一比例为 2/3，我们的法律要求用这 1/6 的差额来支付意外受伤工人的补助金。"但是无论怎样解释，工人都没有被说服，他们对这种补助金支付方式的看法仍然没有改变。

但是 A. Φ. 格里亚兹诺夫还是得出了如下结论：由于新法律的实施，在实践中无论是对于企业，还是对于工人而言更为有利的是，现在许多工人问题都失去了其原有的尖锐性，工厂主与工人之间的许多摩擦在很大程度上已经消除，二者的对抗关系也得到了缓和③。

雅罗斯拉夫尔大手工工场保存下来的 1914 年患病职员补助会的工作活

---

① ГА РФ. Ф. 7952. Оп. 8. Д. 61. Л. 141 – 145.

② «Об утверждении правил о порядке хранения и расходования штрафных капиталов, образуемых из взысканий с рабочих фабрично – заводских, горных и горно – заводских предприятий（за исключением золотых и платиновых промыслов）»（07. 09. 1917）. Собр. Узак. 1917. № 231. Ст. 1606.

③ ГА РФ. Ф. 7952. Оп. 8. Д. 61. Л. 132.

动报告让我们对患病职员补助会的工作有了一定的认识，法律要求将患病职员补助会的管理事务集中在患病职员补助会全体大会和补助会董事会上。工厂主出于对 A. Ф. 格里亚兹诺夫的信任，指定其担任患病职员补助会的董事会主席。董事会的 10 名成员中，有 6 名通过选举产生，另外 4 人由工厂主任命[①]。患病职员补助会董事会的工作报告显示，1914 年患病职员补助会的入股人数增加到 275 人（占企业总人数的 2.5%）。男女比例实际上没有太大改变（年初女工占 52.4%，年末 53.4%）。1914 年共有 6491 例患病记录，其中 6% 是意外事故，12% 是生育。所有患病者中女性占 68%，生育也包括在内。住院 13 周以上的病人主要是意外事故造成的。在报告中有补助金发放统计表，可以看出男女工所得补助金数额的差异（见表 8－17）。

表 8－17　1914 年雅罗斯拉夫尔大手工工场支付给入股患病职员补助会的男工、女工的补助金

支付补助金原因	平均补助金数额(卢布)	
	男	女
意外事故	7.71	4.80
生育	—	12.69
其他疾病	9.93	5.64
葬礼	26.86	17.87

男工得到的补助金更多。一般而言，男工的工资比女工高。作为家庭的主要劳动力，男工能够获得占工资比例更高的补助金。应该特别强调的是，与以往相比，此时补助金的数额已明显增加。例如，生育补助金在此前很多年都是 2 卢布，而现在这项补助金平均增长了 5 倍多。这是一个很大的进步，但是部分工人仍然对患病职员补助会的工作表示不满。

雅罗斯拉夫尔省宪兵署署长在 1914 年 6 月 15 日提交给省长的报告中通告了下列信息：“雅罗斯拉夫尔大手工工场的工人对患病职员补助会董事会

① ГА РФ. Ф. 7952. Оп. 8. Д. 62. Л. 108 об.

表示不满，因为董事会经常以各种借口拖延发放补助金，经常消极对待工人的请求。”例如，曾有一名工人的母亲死亡，按规定成人葬礼的补助金应为13卢布，而董事会只发给了这名工人8卢布，同时要求他写一张收条，证明补助金已发齐。此外，在审查病人提交的申请等方面，董事会还使用了一些不正当手段①。

但是无论如何，1912年法律规定了以法定形式创建患病职员补助会，通过患病职员补助会向工人支付医疗补助金。在建立工人社会援助体系的过程中，该法律的出台象征着俄国工厂的社会保障事业向前迈出了重要的一步。

***

本章以孔申手工工场及雅罗斯拉夫尔大手工工场两大纺织企业为例，研究了19世纪末20世纪初俄国工厂的社会保障体系。该体系包括为失去劳动能力的工人发放抚恤金和补助金的制度。这一制度在研究俄国工人问题的大多数著作中常常被忽视，其中有些著作违背明确的事实，认为类似制度在俄国完全不存在。然而俄国和其他国家事实上的确存在这种观念，即失去劳动能力的人有权获得物质援助，因为当他在有劳动能力时已经创造出了这种价值。这种观念在此之前的任何时期都没有出现过，因为在19世纪60年代还没有任何关于年迈和生病工人的保障机制。社会保障制度在19世纪70～80年代已经逐渐开始显现，并不断发展，直至在20世纪被接受。

当时的社会状况同样是我们应该关注的问题。与工厂主实行的其他社会政策不同的是，补助金和抚恤金制度并不是直接生产所要求的。当时的社会状况是，俄国中部的大型企业通常没有建立足够的社会基础设施来安置工人，因此工厂主不得不建造工人集体宿舍。虽然工厂医院的数量不足，但仍然要控制流行病。当工厂主履行了为工人提供免费医疗的义务后，从1866年起，政府也认为这应是工厂主的义务。社会对公正问题的重新认识是补助金出现

---

① ГА РФ. Ф. 7952. Оп. 8. Д. 62. Л. 101－102.

的原因。因此，批评十月革命前企业的社会保障制度不发达是不恰当的。

大型企业的工厂主首先提出要建立社会保障体系。在1886年以前，法律甚至连“补助金”都未曾提及，在1902年前，法律也不要求企业向工人发放补助金。但是，一些大型企业从慈善角度出发，认为有必要对那些在生产中遭受灾难的工人发放一定的补助金（这还是在相关法律出台之前）。孔申手工工场给工人家庭的第一笔补偿金是在1883年发放的，雅罗斯拉夫尔大手工工场几乎同时开始向工人发放抚恤金，而莫罗佐夫家族早在1873年就建立了慈善基金，利用这笔资金对工人进行社会援助①。

随着社会日益进步，政府也着手解决这个问题。孔申手工工场在1883～1893年只发放了9笔补助金（其中6笔是由于工人死亡而发放的），1898年出台了明确规定，根据规定，发放补助金的对象不局限于在生产中意外受伤的工人，患病和年迈工人都有权获得一定的补助金。如果说1901年前法律未规定向意外受伤的工人支付补助金或抚恤金，那么在1913年大多数工人有权在生病期间获得补助金，这是俄国企业工人社会保障制度的进步。

帝俄时期的法律没有给予老年工人获得养老金的权利，但为了使工人长期努力地在企业内工作，一些大型企业在这方面表现得相当进步。

当然，与现今的社会保障制度相比，本章所描述的情况很难令人满意。但从历史的角度来看，这种比较并不客观。对于当时而言，大型企业所采取的为工人发放补助金和抚恤金的制度是相当进步的，并且这种制度在不断向前发展。

---

① Поткина И. В. На Олимпе делового успеха: Никольская мануфактура Морозовых, 1717 - 1917. М., 2004. С. 177.

第九章
教育机构以及休闲场所

第一节　工厂的教育机构

工厂的教育机构在调节厂内劳资关系的问题上发挥着重要作用。首先应该指出的是，自1884年5月《俄国工厂法》（该法律颁布于1882年）生效以来，各厂逐渐出台了各种相关措施，以保障工人接受教育，同时陆续为工人及其子女建立了各类教育机构。工厂检查机关作为调节劳资关系的组织，负责依法监督工厂对16岁以下儿童受教育权利的保障情况[①]。

《俄国工厂法》特别规定，凡未毕业于“中学及同级学校”的年轻工人，均有受教育的权利。法律还规定，如果厂内或厂区周边有相应的学校，则工厂至少需为工人提供每天3个小时，或每周18个小时的学习时间。法律指出，工厂主虽然应“尽量开设学校以供青年工人接受初等培训”，但他们并没有这样做的义务。事实上，工厂主也并没有负起相应的责任。19世纪80年代的工厂检查官在报告中对此深感痛心，在检查报告中我们可以读到这样的信息：“甚至有些工厂主在听说法律规定了自己有教育工人的义务后，便开始在工厂中建造学校，而得知这是谣传后，便

① «О малолетних, работающих на заводах, фабриках и мануфактурах» (01. 06. 1882) . ПСЗ – Ⅲ. Т. Ⅱ. № 931.

立刻取消了建设。”①

在随后的几年中，工厂检查机关开始逐渐关注起工厂对工人的教育问题。在立法层面，十月革命前相关部门陆续出台了若干项法律，以捍卫1882年法律赋予工人的受教育权。例如，1884年6月12日出台了《工厂未成年工人教育法案》、1890年4月24日出台了《修改关于工厂、手工工场中未成年工人、童工及女工劳动安排的法令》及《促进手工工场年轻工人劳动、学习权利的法令》，这些法律都是在1882年法律第112至121章的基础之上制定的，旨在进一步明确年轻工人的学习权利②。

根据以上法律，工厂检查机关与国民学校的负责人共同确定了工人入学的程序，以及工厂学校的教学规模和教学计划。工厂检查机关与当地教育局达成协议，如果工厂没有开设附属学校，则须在工厂附近的国民学校为年轻工人就近展开教学。工厂检查机关与国民学校的负责人相互协商，共同确定了在国民学校中对年轻工人开展课上及课下的教学工作的相关细则。如果工厂附近设有学校，则由工厂承担为工人提供教育的责任，工厂主有义务为已从国民学校及同级学校中毕业的年轻工人提供入学机会③。

当然，工厂主并没有义务自费开办新学校，事实上起初他们对此也并不接受。直到19世纪80年代，工厂主才对该法律第一次有所反应，他们意识到，政府将会通过工厂检查机关来监督法律的执行情况，因此他们随即解雇了大批年轻工人。但这没有逃过工厂检查官的法眼。工厂检查官参考了英国的相关经验，指出工厂主的这种反应是可以预料的，解雇年轻工人的行为应该很快就会停止，更何况解雇行为主要是受到经济危机的影响，与教育立法

① Михайловский Я. Т. О деятельности фабричной инспекции… С. 94. См. также: *Янжул И. И.* Фабричный быт Московской губернии… С. 65.

② «О школьном обучении малолетних, работающих на фабриках, заводах и мануфактурах». ПСЗ – Ⅲ. Т. IV. № 2316. «Об изменении постановления о работе малолетних, подростков и лиц женского пола на фабриках, заводах и мануфактурах и о распространении правил о работе и обучении малолетних на ремесленные заведения» ПСЗ – Ⅲ. Т. X. № 6742.

③ 参见 Уст. Пром. Ст. 112 – 121。

的关系不大[①]。

19 世纪上半叶，在一些大型企业中已经出现了面向童工的学校。1816 年俄国第一所工厂学校诞生于尼科利斯科耶手工工场[②]。19 世纪 40～50 年代，莫斯科省共有 30 多所工厂学校投入使用[③]。有远见的工厂主认为，拥有大量识字的工人对工厂来说是件利好之事，但事实上，工厂学校的总量并不多。当代学者在综合分析了 19 世纪 70 年代末至 80 年代初各类检查的结果之后认为："就莫斯科地区的情况来看，可以肯定地说，那些住在工厂的学龄儿童，入学率仅为 1/10。"[④]在童工入学这一问题上，与俄国的其他地区相比，莫斯科的情况还算相对较为乐观。莫斯科地区工厂检查官 И. И. 杨茹的报告显示，1882～1883 年，莫斯科地区的工人总量为 84606 人，在 158 个接受检查的工厂中，有 32 家工厂开办了附属学校。这些学校中共有学生 4004 人，其中青年工人为 1195 人[⑤]。由此可见，莫斯科地区有 20% 的工厂开办了学校，平均每 21 名工人中才有一名学生。1898 年，全俄国只有 446 所工厂附属学校（1900 年底，全俄国共有 17977 家工厂，160 万名工人），学校中共有 4 万名工人子女和 4300 名年轻工人[⑥]。也就是说，仅有 2.5% 的工厂开办了附属学校。显然，相比于莫斯科地区的情况，19 世纪 80 年代初，全俄国范围内工厂学校的平均状况还要更糟。有趣的是，在描述 19 世纪 80 年代初期莫斯科省工厂学校的情况时，И. И. 杨茹写道："总的来说，工业主几乎不关心诸如工厂学校教育、工人入学之类的事情，更不要说为年

---

① Янжул И. И. Фабричный быт Московской губернии… С. 59－61; *Михайловский Я. Т.* Отчет за 1885 г. … С. 76－80, 94.

② Терентьев П. Н. Прохоровы… С. 57.

③ Кошман Л. В. Фабричные школы России в первой половине XIX в. // Вестник Московского университета. Серия 8（история）. 1976. № 2. С. 22。1861 年改革后，大型企业陆续兴办起面向本厂工长及工人子女的初等技术学校，参见 Кошман Л. В. Город и городская жизнь в России XIX столетия: Социальные и культурные аспекты. М., 2008。

④ Перфильев М. О. Очерки фабрично－заводского быта… С. 61.

⑤ Янжул И. И. Фабричный быт Московской губернии… С. 21.

⑥ Дементьев Е. М. Фабричное законодательство // Россия в конце XIX века / Под ред. В. И. Ковалевского. СПб., 1900. С. 457. Свод отчетов фабричных инспекторов за вторую половину 1900 года. СПб., 1902. С. Ⅱ.

轻工人提供什么受教育的机会了……莫斯科以及莫斯科以外地区工厂的教育状况令人非常不满意，主要是工厂主在这方面的关注度不够。”① 但在横向比较莫斯科省和波兰的情况时，他的措辞明显温和了许多：“除了自治局之外，莫斯科省的教育经费主要来源于工厂主……许多工厂在教育方面的支出每年要达到5000～9500卢布，虽然当前学校数目远远不能满足需求，但至少莫斯科省的各个县都有工厂学校。”②

由此可见，我们不能把莫斯科地区和俄国其他地区的情况割裂开来。总体而言，学校的数量明显不足以满足工人及其子女的教育需求，但与此同时，到19世纪80年代初，一些大型企业已经开办了优质的学校。И. И. 杨茹也指出：“工厂学校的外观和陈设……很明显取决于工厂的规模和经济状况，不难推测，大型造纸厂在这方面的投入应当非常可观。”接下来，他列出了各企业在教育方面的支出情况：特维尔手工工场，每年9500卢布；拉缅斯基手工工场，每年6900卢布；博戈罗茨科－格卢霍夫斯基手工工场，每年6800卢布；马柳京工厂和科洛缅斯基斯特鲁维工厂，分别为每年6000卢布；沃兹涅先斯克手工工场，每年5900卢布；孔申手工工场，每年3100卢布③；列乌托夫手工工场，每年2000卢布。И. И. 杨茹高度赞扬这些企业在工厂学校上的投入：“学校的整体环境与工厂投入的经费数目有关：学校整体造型美观，房间宽敞，光线充足，环境良好，即使是投入最低的学校，各类陈设以及各种必要的教具也一应俱全，教员们都很能干，薪资也很不错。”④

1884年，Е. М. 杰缅季耶夫在谈到谢尔普霍夫地区的情况时指出，当地只有特列季亚科夫工厂和孔申手工工场两家工厂开办了附属学校及医院。特

① Янжул И. И. Фабричный быт Московской губернии… С. 19－20.

② Янжул И. И, Отчет И. И. Янжула по исследованию фабрично－заводской промышленности в Царстве Польском. СПб. , 1888.

③ 不过，根据И. И. 杨茹的报告，孔申纺织厂附属的两所学校每年在教育方面的支出仅为3100卢布，孔申印染厂附属的一所学校的年教育支出为3070卢布40戈比，这很明显是在撰写的过程中出现了错误，因为直到1896年孔申印染厂附属学校才开办。

④ Янжул И. И. Фабричный быт Московской губернии… С. 24－25.

列季亚科夫工厂附属学校可容纳 222 名学生，并且“在各方面都无可挑剔”，每年的维护费用约为 4000 卢布。孔申手工工场附属学校“规模要小得多，而且设施较差，但维护费用也达到了 3000 卢布”[①]。弗拉基米尔工业区的情况可以参见 1884 年 П. А. 佩斯科夫的记录：维库拉·莫罗佐夫的工场（共有 4000 名工人）的附属学校有 354 名学生，“人多地狭，校舍非常拥挤”；雅罗斯拉夫尔大手工工场（共有 4300 名工人）附属学校有 235 名学生，“这些校舍虽然数量充足，照明良好，但更像是临时场所，不太适合学校教学”，学校的维护费用为每年 2500 ~ 2600 卢布；诺尔斯克手工工场（共有 1800 名工人）附属学校有 92 名学生；А. Я. 巴林棉纺厂（共有 1300 名工人）附属学校有 65 名学生，“实际上除了一张算盘以外，学校里再没有什么其他的教具了”[②]。

综上，从工厂为工人及其家庭成员提供教育的角度来看，就孔申手工工场及雅罗斯拉夫尔大手工工场而言，情况还较为良好。但是，正如档案所示，两家企业对此的解决方式各不相同，它们开办了包括普通教育和技术即“手艺”教育学校在内的各类教育机构。接下来我们将对这些教育机构依次展开讨论，并着力归纳其中的共同点。

1.1　对年轻工人的教育

我们可以在以下两个文件中获取孔申手工工场教育机构的详细信息，分别是《1900 年孔申手工工场附属学校成立 25 周年纪念报告》（其中囊括了附属学校自开办以来的发展情况）[③] 和孔申纺织厂的《生产活动概况》（其中详细记录了 1909 年前附属学校的状况）[④]。雅罗斯拉夫尔大手工工场的相关信息，我们可以通过工场负责人 А. Ф. 格里亚兹诺夫编写的以下两个文件

① Дементьев Е. М. Санитарное исследование… С. 46.

② Песков П. А. Владимирский фабричный округ… С. 51 – 53.

③ ЦИАМ. Ф. 673. Оп. 8. Д. 20. Л. 1 – 5 об.

④ Там же. Оп. 1. Д. 358. Л. 48 об. – 50 об.

获取：《关于在工人中推广手工艺技术知识的措施》（编写于 1900 年）[①] 和《1905 年工场及其附属机构的活动报告》[②]。此外，我们还参考了雅罗斯拉夫尔大手工工场为参加巴黎世界博览会而准备的一些资料[③]。

1875 年 11 月，孔申纺织厂开办了附属初等国民学校，学生主要是工厂职员及工人的子女，开办当年共招收了 40 名学生。附属学校的教学计划以国民教育部为单级制初等学校制定的课程标准为基础，教师向学生教授俄语、神学以及算术等课程。学校开办的第一年，所有的学生全部被安置在同一个初级班里，第二年学校成立了中级班和高级班。在开办的第三年，学生人数已经达到了 75 人。1877 年，学校又开设了音乐课，并专为女生开设了缝纫、刺绣等手工课程。1882 年，学校为毕业生开办了夜校（讲授会计、地理、自然科学及俄国史等课程）并建设了可供孔申手工工场所有工人和职员使用的图书馆。

1885 年夜校关闭，因此在接下来的 10 年里，工场中只有初等国民学校还承担着教育工人的责任。不过在 1895 年，工场附属初等国民学校改建为国民教育部部属二级制学校，所教授的课程与之前夜校开设的课程大体一致。1899 年，学校下午（13：00 ~ 17：30）和晚间（17：00 ~ 20：00）的课程重新开放。1896 年，孔申印染厂的附属学校招收了初级班和中级班两个平行班。1898 ~ 1899 年，平行班的规模持续扩大，逐渐达到了拥有 3 个初级班、2 个中级班和 1 个高级班的规模。

随着孔申手工工场附属学校办学规模的扩大，学校的校舍面积和教员数量也随之扩大。1895 年，工场为学校新建了一座两层的石制建筑。到 1909 年，学校已经达到了三座大楼、三个校区的规模。主校（纺织厂附属学校）位于一幢三层石制建筑中，共有 11 间教室、1 间课间休息室、1 间教师办公室以及 1 间专门为针线班准备的教室。整幢建筑采用电力照明，可容纳 400 名学生。另一所学校位于一幢木制的单层建筑中，只有 2 间教室，可容纳

① ГА ЯО. Ф. 674. Оп. 2. Д. 47. Л. 1 - 16.

② ЦДНИ ЯО. Ф. 394. Оп. 1. Д. 19. Л. 157 - 161.

③ Ярославская Большая мануфактура. М. , 1900. С. 54 - 61.

100 名学生。第三所学校是印刷厂附属学校，该校坐落在市区一幢石制建筑的二楼，共有 6 个房间，附设有制鞋和装订车间，以及一个托儿所，暑假期间，学生会在此学习园艺实践课程。

1899 年，孔申手工工场附属学校共有 677 人入学，学校把学生编入各个班级，按三个班次开展教学。1875～1900 年，学校共向 692 名学生颁发了第四等证书，向 27 名学生颁发了第三等证书。在接下来的 10 年中，学校平均每年毕业 50 名学生。1909 年，学校有近 1100 名学生：其中纺织厂附属学校有学生 698 人，印染厂附属学校有学生 200 人，新纺织厂附属学校有学生 180 人。附属学校的平均入学年龄为 10.4 岁。最初，学校的入学年龄为 8 岁，但自 1909 年起，入学年龄提高到了 9 岁，这样新生的数量被限制在 300 人左右。毕竟学校无法满足所有人的入学需求，仅 1909 年就有 87 名儿童被拒收。

雅罗斯拉夫尔大手工工场的附属学校成立于 1882 年，在时间上比孔申手工工场的附属学校晚了一段时间。最初，附属学校坐落于一幢住宅楼中，学校共开设了两个班，可容纳 120 名学生。但是 6 个月后，随着学生不断涌入，这个规模越来越难以为继。因此很快学校又开设了两个班，并且在 1888 年继续追开了一个班。1894 年，学校的三层石制建筑完工，其中电灯、暖气一应俱全，还有一间拥有 1500 个座位的阅览室（共投资 13.5 万卢布）。学校共可接纳 600 人，不过至少到 19 世纪末，该校的实际学生人数还没有达到这一数字：截至 1893 年 1 月 1 日，该校的学生人数为 387 人；到 1896 年 1 月 1 日，学生人数为 398 人；1899 年 1 月 1 日，统计的学生人数为 393 人。

雅罗斯拉夫尔大手工工场附属学校的学生都是本厂工人及职工 8～9 岁的子女，通常男生和女生在一起学习。学校通常在每年 8 月底招收新生，招生工作一直持续到 9 月 20 日，学校会提前张贴公告来通知入学的截止日期。公告中还会列出需要提交的文件清单，如出生证、天花疫苗接种证以及父母或监护人的联系方式等①。

---

① ГА ЯО. Ф. 674. Оп. 1. Д. 21649.

直到20世纪初，雅罗斯拉夫尔大手工工场附属学校仍然是一所单级制初等学校，也就是说，学校的教学会持续三年（单级制初等学校的学制为三年，二级制学校的学制为两年）。学生被编入初级班、中级班、高级班三个班，这些班又会被划分为若干平行班。每个班在三年的学习期间都由同一名教师进行教学，学校管理部门认为，这会使教师“一直与同一批学生在一起，以便教师充分了解每个学生的性格和能力，从而达到因材施教的效果”。

雅罗斯拉夫尔大手工工场附属学校开设的课程与孔申手工工场附属学校的课程大体一致：神学、阅读、写作、算术、音乐、体操，以及为女生开设的缝纫、刺绣等手工课程。最困难、最需要“精神高度集中”的课程（例如算术、精读等课程）被安排在上午，通常是9：00～12：00，之后有一个小时的休息时间，学生可以回家吃午饭①。13：00～14：00是较为轻松的课程（如习字、听写等课程），14：00～15：00这段时间学校为学生安排了音乐、体操及缝纫课程。

学校的贫困生可以获得助学金，助学金有一次性发放和逐月发放两种形式。优秀毕业生会获得奖状及一本书作为奖励，此外，学校还会给每位学生发放福音书。

雅罗斯拉夫尔大手工工场附属学校“由国民教育部授权”，教学活动处于“学校董事会、校长和国民学校督学的管辖之下”，并且督学由董事会成员担任。到1900年，学校的工作人员包括：1名男教师、6名女教师、1名缝纫课女教师、3名神学课教师以及2名音乐教师。大多数老师的薪水都很低，不过地方自治局附属学校教师的薪水同样不高。1910年，雅罗斯拉夫尔大手工工场附属学校教职工的年薪情况如下：年薪100卢布的有1人；年薪200卢布的有2人（这些是授课量较少的教师）；年薪300卢布的有7人；还有两名教师的年薪分别为480卢布和600卢布②。相比之下，1905年乡村

① 通过档案中的只言片语可知，大多数学生和父母住在工人宿舍里。

② ГАЯО. Ф. 674. Оп. 3. Д. 126. Л. 104.

教师的年收入很难超过300卢布[①]。1912年，俄国教师的工资情况是：“在过去四五年间，许多地方的学生数量翻了一番，但教师的最高工资不超过每月35卢布。而且通常是自治局附属学校的教师先发工资，部属学校的教师后发，还有月薪在15～20卢布的教师，助教的月薪则在6～8卢布及10～12卢布这两个范围。”[②] 除此之外，雅罗斯拉夫尔大手工工场附属学校还会为教师分配住房，住房位于教学楼的三楼，有家庭公寓和单身公寓两种。自治局附属学校也是如此。

应该指出的是，雅罗斯拉夫尔大手工工场除出资开办了附属学校之外，还开办了一所教区学校。这所教区学校坐落于一幢工人宿舍楼内（已配备好教学设施），由神职人员进行管理[③]。1905年，大约有60名学生在这里学习（其中主要是女生）。

1.2　技能培训

19世纪末，许多工厂主都希望通过技能培训来满足本厂对技术工人的需求。通过综合考虑本厂特定专业领域内技术工人的短缺情况、开展培训的投入情况以及厂内有无现成的培训场所等因素，各厂采取了不同的解决方案。通常，工厂主会通过工厂学校培训工人的专业技能，工人或直接接受技能培训，或在接受通识教育的同时进行技能培训。无论采取哪种解决方案，工厂方面显然更愿意在本厂职工和工人子女中招收学生，从小培育本厂未来的工人。

总的来说，1902年3月18日由俄国国务院通过的《技能培训班开办条例》在这方面没有起到任何显著作用。根据这一条例，技能培训班开办与否完全取决于工厂主的个人意愿，并且工厂主本人还应承担开办培训班的相应费用。但法律规定，工厂必须对工人开展技能培训，目的在于“向工人传授生产过程中可能会用到的技术知识、实践技能以及其他基础知识”。这

---

① Бельский А. Земская бюрократия // Образование. 1905. № 2. Отд. Ⅱ. С. 5.

② Саломатин П. Народный учитель // Современный мир. 1913. № 12. С. 196.

③ ЦДНИ ЯО. Ф. 394. Оп. 1. Д. 19. Л. 161.

种培训必须是免费的，工厂的检查机关也对此进行了监督①。

1896 年，孔申手工工场开设了一所由五金、机械和冶铁三个班组成的初等工艺学校，预计招生人数为 40 人，这也是该校首次招收的三个班的学生人数。第四个班直接在工厂上课，主要讲授金工和木工工艺、化纤纺织、会计以及制图绘图等科目的课程。1909 年该校共有 50 名学生，主要招收本厂职工和工人的子弟。1901 年夏，校长 M. K. 果戈林斯基在给孔申手工工场行政及财务部门负责人的报告中写道："未经董事会许可，不得接纳非本厂职工或工人的子女。"②

工艺学校的毕业生在进入工厂后会首先从学徒做起，因为他们技术过硬，因此工作岗位通常会很不错，而且每年的工资也会得到提升。这可以极大地激发工人的劳动积极性，毕竟底层工人明白，虽然对自己来说，升职加薪的前景已经不大了（当然这也并不绝对），但是通过上学，自己的子女可以有机会获得一份好工作，这一点对他们的吸引力往往更强。

不过孔申手工工场的董事会认为，开办工艺学校并没有给工场带来好处。1911 年 7 月 6 日的董事会会议记录记载："孔申手工工场于 1896 年开办工艺学校，目的在于培养一支专业、高效的工人队伍。但在该校运行的 15 年间，这一目标并未实现。因此，董事会决定从即日起停止招收新生，通过其他途径实现上述目标。"③ 伊万·科诺瓦洛夫手工工场公司附属工艺学校可能也遭遇了同样的命运：该校成立于 1889 年，但于 1906 年停办④。

三山手工工场开展技能培训的方式略有不同，这一方式的效果要更胜一筹。根据董事会的决定，从 1886 年 1 月起，三山手工工场的工艺专科学校

① «О технических и ремесленных учебных мастерских и курсах». ПСЗ – Ⅲ. Т. ⅩⅫ. № 21222.

② ЦИАМ. Ф. 673. Оп. 1. Д. 13. Л. 23.

③ Там же. Оп. 8. Д. 36. Л. 70.

④ Краткий обзор учреждений культурно – просветительных и по охране здоровья рабочих и служащих при фабриках Товарищества мануфактур Ивана Коновалова с сыном. Б/м., б/г.（для Гигиенической выставки в С. – Петербурге 1913 г.）С. 4.

除教授通识课程（二级制学校所教授的课程）外，还将教授物理、化学、制图和绘图等其他课程①。普罗赫罗夫对新增课程的教学效果很满意，并于1894年将工艺专科学校升格为工艺学校，同时扩大了所授课程的范围。1905年，三山手工工场又对学校进行了改革，将学校“改造为一所技术学校，并开设了三个预科班。这三个班相当于1872年5月31日条例所规定的市中学的三个高级班”②。从此，在三山手工工场附属学校中，既有教授通识课程的班级，也有教授技术课程的班级。从进入技术班的那一刻起，每个学生都要专门学习“印染业某一特定领域”的知识，而且与孔申手工工场附属学校不同的是，三山手工工场附属学校教授的课程很多（如染料加工、染色、印花、棉布加工、贸易、五金维修等课程），可以满足各类需求。1888～1914年，共有451人毕业，这当中80%以上的人继续留在三山手工工场工作，其中有的人从此走上了“领导岗位”③。

雅罗斯拉夫尔大手工工场的董事会和管理部门在培养熟练工人这一问题上非常审慎，并且很早就开始研究如何通过培训的方式解决这一问题了。1900年，董事会成员、当时的雅罗斯拉夫尔大手工工场督学A. A. 卡尔津金指令A. Ф. 格里亚兹诺夫准备一份备忘录，要求在当中向董事会提议开设附属于雅罗斯拉夫尔大手工工场的“讲习班、培训班及其他教学组织，以提高工人的技术和手艺”④。此举旨在提高工人的技术水平，培养能够熟练操作现代机械设备的工人（主要是工人的子弟），这样雅罗斯拉夫尔大手工工场就不需要再从外面雇用工人了，从而降低了雇工“才不配位”的风险⑤。

---

① Терентьев П. Н. Прохоровы… С. 209.

② 同上，С. 210。有趣的是，С. 拉皮茨卡娅认为三山手工工场没有将工艺专科学校改造为技术学校，她在自己的著作中提出，原因在于普罗赫罗夫担心这样会“助长技术人员的气焰，以至于今后将不得不多付给他们工钱”。不过对于三山手工工场对技术人员的需求问题，书中并没有涉及，参见Лапицкая С. Быт рабочих Трехгорной мануфактуры. С. 70。

③ Терентьев П. Н. Прохоровы… С. 257.

④ ГА ЯО. Ф. 674. Оп. 2. Д. 47. Л. 1.

⑤ Там же. Л. 10, 14, 15.

A. Ф. 格里亚兹诺夫很熟悉俄国国内外建立工业教育体系的相关经验，并且他事先“考察了一些工厂开设的工艺培训班和工艺学校”，这使他能够（据他自己所言）“确切地了解雅罗斯拉夫尔大手工工场的实际需求，使学校能够达到雅罗斯拉夫尔大手工工场作为一家大型的棉纺织企业所真正需要的技术培训的要求和条件”，充分考虑到“雅罗斯拉夫尔大手工工场所在地区的客观条件”，从而确定开展哪种形式的培训对雅罗斯拉夫尔大手工工场最为有利，以期达到最大的效益。他在 1900 年 11 月 22 日送报给 A. A. 卡尔津金的备忘录中对此进行了详细描述①。

考虑到开办雅罗斯拉夫尔大手工工场附属工艺学校的可能性，A. Ф. 格里亚兹诺夫得出的结论是，开办学校需要极大的开销（需要一次性投入 7.21 万卢布，之后每年还需 1 万卢布左右的支出），并且这显然不会为雅罗斯拉夫尔大手工工场带来多大的利益。原因在于，首先，工艺学校通常会向工人教授两种技术（比如金工和木工），几年后，当雅罗斯拉夫尔大手工工场对从事这些工种的工人的需求完全饱和后，学校的毕业生会“因厂内缺少工作岗位，并且在收入上相对于从事普通工种的工人（这些工人并没有上过工艺学校）来说并没有特别的优势，从而到别处寻找工作机会”。这样的话，相当于雅罗斯拉夫尔大手工工场在用自己的资金为其他企业培训工人。其次，当时雅罗斯拉夫尔、科斯特罗马和雷宾斯克等地已经建成了一批初等技术学校，雅罗斯拉夫尔大手工工场完全可以从这些学校的毕业生中“吸收已经受过基础培训的技术工人”。孔申手工工场附属工艺学校的情况证实了格里亚兹诺夫的推测，开办学校并不能为工场培养多少熟练工人，但开办学校本身需要非常大的投资。

雅罗斯拉夫尔大手工工场的负责人还分析了备忘录中的第二种方式，那就是在已开办的工厂学校中开设“工艺培训班”，类似的做法曾经有过，相关经验还是有的。A. Ф. 格里亚兹诺夫认为，这种方式的问题在于工厂学校学生的年龄太小（通常为 8 ~ 12 岁），因此很难对他们“真正上手进行技术

① Там же. Л. 10, 14, 15.

培训”。

因此工场方面建议在工厂学校中引入“手工劳动”课程，认为这才是问题的最佳解决方案：这样既引导了工人从事新兴领域，使他们掌握最新技术，而且还留住了他们，让他们为本工场效力。此外，学校还可以不为学生聘请从事特定专业的专家即“专业工匠”，学生学习的是“各种常用的知识和技能”，这些技能“他们日后都会在家庭生活中、工厂生产时使用到，这样他们就可以独立地从事一些必要的劳动”，并且也有助于他们日后从事其他专业。工场方面认为，在工厂学校学过“手工劳动”课程的学生，虽然相比之下习得的“技术知识”较少，但这恰恰使他们今后无论从事哪个行业（例如织布、纺纱等），都能够很好地履行职责，因此这些知识既可以帮助他们有一套“精湛的手艺”，还可以塑造他们“对工场的忠心”。手工劳动课程不会将学生培养成某一行业的“专业工匠”，因此他们不会去其他企业寻找高薪的、需要专门知识的工作，而是会继续留在工场内，从而有助于在总体上提高工人的素质。

A. Ф. 格里亚兹诺夫认为有必要将“手工劳动”设定为必修课，为此他专门聘请了相关教师，将学生分成几组（每组 20 人），轮流上课。根据他的计算，这种授课模式不需要太多的开销，一次性投入（如购置教具、车床、教学楼内的各类陈设等）不会超过 1000 卢布，之后每年的投入为 1500 卢布（其中 900 卢布为教师的薪水，其余的用于课堂用品方面）。

在 A. Ф. 格里亚兹诺夫眼中，“激发学生对劳动的兴趣”是开展技能培训的一项主要任务。为此，他提议将所有在课程期间制造的物品“无论是否适合学生本人及其父母使用，都全部归学生支配”，因此课上制造的物品“应尽量为生活用品和文教用品”。此外，“为了课堂教学足够直观和充实，教师在授课时应有针对性地利用模型及学生可以理解的图纸（目的是教会学生识读最简单的图纸）”。

A. Ф. 格里亚兹诺夫的提议全部得到了工场董事会的采纳，1900 年工厂学校开设了“手工劳动”课程。管理部门认为，此举及配套措施有助于工场培养自己的熟练工人，从而在一定程度上避免了从外面雇用工人。

以上材料表明，尽管不同的工厂在工人的技能培训上采取了不同的方法（如开办工艺学校、工艺培训班等），但是在组织工人及其家庭成员的教育上存在一些共同特征。

首先，学校每年都会补充直观教具及图书馆的藏书。学生的课本是学校免费提供的，有的学校（如雅罗斯拉夫尔大手工工场和三山手工工场的附属学校）还会向学生免费发放全套学习用品（如笔记本、钢笔、铅笔等）。还有一些其他的费用也都是由工厂承担，比如在三山手工工场，所有技术班的学生在"学校宿舍的住宿费全部由三山手工工场负责"，而且如董事会允许，通识班的学生同样可以获得公费食宿的机会，每年在学校吃住的学生人数大约有 80 人。孔申手工工场附属学校在大课间为学生免费提供茶水，半价供应面包。除此之外，孔申手工工场对学生还有补贴（学生每支付一戈比，工厂就为其补贴三分之一戈比）①。当然，对于孔申手工工场而言，这笔费用微不足道，但是对于工人家庭来说，这已经是切实的优惠了②。

其次，工厂重视学生的业余生活和假期生活，各厂董事会都会为此划拨一定数额的资金。孔申手工工场每月会为学生安排 2～3 次的茶话会及观影活动（通常在周日举行），雅罗斯拉夫尔大手工工场会组织学生进行话剧表演。每逢新年，厂内人员都会与该厂托儿所和工厂学校的学生同庆新年。工厂会为他们摆放圣诞树，分发小礼品，还会邀请其父母一同庆祝。20 世纪初，在雅罗斯拉夫尔大手工工场董事会的支持下，学生们还组织了乐团。学校教学理事会的会议记录记载，工场为"学生乐团的教学工作一次性拨放了 100 卢布"③。

再次，工厂学校主要招收本厂工人和职员的子女。当然也存在反例，比

---

① ЦИАМ. Ф. 673. Оп. 1. Д. 358. Л. 49.

② 三山手工工场附属学校同样为学生们提供了较为优渥的饮食条件。早餐为学生供应黑面包和茶（白面包只在假期供应），午餐和晚餐是香喷喷的荞麦粥。以上这些全部由工场承担费用，参见 *Лапицкая С.* Быт рабочих Трехгорной мануфактуры. С. 69－70。

③ ГА ЯО. Ф. 674. Оп. 2. Д. 152.

如 И. И. 杨茹在报告中指出，“莫斯科普罗科菲耶夫工厂的附属学校长期以来一直在招收工厂附近小老板和小市民的子女”。此外，莫斯科巴赫鲁申皮革呢绒厂附属学校是一所新开办的学校。学校各类设施齐全，共有学生 145 人，其中没有一人是本厂工人，本厂工人的子弟也只有 10 人，其余的学生都是从厂外招收的[①]。作为工厂检查官，И. И. 杨茹会特别留意工厂中年轻工人的情况，他非常关注工人能否在工厂学校接受教育。他指出，在工厂学校学习的大多是成年工人的子女，而年轻工人并没有这样的机会。当然这也并不绝对，例如在莫斯科钦德尔工厂的学校中，176 名学生全部是该厂的工人[②]。1884 年 Е. М. 杰缅季耶夫指出，没有任何证据能够证明孔申手工工场的年轻工人也可以上学[③]，不过后来，情况显然有了改观。在孔申手工工场周年纪念的报告中，关于 1899 年学校所取得的成就有这样的记载：“随着年轻工人进入，学生人数增加了……”[④] 这很有可能是孔申手工工场为了使年轻工人有机会学习，采取了新的教学计划，允许他们上夜校学习[⑤]。20 世纪初，三山手工工场的青年工人也有学习的机会，证据是工场在 1900 年的巴黎世界博览会上获得了“青年工人的教育和关怀”一项的金奖[⑥]。在雅罗斯拉夫尔大手工工场 1898 年的文件中，我们也可以找到年轻工人进入工厂学校学习的记录[⑦]，不过由于他们在学校的上课时间与他们的工作时间相冲突，因此尚不清楚他们的学习方式（当然他们可以在早上学习，在晚上工作，但很难说这种学习方式的效果如何）。

---

① Янжул И. И. Фабричный быт Московской губернии… С. 23.

② Там же. С. 21 – 22.

③ Дементьев Е. М. Санитарное исследование… С. 150.

④ ЦИАМ. Ф. 673. Оп. 8. Д. 20. Л. 4.

⑤ 不过，由于自 1899 年起青年工人也需要劳动，因此工厂学校的上课时间被迫做出了调整。根据 1884 年检查员的记录，在当时工厂夜校中的确存在一定数量的青年工人，因此可以判断：直到 1899 年，青年工人还不需要做工。我们可以从中看出工场管理部门对 1882 年法律通过的反应：即使自 1875 年起孔申手工工场已经拥有了学校，但工厂主更倾向于解雇所有青年工人，而不是选择执行法律的要求。不过很明显，到 1899 年这种情况就已经消失了。

⑥ Россия на Всемирной выставке в Париже в 1900 году. Ч. 2. С. 111.

⑦ ГА ЯО. Ф. 674. Оп. 1. Д. 3336. Л. 210.

最后，在各厂管理部门眼中，学校存在的问题也非常相似。雅罗斯拉夫尔大手工工场的管理部门对本厂学校的教学持否定态度。管理部门认为，学生的出勤情况并不好，原因首先在于“学生生病”；其次是由于“家庭环境，学生（尤其是女生）必须留在家中做家务活”；最后就是，“有时是由于家长对子女的教育不以为意，意识不到上学的重要性”①。就我们所讨论的这几家工厂的情况而言，资料表明，有些学生并没有完成学业，他们在学完基本的读写知识后就辍学了。孔申手工工场附属学校第一批招收的 40 名学生中，只有 5 人升到了三年级（学校为他们开设了高级班），而最终顺利毕业的只有 2 人。报告指出：“遗憾的是，许多家长并没有意识到完成学业的人会具备何种优势……因此，他们认为子女能读能写就已经可以了。早在子女毕业之前，工人就把他们带离学校，交给他们各种活计去做。”② 的确，苏联时代的研究者对这一问题的解释更加透彻：父母让子女辍学并不是因为他们“没有意识到优势”，而是因为家庭迫切需要子女去挣钱：“因为贫困，孩子们在学校学习了两三年后，他们的父母就已经试图把他们带到工厂做工了。”③ 1905 年，雅罗斯拉夫尔大手工工场的负责人指出，自 19 世纪 90 年代起，中途辍学的学生数量随着时间的推移显著减少。1892 年中途辍学的人数为 97 人（占学生总数的 30.8%），1895 年为 56 人（占学生总数的 27.6%），1898 年为 31 人（占学生总数的 8.7%）。我们还可以参考另一个指标：1892 年，共有 29 人从雅罗斯拉夫尔大手工工场附属学校毕业；1892 年在学校新招收的 90 人中，共有 68 人（占学生总数的 75.5%）于 1895 年毕业；在 1895 年招收的 120 名学生中，共有 98 人（占学生总数的 81.6%）于 1898 年毕业。到 20 世纪初，雅罗斯拉夫尔大手工工场附属学校平均有 80 名学生，那时中途辍学的学生数量已经有所减少，格里亚兹诺夫认为，这可能是因为工场在招工时倾向招收那些已经在学校接受过培训的工人。这不是个例，除了雅罗斯拉夫尔大手工工场，其他企业同样存在这种倾向。例

① Ярославская Большая мануфактура. М., 1900. С. 60.

② ЦИАМ. Ф. 673. Оп. 8. Д. 20. Л. 2.

③ Лапицкая С. Быт рабочих Трехгорной мануфактуры. С. 69.

如，О. Н. 孔申娜（Н. Н. 孔申之妻，自学校成立到1886年去世，一直是该校督学）会对孔申手工工场附属学校的毕业生进行遴选，一部分学生将进入工场的“办公室、食品商店及雕刻厂”，对于其余的毕业生，О. Н. 孔申娜会自己出资，将他们送到莫斯科以便继续学习各类技术[①]。在三山手工工场，“若工厂学校毕业生的经验和能力允许的话”，他们最终有可能获得高薪职位[②]。

1.3　对成年工人的教育

1861年改革后，各厂工人多次要求工厂，除了为儿童和年轻工人开办培训班外，也开办面向成年工人的培训班。19世纪末，这样的培训班在各工厂中陆续出现。

1892年，孔申手工工场为成年工人开办了一所二级制的星期日业余学校。工场的工人、工人亲属以及年龄不超过14岁的职员均可在这里学习知识。学习虽然并不免费，但工人无须缴纳全部费用。20世纪初，孔申手工工场每年在业余学校上的投入大约为2000卢布。星期日业余学校开办的第一年共招收了42名工人。1907年，业余学校按性别分成了男女两个班，两个班分别有245名女工和179名男工。显然，这个规模不足以完全满足工人的学习需求。在1905年的罢工期间，工人们就曾要求开办夜校，工场方面回应称，“将酌情为工人开办夜校”。大约是从这个时候起，成年工人每周也能有一次学习的机会了。1909年，约有70名学生参加了夜校课程[③]。

雅罗斯拉夫尔大手工工场董事会认为，除了需要为有意学习的成年工人开设通识课程之外，为已熟练掌握了其所从事工种技术要领的工人（如钳工、铸工、木工等）开设技术课程同样重要，这样可以帮助他们的技术更加精进。这些工人大多数是本厂工人的子弟，曾上过工厂学校，但在年龄上，他们已经成年了。格里亚兹诺夫在备忘录《在工人中推广手工艺技术

---

① ЦИАМ. Ф. 673. Оп. 8. Д. 20. Л. 2 об.

② Терентьев П. Н. Прохоровы… С. 257.

③ ЦИАМ. Ф. 673. Оп. 1. Д. 358. Л. 49 – 50.

知识的措施》中向卡尔津金提出了自己的建议。他认为，上述措施的缺点在于："完全没有对工人开展技术培训，因此工人根本不能'读懂图纸'，更不用说用简略的、令人满意的语言表达出自己的想法了。"[①] 为了解决这种状况，他提议开办技术培训班。首先，工厂学校的教师先为学生讲授两年初等课程，在这期间带领学生快速学习俄语和数学。之后，开设特殊课程（如化纤纺织、投影及技术制图等课程），这些课程将由工厂的技术管理人员讲授。除周日外，学生每天晚上都要在工厂学校的教室里上课（教室在晚上是空闲的），每次课程的时间为 3 小时。格里亚兹诺夫认为这些课程不应向学生收费，根据他的估计，以上措施可能需要一次性投资 1500 卢布，每年的维护费用约为 3000 卢布，其中很大一部分的支出为教师的工资[②]。

不知是因为董事会认为此项支出过多，还是出于其他原因，格里亚兹诺夫的提案未获通过。20 世纪初，雅罗斯拉夫尔大手工工场的成年工人只能在 1895 年开设的夜校中接受通识教育[③]。夜校有两个班，每天的课程由两位女教师讲授。工场各个部门 17 岁以上的工人，无论其文化程度如何（其中有完全不识字的人，有粗通文墨的人，也有已经学过初等课程的工人），夜校全部接收。除此之外，我们还能看到夜校对"三四十岁的工人扫盲成功"的案例[④]。我们不能确定到底有多少工人参加过夜校课程，但可以证实，夜校对于工人来说非常重要。

1897 年，三山手工工场附属学校为成年男性工人开办了星期日业余学校，工人每周上课两次，每次都是晚上上课。1898 年，同样的课程开始向女工开放。该厂每年有 400 ~ 600 名成年工人参加相关课程[⑤]。

我们注意到，根据 И. В. 波特金娜对尼科利斯科耶手工工场各类文件的研究，上述模式同样存在。综上，我们可以通过企业的档案资料证明，各工

---

① ГА ЯО. Ф. 674. Оп. 2. Д. 47. Л. 15.

② Там же. Л. 15 - 16.

③ Ярославская Большая мануфактура. М. , 1900. Л. 61.

④ Там же.

⑤ Терентьев П. Н. Прохоровы… С. 210 - 211.

厂的管理部门都非常重视对工人的教育[①]。

考虑到莫斯科省工人的文化结构，И. М. 科兹明内赫－兰宁强调，“现在各工厂都认识到了对工人进行教育的重要性”，为此各厂都在物质上对工人教育给予了一定的支持，比如通过莫斯科民众大学协会为各厂工人组织讲座，以及为哈莫夫尼基区的工人开办国民高中[②]。И. М. 科兹明内赫－兰宁手中掌握有大量问卷性质的信件，其作者（均来自各大型企业）断言：“应该通过教育工人，从质量和数量上提高工人的劳动生产率，减少工人的醉酒状况，减少劳动事故，减少工厂设备（如各类器械和引擎）的损耗，减少盗窃工厂财产的案件，显著改善劳资关系。”[③] 我们从这些信件中节选一些片段[④]。

信件一，作者来自莫斯科的一家大型染料厂（1910 年 3 月 30 日）：

> 一个工人，如果能具备一定的文化程度，哪怕只是识文断字，在工厂都会受到重视，等待他的除了在工资上傲视旁人外，还会有各种福利，以及升职加薪的机会。如果工人有文化，他能得到的好处简直难以细数……否则的话，他会很难弄明白一些事情，比如听不懂文化人说的话，也看不懂工厂制订的基本规则……促使工厂主开办夜校还有一个原因，那就是工人对知识的渴求，这种渴求如同一道明亮的光，刺破了黑暗的工厂生活。在工人眼中，知识是有益的，可以带来美好的生活。鉴于上述情况，该如何满足工人日益迫切的文化需求呢？市里没有夜校，私立学校又非常昂贵，因此工人无法上学。所以我不得不为工人专门建立一所学校，希望这所学校能达到我们预期的效果……

① Поткина И. В. На Олимпе делового успеха··· С. 190 – 196.

② Козьминых – Ланин И. М. Грамотность и заработки фабрично – заводских рабочих···С. 16 – 17.

③ Там же. С. 17.

④ Там же. С. 17 – 19.

信件二，作者来自莫斯科的一家大型印染厂（1910年3月29日）：

工厂每年都要在工人的教育问题上投入高昂的资金，即使工厂管理部门对教育工人怀有很强的道德责任感，但也不可能不去关注这些费用到底有没有白费，而且他们会把教育工人的效果同工人在工业生产及其他方面的表现联系起来。必须承认，对工人进行教育会提高工业生产的质量和数量。而且我们还应注意到，许多工人通过入校学习成为副工长，这降低了厂内各类机器设备的故障率，工厂在维修上的支出也随之降低。此外，还缓和了工人和工厂管理人员的关系，工人酗酒及各种不堪入目的丑闻也得以减少……

除此之外，工厂管理部门认为，只有通过提高大多数工人的文化程度，才能使工厂各方面的事务迅速见到成效。为了提高工人的文化程度，该厂除了为年轻工人开办了学校，为成年工人开办了夜校外，还定期在阅览室为工人组织卫生方面的讲座，并通过工厂图书馆向工人免费发放书籍。从1909年起，还在阅览室为民众大学协会的工人授课……

信件三，作者来自莫斯科的一家大型浆染厂（1910年3月29日）：

识字的、受过良好教育的工人会对他的工作有更深的认识，也更了解他所操作的机器的技术结构，他本人可以在生产活动中向厂方提供一些有用的建议。我很高兴自己为这项有益的工作做出了贡献。我认为其他工厂主也会努力实现人民大学协会提出的目标，并将为协会在其他地区开设学校提供物质上的支持……

与以上信件相比，1958年，А. Г. 拉申对此的态度较为冷静：“无论是为青年工人开办学校还是为成年工人开办夜校，如此行动的工厂并不多，而且工厂主纯粹是从功利主义的角度出发，希望教育工人能够带动工厂赢利。”[①]

① Рашин А. Г. Формирование рабочего класса России. С. 606.

应该说，这两种观点都有道理。当然，大多数工厂主对工人子弟进行教育主要还是考虑到企业自身的需求，他们希望能够从自己的工人中培养出识文断字的人。但是如果政府能够完全负起教育工人的责任，拿出一套自己的解决方案的话，那么大多数工厂主可能就不会开办学校了。有趣的是，1910年5月7日在孔申手工工场董事会会议上，董事会决定在国家杜马普及教育的基础之上，逐渐减少工厂初等学校的教学活动（首先就是限制学生入学）。然而一年之后，1911年7月6日，董事会又对此决议进行了修订，此案被“暂时搁置”，因为实际上，普及教育的工作根本没有开始①。孔申手工工场的二级制学校自1895年以来一直运行，但之后证明，这是一项不成功的尝试：1909年，董事会认为“二级制学校这一模式不符合孔申手工工场的实际条件”，因为这虽然足以为工人子弟提供初等教育，但最终的效果实在太低，学校每年有1200名学生入学，但毕业生仅有50人。董事会认为已不宜继续仅仅为了这些学生而为学校提供资金支持②。

显然，工厂学校在某些具体的问题上的确存在缺陷，但总体来说，工厂学校在教育工人方面发挥了重要的作用。而且其中的某些方面，在19世纪80年代就已经很明显了。因此，И. И. 杨茹在论及拉缅斯基手工工场工人子弟的教育时写道：“尽管大多数学生并没有完成课程，但是由于工厂主的这种慷慨而高尚的行为，大多数工人掌握了读写能力，这足以证明，对工人进行教育是有益的。”③ 一方面，工人通过在工厂学校提高自身的文化程度，他们自身可能会因此获得更高的薪酬；另一方面，他们也很珍惜这个机会，以期为子女尽量提供一个更加美好的未来。

第二节　工人的休闲场所

我们将在本节讨论考虑工厂中的休闲场所。这一部分内容在苏联时代的

---

① ЦИАМ. Ф. 673. Оп. 8. Д. 36. Л. 45 об., 70.

② Там же. Оп. 1. Д. 358. Л. 48 – 49.

③ Янжул И. И. Фабричный быт Московской губернии… С. 30.

著作中依旧很少涉及（有也只是批判）。例如，С. И. 阿里斯托夫认为："为了使工人乖乖听话，瓦解他们的革命斗志，监督他们的日常生活，孔申新庄园工厂的管理部门为工人建造了茶馆和图书馆，图书馆里的书都是按工厂主的意志特别挑选的。1905 年，随着革命运动的兴起和发展，该厂又购置了颇受工人欢迎的通俗读物，在茶馆中摆放了带有插图的'民间读物'，引导工人敬畏上帝，崇奉君主，顺从工厂主。"[①] 格里亚兹诺夫一向注意工人的休闲问题，他指出，工人在生产中的效果在很大程度上取决于其休闲的效果。他反复谈到工厂必须充分利用现有的文化和教育机构，来填补工人及其家庭成员的闲暇时间。格里亚兹诺夫经常在公园中组织漫谈会、讲座、戏剧演出、游园会、唱歌跳舞以及其他类似的活动，这不仅使工人免于当地革命团体的宣传，而且充分避免了那些在生产过程中极为负面的现象，比如工人酗酒、斗殴以及其他流氓行径等[②]。

2.1 图书馆

19 世纪末 20 世纪初，各厂陆续建设了附属图书馆。一般来说，这些图书馆最早都是工厂学校的附属图书馆，随着藏书数目和借阅人数的增加，这些图书馆逐渐成为独立的机构，比如三山手工工场就是如此[③]。通常图书馆会按照借阅人的身份，为职员和工人分别设置独立的书库。此外，如果向工人开放的图书馆是免费借阅的，那么在某些情况下，职工则需要支付一定的费用才能使用专门向他们开放的图书馆。例如，1889 年诺尔斯克手工工场开设的职员图书馆，其运行费用部分由工场出资，部分依靠职员缴纳的"读书费"。在 1900 年之前，读书费的金额取决于职员的工资，每年从 1 卢布到 5 卢布不等[④]。

---

① Аристов С. Город Серпухов. С. 51 – 52.

② Рукописные воспоминания *А. Ф. Грязнова*（хранятся в музее комбината «Красный Перекоп» в Ярославле）.

③ Терентьев П. Н. Прохоровы… С. 259.

④ Норская мануфактура в ее прошлом и настоящем. М. , 1900. С. 14.

莫斯科中央历史档案馆的档案简述中提及①，1914 年 6 月孔申手工工场的图书馆才免费开放，事实上该馆早在 1882 年就已经开放了。当时工场还在这里为工厂学校的毕业生组织了第一期夜校，并且该馆从一开始就免费向所有工人和职员开放②。但是，1884 年，E. M. 杰缅季耶夫认为图书馆的藏书“极其稀缺”③。19 世纪 80 年代，有借书需求的工人还不多，根据 1875～1900 年的《工场附属学校成立周年纪念报告》，其人数大约为每年 100～150 人，要知道工场共有 5000 名工人。报告还指出：“从图书馆借来的书不是他们一个人读的，而是在大多数工人的圈子里，他们完全无法控制自己的状况，他们可能并不识字，但仍渴求知识。”④ 值得一提的是：孔申手工工场图书馆从一开始就没有阅览室，而是将书籍直接发放到借阅人手中。此外，根据图书馆的公告，借阅需遵循以下流程：工人必须事先在办公室获得书面许可⑤，之后在办公室的记录簿中签名，办公室再在借阅人的姓名上打上“本书借阅自图书馆”的标记。这类标记在 1900 年前后非常常见。

孔申手工工场的图书馆逐渐扩展，到 1907 年实际上已经拥有了两座图书馆：一座在纺织厂的茶馆当中，另一座在市里的印染厂中，是工厂学校的下属机构⑥。考虑到不同工厂的工作安排，这两座图书馆每周各有两天允许借阅：纺织厂的图书馆每周二和周五开放，开放时间为 9：00～12：00 和 17：00～20：00；印染厂的图书馆每周二和周四开放，开放时间为 18：30～20：00。每逢借阅日，每座图书馆都有 60～150 名工人前来借书。表 9－1 给出了 1904～1907 年孔申手工工场图书馆的一些统计数据。

---

① Из истории фабрик и заводов Москвы и Московской губернии… С. 187.

② ЦИАМ. Ф. 673. Оп. 8. Д. 20. Л. 3.

③ Дементьев Е. М. Санитарное исследование… С. 150.

④ ЦИАМ. Ф. 673. Оп. 8. Д. 20. Л. 3.

⑤ Там же. Оп. 1. Д. 415. Л. 70. Объявление относится к 1907 г., но нет оснований полагать, что в 1880－х гг. существовал совершенно иной порядок выдачи книг.

⑥ Там же. Л. 13.

表 9－1　1904～1907 年孔申手工工场图书馆相关情况统计

单位：人，册

	纺织厂				印染厂		
	1904 年 5 月	1905 年 6 月	1906 年 7 月	1907 年 8 月	1904 年 5 月	1905 年 6 月	1906 年 7 月
图书馆注册总人数	256	383	568	531	382	417	761
工人	249	358	493	486	282	277	385
工厂学校学生	0	0	0	—	75	120	323
商店店员	7	25	75	45	25	20	53
男工	251	359	489	481	274	290	427
女工	5	24	41	26	8	7	11
年轻工人（16 岁以下）	0	0	38	24	100	120	323
藏书量	830	1030	1216	—	676	667	651
年借阅量	1874	3262	4853	3093	4525	3420	5368

资料来源：ЦИАМ. Ф. 673. Оп. 1. Д. 415. Л. 9，13，65 об.，93。

可以看到，1907 年之前图书馆的藏书总量没有达到 2000 册，但在 1909 年，图书馆的藏书总量达到了 3000 册，并且扩展了一间阅览室①。虽然不排除图书馆的藏书量确实在增长，但似乎更有可能的是，这个数量算上了其他机构的藏书。此外我们在图书馆的活动报告中发现，纺织厂图书馆的借阅人中没有工厂学校的学生（见表 9－1），根据这一点我们可以假定，除了这两座图书馆外，孔申手工工场还有一座专门面向工厂学校学生的图书馆。1908 年，图书馆开始隶属于戒酒协会，理由是我们发现了“将图书馆合并到戒酒协会”这样的字样，我们还可以知道该协会合并图书馆之前就有 78 本书②。

在工人不断向董事会提出要求后，1985 年，雅罗斯拉夫尔大手工工场为工人开设了免费的图书馆和阅览室，而职员图书馆在此之前已经存在了。

① Там же. Д. 358. Л. 50.

② Там же. Д. 415. Л. 99.

这两座图书馆都位于一幢独立的两层石制建筑中。雅罗斯拉夫尔大手工工场的工人图书馆是雅罗斯拉夫尔省第一家工人图书馆。20 世纪初，雅罗斯拉夫尔全省只有两个免费的公共阅读场所，分别是涅克拉索夫图书馆和雅罗斯拉夫尔大手工工场的图书馆[①]。1906 年，在董事会的支持下，雅罗斯拉夫尔大手工工场内又出现了一个免费供工人使用的阅读室，该阅读室之前隶属于国民教育协会，主要任务是向大众传播各种有益的知识，促进雅罗斯拉夫尔省的公共教育事业发展。图书馆的资金也在不断补充，1911 年，雅罗斯拉夫尔大手工工场为其购置了 1500 多种书籍和 100 多种期刊[②]。

图书馆中的书籍按门类摆放。根据 1894 年出版的《雅罗斯拉夫尔大手工工场职工图书馆图书目录》，职工图书馆有以下 10 个门类：宗教学，法学和政治学，教育学，历史学，游记、地理学和民族学，博物学、农学和医学，评论、图书馆学和新闻学，小说（俄文本和翻译本），戏剧，报刊[③]。工人图书馆的情况与之类似。

在档案资料中，我们还可以找到孔申手工工场图书馆购置（以及外发装订）的书籍清单，我们可以此判断图书馆藏书的构成情况[④]。总体来说，图书馆的藏书并不丰富，但尽管如此，工场方面在选择书目上的用意仍十分明显。С. И. 阿里斯托夫认为图书馆为工人提供的书籍是“通俗读物”，但是这一归纳特征非常粗略。经过深入研究我们发现，在所谓的“通俗读物”中不仅包括但丁的《神曲》、狄更斯的《雾都孤儿》、С. М. 索洛维约夫的著作外，还有 Н. А. 涅克拉索夫的诗歌、Г. И. 乌斯平斯基的小说，甚至还有恩格斯的《家庭私有制和国家的起源》。图书馆中还有相当数量的俄国文学经典，从 Д. И. 冯维津到 А. П. 契诃夫，几乎所有著名作家的作品都名列其中，并且只有这些文学经典名著在图书馆中留有副本。在购书清单中可以

① Балуева Н. Н. Ярославская Большая мануфактура… С. 80.

② ГА ЯО. Ф. 674. Оп. 3. Д. 135. Л. 34.

③ Каталог книг библиотеки для служащих на фабрике Товарищества Ярославской Большой мануфактуры. Ярославль, 1894.

④ ЦИАМ. Ф. 673. Оп. 1. Д. 415, Л. 3 –6, 16 –18, 35, 40 –42, 75 –77, 90 –92.

清楚地看到，图书馆购入了40册 А. С. 普希金的作品、25册 М. Ю. 莱蒙托夫的作品和20册 Н. В. 果戈理的作品。图书馆里还有很多供人任意领取的小册子，其中一半以上在宣传酗酒的危害，有部分讲的是思想道德取向，还有部分谈到了如何在农村正确地耕种，如何养蜂，什么是合作社等。除此之外，图书馆里还有数十本纯文学作品，以及地理学、博物学和历史学的相关书籍。在清单中我们还发现了诸如《普通生理学》《心理学》《物理学》《天体力学》等书籍的购书记录，虽然以上书籍仅购买了一册。有趣的是，图书馆还购买了20册法律文书，包括最新版的《俄罗斯帝国法典》、1903年出台的《工人意外保险法》，以及 В. П. 利特维诺夫－法林斯基的评论。孔申手工工场图书馆还订购了几份杂志，例如《乡村公报》《寰宇》等。

管中窥豹，可见一斑。以上工厂图书馆的藏书结构基本反映了20世纪初期俄国工人图书馆的情况。1903年，弗拉基米尔省自治机关根据本省20座公共图书馆提供的藏书卡片，对工人的阅读兴趣进行了研究。材料表明，借阅人对宗教类、经典类和历史冒险类书籍的兴趣最大①。

1900年发布的诺尔斯克手工工场的活动报告也反映出了相同的情况。报告指出，最受工人欢迎的是各类俄罗斯文学作品，其次是宗教和历史方面的书籍②。报告还列出了一些很有意思的观察结果，“读者年龄大多在12～20岁”，因为儿童和青年在工厂劳动的时间较少，因此有更多的闲暇时间阅读；而35～50岁的工人读书的可能性最小，因为“在这个年龄段，识字率最低”③。

当然，判断工人的阅读兴趣不能仅从工人的角度出发，还要考虑到图书馆的藏书情况。对于这一点，报告中有以下评论：“总的来说，图书馆的藏

---

① Кузнецов Я. О. Народные бесплатные библиотеки и библиотеки－читальни во Владимирской губернии за 1903 год // Вестник Владимирского губернского земства. 1905. № 7。此文中的资料也可见于 Е. А. 丘古诺夫的著作，参见 Чугунов Е. А. Положение и культурный уровень промышленных рабочих Верхнего Поволжья（конец XIX в. －1913 г.）. Кострома, 2001. С. 146－147。

② Норская мануфактура в ее прошлом и настоящем. М., 1900. С. 13.

③ Там же. С. 14.

书不能满足读者的需求，因为图书馆里大多是小册子，而读者需求量很大的书籍，比如俄罗斯文学经典、历史小说和游记等，收藏不多。”① 这段话出自 1906 年的报告，但实际上 1907 年和 1908 年的报告对这一问题的评价同样如此，也就是说在这些年里，图书馆的藏书情况没有什么显著变化。有趣的是，1905 年罢工期间，“工人要求扩充图书馆的藏书”。由此可知，工人对扩充图书馆这一问题非常关注。当然，政治禁书是不可能出现在工厂图书馆里的②，而且如果工人阅读这类书籍或小册子的话，一经发现，就会被工厂开除③。

阅读在一定程度上受制于工人密集的劳动日程。1892 年，在诺尔斯克手工工场图书馆刚刚开办时，曾就工人对图书馆的态度进行过一次调查。结果显示，只有 1/4 的识字工人来过图书馆，“而且这些人不是固定的借阅人”。图书馆方面指出，对此无论怎样解释，归根结底是因为工人“没有时间读书”④。尽管如此，读书的人数仍在不断增加。

2.2 剧院

20 世纪初，无论是自主编排演出，还是邀请剧院团体来厂演出，在革命前俄国的工厂中都已经非常普遍。在所有“向工人提供娱乐的方式”中，工厂管理部门认为戏剧演出是其中最重要的方式之一⑤。

一般来说，工厂中的业余戏剧活动是从工厂学校和培训班开始的，通常只能容纳 150～200 名观众。1887 年，三山手工工场率先为工厂剧院建造了一幢独立的建筑⑥。到 19 世纪 90 年代中期，其他工厂也陆续为戏剧活动建

---

① Там же. С. 14.

② 详见 Комиссаров М. Г. Бесплатные народные библиотеки и читальни // Труды…торгово－промышленного съезда 1896 г. … Вып. V. С. 241。

③ 有证据表明，1905 年，一名守卫因阅读了“有反政府内容的传单和小册子”而被开除，参见 ЦИАМ. Ф. 673. Оп. 1. Д. 24 (Л. 121－122)。

④ Голгофский А. Современный фабрично－рабочий… С. 26.

⑤ Ярославская Большая мануфактура. М., 1900. С. 68.

⑥ Терентьев П. Н. Прохоровы… С. 211.

设了独立的场所。自1894年以来，雅罗斯拉夫尔大手工工场剧院的演出一直在学校的阅览室举行，该阅览室可容纳1500个座位，并“设有池座、包厢、阶梯座位和三层回廊”①。演员一般是工厂职工及其家人，有时也会邀请当地剧院的专业演员。工厂剧院主要面向工人群体，因此1905年，雅罗斯拉夫尔大手工工场负责人在报告中称，“尽量选择那些工人可以理解的戏剧，以奥斯特洛夫斯基的戏剧为主”②。剧院的票价平均为4戈比，一般工人都能承受。票价不高的原因在于大部分的费用通常会由雅罗斯拉夫尔大手工工场作为文教项目予以资助。门票款项由职工会议处理，用于日后表演的布景、服装和化妆③。除了职工自主排戏外，雅罗斯拉夫尔的许多巡演剧团也经常来工厂演出，曾表演过《为沙皇献身》《德蒙》《水妖》等剧目。莫斯科皇家小剧院的演员也曾来此表演，演出过《狼与羊》等剧目④。不过既然有外来剧团参演，票价自然会很高，因此雅罗斯拉夫尔大手工工场会出资，以“提前商定好的金额”向演员发放酬金，然后向工人免费发放门票⑤。在1896年的工商业代表大会上，雅罗斯拉夫尔大手工工场的代表高度称赞了工厂剧院的活动，并报告称“工人都很愿意观看演出”⑥。

孔申手工工场的剧院设在茶馆里，有近500个座位⑦。不过该剧院最常见的用途是作为舞台对外出租，为前来演出的剧团提供表演的场地。我们在档案中发现了一些演出海报，可以据此了解演出的舞台布置以及票价等信息。在1907~1909年的演出中，前排座位的票价从2卢布到3.5卢布不等，

---

① Ярославская Большая мануфактура. М., 1900. С. 55.

② ЦДНИ ЯО. Ф. 394. Оп. 1. Д. 19. Л. 162-163.

③ Ярославская Большая мануфактура. М., 1900. С. 69.

④ Там же. С. 68.

⑤ Федоров С. А. О воскресном отдыхе // Труды… съезда 1896 г. Вып. V. Доклад 26. С. 11.

⑥ Ковальский М. Меры для возвышения нравственного и умственного развития рабочих// Труды… съезда 1896 г. Вып. V. С. 49.

⑦ 孔申手工工场的茶馆坐落于工场院内的一幢大型建筑物中。茶馆的一楼是食品商店，二楼是大厅。有工人回忆道，罢工期间工人在大厅里举行工人会议，最多可容纳2000人，参见1905-й год в Серпухове… С. 104。

作为最差的座位，第 19 排座位的价格为 20～50 戈比[①]。因此，尽管的确有工人前往，但孔申手工工场剧院总体上更像是一个供全体市民使用的公共剧院[②]。我们在剧院俱乐部的工作档案中找到了一则免费表演的广告，这次的表演由工人主导，是一场工人为工人进行的表演[③]。

2.3　讲座、音乐会及游园会

工厂为工人组织了多种形式的休闲活动，如各种讲座、茶话会、读书会以及文艺晚会等。例如，孔申手工工场在每周日 14：00～18：00 会为工人放映电影[④]。更常见的是为工人开设讲座，孔申手工工场和雅罗斯拉夫尔大手工工场一般在周日和节假日开设此类讲座，讲座一般由宗教、科学、文学等几个主题自由组合，不同主题间的区别很大，比如孔申手工工场曾就日本列岛、地球地质、酒精中毒、土壤增肥、合作社在农业生产中的作用等问题开展过讲座[⑤]。1897～1899 年，诺尔斯克手工工场“使用幻灯机向工人讲解自古以来的俄罗斯历史”，自 1899 年 10 月 1 日起，又安排工人阅读普希金的作品[⑥]。这些活动都是工厂方面专门为工人安排的，因为不然的话，参加活动的价格对工人来说实在太贵了，例如孔申手工工场工人参加活动的价格为 5 戈比[⑦]。

雅罗斯拉夫尔大手工工场的读书会是免费入场，而且工厂主还会给想参加的工人轮流发放入场券[⑧]，“希望参加读书会的人数经常会超过活动举办地座位的数量”[⑨]。读书会在工厂学校与戏剧表演所在的大厅中进行，房屋建造

① 参见 ЦИАМ. Ф. 673. Оп. 1. Д. 482；Д. 583. Л. 10а，56。

② Там же. Д. 482. Л. 9.

③ 参见 ЦИАМ. Ф. 673. Оп. 1. Д. 482，583。

④ Там же. Д. 358. Л. 50.

⑤ Там же. Д. 583. Л. 96，115，129 и др.

⑥ Норская мануфактура в ее прошлом и настоящем. М.，1900. С. 13。幻灯机流行于 19 世纪末，用于展示玻璃片上的图像，以达到辅助讲解的效果。

⑦ ЦИАМ. Ф. 673. Оп. 1. Д. 583. Л. 96，115，129.

⑧ Ярославская Большая мануфактура. М.，1900. С. 67.

⑨ Федоров С. А. О воскресном отдыхе… С. 11.

的时候就考虑到今后有可能将在这里举行各种活动以供职工和工人休闲。厂长C. A. 费奥多罗夫在1896年的工商业代表大会上指出："在推进工人教育，使工人远离各类有害的娱乐上，读书会是最有效的方法，因为无论年龄和文化程度，厂内所有的人都对此感兴趣。"他还提请与会代表注意，"信仰旧礼仪派的工人对戏剧表演没有什么好感，有的甚至怀有敌意，但对于读书会他们都很乐意参加"①。雅罗斯拉夫尔大手工工场规定，醉酒的人不许进入读书会大厅，并且由于读书会通常在17：00开始，因此在费奥多罗夫看来，这保证了至少1500名工人直到周末或节假日结束，都一直保持着清醒的状态。

除了戏剧演出和读书会，雅罗斯拉夫尔大手工工场还经常为工人组织音乐会，进行表演的一般是由本厂工人组成的工厂乐团、合唱团②。为此董事会专门分配了资金，用于厂区的改造和美化。雅罗斯拉夫尔大手工工场在工人新村中为职工新建了两个花园，在医院建了一个花园，还建了一座带茶馆的工人公园，以低价为工人提供服务。每逢周日，公园的露天舞台上都会有管乐团演奏，合唱团唱歌，年轻人则伴着音乐起舞，这样的活动每个月有两次。夏季的时候，工厂托儿所的孩子们在这里散步玩耍。每逢节假日，人们会在这里举行游园会，公园里到处都是演奏音乐的声音，各种游乐活动也是令人目不暇接，并附有奖品（比如茶炊、帐篷、手风琴、怀表和座钟等）。到了冬天，公园就成了一个滑冰场，大人和小孩都在这里滑冰③。

以上所有的活动，都是由工厂组织并支持的，目的是为工人提供"合理地度过闲暇时间"的机会。但费奥多罗夫认为，仅靠这些还不足以使工人拥有"强健的体魄和健康的精神"。作为厂长，他认为，东正教教义不仅在工厂中的地位是毋庸置疑的，而且是工人所必需的："对工人来说，周末和节假日不能只是停止劳动，无所事事乃至游手好闲，休息日应该是宗教和信仰的好时节。毕竟休息日是上帝赋予的，是唯一能将我们从扰攘的日常生

① Там же. С. 8.

② Ярославская Большая мануфактура. М., 1900. С. 59, 68; *Терентьев П. Н.* Прохоровы… С. 260 и др.

③ Ярославская Большая мануфактура. М., 1900. С. 70.

活解放出来的存在，休息日能够赐予我们精神力量，使人容光焕发……可能有人会说，现在的宗教活动太多了，有太多的节日以宗教的方式庆祝。这话说得不错，但我要说的是，这是人民自己的需求。当对他们来说，在食品商店吃吃喝喝已不再重要时，他们就会对以这种方式度过周日和节假日的空闲时间而感到非常满足。”[①] 因此，费奥多罗夫组建了一系列机构供工人进行宗教活动，如先知戒酒协会、为成年工人开设的星期日唱诗班、为工厂女工组建的“妇女使命”组织等[②]。

雅罗斯拉夫尔大手工工场厂区内有四座教堂，其中有两座实际上并不隶属于雅罗斯拉夫尔大手工工场：尼古拉·梅利尼茨基教堂始建于1627年（甚至建造于纺织厂创办之前），而顿河教堂则是雅罗斯拉夫尔市公墓的教堂，它是当地居民和工厂工人的“长眠之所”。雅罗斯拉夫尔大手工工场会定期向这两座教堂发放资金。另外两个教堂是 И. М. 扎特拉佩兹诺夫于1744年建成的圣使徒彼得保罗教堂和1903年为纪念雅罗斯拉夫尔大手工工场成立50周年而建立的安德烈克里茨基教堂[③]，后者得到了董事会的大力支持，由雅罗斯拉夫尔大手工工场全资兴建[④]。彼得保罗教堂一般专供工场董事会和管理人员使用，但复活节时，遵规守纪的工人也可以进入教堂。因此，雅罗斯拉夫尔大手工工场总试图拉拢那些对他们来说“最有价值”的工人，而这些工人享有的这种特权也对其他人产生了一定的激励作用，因为进入彼得保罗教堂被认为是工人的一种殊荣。然而，根据费奥多罗夫的观察，许多工人已经不再做礼拜了。在1896年的工商业代表大会上，他建议向政府提出以下申请：首先，更改节假日前和周六的工作日程，使工人有机会在休息日的前夜“通宵做晚祷”之前至少能休息一会，以便之后进行周日的相关活动；其次，从假期前一天的18：00开始，关闭各类饮酒场所

① Федоров С. А. О воскресном отдыхе… С. 2 – 3.

② Там же; Федоров С. А. Об учреждениях для возвышения нравственного развития рабочих // Труды… съезда 1896 г. Вып. V. Доклад 28.

③ Ярославская Большая мануфактура. М., 1900. С. 51.

④ Там же. С. 51 – 52.

“至少一天，最好能在假期一直关闭”。只有采取这种综合的方法，才能使工人“以宗教的方式”度过休息日①。

* * *

回到劳动激励这一主题上来，我们有理由认为，工人在工厂寻找工作岗位时，不太可能会优先考虑工厂的学校、图书馆、公园、剧院等设施。以上这些的确不是工人优先考虑的事情，但实际上工厂采取的种种措施，使工人的子女有机会接受教育，掌握劳动技能，从而有机会在工厂中获得较好的收入。如有意愿，成年工人也可以提高自己的文化程度，进而有机会获得更高报酬（资料中有这样的例子），这有利于工厂留住那些对自己“有价值的”、讲纪律的熟练工人。在工厂管理部门看来，安排好工人及其家庭成员的空闲时间有利于减少工人酗酒及其他不安定因素，即使为此付出代价也是合理的。至于19世纪末20世纪初工厂中的学校，从法律上讲这不是强制性的，各工厂主也并没有义务为工人开办学校。因此我们必须认识到，在这方面实际上工厂主自行解决了一些国家和地方政府“还未触及”的社会问题。

* * *

根据本书第六至第九章的内容，在革命前的中央工业区，大型企业的工厂主为工人制定了多种多样的“社会保障”措施。从这些措施的某些方面，我们可以看到工厂主希望与工人维持一个比较和睦的关系。通常，工厂会在工人的住房、饮食、医疗等方面额外投入资金，这些投入是必要的，因为工厂必须为数千名工人提供住房，否则这些工人将无处安身。法律规定，工厂主还必须自费为工人兴建医院并聘请医生为工人看病。这些措施在某些工厂中实行得非常好，甚至堪称典范，但在某些工厂中情况大

① Федоров С. А. О воскресном отдыхе… С. 4.

相径庭，这些工厂对此并没有投入足够的资金，因此导致了各种劳资冲突。尽管如此，工厂用于工人身上的开支不仅体现在为工人支付工资上，还体现在上述各类公共设施的日常维护上，以及“改善工人的生活条件”上。

无论是工厂在“改善工人的生活条件”上的支出，还是支付给工人的工资，都可以统称为“雇用工人的成本”。苏联时代研究十月革命前工人收入的历史学者通常对这些开支视而不见。不过在近二十年的科学研究中，特别是在新闻界，工厂主在“改善工人的生活条件”上的投入并没有被忽视，当然这种重视也有一些不合实际的地方：首先，工厂主在这方面的投资通常被认为是革命前俄国工商业精英的慈善活动；其次，人们认为这笔投资是工厂主“自愿捐赠”的。

实际上，工厂在这些方面的投入并不亚于工资投入，而且工厂兴建的这些公共设施的质量很好，尼科利斯科耶手工工场、三山手工工场、孔申手工工场和雅罗斯拉夫尔大手工工场的工人宿舍至今仍旧存在。同时，据我们所知，直到最近，学界还没有对工厂的工资支出、在公共设施方面的支出与工厂总支出的关系展开相关研究①。

在我们研究的这两家企业的档案馆中，我们没有找到可以系统解答这一问题所需的统计数据，有的只是一些关于中间过程的零散资料。相关信息在每年的财务报表里也不清楚，数据被混在了“生产成本”一列中，无法获知具体情况。不过，我们在一卷档案中发现了孔申纺织厂的活动报告，该报告已被多次引用，一些细节比较清晰，所以我们可以此进行比较（以 1902 ~ 1907 年的情况为例，见表 9 - 2）。

唯一的问题是，这份报告只包含了两家纺织工厂的工资情况，但工厂的基础设施是统一的，孔申手工工场四家工厂的工人都可以平等地使用。因

① 对这一问题最好的研究范例当数波特金娜对尼科利斯科耶手工工场的研究，她在著作中列出了该工场在 1873 ~ 1916 年在公共设施方面的支出情况表，并提供了工场生产总成本和净利润的动态数据。不过这些数据没有反映出工场支付的工资对工人生活条件改善方面的作用，参见 Поткина И. В. На Олимпе делового успеха… С. 339 - 341。

此，为了结果准确，必须假设孔申手工工场各工厂（共有工人 11000 人）的平均工资和这两家纺织厂（共有工人 8000 人）的平均工资相等，并以此为前提进行评估。在这一前提下，我们计算了工厂在每个工人身上的开销，得出的结论是：起初，如 1902 年，工人从孔申手工工场获得的平均收入为每年 180 卢布（其中有现金和各类食品），是除了工资之外，孔申手工工场还免费为工人提供住房、医疗、教育等社会服务，如果将这部分服务折合成现金的话，至少 22 卢布。1905 年革命后（对这场革命的影响我们已经在前文论述了），孔申手工工场工人的平均收入增长了 35%，与此同时孔申手工工场在公共设施方面（主要是在住房方面）的支出也增加了一倍以上。1907 年，工人的平均收入达到了每年 240 卢布，工人获得的社会服务折合成现金也达到了 46 卢布（占工资额的 19%）。

除以上开支外，表 9－2 和表 9－3 还给出了孔申手工工场在保证公共设施正常使用（如提供照明、供暖等）以及维修等方面的支出情况。此外，对于工人宿舍和医院这类新建的公共设施，还要考虑到其建设投入。不过建设投入并不固定，因此即使孔申手工工场的投资相当巨大，我们探究在短期动态时也不能将这一投入和上述项目归在同一表格中。

根据孔申手工工场董事会的会议记录，我们单独讨论了孔申手工工场 1902～1907 年的情况，估算了下列设施（工业建筑除外）的建设投入。

1904 年：修建纺织厂浴室，投资 2 万卢布。

1904 年：扩建工厂学校教学楼，投资 1 万卢布。

1904～1905 年：修建两幢传染病隔离病房，每年投资 1 万卢布。

1905～1907 年：修建纺织厂工人宿舍（可容纳 800 人），3 年总投资 19.15 万卢布。

1906～1907 年：修建工厂医院门诊部（设有药房和化验部），一期工程共投资 4.05 万卢布[①]。

---

① ЦИАМ. Ф. 673. Оп. 8. Д. 22. Л. 46, 66, 76.

表 9－2 1902～1907 年孔申手工工场用于支付工人工资和“改善工人的生活条件”的费用统计

单位：人，卢布

年份	年平均工人总数	财务支出情况											
		总支出	工人宿舍和工人新村	住房补贴	医院	浴池	托儿所	学校	茶馆、图书馆及周日读书会	酒馆	退休金和意外保险	所收罚款	除工资外总支出①
1902	11091	1996407	148281	30635	45294	0	1931	17996	5439	—	892	—	250467
1903	11217	2082448	154210	31743	52448	0	2127	21608	8383	－20541②	1464	—	251442
1904	11402	2135653	150175	33475	57621	4725	2479	30826	11241	－8226	1601	3144	287061
1905	11632	2759116	183479	51767	72761	11448	3233	38436	7913	11761	3903	2387	387089
1906	11357	2505436	164707	111684	89107	14974	3805	49887	10849	26905	3194	1584	476695
1907	11477	2781464	182999	109583	114390	17013	3218	50813	10133	33651	3923	1762	527486

资料来源：ЦИАМ. Ф. 673. Оп. 1. Д. 358. Л. 40－51。

① 孔申手工工场的总支出中还应包括向工人发放的退休金，不过退休金的具体数值不详，统计表中将工人和职员的退休金合并为一项，而且在这当中占比较大的职工退休金的具体数额也不清楚。不过，如本书相关章节所示，工人退休金的数额并不大。另外，此表不包括用于生活设施的建造支出。

② 负值表示当年酒馆仍然为工厂带来了利润（因此董事会未统计支出情况），直到 1905 年酒馆才出现了亏损。

表 9-3 1902～1907 年孔申手工工场用于支付工资和“改善工人的生活条件”的单位费用统计

年份	工人总数（人）	工资总额（估计值，千卢布）	“改善工人的生活条件”投入额（千卢布）	工人平均工资（卢布）	工人除收入外平均支出（卢布/年）
1902	11091	1996.4	250.5	180.00	22.58
1903	11217	2082.4	251.4	185.65	22.42
1904	11402	2135.7	287.1	187.31	25.18
1905	11632	2759.1	387.1	237.20	33.28
1906	11357	2505.4	476.7	220.60	41.97
1907	11477	2781.5	527.5	242.35	45.96

第四部分

第十章
工人和工厂管理部门眼中的劳动激励机制

本书前几章介绍了以孔申手工工场和雅罗斯拉夫尔大手工工场为代表的俄国大型纺织企业劳动激励机制的特征。我们还要进一步了解，哪些事情是工厂管理部门同意为工人做的，哪些事情是他们拒绝去做的，除此之外，管理部门是如何规范生产纪律的，管理部门采取了哪些措施来提高生产的效率和质量，以确保厂内工人（特别是熟练工人）免于流失，这些问题都值得关注。工厂出台的这些措施本意在于激励工人劳动，但通常来看，这些措施远未达到预期的效果。因此，除了挖掘劳动激励机制的详细特征，研究劳动激励机制与工厂主和工人之间的关系之外，我们还要进一步研究为什么这些劳动激励机制没有起到预期的效果。通过分析劳动关系，我们可以了解工厂主、工厂管理部门以及工人对劳动激励机制的看法，以及劳动激励机制的效能到底如何。

应当事先声明的是，很少有资料能够直接证明工人和工厂主对劳动激励机制的看法。回忆录可以作为资料，但直接涉及这一问题的回忆录也不多。此外，回忆录从写作到出版也有一个时间差，在这段时间内俄国的政治局势和意识形态发生了一系列的变化，这导致作者对过去事件的理解也发生了某些变化（主要体现在工人回忆录中）。回忆录的直接作用仅在于引导我们关注生产率和劳动激励问题，进一步的研究需要在各种档案文书中寻找相关资料而这类资料也很难搜集。不过，根据目前我们已掌握的各种资料，我们可以直接或间接地得出工人和工厂主对各类劳动激励措施效能的认识。

第一节　工人的投诉、请愿与劳动激励机制

我们可以通过工人向工厂管理部门的投诉、请愿，以及反映工人罢工期间各类诉求的文件（其中也记录了工厂主对此的反应）来弄清楚工人和工厂主对劳动激励机制的看法。研究罢工斗争和工人诉求比较容易，而研究工人向工厂检查机关的投诉情况则要困难得多。这几个问题研究的难易程度首先在于史料的多少，大型工业企业中的罢工研究是一个比较热门的方向，众多档案馆中均保存着有关这一问题的大量资料，各类期刊也刊登了对此问题的大量论述。在苏联时代的史学研究中，罢工运动被认为是无产阶级革命积极性最重要的体现，因此有关罢工的资料很早就被系统整理并公之于众了。

但罢工是一个复杂的问题，引发罢工的因素有很多，而这些因素并不一定与企业的劳动激励机制直接相关，尤其是对于早期的罢工而言，我们只能说“可能”与之有关。因为很有可能出现相反的情况：完善而良好的劳资关系可以使企业免受罢工之虞，例如孔申印染厂的工人就没有参与1905年的罢工。根据工人回忆录，孔申印染厂的工人工资存在巨大的差异，这导致该厂“工人没能团结一致”。这本回忆录的作者曾在孔申纺织厂工作，积极参与了1905年的罢工。此外，他还认为：“孔申印染厂是革命的阻滞器，是其他工人的眼中钉、肉中刺，所以，我们决定强迫该厂工人罢工。”但这并没有成功，反而遭到了印染厂工人的顽强反抗。再或者，还会有这样的情况，比如有时工人明明已经向检查机关提出了自己的要求，却没有发动罢工。也就是说，无论工人是参加罢工还是不参加罢工，都是一个暗含着因果关系的复杂过程，因此客观上很难说为什么孔申印染厂的工人没有参加1905年全俄十月总罢工。难道是因为孔申印染厂工人的薪资都够高，高到可以决定大多数工人的心情，使他们对方方面面都感到满意？或者是因为印

染厂只有一家分厂在位置上远离其他工厂，处于平民聚集的市中心？甚至或者是因为碰巧孔申印染厂工人的保皇主义倾向很强？更重要的原因恐怕正如这本回忆录的作者所言，在于孔申印染厂的管理部门通过高工资，成功阻止了工人参与罢工。

然而，我们的任务并不在于详细阐明19世纪下半叶至20世纪初工人罢工的原因、进展以及结果。我们感兴趣的是罢工者的要求、工厂主和工厂管理部门对他们的反应，以及在冲突过程中双方如何寻求妥协。我们选定了孔申手工工场和雅罗斯拉夫尔大手工工场这两家企业作为研究对象，对这两家企业19世纪末20世纪初的罢工进行研究，并分析当工厂对工人的劳动激励制度“失灵”时，工人将有何反应。

我们发现，有时工人在罢工期间提出了一些要求，却没有以罢工相威胁。在分析工人的这类要求时我们发现，工人最关心的是企业能否以各种方式提高自己的工资。这意味着，对于工人而言，现金收入是整个劳动激励体系中最重要的因素。工人非常看重自己的收入情况（其中包含收入水平是高是低，收入分配是否公平两个问题），并且与之相比，其他层面的问题就显得不那么重要了①。

为了说明这一点，我们举两个非常典型的例子，从这两个例子中我们可以明显看出，与工厂提供的服务相比，工人更看重真真正正能够拿到手里的钱。例如在一封文盲工人的信中，他向孔申抱怨食品商店的商品种类实在太多。他写道：“原先，人人都需要食品商店，可现在食品商店的存在导致了无休无止的游手好闲。有些吃的在城市里很难找到，但是在食品商店里有，所以工人很容易就买了，可是这些食品是赊账买的，人们不会把它们和真真正正的钱联系起来，所以就没法抵制住诱惑，也没法计算自己到底在这上面花了多少钱。结果就是，当工人来到财务室领钱的时候发现，扣除了自己赊的账之后，就什么钱都没有了，没有任何东西可以依靠……一个月，

① Список этих стачек и краткие их описания даны в прил. 55.

两个月，三个月，月月都是如此。”因此，工人含泪要求减少食品商店中的商品种类：“我们不希望您这里的食品商店像缪尔－梅雷利兹一样应有尽有。”尽管信的作者显然有些夸张（因为准许贷款的额度受到严格限制，几乎不可能达到工人收入的1/3，并且很长一段时间以来法律对这一额度严格管控），但很显然，写信的工人对这一情况就是这样理解的，并认为这导致了自己手头没有闲钱。我们对它的主要结论很感兴趣：即使商店里的货物种类比较匮乏，也是可以生活下去的，因此与之相比，还是手里有钱更为重要。

第二个例子更为典型。1907年5月11日，孔申手工工场董事会向全体工厂及各个分部的经理，以及（特别重要的是）各医疗机构的负责人发出了一份有总经理A. H. 孔申签字的正式信函。信中指出，在近期新发布的有关支付医疗补助的规定中存在“虐待”患病工人的情况。当工人就医时，如果医生确实诊断出他们“从医学角度上看，无法继续工作”，则孔申手工工场必须支付给工人医疗补助。而所谓“虐待”是指，“事实上，尽管病情严重（如发烧、流血等），工人们还是来到工厂，尽力完成自己的日常工作。最终结果是，工人获得了自己应得的收入，此外，凭借医生的证明，他还可以获取医疗补助，这样就在相同的时间内又多获得了一半的收入”。董事会建议商量出一个方案来制止类似情况继续发生①。因此，我们看到，比起健康状况，一些工人更看重自己的收入情况，并且他们会选择带病工作11个小时，只为获得一份微薄的收入。

当然，这并不意味着工人完全不需要医院。在工人总量稳定的情况下，患者数量越来越多，这清楚地表明，愿意忍受自己的病痛，而选择不去看医生的人数在逐年减少。但同样显而易见的是，在工人眼中，自己的收入要比获得医疗救助更加重要。

对于工人来说，增加收入远比减少工时更重要。尽管各地的工人都在为减少工时而斗争，但他们并不想以降低自己的收入为代价来减少工作量。

① ЦИАМ. Ф. 673. Оп. 1. Д. 473. Л. 132－132 об.

1897 年，孔申印染厂工人的工时减少，同时单位计时工资变化不大，结果造成了工人总收入的减少。尽管与工作时间的减少幅度相比，工人工资减少得并不多，但即使如此，仍在工人中引发了严重的混乱。研究莫斯科金属厂厂史的学者举出了一个更为典型的例子。该厂的工厂主古容反对削减工人的工作时间，他一向不喜欢在与变更劳资关系有关的事情上赋予工人任何主动权。因此，尽管他两次迫于工人的压力减少工人的工作时间，但他也两次坚决拒绝重新设定单位计时工资的数额，导致工人的工资下降，工人反而主动要求恢复之前的工作制度[①]。

我们认为，工资是劳动激励机制中最有效的措施。这一观点正确与否，可以通过研究《工厂检查机关报告汇编》（以下简称《汇编》）来检验。《汇编》每年由贸易和工业部出版，包含了 1900 ~ 1914 年每一年的统计信息。每部《汇编》主要由一系列表格组成，包含了俄国国内全部工厂的主要活动数据。我们以 1903 年《汇编》中的数据为例进行进一步的讨论。该表记录了工人对工厂主的投诉、劳资冲突（检查员或多或少参与到了冲突解决之中）的信息，以及工人罢工、工人罚款、对罚金的分配方式等信息。

所有这些用作史料的表格都有一个明显的缺点，那就是数据的聚合程度过高。工厂检查机关的各个部门首先对各类问题进行收集，之后将信息编入相应的（统一的）一个表格（这是《汇编》中唯一发布的表格）。或许是由于收集信息的方法不一致，也或许是由于《汇编》在最初设计上务求简明，《汇编》中收录的有关工人投诉的信息仅按地域进行了分类，而没有对工业企业的规模和部门进行分类，而且各省所有的同类信息都被合并在了一起。这大大降低了《汇编》内容的全面性，使我们能够获取的信息大大减少。但是在某些问题上，《汇编》对事态的评估还是相当准确的。

表 10 - 1 和表 10 - 2 中的数据非常典型，反映了工人对工厂管理部门的单独投诉和集体投诉的数量。这两个表是《汇编》总表中的一部分，仅提供了莫斯科省和雅罗斯拉夫尔省两省工业企业的信息。根据表中数据，我们

① Маркевич А. М. , Соколов А. К. «Магнитка близ Садового кольца»… С. 15.

可以对这一时期工厂劳动激励机制的效果得出普遍性结论，毕竟，工人的投诉主要集中在那些对他们来说最重要的问题上①。

不出所料，莫斯科省和雅罗斯拉夫尔省大多数工人的投诉与工资克扣及工资拖欠、工资计算不当及工资数额减少有关。对于莫斯科省来说，这几乎占工人集体投诉总量的35%，占工人单独投诉总量的25%；对于雅罗斯拉夫尔省来说，对以上问题的投诉在工人集体投诉中的占比更高，几乎达到了45%。抗议工厂主违反合约规定，削减工人工作时间的投诉居工人投诉的第二位。当然，工厂主的这些违规行为与工人直接收入的减少有关。在莫斯科省，工人如实投诉的数量明显降低。对于雅罗斯拉夫尔省来说，工人投诉的数量通常较少（这一点可能是因为当地工厂和工人的数量较少），事实上几乎在表格的各个方面，如实投诉的占比都很高，特别是在工厂主违反合约规定，未如约为工人提供住所上。

我们认为关于工人投诉情况的统计数据应当是可靠的。通过这些数据，我们能够看出工厂主对哪些问题最为关注。事实证明，对工人而言，直接收入最为重要，因为工厂主总是想方设法地精简在这上面的支出。

表 10－1　1903 年莫斯科省工人对工厂主投诉情况明细

单位：件，%

投诉项目	单独投诉				集体投诉			
	投诉数量	投诉数量占比	如实投诉数量	如实投诉数量占比	投诉数量	投诉数量占比	如实投诉数量	如实投诉数量占比
工资克扣及工资拖欠	172	9.8	122	70.9	1533	22.2	1141	74.4
工资计算不当及工资数额减少	267	15.2	134	50.2	865	12.5	669	77.3
提前将工人停工	517	29.5	246	47.6	551	8.0	390	70.8
未如约提供住所	32	1.8	18	56.3	677	9.8	360	53.2

① 工人向检查机关投诉的过程，以及检查机关的处理情况，可参见 Володин А. Ю. История фабричной инспекции в России 1882－1914 гг. М.，2009（С. 87－115），书中基于孔申手工工场的资料进行了分析。

续表

投诉项目	单独投诉				集体投诉			
	投诉数量	投诉数量占比	如实投诉数量	如实投诉数量占比	投诉数量	投诉数量占比	如实投诉数量	如实投诉数量占比
不当罚款	104	5.9	19	18.3	542	7.9	28	5.2
强迫超期劳动	60	3.4	32	53.3	514	7.4	332	64.6
其他违约行为	95	5.4	45	47.4	472	6.8	414	87.7
未发布工资计算簿及相关票据	69	3.9	48	69.6	258	3.7	174	67.4
未如约提供医疗救助	8	0.5	4	50.0	283	4.1	281	99.3
虐待及殴打	32	1.8	19	59.4	257	3.7	75	29.2
违规削减工人工作时间	7	0.4	6	85.7	246	3.6	241	98.0
强迫完成其他工作	80	4.6	41	51.3	164	2.4	148	90.2
与工作时间相关的违规行为	86	4.9	52	60.5	152	2.2	111	73.0
不予发放身份证明	120	6.8	82	68.3	102	1.5	94	92.2
不予提供伙食	13	0.7	6	46.2	134	1.9	103	76.9
工资记录不实	42	2.4	33	78.6	53	0.8	51	96.2
非法扣款	37	2.1	22	59.5	40	0.6	36	90.0
强迫以食物及货物抵薪	3	0.2	2	66.7	36	0.5	34	94.4
食品商店商品销售混乱	8	0.5	7	87.5	16	0.2	16	100.0
不予发放补助金	2	0.1	2	100.0	5	0.1	0	0.0
总计	1754	100.0	940		6900	100.0	4698	

资料来源：Свод отчетов фабричных инспекторов за 1903 г. СПб., 1906. С. 66－67。

表 10－2　1903 年雅罗斯拉夫尔省工人对工厂主投诉情况明细

单位：件，%

投诉项目	单独投诉				集体投诉			
	投诉数量	投诉数量占比	如实投诉数量	如实投诉数量占比	投诉数量	投诉数量占比	如实投诉数量	如实投诉数量占比
工资克扣及工资拖欠	24	8.4	17	70.8	38	39.6	37	97.4
工资计算不当及工资数额减少	23	8.0	13	56.5	5	5.2	3	60.0
提前将工人停工	91	31.8	53	58.2	11	11.5	7	63.6
未如约提供住所	6	2.1	4	66.7	4	4.2	4	100.0
不当罚款	8	2.8	3	37.5	2	2.1	2	100.0
强迫超期劳动	8	2.8	3	37.5	6	6.3	6	100.0
其他违约行为	42	14.7	25	59.5	4	4.2	2	50.0
未发布工资计算簿及相关票据	7	2.4	5	71.4	7	7.3	7	100.0
未如约提供医疗救助	17	5.9	13	76.5	4	4.2	4	100.0
虐待及殴打	7	2.4	4	57.1	2	2.1	0	0
违规削减工人工作时间	0	0	0	—	0	0	0	—
强迫完成其他工作	20	7.0	13	65.0	3	3.1	3	100.0
与工作时间相关的违规行为	6	2.1	5	83.3	2	2.1	2	100.0
不予发放身份证明	10	3.5	7	70.0	2	2.1	2	100.0
不予提供伙食	1	0.3	1	100.0	6	6.3	6	100.0
工资记录不实	2	0.7	2	100.0	0	0	0	—
非法扣款	12	4.2	10	83.3	0	0	0	—
强迫以食物及货物抵薪	0	0	0	—	0	0	0	—
食品商店商品销售混乱	0	0	0	—	0	0	0	—
不予发放补助金	2	0.7	2	100.0	0	0	0	—
总计	286	100.0	180		96	100.0	85	

资料来源：Свод отчетов фабричных инспекторов за 1903 г. СПб.，1906. С. 68－69。

《汇编》（见表10－3）还对全俄国境内的工人投诉情况进行了分组整理，结果表明，在全国范围内，与其他原因引起的投诉相比，有关工资克扣及工资拖欠的投诉比例较高。

表10－3　1903年俄国工人对工厂主投诉情况明细

投诉项目	投诉数量(件)	占比(%)
工资克扣及工资拖欠	9870	17.9
工资计算不当及工资数额减少	8872	16.1
提前将工人停工	8148	14.8
违规削减工人工作时间	3012	5.5
虐待及殴打	2289	4.2
强迫超期劳动	2263	4.1
不当罚款	1858	3.4
非法扣款	1664	3.0
与工作时间相关的违规行为	1544	2.8
强迫完成其他工作	873	1.6

资料来源：Свод отчетов фабричных инспекторов за 1903 г. СПб., 1906. С. Ⅶ。

第二节　劳资纠纷与劳动激励机制

苏联时期的历史观点一般认为工厂主若想要遏制工人集会，避免同工人激化矛盾，唯一可行的方法就是动用部队和警察。否认这一事实是荒谬的，各类有关俄国工人运动史的档案、文件均证实，工厂主的确调动了部队和警察遏制工人集会。不过，蓄养警察的资金，通常来源于工厂主。

1891年2月，应雅罗斯拉夫尔大手工工场董事会的要求，附属于雅罗斯拉夫尔大手工工场的警察支队成立①，该支队主要负责“为雅罗斯拉夫尔大手工工场及其周边地区提供服务，重建社会秩序，驱散非法集会，保护工

① ГА РФ. Ф. 7952. Оп. 8. Д. 59. Л. 255.

场资产免遭损失”[①]。直到1906年2月，该支队的人员构成一直没有发生变化，一直是由一名助理警察局长、五名警官（包括一名高级警官和四名初级警官）以及一名警员组成。在1905年的罢工后，雅罗斯拉夫尔大手工工场的董事会经理A. A. 卡尔津金和C. C. 卡尔津金亲自向内务大臣П. Н. 杜尔诺沃提出申请，请求由雅罗斯拉夫尔大手工工场出资，额外组建一支隶属于该工场的警察队伍。按照他们的设想，这支队伍应该由两名警察分局长和40名警员组成。此外，他们还提出应该将雅罗斯拉夫尔大手工工场警察支队的助理警察局长擢升为警察局长[②]。从1906年2月1日起，雅罗斯拉夫尔大手工工场的警力得到了显著强化，骑警队伍的聘用和解雇权交给了雅罗斯拉夫尔省警察厅长，骑警的直接管理权则归工场的警察支队所有[③]。工场有义务向警察提供“带暖气和照明设备的住所、武器、弹药、马匹、马具、马房，经特别协议确定的马匹草料以及冬季骑兵短皮大衣（骑兵制服）”[④]。1917年2月之后，工场继续调拨资金，但这时资金已不是用于蓄养警察了，而是专款专用，专门用于豢养厂警了[⑤]。

孔申手工工场董事会也表示愿意自费豢养厂警。董事会在1901～1902年的动乱后，要求雅罗斯拉夫尔省省长在谢尔普霍夫设置一支哥萨克百人骑兵分队：“鉴于目前孔申手工工场已按当地军事机关的要求，为部队预备好房舍，董事会同意该部在谢尔普霍夫驻扎。”最终孔申手工工场的董事会和谢尔普霍夫其他的工厂主都认为，如果城市中有一支骑兵部队，最好是哥萨克骑兵，驻扎的话，足以震慑那些不安定因素，而这些“不安定因素”往往会煽动工人运动[⑥]。这一要求得到了其他工厂主的支持，但并没有得到有关方面的执行。1905年夏天，地方政府在谢尔普霍夫安置了一支哥萨克百

---

① Там же. Д. 60. Л. 9.
② Там же. Д. 59. Л. 255.
③ Там же. Д. 60. Л. 9.
④ Там же.
⑤ Там же. Д. 64. Л. 69.
⑥ ЦИАМ. Ф. 17. Оп. 77. Д. 1107. Л. 45.

人分队[①]。但在第一次世界大战期间，这些人数还远远不够。因此，1916年，在孔申手工工场的工人罢工期间，谢尔普霍夫警察局局长在报告中写道："5月5日开始的这场罢工可能会蔓延到孔申手工工场的其他工厂，甚至有可能危及谢尔普霍夫的其他工厂……罢工可能是由于工人的生活成本过于高昂，这很有可能会引发动乱……孔申手工工场有工人11000多人……我认为必须加以通报，想要遏制潜在的动乱，必须动用大量骑警。如果发生动乱，谢尔普霍夫军分区的首长会不会根据形势，派兵镇压？"[②]

在工厂设置厂警是19世纪末20世纪初俄国工厂主采用的一种强制措施，其目的在于防止工人罢工，或引导工人重新开工，以维护工厂的正常秩序。但是，这并不是解决冲突的唯一方法。在许多情况下，如果工厂主决定满足工人的要求，工人的不满情绪就会立即消失。除此之外，工厂管理部门经常试图通过捕捉工人情绪的变化，先其一步进行运作，以防止工人集会。就像1905年初雅罗斯拉夫尔大手工工场的厂长A. Ф. 格里亚兹诺夫率先做的那样，他认为，在革命初期，工人可能没有足够的耐心等待减少工作时间的法律落地（这是当时的预判，事实上这种情况并未出现[③]），他警告董事会，工人很有可能开展罢工运动，一旦爆发罢工，工场遭受的损失将会比现在主动削减工人工作时间的损失更大。到那时，等待工场的将不仅仅是停产，还将包括工人除缩短工作时间外所提出的一系列要求，包括增加工资[④]。

为了建立更为缓和的劳资关系，也为了防止罢工，从1905年复活节开始，雅罗斯拉夫尔大手工工场工人的工作时间从每天10小时减少到了9小时。为此A. Ф. 格里亚兹诺夫撰写了报告，详细记录了工作制变化带来的影响。他指出，工作制的变化给工厂的布匹生产造成了每年约15.2万卢布的

---

① Там же. Л. 56.

② ЦИАМ. Ф. 17. Оп. 84. Д. 831. т. 12. Л. 36 – 36 об.

③ 详细内容参见 Рабочий вопрос в комиссии В. Н. Коковцова в 1905 г. /Сост. *Б. А. Романов.* М., 1926。

④ ГА ЯО. Ф. 674. Оп. 3. Д. 144. В деле отсутствует нумерация листов.

损失，但他认为，此举将带来难以计算的巨大好处，“这种好处甚至无法用数据显示”：第一，工人休息的时间得到了增加，他认为这将提高工人的劳动强度和劳动质量；第二，这使那些不住在工厂宿舍的工人有机会住得离工厂远一些，这在一定程度上会减少工厂周边街道的人口密度，进而改善“工人的卫生状况”；第三，由于“完全正确和均匀地分配了工人的劳动时间”，工人的旷工情况将会减少①。雅罗斯拉夫尔大手工工场在厂房贴出公告竭力强调，以上措施完全是董事会自愿采取的。

此外，A. Ф. 格里亚兹诺夫还采取了相关措施，稳定工厂食品商店的产品价格（详见本书第六章），还决定通过发放无息贷款的方式，帮助工人建造自己的房屋，待房屋建成后每月从其工资中扣除相应部分以偿还贷款（详见本书第五章）。A. Ф. 格里亚兹诺夫在他的回忆录中写道，上述三项措施“如果同时起作用，将对工人产生安抚作用”②。

但是，在第一次俄国革命的大环境下，即使工厂主做出了实质性的让步，即工厂主主动或应工人的要求所做出让步，也不能保证工厂在将来就一定会稳定。在像雅罗斯拉夫尔大手工工场这样的大型企业中，随着工人的各种要求越来越多，工人罢工在事实上已不可避免。1905 年 10 月 26 日，在当地革命组织的鼓动下，雅罗斯拉夫尔大手工工场的工人开始罢工，并向管理部门提出了 29 项要求，其中包括：8 小时工作制，提高 10% 的工资，提高 20% 的住房补贴，提供工人集会的场所等。在这些要求中，许多项目都提到了增加熟练工人的工资。不过许多工人没有一直等待董事会的回应，10 月 27 日，许多工人便回到自己的工作岗位上继续工作，董事会对此表示满意。10 月 27 日下午，雅罗斯拉夫尔大手工工场董事会经理 С. С. 卡尔津金发布公告称：

今天看到在昨天被迫停工之后，生产得到恢复，我十分欣慰……我

① ГА ЯО. Ф. 674. Оп. 1. Д. 4665. Л. 25.

② Рукописные воспоминания А. Ф. Грязнова（хранятся в музее Ярославского комбината «Красный Перекоп»）.

对此深表谢意。通过你们的复工，我看到了你们对工场尽力采取措施改善工人生活的行为的信任……为确保工场照常运行，今晚工场将发布公告，依次列出我们的承诺。这已经是工场所能做到的极限，更多的要求工场也没法满足了①。

董事会履行了诺言，并在当晚发布了新公告，宣布缩短工人的工作时间，并相应地增加了工人的工资，对工人住房的补贴甚至超过了最初的要求——不是增加 20%，而是增加了 2 倍②。10 月 28 日，工人又提出了新的要求，但在当天就被董事会拒绝了。董事会强调：

对工人经济状况的改善不能超越 10 月 27 日晚间董事会经理 C. C. 卡尔津金宣布的条件，工场不可能再次让步③。

董事会竭力强调，工场做出的让步已经足够巨大（事实上也的确如此），工人没有理由再要求更多，因为他们的要求已经得到了最大限度的满足。“工场为工人提供了资金，改善了他们的工作情况，这一点已经充分证实了。”④ 由此看来，这场冲突似乎已经解决，工场的生产得到全面恢复，罢工的参与者也保住了他们的工作。

这并非孤例，在革命时期，工厂管理部门常常对工人采取相对灵活的政策。随着 1905 年 10 月罢工的开始，孔申纺织厂的工人设法与被认为是“自由派”的 M. П. 洛塔列夫厂长商定，即使是在罢工的情况下，工厂的食品商店也须向工人赊售两周的食物。此外，工人和工厂主还达成了一项初步协

① ГА ЯО. Ф. 674. Оп. 3. Д. 254. Л. 13.

② Там же. Л. 24.

③ Там же. Л. 10.

④ Там же. Л. 37.

议：任何罢工的参与者都不会被解雇①。

管理部门和董事会希望通过自己的诚意，阻止工人采取进一步行动，但这一期望远远没有达到。1905 年 10 月，在雅罗斯拉夫尔大手工工场董事会满足了工人的全部要求后，仅过了两周，工人再次宣布罢工，这次罢工一直到 1906 年 1 月 6 日才结束。但在此期间，工人提出的任何要求都没有得到满足。在雅罗斯拉夫尔大手工工场向工人定期发布的公告中，管理部门 11 次提及 10 月 27 日发布的公告，指出雅罗斯拉夫尔大手工工场接下来的行动不会超出该公告所做出的承诺（我们再次强调，到 11 月中旬该公告的所有内容已经全部得到满足了），但在一些尚未讨论的问题上，可能还存在余地，因为这些问题不是原则问题。例如，11 月 23 日，雅罗斯拉夫尔大手工工场的管理部门宣布关闭食品商店，尽管第二天，在工人代表的要求下，同意暂时开设一个食品铺，以便工人进食，但工人能赊到的商品数额比往常大大减少了。在雅罗斯拉夫尔大手工工场停工期间，在工人书面同意的情况下，工场通常会继续向工人提供贷款，以便在复工时工人能继续工作。

以上证据表明，在 1905 年革命的大环境下，工厂管理部门和工厂主除了试图动用武力外，还通过各种方式与工人寻求妥协，维持厂内工人的稳定，以求减少厂内的冲突。

革命时期的情况当然相对特殊，但是即使在革命之后，许多企业，特别是雅罗斯拉夫尔大手工工场的管理部门，也总是尽一切可能的手段来维持厂内稳定。A. Ф. 格里亚兹诺夫在管理委员会会议上一再论证，必须想尽办法防止工人产生不满情绪，这种不满如果任其发展，就会转变为公开的冲突。当时董事会在考虑要不要在 1908 年庆祝雅罗斯拉夫尔大手工工场成立 50 周年。在股东大会的支持下，1907 年 12 月，董事会首先决定将“不以任何正式活动来纪念工场成立，仅于 1908 年的春季或夏季捐建一座尼古拉教堂以作纪念”，工场为此分配了建设资金。董事会成员相信“以这种神圣的形式……工场会得到庇佑，永保安宁”。但在 1908 年 2 月 20 日举行的股东会

① 1905 – й год в Серпухове… С. 104.

议上，受厂长 A. Ф. 格里亚兹诺夫的影响，工场董事会对这一问题的看法发生了改变。A. Ф. 格里亚兹诺夫指出，在这一问题上应该满足工人预期的物质利益。此外，当前还应该关注在庆祝工场成立期间工人的情绪。他强调，伊万·加里林公司和罗乌托夫工厂已经进行了50周年纪念庆典，这些企业的工人在庆祝活动中获得了奖金。这两家企业位于同一个工业区，而雅罗斯拉夫尔大手工工场的工人也大部分来自那里，因此，在周年庆典上将颁发奖金的消息很快传到了雅罗斯拉夫尔大手工工场。根据 A. Ф. 格里亚兹诺夫的说法，工人们希望雅罗斯拉夫尔大手工工场的董事会也会发放相应的款项。否则，他不排除工人会破坏“平静的生活”①。

1908年4月底，在 Н. В. 斯科别耶夫、П. П. 莫罗金、М. С. 卡尔津金三位董事会董事造访雅罗斯拉夫尔时，董事会拟定了在工场成立50周年之际颁发奖金的标准：“第一，所有记录在册，在教堂的祝圣日上工作的工人，每月发放奖金；第二，虽记录在册，但在祝圣日当天因病住院而未能工作的工人，减半发放奖金；第三，所有之前在本工场做工的工人，如果曾获得过工场发放的补助，将每月发放奖金；第四，现住在 И. И. 卡尔津金养老院的工人，每人3卢布；第五，所有工场职员，每月发放奖金。”② 但这不是最终决定，董事会同意对此继续更改。此外，董事会的董事们甚至指示管理人员，让他们从现在起到周年纪念日的这段时间内讨论出“发放奖金时所有可能的误解”并“将最终方案报送董事会”。对该草案中关于奖金发放方法的一些不公正之处，工场管理委员会在开会审议时进行了激烈讨论。有人提出，对于在教堂祝圣日当天休假或经负责人许可，因正当原因（不是因病）未能到场的工人，工场方面该如何向他们发放奖金？从奖金发放标准的条文来看，规定并不清楚。工场管理委员会认为，“剥夺这些工人获得奖励的权利，恐怕是不公平的”③。

最终，经董事会通过，股东大会同意，工场方面决定，在工场成立50周

① ГА ЯО. Ф. 674. Оп. 1. Д. 4665. Л. 95.

② ГА РФ. Ф. 7952. Оп. 8. Д. 59. Л. 258 – 259.

③ Там же. Л. 261.

年之际，工场职员将领取奖金，工人将领取工资（“按上一个结算月计算”）。这减轻了工场内劳资关系的紧张程度，防止了工人潜在不满情绪的爆发。

在工人的收入上，工厂主们力图表现出某种协调性，因为他们非常清楚，如果彼此能够同步行动的话，就可以防止工人在一战期间产生不满情绪。自1916年以来，许多工厂主都就加薪和向工人支付其他款项等问题彼此交换了意见。例如，孔申手工工场办公室就曾致信谢尔普霍夫造纸厂厂长察尔博克，内容如下：

尊敬的察尔博克先生：

谢尔普霍夫孔申手工工场谨向谢尔普霍夫造纸厂通报，我方将自1916年12月1日起向下属各工厂工人发放战时补贴。今后在类似情况下请贵厂同样告知我方。

秘书（签名）

1916年12月8日①

在这种情况下，同样引人注意的是，各类企业的工人在捍卫自己的权利（特别是在一战期间）时所采取的行动也具有一致性。孔申手工工场下属各厂采取了一些措施来维持工人的生活条件，这为其他工厂的工人争取相同的权利提供了依据。例如在1916年2月什利亚霍夫工厂的一次罢工中，罢工者要求工厂“按孔申手工工场的先例，发放战时补贴”②。

* * *

工厂管理部门采取的措施也是灵活的。在接到工人的投诉以及要求时，工厂管理部门寻求妥协的方式可能会具有多种特征。一方面，工人之间具有

① ЦИАМ. Ф. 673. Оп. 1. Д. 932. Л. 50а.

② Там же. Ф. 17. Оп. 84. Д. 831. т. 12. Л. 15.

矛盾；另一方面，工厂主与管理部门之间并非铁板一块，有时二者之间同样会存在龃龉。管理部门必须同时调解好这两对矛盾。因此，通过研究在这两对矛盾的相互作用下，劳资冲突产生前的厂内形势，以及在劳资冲突过程中局势逐步升级的过程，我们就能够理解管理部门在面对这两方面的冲突时，所采取的行动的逻辑了。

对于这个问题，可以通过研究管理部门发布的通知来实现。这些通知既是对工人发布的公告，又是对工人要求以及近期行动的回应，并且凸显了工人薪酬以及日常生活方面的种种不足。

我们来看看 1912 年由公司董事会成员和雅罗斯拉夫尔大手工工场厂长签署的第 19 号通知，这份材料非常有意思：这份通知显示，工厂主和工人之间的冲突起初仅仅是由于日常的工作安排，到后来却逐步演变成罢工。

1912 年 6 月 8 日，雅罗斯拉夫尔大手工工场发布了四则董事会通知，每份通知都针对工厂特定部门（机械厂、旧工厂、新工厂，以及新工厂环锭精纺部门）的工人发布。这些通知是管理部门对 6 月 5 日、6 日、7 日工人代表向工场所提出的要求的答复①。从工人提出要求到董事会回复，中间共用了两三天，这说明工厂主对工厂的情况并没有严阵以待，因为在紧急情况下（如工人罢工、厂内秩序失控等），工场对工人任何行动的反应都是极为迅速的②。

稍微说几句题外话，我们注意到关于“雅罗斯拉夫尔大手工工场可能会罢工”的传言实际上在 1912 年 5 月就已经开始流传了。但是，根据候补士官库拉科夫（当时他负责监督该厂工人的情况）致雅罗斯拉夫尔省宪兵队队长的报告，这些谣言没有根据，因为“目前工人对管理部门没有任何经济要求，他们在经济上非常满意。工资如约发放……数额也高于其他工厂。工场应工人的要求每周、每月发放工资。工场向工人发放的食品与向职工的食品相同，都是从仓库调配的优质产品，食品价格比市内商店的价格低

① ГА РФ. Ф. 7952. Оп. 8. Д. 61. Л. 13, 70, 96, 97.

② 因此，在 1905～1906 年革命运动期间，董事会的通知几乎总是在工人提出要求后的第二天（有时是在当天夜里）发布。

25%。在住房方面，工人也比较自由……工人可以及时得到医疗救助，他们对医务人员的感激也是真诚的"①。因此，尽管厂内存在一小部分受革命鼓动的工人，但最终"任何激发大量工人进行集会的企图都未能成功"。除此之外，他还认为，"在过去几年内，那些因罢工而蒙受重大经济损失的工人，现在已经充分意识到过去的罢工没带来什么好处。而且正如他们自己所说，未来对于工人而言，罢工和示威游行会带来严重的后果。因为每组织一次罢工，厂内食品的价格就会上涨……随之而来的是大面积的清算，直到工场关闭为止"②。

显然，管理部门和董事会都赞同这一观点（不过在我们看来，这一观点与事实并不完全相符），并且也无意恶化形势，因为在这种情况下，没有任何办法来防止潜在的罢工。

回到6月8日雅罗斯拉夫尔大手工工场贴出的四则通知，对于这些来自不同部门的工人，我们来关注一下他们提出的要求的内容。这些内容有一个明显的相似点：在四则通知中，有三则通知中的工人的要求都极其有限，只是提高工资（措辞因部门而异）、赊账发放柴火以及"发放赈贷金用于购买家庭必需品"③，只有新工厂的工人提出了更多的要求。可能该厂中有布尔什维克的鼓动者，或者有激进工人，这一点可以从库拉科夫的话中间接判断出。他在6月12日给雅罗斯拉夫尔省宪兵队负责人的报告中指出："根据工人本人的说法，我们可以得出结论：工人对管理部门提出的要求完全是由少数居心不良的人制定的，和大多数工人没有关系。"④ 但是，我们也注意到，来自其他工厂的工人也提出了一系列自己的意见（尽管数量有限）。这证明，尽管新工厂内可能活动着一些政治鼓动者，但这些要求的确是大多数工人提出的。

① ГА РФ. Ф. 7952. Оп. 8. Д. 61. Л. 9。实际上，从这份报告中我们可以看出，工场方面认为哪些因素对维持工场的安宁稳定最为重要。

② Там же. Л. 10.

③ Там же. Л. 13, 70, 96, 97.

④ Там же. Л. 18.

如果董事会选择拒绝满足工人的要求，那么在冲突发展的不同阶段，可能会采取不同的表述。为了回应工人在6月初提出的要求，董事会有时会表示不会做出让步，并答复工人该条件“无法满足”，但是在董事会通知中通常会包含拒绝的原因。对于一些要求，董事会的回复是“有待考虑”，但这绝不是敷衍了事或委婉的拒绝。例如，在董事会答应工人，将考虑邀请眼科医生到工厂医院后不久，董事会就履行了这一承诺。很快，从周一到周五，每天11：00～15：00，都有眼科疾病专家在工厂医院为工人进行门诊治疗①。

董事会对工人提出的要求所做出的回应，不论其内容如何，总体上看语气是平和而审慎的，在劳资对话的初期阶段通常都是如此。但是，当工人收到董事会的否定答复后，他们通常会提出更多的要求。在这种情况下，他们的要求会被再次拒绝，只是这一次董事会不会告知工人要求被拒的原因了。此外，董事会通知的语气也会发生明显的变化。通常，董事会的回应类似于：“你们的要求无法得到满足，原因董事会已于先前的通知中一再告知。”就这样，1912年6月，雅罗斯拉夫尔大手工工场的局势持续发酵，在得到董事会否定的答复后，工人没有平静下来。6月9日，董事会向旧工厂的工人发布了通知，对他们在6月8日提出的要求进行了回应。6月8日，工人提出的要求扩大到了15个要点，其中许多要点重复了6月6日新工厂工人提出的要求。不出所料，董事会拒绝了以上要求②。在6月11日、13日和14日，董事会又发布了四则针对个体工人的通知，尽管实际上这四则通知的内容与先前几则并没有什么差别，但董事会的语气和具体措辞变得严厉了起来③。6月12日，在董事会致雅罗斯拉夫尔省宪兵队负责人的报告中称，局势与预期相反，正趋于白热化。“在少数年轻工人中，各类宣传从未停止……为了呼吁其他工人罢工，年轻工人一直尽力争取其他工人的支持，目前支持罢

① Там же. Л. 187.

② Там же. Л. 16－17.

③ Там же. Л. 15, 64, 91, 94.

工的人数已达1/3……这会导致持续的工潮……”① 在这种情况下，董事会决定尽力维持1905~1907年以来的稳定局势：一旦宣布不可能满足工人的某些要求，那么董事会将不会从持续的劳资冲突中脱身。董事会认为，进一步的让步将会被视作软弱的象征，而这不仅不会使局势稳定下来，反而会迅速地激发（甚至加剧）动乱。

9月14日的董事会通知表明，劳资冲突已经进入了一个新阶段：新旧工厂的纺织部门和绞线部门的女工“已经停止上机工作，尽管她们人在工厂，但就是不开工”②。因此工厂主警告工人，在停工的这段时间，工场不仅不会为不工作的人发放工资，也不会为那些“因受罢工者的牵连而没有工作的人”发放工资。公告接下来使用大写字母书写，显然是在强调此信息的重要性以及董事会态度的严肃性：

> 总之，董事会建议工人保持理智，认清形势；建议你们认真对待本通知，规劝当下某些罢工的部门停止罢工。罢工也无力改变董事会的决定，反而很容易导致整个工场关闭，结果就是全体工人将在很长一段时间内都没有收入③。

如我们所见，董事会是在警告工人，如果参加罢工的工人不尽快复工，那么整个工场都有可能被关闭。但由于该警告没有起到什么作用，因此在第二天，即6月15日，在工场内又贴出了一则通知（再次用表示强调的大写字母书写），警告工人：

> 如果从6月16日（星期六）凌晨1点起，新工厂的纺织部门和绞线部门还无法恢复正常工作秩序，那么从6月18日（星期一）凌晨4

① Там же. Л. 10.

② ЦДНИ ЯО. Ф. 394. Оп. 5. Д. 80. Л. 193.

③ Там же.

点起，新工厂将被关闭，新工厂的所有工人将被辞退[①]。

通常，如果公告明确指出了工人应当复工的日期，但当天仍未复工的话，董事会就会信守诺言，停止工场一切事务，宣布工场停工，几天之后会发布招募新一批工人进入工场工作的公告。在这种情况下，如果部分工人重新开工，工厂主也不会旧事重提。但这次工人没有如期复工，因此董事会在6月17日发布通知宣布，复工的最后期限为6月18日[②]，但这也并没有恢复工场正常工作秩序。因此，董事会在6月18日的通知中告知员工：

> 鉴于6月16日凌晨1点纺织部门和绞线部门的女工未能复工，工场与他们达成的雇佣关系已经终止，上述工人已被解雇，新工厂其他工人的劳动关系也已按照法律条款一并终止。薪资发放日期另行通知[③]。

在6月21日和22日的通知中，董事会宣布新工厂将于6月26日重新开工运营，“希望工作的人……必须提交一份附有自己亲笔签名的申请书”[④]。值得注意的是，6月14日之后，各个部门的工人继续向工厂主提出各类要求，这些要求基本上重复了之前要求的内容，但是这次董事会坚决地站在先前申明的立场上，毫不让步。

在本节中，我们详细研究了工人与工厂主之间的冲突是怎样逐步升级的。从表面看起来，这与我们研究的问题没有直接联系，工厂主为防止罢工或消弭罢工而采取的措施看上去与劳动激励机制没有直接关系，但实质上绝非如此。管理部门的这些措施旨在保证企业的稳定和有效运转，这当中也包含了每个工人个体的情况，如果工人无法安心工作，那么整个企业也无法稳定。也就是说，管理部门会通过制定某些激励机制，比如全部或部分地满足

① ГА РФ. Ф. 7952. Оп. 8. Д. 61. Л. 63.

② Там же. Л. 85.

③ 原文用大写字母书写。——译者注

④ Там же. Л. 75, 77.

工人的要求，以确保企业中的优秀工人安心劳动，进而实现企业的稳定和有效运转。

第三节　工人和工厂管理部门眼中的社会政策

工厂主推出的社会政策，目的在于吸引工人（尤其是那些熟练工人以及在艰苦条件下从事生产的工人）并将其稳定在工厂之中。工厂主和工厂管理部门一直关注工人的流动问题，因此，在1912年4月13日举行的雅罗斯拉夫尔大手工工场管理委员会会议上，讨论了“关于缺乏从工厂运送货物的运输工问题及其解决方案的经济成本”的问题。这一问题的难处在于，运输工认为这一职位是临时性的，他们只有在找不到收益更高的工作时才会去做。管理委员会认为，这一方面是因为这项工作比较困难（运输工即使在雨雪天气也必须工作），另一方面则是因为这项工作收入较低，靠做运输工挣到的微薄薪水很难维持家庭的开销。为解决这一问题，经董事会批准，管理委员会提出了以下措施：第一，运输工的妻子可以“直接招入工厂做工，但在其丈夫不再担任运输工后将被解职”；第二，“通过多种方式，将运输工的工资从13卢布逐步增加到14卢布”①。

在雅罗斯拉夫尔大手工工场负责人A.Ф.格里亚兹诺夫看来，从1906年初到1916年3月，是他在工场工作的这些年里工场最安定的时期②。他完全有理由相信，在1905~1906年的罢工之后，工场仍能保持稳定，主要是因为他执行了“改善工人生活”的方案。这一方案于1905年初通过审议，用他自己的话说，在他担任雅罗斯拉夫尔大手工工场的这些年中，他懂得了哪些事情“作为工场的管理者绝对不能去做”，以及“怎样可以使工场免蒙受经济损失”。为了减轻工场的社会压力，防止冲突的发生，A.Ф.格里亚兹诺夫在任期间一方面致力于通过各种方式奖励工人，努力为工人创造

① ГА ЯО. Ф. 674. Оп. 3. Д. 138. Л. 3.

② Рукописные воспоминания А. Ф. Грязнова（хранятся в музее Ярославского комбината «Красный Перекоп»）.

可以一个接受的工作和生活条件；另一方面，他也不回避对工人进行苛刻的、强制性的惩罚。他认为，为工人创造可以接受的工作和生活条件，是工场稳定运行的基础之一。除此之外，他还非常重视工场的文化和教育设施建设，他认为有必要为工人提供打发闲暇时间的场所。

但是我们也不应高估 1905 年之后纺织企业中的劳资关系。孔申手工工场的工人与管理部门之间的关系已经非常突出地反映在董事会报告中了，对此一位本身即为孔申手工工场管理者的董事在自己的报告中直言不讳地进行了描述。我们将以足够的篇幅对此加以论述，因为这是我们唯一发现的全面描述孔申手工工场劳资关系问题的档案资料。

> 我认为有必要提请董事会注意工人异常亢奋的情绪，因为任何微小的疏忽都会引发工人群情激愤，当前无论如何都无法保证他们不会继续提出各种要求。纺织工的蛮横态度吓坏了产品检验员，许多产品只能由工长去检查……他们将自己产品上的蛛网、稀纬等纺织瑕疵归咎于纱线质量太差，而不是他们自身的粗心大意，总而言之，他们认为责任不在自己。我坚信，在不久的将来，随着工人的态度越来越强硬，纠纷将不可避免，检验员必须采取比现在更加果断的方法。工厂集体宿舍中的年轻工人也表现得很不顺从，守卫以及警察都害怕受到他们的威胁。厂内酗酒情况也很严重。到处都有工人要求拥有更优质、更高效的工作，即使没有公开提出抗议，工人也在心中抱怨自身的命运和不幸……社会民主主义的宣传引起了相当广泛的响应，阶级斗争理论激起了工人对资方的仇恨和不信任，一切对工作勤劳、尽职的要求都被理解为对无产阶级权利的粗暴剥削和侵犯。

上面引用的报告对当时孔申手工工场劳资关系的特点可能描述得有些夸张了，毕竟如果从“阶级立场”对工人的所作所为进行描述的话，的确会显得工人对孔申手工工场具有相当大的敌意。而且，从这一角度进行描述，实际上也没有很好地描述出孔申手工工场方面制定种种劳动激励机制的作用，这些激励机制恰恰是在尽力提高工人的劳动质量。但有趣的是，报告的作者看到了“社会民主主义的宣传”的作用。该报告还显示出工人对工厂主（更宽泛地说是对董事会）和管理部门在厂务工作中扮演的角色并没有同等看待。在他们看来，后者才是剥削自己的主力。

工人对工厂主的这种理解也可以通过1930年出版的三山手工工场的工人回忆录得到佐证①。该回忆录共收录了21位工人的回忆，而其中任何一段文字实际上都没有对三山手工工场的工厂主做出任何负面评价②。接下来我们引用一些典型片段，看看工人是如何描述工厂主普罗赫罗夫的行为的。

A. C. 莫罗佐娃（贝科娃）关于1905年1月三山手工工场罢工的回忆：“这次罢工牵头的是机械部。那天晚上我们在（宿舍）厨房开了次会，老板也参加了，他被迫站在桌子前，说同意我们的要求。这些是当时提出的要求：第一，每天工作8小时；第二，增加工资；第三，改善卧室的卫生条件；第四，改建浴室；第五，取消出厂搜查制度；第六，发放住房补贴。除了第一条，每天工作8小时外，所有的要求老板都满足了。厂里盖了一批新的宿舍，浴室也改建了，虽然他没有取消搜身，但开始为此每天都付给我们10戈比的钱。”③

C. Г. 马祖尔是1905年12月起义的积极参与者，起义失败后躲藏在舒亚城：“1907年春天，当时是复活节前夕，我来到莫斯科打探普罗赫罗夫那里的情况。普罗赫罗夫录用了我，因为我是一位出色的雕花工。他把我叫进

① Рабочие Трехгорной мануфактуры в 1905 году. М. , 1930.

② 工人回忆录引言的作者 М. К. 罗日科娃指出，工人对普罗赫罗夫的印象非常好，她写道：“普罗赫罗夫一家，特别是谢尔盖·伊万诺维奇·普罗赫罗夫，凡事亲力亲为，自己也从事劳动，并且经常视察工厂。他对工人平易近人……所有这些都反映出，即使到现在，一些老工人仍视普罗赫罗夫为自己的主人，即使是把普罗赫罗夫看作资产阶级，那也是和善的、自由主义的资产阶级。”参见 Рожкова М. К. Трехгорная мануфактура ко времени революции 1905 года // Рабочие Трехгорной мануфактуры в 1905 году. С. 19。

③ Там же. С. 146.

办公室，开始训斥了起来，他说我们已经把三山手工工场拖到濒临毁灭的地步了，他希望将来我不要继续这样做了。我说，现在三山手工工场在全世界都很有名，这对企业来说可是一种宣传。他笑了起来，问我知不知道蓝色制服是什么①。我回答说，不知道。我就继续在三山手工工场工作，一直到1925 年。”②

И. М. 库克列夫（古萨罗夫）是三山手工工场罢工和武装起义最积极的组织者之一。1906 年 12 月，他作为 1905 年革命事件的参与者被审讯：“老板普罗赫罗夫本人在法庭上自持甚佳，没有表现出什么特殊的神色。当法官问起为什么普罗赫罗夫为罢工给工人付钱时，他的回答是：‘按照国营工厂的规定应该付钱，所以我也付钱。’”③

O. B. 杜达列夫是第一次俄国革命后工会的组织者：“1910 年，我当选为工厂商店的董事会成员。在那里，我们不得不付出繁重劳动。我们这些社会主义者希望能够组织起来，自主经营商店。但是直到现在，负责这家商店的还是普罗赫罗夫的人，而工人却被禁止在那里工作。因此，我们就自行组织起来，让所有工人都进入董事会，而那些普罗赫罗夫的人我们一概不选，他们是老板的人。老板说：‘伙计们，我的员工可都识字，你们这些工人都是文盲，商店的营业额以百万计，你们要是讨价还价，我就得再考虑考虑了。’我们对老板说：‘我们是不识字，但是我们也通过各种方式学了一些。我们可以保证，我们不会比别人干得差。’老板说：‘伙计们，今年我们已经开始营业了，还增加了 1% 的股息。因此，如果让你们自主经营，今年的利润就要比以前的更好，而不仅仅是提高讨价还价所得的那点蝇头小利。’”④

从以上几段三山手工工场工人的回忆录中，我们注意到工人对工厂主的

① “蓝色制服”指的是独立宪兵部队的军官，其任务是“维护现有的国家体制，预防和打击旨在破坏国家体制的犯罪行为”。显然，经询问，普罗赫罗夫很清楚，有宪兵的监督，三山手工工场原则上不能录用马祖尔，但这并没有影响到他的决策。

② Там же. С. 185.

③ Там же. С. 63.

④ Там же. С. 167.

积极评价、工人要求的性质、普罗赫罗夫对熟练工人（甚至是那些“不可靠”的工人）的特殊态度，以及因为罢工而为工人付钱的做法。除此之外，还有在罢工期间，普罗赫罗夫准备将工厂商店的董事会完全交给工人这一举动。通过以上种种信息，我们都可以看到工厂劳动激励机制的局限性。显然，工厂老板不择手段的目的在于稳住工人，刺激工厂生产①。

我们应当认同 М. К. 罗日科娃就普罗赫罗夫与工人关系中的“普遍意义的家长制”的相关观点②。И. В. 波特金娜在其著作中指出，“家长制社会体系”对于那些接受了莫罗佐夫“提高专业水平，为工人创造可接受的生活条件”呼吁的工人来说，起到了重要作用（也就是说最终促进了工人的劳动）③。工厂主与工人之间这种家长制的关系虽然可以在某种程度上被视为20世纪初大型工厂的历史残余，但还是为工厂主提供了有效的帮助，工厂主也因此采用了激励机制来调节与工人之间的关系。

第四节　“希望看到每个工人都能诚实而勤劳”：工厂的道德激励措施

我们绝对不能忽视工厂劳动激励机制中的道德要素，比如爱国主义情感、工人的劳动责任、工人对工厂主的责任、工人对自己工作和单位的自豪感。一般而言，由于每个工人的劳动动机都包含着多种道德因素，因此对这种情感的诉求自然而然地便构成了工厂或整个国家劳动激励机制的一部分。苏联时代的劳资关系史中充斥着大量类似的例子，其中最早可追溯到 1918 年④。

① 莫罗佐夫家族的尼科利斯科耶手工工场也采取了类似措施，以保证工人劳动的熟练度和纪律性，参见 Поткина И. В. На Олимпе делового успеха…第五章。

② 参见 Рожкова М. К. Трехгорная мануфактура ко времени революции 1905 года. С. 19。罗日科娃还指出，企业自身的类型促进了家长制的产生，而家长制又遏制了工人的革命斗争。

③ Поткина И. В. На Олимпе делового успеха… С. 320 и др.

④ 例如孔申手工工场的档案中有一条 1918 年 7 月发布的声明：“俄国无产者四面死敌环绕，面对饥饿的幽灵，他们可以拯救国家和革命，英勇斗争到最后关头，直到实现无产阶级专政。”参见 ЦИАМ. Ф. 673. Оп. 2. Д. 577. Л. 18。

不过，尽管在当时还不多见，类似的道德激励措施在革命之前的工厂中其实已经存在了。

例如，孔申手工工场董事会不止一次地通过向沙皇上书的方式，激励工人勤恳劳动。我们这里有一份档案，其中大量的文件都和两件发生在沙皇尼古拉二世身上和孔申手工工场的小事相关。

第一件事发生在工业展览会上，当时沙皇称赞了孔申手工工场的产品。孔申手工工场为此印刷了大量传单张贴在厂房内。1905 年 2 月 4 日，由于战争的爆发，孔申印染厂的工人向莫斯科总督发送了一封电报，请求向沙皇表达敬意[①]。在电报中工人写道："我们坚信祖国一定会取得最终胜利，我们将全力以赴向上帝祈祷，保佑陛下战胜内外之敌，击败那些残暴的野蛮人、那些试图毁灭我们生活的敌人。"[②] 4 月，内务部做出回应："谢尔普霍夫县孔申印染厂职员、工长以及工人对陛下表达忠心的报告中得到了沙皇批阅，沙皇亲自批示：'感谢你们。'"[③] 当然，这番非同寻常的通信在孔申手工工场中也得到了广泛宣传。

孔申手工工场管理部门认为，工人应当为沙皇亲自称赞他们的产品而感到自豪，并进而为自己的工作感到自豪，为了祖国和沙皇更加积极地工作。但是，很难说这些冠冕堂皇的话是否有效。从十月革命后出版的工人回忆录来看，工人认为自己是在为剥削者工作，从中根本看不到任何"爱国"的因素（战争期间的情况需要另行讨论）。但是正如前文提到的，依据工人回忆录来研究劳资关系并不十分可靠，因为在 19 世纪 30 年代，官方需要的是工人所谓"正确的"回忆。不过问题在于，4 月沙皇刚刚称赞了孔申印染厂的工人，而过了几个月工人就要罢工，从这一事实来看，上面那番冠冕堂皇的话似乎没有起到什么明显的效果，并且也很难判断沙皇称赞产品质量的话到底对工人努力工作起到了多大的激励作用。为了每天 30～40 戈比的收入，

① 研究表明，以全体职工的名义向沙皇写信绝非常事，实际上这是在表达集体的感受，因此很难确定是谁首倡起草了这封信。

② ЦИАМ. Ф. 673. Оп. 1. Д. 201. Л. 28.

③ Там же.

在工人眼中甚至连自己的健康都算不得什么（工人经常带病坚持工作，就为了挣到一些钱），考虑到这一点，这样冠冕堂皇的空话更是引不起工人什么兴趣了。也许正是因为这个原因，类似的材料实际上也并不多。

在管理部门给工人的公告中经常可以看到各种号召。此外，还有工厂为改善工人的生活、经济状况而主动采取的种种措施（这通常不是法律强制规定的），这些措施需要工厂支出大量的费用，不过显然，这类号召同样没有起到多大的效果。下面是从1905年11月7日雅罗斯拉夫尔大手工工场董事会公告中摘取的一个例子：

> 雅罗斯拉夫尔大手工工场已经做过的事和正在做的事已经超越了法律所规定的义务。你们中的许多人都在其他工厂工作过，你们想想，比较一下我们厂和别的厂生产的产品的单价，想想按那个价格你们在他们那里挣了多少钱，在我们这里挣了多少钱？想想我们厂仓库里的面粉和面包是不是比别的地方卖得都便宜？想想工场为你们工人全家掏的住宿费是不是每年都超过6万卢布？培训费是不是每年都超过1万卢布？浴室的费用是不是每年9000卢布？抚养儿童的费用是不是每年都超过6000卢布？除此以外还有很多的款项，工场本来完全有权不予支出。除此之外还有工厂医院，不管你是工作还是没工作无一例外[①]都可以去看病，这项费用每年也超过6万卢布。所有这些，还没算上建设这些设施所花的钱。在此基础上，工场为改善你们的经济状况，今后每年还将花费近50万卢布（改用18小时工作制，发放10%的工资补贴，公寓增加一倍，以及其他将近30万卢布的小额支出）[②]。

如果董事会和管理部门主动采取了一些措施满足了工人的要求，他们通常会不惜长篇累牍地对此进行宣传。此外，这份公告的文本和语气都非常明

---

① 原文用大写字母书写。——译者注

② ГА ЯО. Ф. 674. Оп. 3. Д. 254. Л. 8; ЦДНИ ЯО. Ф. 394. Оп. 5. Д. 4. Л. 13 – 14.

确地表明，工厂主希望得到工人的感激，希望工人在意识到工场董事会的努力和开销后，为了工场和他们自身的利益，认真、高质量地工作。但是，在大多数情况下，工人对工场采取的措施并不满意，反而会要求更多。其他纺织企业，如三山手工工场，情况也是如此①。

下面是另外一个典型的例子。根据 1905 年 2 月 12 日孔申手工工场董事会的命令，所有下辖的工厂都取消了在工人离厂时对其进行搜身的规定②。尽管对于这个问题董事会并非没有反对意见（孔申印染厂的负责人就对此表示反对），但对工人的公告写得很有激情："我们希望看到每个工人都能诚实而勤劳，董事会完全相信我们的工人都是正直的人，相信你们会为自己的行为负责，信任你们一定会保护工厂的财产完整。"③ 一般来说，几乎在所有提高工资的公告中都能看到工厂"相信工人勤劳自律"一类的字眼。

然而，取消对工人的搜身只是暂时的。1908 年复活节之前，董事会被迫发布了一份内容完全相反的声明："取消搜身后，各部门盗窃产品、原材料以及其他物品的案件大幅增加。董事会现在宣布，从 1908 年复活节起，工人离开工厂时必须接受检查，拒绝服从检查的或被发现有盗窃行为的工人，连同其全家将被立即逐出工厂。"④ 工人完全没能理解董事会那篇慷慨激昂的公告背后的用意，没能理解董事会为什么决定顺应工人的要求，取消侮辱性的搜身（对取消搜身的要求已经在工人的请愿中屡见不鲜了）。他们并没有珍惜工场对他们的信任，也没有看管好工场的财产，工场内盗窃案的数量增加得实在太快，以至于被取消的搜身很快便卷土重来。这说明工场试图通过非物质性的方式激励工人劳动，但这一尝试失败了。

发生这种情况，或许主要是因为工人不相信管理部门的承诺。或许正如在公告中写道的（以及孔申手工工场所做的）那样，提高价格是因为董事会"满足了员工的需求"和"关注工人的福祉"，但是工人自己认为，提高

① Терентьев П. Н. Прохоровы… С. 158 – 159.

② 此事于 1905 年 2 月 4 日经董事会讨论通过，参见 ЦИАМ. Ф. 673. Оп. 8. Д. 22. Л. 60 об。

③ Там же. Оп. 1. Д. 201. Л. 10.

④ Там же. Оп. 8. Д. 6. Л. 456.

的这点工资远远不能满足他们的需求，因此他们要求得到更多的好处。管理部门的所作所为对他们来说仍然只是一个空洞的承诺，为此不值得付出劳动。正如孔申手工工场管理部门的代表所说："仅凭口头承诺，很难说服工人代表。如果对工人没有耐心，很难取得预期的结果。"

因此，总的来说工厂主并没有将口头承诺视为激励劳动的有效方法。例如，莫斯科地区的工厂协会主席宣布将减少 1916 年各企业（包括孔申手工工场）的假期数量。尽管第一部分以崇高的语气描述了工人的爱国义务，（如"军队在前线浴血奋战，我们更当无暇顾及自身的舒适"），但最后一句话非常务实："同时工人应当注意，一旦缺勤，则将被视为旷工，等待他们的将是惩罚。"

* * *

通过从工人和工厂管理部门的角度，考察 19 世纪末 20 世纪初俄国大型纺织企业中的劳动激励机制，我们可以看出，工人和工厂管理部门在这一问题上存在很大分歧，并且在一定程度上存在误解。工厂主在与工人的冲突中尽量寻求妥协的态度，劳资关系中的家长制倾向在一定程度上减轻了劳资矛盾，但在激励工人劳动，以及留住熟练工人方面，工厂主所采取的激励方式的效果明显不足。

结　论

在正文部分，我们详细研究了19世纪末20世纪初，俄国中央工业区大型纺织企业中劳动激励体系的各个组成部分。在俄国开始工业化到十月革命这30多年内，俄国工业生产快速增长，工业立法逐渐完善，诸多新的劳动关系要素不断形成，俄国工人与工厂主之间的冲突也呈现新的形式。

工厂对工人劳动的激励机制同样是工业化进程中的重要组成部分。工厂对工人的劳动激励机制包含两个方面：一方面，旨在吸引并留住符合工厂要求的工人；另一方面，旨在加强工人生产的纪律性，提高工人的熟练度，进而提高工厂的劳动生产率。本书遵循传统理论来解释劳动“动机”和劳动“激励”两个概念之间的差异：劳动动机是促使工人高效工作的一种内在需求，而劳动激励是工厂主用来使工人形成特定劳动动机的一种外部措施。在本书使用的理论框架内，工厂对工人的劳动激励主要包括三个层面：奖励、惩罚和道德激励。

本书在对孔申手工工场和雅罗斯拉夫尔大手工工场这两家工场的案例研究中使用了微观分析法，这使我们能够详细研究在大型纺织企业中，工人劳动动机的具体情况，进而深入解释工场对工人的劳动激励机制。

那么，在工业化蓬勃发展时期，即劳动力在市场上的供应量十分充足时，大型纺织企业的哪些行为与劳动激励相关？本书的研究结果表明，对于这个问题至少有两个答案。

首先，从19世纪末20世纪初俄国工业劳动力市场的特征来看，非熟练工人的比例很高，因此工厂主必须尽可能吸引更多的熟练工人到自己的工厂做工，进而留住他们。我们可以看出工厂管理部门对熟练工人的重视程度要远大于非熟练工人。例如，熟练工人的工资不仅在数额上比非熟练工人的工资更高，在某些情况下，熟练工人的工资和非熟练工人的工资在类型上也完全不同，前者的工资有时是按月结算，并且我们也可以看到，工厂方面计划将全部熟练工人的年薪按指数化平均结算。此外，在工厂中，工人的收入存在明显差异（甚至这种差异有进一步加大的趋势），这也是工厂激励熟练工人劳动的明显措施。熟练工人有了更多的薪水，就有机会改善自己的生活条件，就可以在工人新村租房，或者为建造自己的房屋获得贷款，也可以在食品商店赊买到更多的商品。我们在资料中发现了许多工厂专门为熟练工人制定的措施，其中有些措施甚至关注到了日常琐事。例如，孔申手工工场的熟练工人在工厂宿舍中的居住条件比非熟练工人的要好得多；孔申手工工场的熟练工人可以额外和工场的职员一起使用浴室，并且可以在规定的日子对浴室进行美化、修整。工场制定的这些对熟练工人的奖励措施很有效，例如本书第三章对孔申手工工场不同类别工人的流动指数进行了比较，可以清楚地看到，雕花工等熟练工人或高薪工人倾向于继续留在工场内，而不是选择离开工场；管理部门当然也非常希望这些工人能够留在工场内。与之形成鲜明对比的是，诸如染色工之类的非熟练工及低薪工人的人员构成情况每年都有显著变化。

其次，各厂都尽量为工人提供了比周边工厂更好的工作条件。此举的目的在于避免劳资冲突，以及激励工人的劳动积极性。这两个目标相互关联，都是当时社会紧张程度不断加深的反映。在十月革命前的俄国工业界，包括孔申手工工场和雅罗斯拉夫尔大手工工场这两家我们主要研究的企业，这种局势每过一段时间就会非常明显地表现出来，并且后来由于革命的宣传越发严峻。档案表明，1905～1906 年，工厂主和工厂管理部门为缓解这种紧张态势做出了许多努力，他们为改善厂内社会关系的各类要素投入了大量资金，并且施行了一系列新的措施，比如孔申手工工场和雅罗斯拉夫尔大手工工场组建了规模庞大且组织良好的医院，不过对于工人来说，这显然不是他们关注的重点。

正文中的分析表明，20 世纪初，俄国中央工业区的大型纺织企业中，工厂主为工人建立了相当广泛的“社会保障”体系，从中我们可以看到工厂主为安抚工人而表现出的善意。不过与之相比，通常董事会为确保工人的生计而拨出的额外资金是非常必要的：如果工厂希望保证自己的劳动力储备，那么就必须为工人提供生活保障，否则他们就无处容身了。同时，法律规定工厂主必须建立医院并自费聘请医务人员为工人治疗。不过重要的是，就我们所研究的两家企业而言，管理部门都参与了本企业社会保障体系的建设，并且规模都大大超过了法律的要求。此外，工厂对基础设施的资金分配并不均衡，有的基础设施处于良好状态，有的则资金严重分配不足，这引发了工人与管理部门之间的冲突。

我们注意到，И. В. 波特金娜在研究莫罗佐夫家族的尼科利斯科耶手工工场的材料的基础上，提出了“20 世纪初俄国纺织业中的社会导向型企业”的概念[①]。通过对我们所研究的两家企业的社会基础设施，以及社会保障方面的支出情况进行分析，结果表明，孔申手工工场和雅罗斯拉夫尔大手工工场都属于社会导向型企业。

工人罢工向管理部门进行投诉时，首先要求解决的是工资问题。对于工人来说，当务之急是收入低微和生活条件差。如果这些问题得不到解决，那么对于工厂社会政策的其他方面，比如拥有一所不错的医院，工人并不会多在意。如果工人最关注的问题长期得不到解决，那么工人与工厂主之间的关系将会逐渐变得脆弱，有时甚至会演变为公开冲突。

正文部分详细描述了雅罗斯拉夫尔大手工工场的管理部门是如何在爆发冲突之前设法解决了那些工人最关注的问题的。根据孔申手工工场的资料，可以追溯到较小的范围，但是即使在这里，管理者也意识到，工人最关注的问题是那些没有得到应有注意的问题。可是要真正解决这些问题，孔申手工工场需要投入大量资金，因此，董事会通常不会真正改善工人的工作、生活

① Поткина И. В. На Олимпе делового успеха… С. 203.

条件。这反映出董事会倾向于优先保证人数相对较少的熟练工人的利益，因为他们才是工厂社会基础设施的目标人群。而那些非熟练工人则随时面临被开除的风险，解决冲突的办法一般都是开除他们，另行雇用一批新的工人。对于熟练工人而言，收入和住房问题显得并不那么紧迫，工厂在这些方面对他们的特殊关照是他们决定在工厂工作的一个非常重要的理由。

显然，从工厂主的角度来看，工人与管理部门之间的这种关系似乎并没有什么不合理的地方，但是在大多数工人看来，自己的利益完全没有得到保障。由于工人和工厂主的认知存在差异，以及现存的劳动激励措施的确存在不合理之处，工人和工厂主之间的紧张关系无疑得不到解决，长此以往，工人和工厂主之间的关系只会越发紧张。类似的情况在中央工业区各大纺织厂的档案材料中不胜枚举。

对于工人生产的纪律性、熟练度和生产率，主要的激励因素在于工人的工资。在一战之前的 30 年内，大多数纺织工人的名义工资和实际工资都有所上涨。此外，工资差异是激励工人劳动的重要机制。尽管熟练工人和非熟练工人的工资水平都随着时间推移逐渐增长，但两者之间的差距也在扩大。除此之外，我们的研究表明，女工的工资差距很小，并且总体而言，工厂对纺织女工的物质激励措施较少。

在分析经济危机或萧条期间大型企业在工人薪酬方面的策略时我们发现，档案资料显示，即使身处危机之中，工厂主仍不希望降低熟练工人的工资，目的在于尽量留住他们，防止他们转移到其他企业。为了度过危机，工厂主一般会选择减少工作岗位的策略，而不是降低熟练工人的工资。

苏联时代一些刺激工业生产的机制同样起源于十月革命前。因此，我们对向孔申手工工场和雅罗斯拉夫尔大手工工场中那些表现好、纪律性强的熟练工人发放物质奖金的行为进行了研究，结果显示，奖金并不总是能起到积极的结果，十月革命前奖金对工人劳动激励的作用并不明显。档案资料显示，雅罗斯拉夫尔大手工工场向一位工龄非常长的工人授予了“荣誉工作者”的称号，并一次性奖励了他一笔巨额奖金。除此之外，这名工人还获得了一枚刻有其姓、名和父称的纪念章（纪念章为银质镀金，有珐琅的装饰)。这种做法在20世纪的雅罗斯拉夫尔大手工工场很常见，不过孔申手工工场没有采纳这种做法。

通过对一战期间的各类档案资料进行研究，我们发现纺织工人的收入差距在逐渐缩小。工厂根据工资数额按比例向工人发放工资，目的在于使低薪工人在通货膨胀越发严重的情况下，能够比高薪工人工资的增长幅度更大。随着工资越发疲软，工厂陆续出台了种种应对战时情况的新措施，如向工人发放“战时补贴”、工厂商店对生活必需品进行打折销售等。

对于惩罚这种劳动激励形式，通过对大型纺织企业罚款制度的研究，我们发现，虽然长期以来主流观点一直认为罚款是造成工人困难处境的原因，但实际上罚款制度出现于19世纪90年代，并且造成的影响并不大。

20世纪初，孔申手工工场和雅罗斯拉夫尔大手工工场罚款的数额约占工人平均工资的0.1%。考虑到自身的行业声誉、未来增加工资的可能性，并且为了不在恶劣的经济形势下丢掉工作，罚款对许多工人来说是一种潜在威胁，必须认真对待。从已知的材料来看，对大多数工人来说，罚款对工人纪律性的整饬总体上是有效的。不过，工厂方面的惩罚措施不仅有罚款，除此之外工厂还可以将工人调换到低薪的岗位上，甚至在极端情况下将其开除。有时为了保持生产纪律，管理部门会将工人清除出工人宿舍，剥夺其住宿的权利作为惩罚。总的来说，我们可以得出结论，就像几十年来许多学者所认为的那样，十月革命前，工厂的惩罚制度旨在维护工人生产的纪律性、熟练度、生产率，而不是为了弥补工厂的损失或剥削工人。

总之，本书的研究揭示了大型纺织企业对工人劳动激励机制的演变过程。而恰恰是这些大型企业构成了俄国纺织业（尤其是棉纺织业）的基础，这些企业的产值占行业总产值的2/3还要多。企业对工人的激励机制不断发展，工人与工厂主之间的关系从最初家长制的关系，逐渐发展到一种更为复杂的关系，其中包括各种调节劳动关系的法律要素，解决劳动冲突的妥协机制。对这个过程学界尚存在争议，但总体上具有积极意义。一战及随后发生的一系列政治事件从根本上改变了俄国企业劳动激励的方式，但这些劳动激励机制对苏联时代的工业化进程仍有借鉴意义。

图书在版编目(CIP)数据

卢布不是万能的：十月革命前俄国的纺织企业与工人 / （俄罗斯）列昂尼德·约瑟福维奇·鲍罗德金等著；张广翔，王祎，赵子恒译. -- 北京：社会科学文献出版社，2021.6（2022.3 重印）

（俄国史译丛）

ISBN 978 -7 -5201 -8440 -3

Ⅰ. ①卢… Ⅱ. ①列… ②张… ③王… ④赵… Ⅲ. ①纺织工业 - 工业企业 - 企业史 - 俄罗斯 - 近代 Ⅳ. ①F451.268

中国版本图书馆 CIP 数据核字（2021）第 097997 号

俄国史译丛

卢布不是万能的：十月革命前俄国的纺织企业与工人

著　　者 / ［俄］列昂尼德·约瑟福维奇·鲍罗德金　铁木尔·雅库博维奇·瓦列托夫
尤利娅·鲍里索夫娜·斯米尔诺娃　伊琳娜·韦尼阿明诺夫娜·希利尼科娃

译　　者 / 张广翔　王　祎　赵子恒

审　　校 / 赵万鑫

出 版 人 / 王利民

组稿编辑 / 高　雁

责任编辑 / 颜林柯

责任印制 / 王京美

出　　版 / 社会科学文献出版社·经济与管理分社（010）59367226
地址：北京市北三环中路甲 29 号院华龙大厦　邮编：100029
网址：www. ssap. com. cn

发　　行 / 社会科学文献出版社（010）59367028

印　　装 / 北京虎彩文化传播有限公司

规　　格 / 开　本：787mm × 1092mm　1/16
印　张：27.5　字　数：414 千字

版　　次 / 2021 年 6 月第 1 版　2022 年 3 月第 2 次印刷

书　　号 / ISBN 978 -7 -5201 -8440 -3

著作权合同登记号 / 图字 01 -2021 -1501 号

定　　价 / 168.00 元

读者服务电话：4008918866

版权所有 翻印必究